U0368242

电子商务学

E-COMMERCE

覃征　王国龙　帅青红
张普　曹梦雨　陈铭仕　著

清华大学出版社
北京

内容简介

《电子商务学》以数理分析的形式抽象定义电子商务基础知识、模型和原理，从数学模型的角度分析电子商务的基本理论，使得读者对电子商务的内涵与外延形成抽象认知。本书将理论研究与工程研究相结合，将基础知识与应用研究相结合，将过程知识与管理应用相结合，以背景为引导、以基础为铺垫、以模型为核心、以体系结构为支撑、以原理为纲目、以案例为融合，形成体系化、过程化、案例化的"电子商务学"理论体系。

图书在版编目（CIP）数据

电子商务学 / 覃征等著 . —北京：清华大学出版社，2022.7（2023.12重印）
ISBN 978-7-302-61142-4

Ⅰ.①电⋯　Ⅱ.①覃⋯　Ⅲ.①电子商务　Ⅳ.①F713.36

中国版本图书馆 CIP 数据核字（2022）第 104855 号

责任编辑：徐永杰
封面设计：常雪影
责任校对：宋玉莲
责任印制：丛怀宇

出版发行：清华大学出版社
　　　　网　　址：https://www.tup.com.cn, https://www.wqxuetang.com
　　　　地　　址：北京清华大学学研大厦 A 座　　邮　编：100084
　　　　社 总 机：010-83470000　　　　　　　邮　购：010-62786544
　　　　投稿与读者服务：010-62776969, c-service@tup.tsinghua.edu.cn
　　　　质量反馈：010-62772015, zhiliang@tup.tsinghua.edu.cn
印 装 者：三河市东方印刷有限公司
经　　销：全国新华书店
开　　本：170mm×230mm　　**印　张：**30.75　　**字　数：**399 千字
版　　次：2022 年 7 月第 1 版　　**印　次：**2023 年 12 月第 2 次印刷
定　　价：148.00 元

产品编号：096995-02

序

我们正处在百年变局的新时代！

近年来，科学技术的发展推动了社会变革，人们的生产方式和生活方式正发生着深层次的变化。在此背景下，电子商务应运而生。自20世纪90年代伊始，电子商务经历了30余年的发展。如今，电子商务领域已经取得了许多重要的研究成果，并形成了影响世界经济发展的产业。大数据、云计算、物联网、区块链和人工智能的广泛应用，为电子商务的进一步创新和发展拓展了空间。

电子商务的快速发展引起了全球的高度关注，各国纷纷制定相关政策，以推动本国电子商务专业建设和人才培养。在中国，电子商务人才培养经过20多年的发展，取得了许多重要成果，出版了诸多教材和专著，并发表了一批高水平的学术论文，《电子商务学》就是在这样的大背景下产生的。

《电子商务学》建立了电子商务学的基本概念、基础知识及知识体系，系统论述了电子商务产生生态的三维空间认知模型、基本商业模式计算形式化转换方法、基础体系结构模型、系统工作原理等重要的理论体系。经过数十年的科学研究与实践，清华大学"电子商务学"课题组将取得的科学研究成果应用于电子商务学的研究与实践过程。课题组提出的具有中国特色的电子商务学说，为电子商务专业和电子商务学科的未来发展打下扎实的基础，电子商务学作为电子商务专业和未来学科的核心知识体系，具有重要的现实意义和深远的历史意义。

"电子商务学"课题组

2021 年 9 月 26 日于北京

目　录

第1章

电子商务产生的背景

目前，社会生态正在加剧转变，数字经济、智能制造、智能城市等已经成为国家发展的重点，其不但形成了新的社会需求，还催生了新的经济形态。这使得电子商务也发生了深层次的变化与演进。本章用基本数学工具阐述大数据、云计算、物联网、人工智能、区块链等新技术的概念和应用。在新技术落地应用的过程中，复杂的工程环境产生了更多的创新需求，推动了创新生态的建设和完善。同时，以人工智能等新技术为代表的工程生态和创新生态也可以反过来推动数字经济等社会生态的发展。在此背景下，电子商务有了巨大的发展。

1.1 电子商务社会生态

1.1.1 国家生态

当今世界正在经历新一轮的工业革命与商业变革，高新科技成果在商业中的广泛应用推动了电子商务的产生和发展。在经济全球化的浪潮中，各国之间的贸易往来更加紧密，平等、互利、和谐、发展已经成为国际经济交往的主旋律。科技的不断创新为各国贸易往来与经济发展注入新活力的同时，也呼唤着新秩序、新方式的诞生，而电子商务就是这种新方式的一种表现形式。一方面，互联网的广域性可以打破时间和空间上的双维约束，以互联网为依托的电子商务自然具有随时性和全球性的天然优势。另一方面，电子商务可以融合工业革命带来的科技成果，使其更加与时俱进，实现科技和生活的衔接与交融。

电子商务在促进经济增长的同时，还激励着传统商业模式不断变革、升级和转型。目前，电子商务已经在世界经济中占据很大的比重，其发展也受到世界各国的高度关注，这不仅表现为各国对本国电子商务发展的规划，还表现为各国为实现国家间电子商务合作的努力。

1.1.1.1　美国

美国作为当今全球电子商务应用的主要国家，在推动全球贸易变革和重塑世界经贸格局等方面扮演着重要角色。相对于其他国家，美国的网络基础设施较为完善，电子商务也起步较早。网络技术与数字技术的巨大优势使得美国在全球电子商务发展中处于十分重要的地位。近年来，美国除了不断出台本国电子商务发展议程和规划外，还力求将电子商务的相关议题纳入全球贸易的谈判中。

1997 年出台的《全球电子商务框架》是美国政府关于电子商务发展策略的首次尝试和探索。正如该策略的重要参与者、时任美国政府高级政策顾问伊拉·马加齐纳（Ira Magaziner）所说的那样："美国政府也并不能确定电子商务在未来几十年里将如何发展，这完全是一个全新的领域，人类的经验并没有为电子商务时代的到来做好充分的准备。即便如此，美国政府也还是有责任制定相应的电子商务发展政策。"[1]

《全球电子商务框架》确立了美国电子商务发展的基本原则（图 1–1），并为美国电子商务的发展奠定了基础、指明了方向。可以说，之后美国的电子商务政策均是以此为基础制定的。

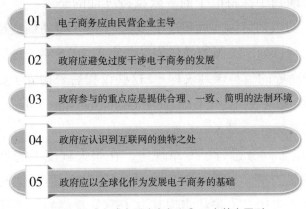

01	电子商务应由民营企业主导
02	政府应避免过度干涉电子商务的发展
03	政府参与的重点应是提供合理、一致、简明的法制环境
04	政府应认识到互联网的独特之处
05	政府应以全球化作为发展电子商务的基础

图 1-1 《全球电子商务框架》五大基本原则

2002 年美国国会通过的《贸易促进授权法案》涉及 IT 产品贸易、数字服务贸易、数字产品的电子商务和相应的知识产权保护等问题。与 1997 年的《全球电子商务框架》相比,《贸易促进授权法案》更侧重于扩大美国电子商务政策在全球规则制定中的影响, 其主要是为了实现在数字服务贸易、信息自由流通、数字贸易的非歧视和透明度等问题上的电子商务谈判目标。世界贸易组织（World Trade Organization, WTO）在 1998 年启动了"电子商务工作计划"项目（Work Programme on Electronic Commerce）[①], 于是美国便希望通过 WTO 来实现这些目标。然而, 由于各国在电子商务的商品归类、规则适用等基础问题上尚存分歧, WTO 的电子商务谈判工作并无太大进展。多边规则方面的阻碍使美国逐渐将推行贸易政策的目标寄托于双边规则的谈判与制定上。2003 年,《美国—智利自由贸易协定》与《美国—新加坡自由贸易协定》开始将电子商务条款纳入其中, 这也为美国以后的双边贸易协定创立了范本。2015 年,《贸易促进授权法案》重新获得美国国会的授权, 这反映了美国国会希望美国

---

① WTO. Work program on electronic commerce[Z]. WT/L/274, 1998.

政府在贸易谈判中保持电子商务政策持续性的态度。新《贸易促进授权法案》的谈判目标远远超过了 2002 年的《贸易促进授权法案》。根据这些谈判目标，美国贸易代表办公室于 2015 年 5 月出台了一系列有关电子商务的贸易谈判议程①，这些议程后来构成了美国在《跨太平洋伙伴关系协定》（Trans-Pacific Partnership Agreement，TPP）谈判中的主要标准。

TPP 对电子商务进行了专章规定，在很大程度上满足了电子商务行业的发展需求。尽管后来美国退出了 TPP，但美国通过各种贸易协定谈判来表达、主张和实现其电子商务政策的方式并未发生改变。2018 年 10 月，美国、墨西哥、加拿大三国达成了《美墨加协定》（U.S.-Mexico-Canada Agreement，USMCA）。USMCA 不仅承袭了 TPP 的电子商务规则，还将对电子商务的规制范围拓展至数字贸易的范畴。USMCA 是目前为止美国电子商务谈判的最新范本，也是最高水准。2019 年，美国和日本专门就电子商务等数字贸易达成《美日数字贸易协定》②。虽就内容来看，《美日数字贸易协定》与 USMCA 相似，但这种以独立的协定文本来进行贸易协商的方式足以反映美国对电子商务全球化发展的高度重视。

目前，美国不但制定了较为完善的电子商务规制体系，还努力通过自由贸易协定（free trade agreement，FTA）等手段来扩大电子

---

① 该议程主要包含 12 条，故而被称为"数字 12 条"，具体是指：促进免费开放的互联网、禁止数字海关关税、确保基本的非歧视原则、确保跨境数据流通、防止本地化障碍、禁止强制技术转让、确保技术选择、采用先进的认证方法、提供可行的消费者保护、保障网络竞争、开发创新的加密产品、建立自适应数字框架。"数字 12 条"在 2016 年 2 月被更新拓展至 24 条，又被称为"数字 24 条"。新增加的规则包括：保护换件源代码、促进网络安全合作、维护市场驱动的标准化和全球交互操作性、消除所有制造产品的关税、对投资和跨境服务（包括数字交付）达成稳健的市场准入承诺、确保更快更透明的海关程序、促进透明度和利益相关者参与制定法规和标准、确保与国有企业的公平竞争、促进严格和平衡的版权保护和执行、推进现代专利保护、打击贸易秘密盗窃、确认合格评定程序。

② USTR. FACT SHEET on U.S.-Japan trade agreement[EB/OL].（2019-09-25）. https://ustr.gov/about-us/policy-offices/press-office/fact-sheets/2019/september/fact-sheet-us-japan-trade-agreement.

商务的国家间合作。

1.1.1.2 欧盟

欧盟将电子商务当作推行全球经济一体化和主导世界经济的重要手段之一，把电子商务的发展看作欧盟在未来全球经济中赢得竞争优势的关键因素。因此，自1997年起，欧盟便从战略层面来制定和规划电子商务发展的框架及配套政策，用以指导欧盟成员国电子商务的一体化发展。

1997年4月，欧盟出台了《欧盟电子商务行动方案》。该方案就欧盟的信息基础设施、电子商务的发展及管理等事项的一体化建设提出了行动原则。同年7月，在德国波恩召开的欧洲电信部长级会议上通过了《波恩部长级会议宣言》。就内容而言，《波恩部长级会议宣言》同美国的《全球电子商务框架》相仿，主要涉及电子商务企业的自主发展、限制政府的不必要干涉，以及扩大电子商务的具体应用等。

2000年，欧盟成员国领导人在葡萄牙首都里斯本召开特别首脑会议，会议通过了《里斯本战略》，这是指导欧盟迈入21世纪后首个十年经济发展的纲领性文件。为落实《里斯本战略》，欧盟于2000年6月发布了有关信息化和数字贸易的《eEurope 2002年行动计划》（*eEurope 2002 Action Plan*，以下简称*eEurope 2002*）。在*eEurope 2002*的指导下，欧盟实现了互联网接入的快速增长和电信、电子商务领域法律框架的统一。之后，欧盟又于2002年发布了《eEurope 2005年行动计划》（*eEurope 2005 Action Plan*，以下简称*eEurope 2005*），力求建立一个以电子政务、电子教育、电子医疗为代表的在线公共服务系统，营造富有活力的电子商务环境。在2005年年初召开的欧盟高峰会议上，欧盟委员会对《里斯本战略》进行了中期评估和调整。根据新调整的《里斯本战略》，欧盟出台了新的五年信息化和数字贸易发展规划——《i2010：欧洲信息社会促进经济增长和就业》（*i2010：A European Information Society for Growth and Employment*），其目标是完善欧盟现有的政策手段，从而推动数字经济的发展。

2010 年，欧盟发布了第二个十年经济发展规划，即《欧洲 2020 战略》。同年 5 月，《欧洲数字议程》发布。作为《欧洲 2020 战略》的七大旗舰计划之一 ①，《欧洲数字议程》是欧盟数字战略第二个十年的首个纲领性文件。建设依托开放、公平、无缝的网络环境，能够实现消费者对所有欧盟成员国提供的产品与服务进行自由选择的数字单一市场（digital single market，DSM）是《欧洲数字议程》的核心目标。为此，欧盟委员会于 2015 年 5 月发布了《欧洲数字单一市场战略》。《欧洲数字单一市场战略》明确了建立单一市场的三大举措：①为消费者和企业提供更好的数字商品和服务。②为数字网络和服务的发展创造良好的商业环境。③尽可能提升欧洲数字经济的增长潜力。此外，为全面提升在数字经济领域的竞争力，欧盟又分别于 2016 年和 2018 年推出《欧洲工业数字化战略》和《欧盟人工智能战略》。2017 年 11 月，欧洲会议国际贸易委员会通过了《数字贸易战略》报告。该报告旨在建立欧盟数据贸易战略，加快制定相关政策来确保跨境数据信息自由流动。报告就电子商务、网络中立、保护在线消费者等议题向欧盟委员会提出了建议。该报告主张，欧盟应对数字贸易的国际规则和协定设立标准，确保第三国开放数字产品和服务，应让贸易规则为消费者创造有形的利益，促进数字贸易尊重消费者基本权利 [2]。

2020 年以来，欧盟更是制定了一系列应对数字时代的总体规划，如《塑造欧洲的数字未来》《欧洲新工业战略》《欧洲数据战略》《人工智能白皮书》等。2021 年 3 月，欧盟发布了又一个十年纲领

---

① 《欧洲 2020 战略》的七大旗舰计划分别为：创新型联盟、流动的青年、欧洲数字议程、能效欧洲、全球化时代的产业政策、新技能和就业议程、欧洲消除贫困平台。

性文件——《2030 数字指南针：欧洲数字十年之路》（ *2030 Digital Compass*：*the European way for the Digital Decade*，以下简称《2030 数字指南针》）。《2030 数字指南针》从数字技能、数字基建、数字商业和数字公共服务四个方面明确了欧盟在数字时代的发展方向，其涉及的内容主要包括建设安全可靠的数字基础架构、公共服务的数字化和商业部门的数字化转型等[3]。此外，为助力数字经济发展规划的实施，欧盟还制定了一系列相关法律（图 1-2）。《网络与信息系统安全指令》《通用数据保护条例》《网络安全法案》等法律文件的出台，为电子商务乃至数字经济的健康发展提供了法治保障。

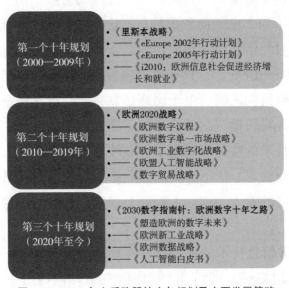

图 1-2 2000 年之后欧盟的十年规划及主要发展策略

另外，除了欧盟的统一规划外，欧洲各国近十年十分注重工业数字化的转型。在这一工业变革中，德国无疑走在最前列。2013 年，德国发布了《工业 4.0 战略实施建议书》，首次提出了"工业 4.0"的概念。随后，英国、法国等国家也逐渐开始工业数字化的探索。2018 年，德国、英国、法国更是制定了一系列重要的数字化转型战略,如德国的《联邦政府人工智能战略要点》《高技术战略 2025》《人工智能德国制造》,英国的《数字宪章》《产业战略:人工智能领域行动》,法国的《人工智能发展战略》《5G 发展路线图》《利用数字技术促进工业转型的方案》等。2021 年以来,经历了工业数字化转型后的欧洲,电子商务市场表现依旧强劲。除了德国、英国和法国等电子商务发展较为成熟的国家外,捷克、意大利和西班牙的市场份额增长也十分突出。

1.1.1.3 日本

日本较高的经济发展水平和较为发达的信息技术为电子商务的发展奠定了坚实的基础。目前,日本已经成为继中国、美国、英国之后的全球第四大电子商务市场。[1]20 世纪末,日本政府就认识到了信息技术对经济发展的重要作用,于是大力推进信息化网络体系的建设。1993—1996 年,日本政府先后投入了约 500 亿日元用于建立高校等科研机构之间的电子网络信息系统。电子网络信息系统的建立实现了各科研单位之间信息技术研发资源的共享,这大大提高了日本信息技术的整体研发水平。在政府的鼓励和推动下,日本的通信企业以及索尼、松下等跨国企业纷纷加大了对网络信息通信和信息技术研发的投入,这很大程度上提升了日本的信息技术和互联网发展水平。

为了促进信息技术的发展,日本政府先后于 1995 年和 2000 年提出了"互联网连接计划"和"亚洲宽带互联网构想"。在这两大计划的推动下,日本的电子商务基础建设有了突破性发展,并逐渐趋于世界领先地位。近些年,日本政府还积极布局 5G、大数据和人工智能等新兴技术产业。

21 世纪初,日本就为电子商务企业出台了一系列的政策扶持,

---

① eMarketer. Global ecommerce 2019[R]. 2019.

以推动电子商务行业的发展（图1-3）。在国家规划层面，日本确立了"IT立国"的战略目标。2000年6月，日本政府出台了《日本电子数字化发展纲要》。同年7月，日本政府召开IT战略会议，成立了国家信息化研究组织——IT战略总部。随后，依次提出了"E-Japan战略""U-Japan战略"和"I-Japan战略"三个信息化发展规划。在三个信息化发展规划的基础上，日本又不断出台一系列数字经济发展规划策略，以推动数字化转型与经济振兴。总之，日本政府从全局的角度为电子商务产业的发展构建了一个具有前瞻性、系统性的政策支撑体系。2021年以来，日本更是将数字化的推进作为促进经济发展的三大支柱之一。①

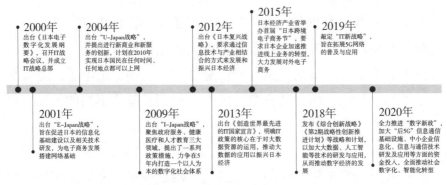

图1-3　日本数字经济发展规划

此外，在国际合作层面，日本政府曾在2018年的《通商白皮书》中明确要在不同层面的电子商务规则谈判中表明立场。近年来，日本政府在国际规则领域努力不断。就国际组织的合作而言，日本政府积极参与WTO的合作协商与规则制定，其关注的议题主要涉及电子商务关税、跨境数据流通、关键源代码保护、在线消费者保护

① 日本经济再生大臣指出今后经济发展的三大支柱领域 [EB/OL]. (2021-01-19). http://japan.people.com.cn/n1/2021/0119/c35421-32005011.html.

以及网络安全等方面。另外，日本政府还积极同其他国家或地区就电子商务合作进行沟通。例如，2019 年 1 月，日本、美国、欧盟三方贸易部长在华盛顿发表联合声明：日本、美国、欧盟三方对数字贸易和电子商务持共同关切的立场，将积极推动在数字贸易和数字经济领域的合作，并通过提升数据安全来改善商业环境。不仅如此，三方还表示将尽快启动 WTO 有关电子商务的谈判，以尽可能达成高标准的合作协议。[1] 同年 7 月，在日本召开的 G20 峰会上，中国、美国、日本、欧盟等 20 多个国家和地区共同签署了《大阪数字经济宣言》，正式开启数字经济的"大阪轨道"。目前，日本已经成为世界电子商务发展规则制定的重要参与国之一。

1.1.1.4　中国

自 1994 年互联网行业在中国发展以来，中国的电子商务经历了飞跃式发展。这一方面得益于中国庞大的电子商务市场，另一方面得益于电子商务发展的国家规划。总体来看，中国的电子商务发展经历了三个阶段。而在这三个阶段中，国家又基于不同的发展目标制订了一系列的发展规划（图 1-4）。

第一个阶段是信息化建设的起步期（1994—2002 年）。在该阶段，由于互联网刚刚被引入中国，信息化基础建设尚不完备。因而，此时的国家策略主要集中在对信息化基础设施的建设与发展上，如移动通信产业的发展、空间信息基础设施的发展以及软件产业的发展等。在众多国家发展规划的倡导和支持下 [2]，中国的互联网行业开始

---

[1] USTR. Joint statement of the trilateral meeting of the trade ministers of the European Union, Japan and the United States[EB/OL]. (2019-01-19). https://ustr.gov/about-us/policy-offices/press-office/press-releases/2019/january/joint-statement-trilateral-meeting.

[2] 如 1999 年的《国务院办公厅转发信息产业部 国家计委关于加快移动通信产业发展若干意见的通知》、2001 年的《国务院办公厅转发国家计委等部门关于促进我国国家空间信息基础设施建设和应用若干意见的通知》、2002 年的《国务院办公厅转发国务院信息化工作办公室关于振兴软件产业行动纲要的通知》等。

崛起，一大批互联网企业先后创立，如新浪、搜狐、网易、阿里巴巴和京东等。

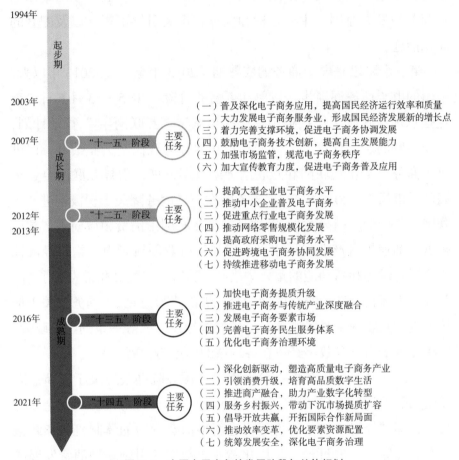

图1-4　中国电子商务的发展阶段与总体规划

第二个阶段是电子商务的成长期（2003—2012年）。在该阶段，以电子商务为代表的网络经济开始高速发展。2003年，淘宝问世，京东也开始涉足电子商务。现代意义上的电子商务开始在中国形成并崛起。2005年，国务院办公厅发布《国务院办公厅关于加快电子商务发展的若干意见》，将电子商务的发展提升到了国家战略的高度。

为贯彻该文件的实施，2007 年，国家发展和改革委员会、国务院信息化工作办公室联合发布了《电子商务发展"十一五"规划》，这是中国首个电子商务五年发展规划。它明确了"十一五"期间中国电子商务的发展原则、主要目标和任务、重大引导工程，以及配套的保障措施。

第三个阶段是电子商务的成熟期（2013 年至今）。2013 年以来，中国的电子商务逐渐步入成熟和创新的阶段。2015 年 3 月 5 日，李克强总理在政府工作报告中首次提出制定"互联网＋"行动计划，推动互联网、云计算、大数据和物联网等与现代制造业结合，促进电子商务、工业互联网和互联网金融健康发展，引导互联网企业拓展国际市场 [4]。2015 年 7 月，国务院发布《国务院关于积极推进"互联网＋"行动的指导意见》，这是推动互联网由消费领域向生产领域拓展、加速提升产业发展水平、增强各行业创新能力、构筑经济社会发展新优势和新动能的重要举措 [5]。随后国务院又相继发布了《国务院关于深化制造业与互联网融合发展的指导意见》《国务院关于加快推进"互联网＋政务服务"工作的指导意见》等一系列国家政策，以指导电子商务等数字经济在各领域的运用与发展。

2020 年 9 月，国务院办公厅发布《国务院办公厅关于以新业态新模式引领新型消费加快发展的意见》，为电子商务的发展制定短期目标，即"经过 3~5 年努力，促进新型消费发展的体制机制和政策体系更加完善，通过进一步优化新业态新模式引领新型消费发展的环境、进一步提升新型消费产品的供给质量、进一步增强新型消费对扩内需稳就业的支撑，到 2025 年，培育形成一批新型消费示范城市和领先企业，实物商品网上零售额占社会消费品零售总额比重显著提高，'互联网＋服务'等消费新业态新模式得到普及并趋于成熟"。为贯彻落实该意见，国家发展和改革委员会、商务部等 28 个部门和单位联合印发《加快培育新型消费实施方案》，力求推动服务消费线上与线下的融合，进一步实现电子商务在其他领域的推广和运用。

另外，在一些具体领域，中国政府不断出台一系列政策和措施来推动电子商务的全面发展。例如，2017年中共中央、国务院发布的《中共中央 国务院关于深入推进农业供给侧结构性改革加快培育农业农村发展新动能的若干意见》提出了推进农村电商发展的目标，并指明了农村电商的发展方向，为农村电商发展提供了政策支持。2018年国务院批复新设了一批跨境电子商务综合试验区，并明确逐步完善促进综合试验区发展的监管制度、服务体系和政策框架，以推动跨境电商的进一步发展[6]。2021年国务院办公厅发布的《国务院办公厅关于加快发展外贸新业态新模式的意见》为电子商务在外贸领域的发展提出了要求、明确了方向。

在经历了三个五年发展规划后，中国电子商务实现了稳健而高速的发展。当前，中国的电子商务规模已经跃居世界首位。2021年10月，商务部、中共中央网络安全和信息化委员会办公室、国家发展和改革委员会联合发布了《"十四五"电子商务发展规划》。这是中国电子商务的第四个"五年发展规划"，为中国电子商务未来5年的发展指明了方向。在"十四五"期间，中国电子商务将更加注重技术应用、模式业态、深化协同等方面的创新，由量的扩张转向质的提升。在网络零售方面，中国电子商务将朝着全渠道方向发展，鼓励和支持企业运用5G、人工智能、虚拟现实（VR）、3D（三维）打印等新技术构建多元化的线上消费场景，探索人机互动新模式，培育高新视听新业态，创新网络消费方式，提升网络消费体验。在跨境电商方面，中国将加快"丝路电商"的全球布局，鼓励电商平台企业全球化经营，完善仓储、物流、支付、数据等全球电子商务技术设施建设，培育跨境电商配套服务企业，支撑全球产业链供应链数字化，带动品牌"走出去"，并继续推进跨境电商综合试验区建设，探索跨境电商交易全流程创新。在农村电商方面，中国电子商务将实现业态的多元化，以农村电商来实现数字农业和乡村振兴。乡村振兴战略为农村电商发展带来了新机遇，农村电商的发展也促进了农村和城市资源要素的双向流动。目前，中国县域经济高质量发展需要进一步强化数字电商作为服务农业农村发展的新动能作用，切实助力巩固脱贫攻坚成果同乡村振兴的有效衔接，加快农业农村的数字化进程。在生活服务方面，中国电子商务将进一步实现数字化、智慧化升级，拓展电子商务在文化旅游、医疗、教育、体育等领域的深度应用，开展生活服务数字化赋能行动，提升便民生活圈数字化水平。目前，中国生活服务业正快速迈向数字化。"十四五"期间，生活服务业将在此基础之上，借助新技术构建更为高效智能的服务消费场景，在线旅游、在线出行、在线医疗等逐步升级为智慧旅游、智慧交通、智慧医疗等，进而实现电子商务与各行业的深度融合。

1.1.2 经济生态

正所谓："经济基础决定上层建筑，上层建筑反作用于经济基础。"电子商务的发展也不例外。在经济与科技的双重推动下，电子商务应运而生。在电子商务繁荣发展的同时，其对社会生活的渗透也改变和引领着经济与科技的发展方向。总体来看，在电子商务发展的进程中，世界范围内出现了四种较为典型的经济形态。1996年，美国率先提出了数字经济的概念。2000年，互联网的普及，尤其是互联网与经济活动的融合形成了网络经济。2010年，电子商务趋近成熟，平台经济开始出现。而如今，中国所引领的共享经济已经逐渐成为世界范围内的一个热议话题。

虽然数字经济、网络经济、平台经济以及共享经济的产生与发展存在时间上的差异，但这四种经济形态的存续并非如同历史进程般的更迭。也就是说，这四种经济形态并非"此消彼长"的对立关系。相反，在当今的经济生态中，它们往往呈现出一种"和平共处""荣辱与共"的姿态。之所以"和平共处",是因为这四种经济形态都是依托于互联网、计算机等信息技术,而随着信息技术的不断进步和发展,其在不同领域的具体应用也就产生了差异化的经济形态。可以说,信息技术应用的多样化造就了经济形态的多元化。之所以"荣辱与共",是因为这四种经济形态都是以电子商务为最主要的表现形式。作为重要的推动力之一,电子商务不仅诱发了这四种经济形态的产生,还决定了其的发展。

1.1.2.1 数字经济

20世纪40年代,微电子领域取得重大技术突破。第二代晶体管电子计算机、集成电路等科技成果的出现极大提升了人们对于知识和信息的处理能力,数字技术逐渐被引入经济生活领域。到70年代,大规模集成电路、微型处理器等软件领域的革命性成功促使数字技术进一步得到推广。90年代左右,网络技术日益成熟。随着互联网的普及,数字技术开始与网络技术实现融合。全球互联网连接所产生的海量数据远超出之前分散的终端的处理能力。故而,大数据、云计算等新型数字技术得以快速发展。数字技术从信息产业的快速外溢不但加速了传统部门的信息化,还产生了新的生产要素,形成了新的商业模式,电子商务即为最典型的应用。电子商务等新业态新模式标志着经济发展模式的新变化。正是在如此的技术及应用背景下,美国学者泰普斯科特(Don Tapscott)于1996年在《数字经济:网络智能时代的机遇与风险》一书中首次提出数字经济的概念[7]。随后,美国商务部陆续发布了名为《浮现中的数字经济》和《数字经济》的研究报告。这标志着,数字经济的概念在政府层面得到了认可。21世纪初,数字经济的概念在世界范围内得以广泛接受,数字经济也开始朝着更广、更深、更高级的方向发展。经济社会在数字经济的影响下也发生了深刻的变革。

数字经济是指以使用数字化的知识和信息作为关键生产要素、

以现代信息网络作为重要载体、以信息通信技术的有效使用作为效率提升和经济结构优化的重要推动力的一系列经济活动。[①]数字经济通过提高传统产业数字化和智能化水平，实现数字技术与实体经济的深度融合。故而，数字经济不同于传统的实体经济，但又与实体经济密不可分。从内容上看，数字经济不但包含数字产业化，还包含产业数字化。数字产业化主要体现于电信服务产业、互联网服务产业、电子自造产业、软件产业等大量信息产业的产生。而产业数字化主要体现在数字技术与传统产业的深度融合。从范围上看，数字经济已经不再局限于信息产业的范畴。20 世纪 70 年代以来，数字技术的快速发展使得信息产业逐渐成为最具活力的新兴产业。而随着数字技术的进一步发展，其在整个社会经济中的作用和影响日益扩大。这也使得数字技术被逐渐引入各行各业中。可以说数字技术的广泛应用塑造了经济新形态与新面貌。从性质上看，数字经济是一种全新的经济社会形态。相对于传统的农业经济和工业经济，数字经济在基本理念、本质特征、运行规律等方面均发生了革命性的变革。以数字技术创新为核心驱动力的数字经济是科学技术发展的必然结果，是当下工业革命的创新成果在经济领域运用的结果。

2021 年 5 月 27 日，中国国家统计局发布《数字经济及其核心产业统计分类（2021）》，首次确定了数字经济的基本范围，为中国数字经济核算提供了统一可比的统计标准。该文件从数字产业化和产业数字化两个方面确定了数字经济的基本范围，将数字经济分为数字产品制造业、数字产品服务业、数字技术应用业、数字要素驱动业、数字化效率提升业五大类。其中，前四大类为数字产业化部分，即数字经济核心产业，是指为产业数字化发展提供数字技术、产品、

[①] 二十国集团数字经济发展与合作倡议 [EB/OL].（2016-09-29）. http://www.cac.gov.cn/2016-09/29/c_1119648520.htm.

服务、基础设施和解决方案以及完全依赖于数字技术、数据要素的各类经济活动，是数字经济发展的基础。第五大类为产业数字化部分，是指应用数字技术和数据资源为传统产业带来的产出增加和效率提升，是数字技术与实体经济的融合。该部分涵盖智慧农业、智能制造、智能交通、智慧物流、数字金融、数字商贸、数字社会、数字政府等数字化应用场景，体现了数字技术已经并将进一步与国民经济各行业产生深度渗透和广泛融合。

　　在人类经济社会形态的演进中，数字经济是继农业经济、工业经济之后更为高级的经济形态。这种高级源自数字经济的两个显著特征：①数字经济以知识和信息为基本生产要素。历史经验表明，每一次经济形态的重大变革必然会催生和依赖新的生产要素。例如，农业经济以劳动和土地作为关键要素，工业经济以资本和技术为关键要素。而数字经济是以知识和信息为关键要素。数字技术与经济社会的深度融合使得信息逐渐数字化。如今，数字化信息不但充斥着社会的方方面面，还激励人们不断创造新的方式去处理这些信息。在数字经济时代，数字化信息及信息所承载的知识已经成为企业经营决策的新动力、经济商品的新形式、社会治理的新方法。②数字经济更加强调数字技术与各产业的融合。每一次科技变革和产业革命中，都会有一部分率先兴起的基础性先导性产业。例如，第一次工业革命时期的纺织产业、第二次工业革命时期的化工产业等。信息产业正是当下科技变革与产业革命中的先导性产业。然而纵观历史，先导性产业在经济总量的比重呈现出逐渐下降的趋势。第一次工业革命期间，英国先导性产业在经济总量的比重一度超过40%。第二次工业革命期间，美国先导性产业的比重降至20%。而如今的信息革命阶段，主要国家信息产业的比重稳定至6%左右[8]。这表明数字经济的发展已经逾越信息产业的领域，而不断向其他产业渗透与融合。在数字经济下，传统企业想要继续维持商业优势，就必须进行数字化转型[9]。而至于电子商务行业，数字经济已经实现了对传统零售业从生产到消费的全程渗透，并且日益增长的数字技术创新也不断催生着新零售、共享经济等新模式新业态的产生。

1.1.2.2 网络经济

起源于 20 世纪末的信息革命不仅为人类带来了生产力的发展和管理方式的创新，还引起了产业结构和经济结构的变化。尤其是互联网的问世与高速发展，极大地提高了信息的传输速度和传导容量。21 世纪初，互联网开始被引入商业应用中，并逐渐成为一种优越性较强的电子化商业媒介。许多企业不仅将互联网当作商品销售的渠道，还将其当作联络客户和日常管理的工具。电子邮件、网络传真以及电子商务等全新的通信方式和技术也逐渐受到关注，并被广泛应用到企业的经营活动中。另外，计算机的量产与网络使用成本的降低也在很大程度上推动了二者的广泛使用。可以说，以计算机和互联网为重要依托的网络经济是信息革命的产物，但信息革命也只是为网络经济的产生创造了物质条件。从根本上说，网络经济的产生还取决于社会生产关系的变革。这一变革的动力源自人们对降低交易费用的主观期待。按照新制度经济学的理论，交易费用是为获得准确的市场信息所需要支付的费用以及谈判和经常性契约所产生的费用。由于信息的不完全性和不对称性，交易费用是不可避免的。为了降低交易费用，人们往往不断寻求新的交易方式，并通过技术的进步来改善原有的交易方式和制度安排。正是在这种力量的推动下，当新的技术革命出现后，人们就将新技术运用于社会生产活动和再生产过程，从而促使生产方式和社会经济关系发生改变，为网络经济的产生提供了社会的和经济的基础[10]。近年来，网络已经成为一种全新的市场范式。互联网产业也已经开始积极探索既可以提高互联网使用率又可以为差异化服务产品提供基础的商业模式[11]。

与信息经济和数字经济相同，网络经济同样是对在世界范围内新兴经济形态的一个描述。但有别于那些分别强调经济的信息内涵与数字形式的概念，网络经济突出的是经济运营的基本组成形式，即网络化特征 [12]。与传统的经济形态相比，网络经济具有开放、直接、虚拟以及可持续等特点。

（1）网络经济是一种前所未有的开放经济。传统的经济交往常常会受时间与空间的双维限制，而开放的互联网能够帮助人们实现随时随地交流沟通、分享信息、查询资料。互联网的这种开放性也使得网络经济满足当下经济全球化的需要。开放的网络经济使得跨国贸易更加便利，这极大地促进了全球经济的一体化，并推动了经济全球化的发展。

（2）网络经济是一种能够实现生产者与消费者互通的直接经济。在传统经济中，由于信息的不对称性，生产者往往难以与消费者形成直接对话，而不得不采用通过层层中间商传递的迂回方式。而以互联网为主要依托的网络经济则可以实现不同主体之间的交流与沟通，进而解决生产与消费相脱节而带来的资源浪费等问题。

（3）网络经济是一种运行于信息网络空间的虚拟经济。互联网的虚拟性决定了网络经济的虚拟性。网络经济促使一部分社会经济活动由传统的线下转移至线上。这些经济活动的完成往往不再需要实体物质在空间和时间上的转移，而是通过信息的传递与处理，这就可以提高经济活动的效率、减少不必要的消耗。

（4）网络经济是一种非物质资源主导的可持续经济。网络经济发展的核心驱动力不再是体力劳动，也不再是资本、能源等物质资源，而是信息、知识等非物质资源。劳动、资本、能源可以看作是有限资源，而知识和信息实际上是无穷无尽的 [13]。并且信息与知识最大的特点在于其可分享性，能够实现多个主体对相同信息与知识的同时拥有。因而，知识和经济的可再生性与可分享性也决定了网络经济的可持续性。

从产业发展的角度来看，网络经济是以电子商务为基础而建立起来的网络产业，其不仅涉及网络基础设施的建设和网络设备、网络产品、网络服务的供给等经济活动，还包含电子交易、电子支付、网络企业的运营与管理等一系列商务性网络活动。而作为网络经济的主要表现形式，电子商务对于网络经济的产生与发展也具有很大的驱动作用。一方面，电子商务颠覆了传统的经济运营模式，塑造了网络经济。电子商务实现了信息流、资金流和物流在互联网上的融合，使互联网成为经济活动的主要场所，进而形成了网络经济的基本架构。另一方面，电子商务优化了传统的经济结构。在电子商务的推动下，信息产业在经济总量的比重大幅度增加，较为先进、科技附加值较高的网络产品和服务逐渐融入各行业之中，进而使得网络经济成为各行业中不可忽略的新型经济增长点。

1.1.2.3　平台经济

以发达的数据采集和传输系统为基础的全新数字技术体系使得现实世界中越来越多的信息可以被标准化、数字化。同时，数字技术与计算机技术的结合为全社会提供了巨大、廉价且普及的算力。这种算力推动基于人工智能等强大算法的应用程序体系运转，针对需求进行海量数字信息的处理。发达的数字技术体系对现实世界的信息进行了数字化的抽象同构，进行了数字信息的快速处理和传递，具备了广泛集成社会生产、分配、交换与消费关系的能力。这种可以收集、处理并传输生产、分配、交换与消费等经济活动信息的数字化基础设施，即为数字平台 [14]。巨大的规模效应和网络效应使得数字平台成为较理想的销售渠道和推广渠道：①数字技术体系可以让不同地域、不同部门的经济活动在同一个平台上运营，从而降低用户的运营成本。②用户数量的增加不但使平台自身的价值得以提升，还能吸引更多的用户来使用平台、更多的研发人员来研发优化平台，进而不断发掘平台的潜在价值与拓展平台的使用面 [15]。

数字平台的蓬勃发展催生了平台经济。当前，平台经济呈现出种类多、规模大、增速快的特点。随着数字技术创新速度的加快，平台经济形式也实现了突飞猛进的发展。在线支付、现代物流不但为在线交易提供了必要的支持，还拓展了数字平台的应用。电商平台、社交平台、游戏平台和支付平台等不同形式数字平台的出现实现了平台经济的多元发展。在数字技术的推动下，苹果、亚马逊、谷歌、腾讯和阿里巴巴等众多平台企业已经成为互联网行业的巨头企业。随着平台技术的不断创新和完善，大型平台企业的数量和规模还将不断提升。平台经济不仅仅是一种商业模式的更迭，更是一种商业理念的转变。与传统的商业模式不同，平台经济更加注重开放、共享、协作的发展理念。数字平台通过开放的互联网实现资源的共享，为用户提供个性化、多元化的服务。这种开放、共享的服务也是数字平台的核心竞争力。在平台经济中，社会化分工与协作更加关键。平台经济的发展不仅仅需要生产企业、销售企业等商贸企业之间的协作，更需要这些企业与金融企业、数字技术企业等服务企业之间的协作。

近些年，平台企业显现出巨大的发展潜力，其增长势头远超传统企业和其他新兴企业。如今，平台经济已经成为经济领域发展最快的运行模式之一。作为一种新的经济形态，平台经济在快速发展的同时，对社会的影响也不断增强。因而，平台经济的发展也受到了各国的高度关注。2015年7月，中国发布了《国务院关于积极推进"互联网＋"行动的指导意见》，力求实现互联网与社会经济各领域的深度融合，进而打造网络化、智能化、服务化、协同化的"互联网＋"产业生态体系。所谓"互联网＋"产业生态，即为平台经济的主要表现形式之一，其是以数字平台为基础，利用数字技术与各行业跨界融合，推动产业转型和升级，并不断创造出新产品、新服务、新业态和新模式的新型经济生态。以"互联网＋"为代表的平台经济不但带来了产业范式的变革，也带来了商业模式的创新。随着全球化、信息化、网络化的不断演进，以互联网为主要阵地、以线下实体为重要补充的平台商业运作模式已经成为电子商务发展的方向。不论是传统电子商务，还是以新零售为代表的新型电子商务都是平台经济的重要组成部分。当下的新一轮信息革命带动零售业的变革，而随着新兴技术不断融入数字平台，平台经济也将释放出巨大活力和产生更大的经济效益。以数字技术为基础的数字平台无疑将融入新一轮信息革命创新成果，进而决定平台经济的发展方向。

1.1.2.4　共享经济

共享的理念由来已久，也时常伴随着人们的日常生活。向别人借一支笔，与别人共用一张书桌，抑或在同事间传阅一份文件，都属于共享的范畴。21 世纪以来，互联网的存在，特别是移动互联技术，使得人们之间的共享成为可能 [16]。

开放的互联网与信息的数字化能够实现人们在互联网上共享信息。起初，人们通过虚拟的网络社区来表达观点、分享信息。这种信息分享通常不涉及实物的转移，也不涉及相应的报酬。随着互联网商业化的发展，共享经济开始出现。尤其是 2008 年全球经济危机爆发后，共享经济高速发展，Airbnb、Uber 等一批共享平台企业开始出现。共享模式开始从当初的无偿分享向商业化转变，共享经济也逐渐成为一种全新的商业形式。

共享经济是近些年新出现的经济形态，也被称为分享经济、合作经济 [17]。2010 年，美国《时代周刊》将"共享经济"列为未来影响世界的十大理念之一。作为一种全新理念下的经济形式，共享经济以互联网、大数据、云计算等网络技术和信息技术为基础，具有平台性、开放性、高效性等特征。首先，共享经济是一种平台型经济。共享经济需要以共享平台为媒介来实现供给方与需求方的信息交换。具体而言，共享平台需要形成供给方的资源供给池和需求方的资源需求池，并达成双方资源的集约和需求的匹配。其次，共享经济是一种开放型经济。共享经济的开放性是由共享平台的开放性所决定的。一方面，共享平台的接口通常是开放的，开放的接口可以使用户自由使用平台。另一方面，共享平台对所有供给方和需求方是开放的，具有同等的使用门槛。任何供给者或需求者都可以根据自己的预期同等地、合理地使用平台[18]。最后，共享经济是一种高效型经济。互联网可以使供求双方摆脱时间和空间上的束缚，以较低的成本实现信息匹配。并且互联网还可以用近乎为零的成本聚合人们的碎片资源来创造价值，使资源利用效率最大化[19]。

近年来，共享经济已经得到众多国家的关注。美国作为共享经济的发源地，无论是在企业规模方面还是在企业实力方面，均处于领先地位。澳大利亚、韩国、英国等国家也高度重视共享经济的发展。早在2008年，澳大利亚悉尼市就将共享汽车项目列入"悉尼2030战略规划"。2012年，韩国首尔市也提出了"首尔共享城市计划"。在该计划的推动下，首尔市在平台建设、资金扶持、信息收集以及空间共享等方面取得了较大成效。2014年年初，英国政府宣布试图打造全球共享经济中心，并出台了一系列政策和建议来支持和发展共享经济。例如，鼓励政府工作人员利用共享经济平台出行和住宿、鼓励政府办公资源的共享、为共享平台建设提供资金支持、为共享出租服务提供税收优惠等。

与国外相比，中国共享经济起步略晚，但发展速度较快。2011年，共享模式率先在房屋租赁、金融两个行业出现，途家、小猪短租等房屋短租平台和陆金等P2P（点对点网络借款）平台逐渐起步。2012年，滴滴打车和快的打车的出现使人们开始广泛了解、接受并使用共享平台。中国的共享经济也自此进入高速发展的阶段。除了交通出行，众多行业也都在进行共享经济的探索。目前，中国共享经济较为成熟的行业有交通出行、房屋租赁、金融、教育、医疗、物流和家政服务等。与国外相比，中国的共享经济所涉及的领域更为广泛，且已经渗透至人们的日常生活，如共享单车、共享充电宝和共享雨伞等已经随处可见。为引导共享经济健康发展，国家发改委、网信办和工信部等 8 个部门于 2017 年 7 月联合发布了《关于促进分享经济发展的指导性意见》。该意见作为中国共享经济发展的顶层设计，为共享经济的发展提供了原则性、框架性、导向性的政策指导。2018 年 5 月，国家发改委又牵头发布了《关于做好引导和规范共享经济健康良性发展有关工作的通知》，提出构建综合治理机制、推进实施分类治理、压实企业主体责任、规范市场准入限制、加强技术手段建设、推动完善信用体系、合理利用公共资源、保障个人信息安全、规范市场竞争秩序、加强正面宣传引导、完善应急处置保障 11 项要求。据统计，2020 年中国共享经济市场交易规模达 33 773 亿元，且在未来 5 年，中国共享经济的年均增速还将保持在 10% 以上 [20]。虽然共享经济在中国已经得到了引领式发展，但是从培育经济增长新动能和满足消费者需求来看，共享经济的作用和潜力还远未得以充分释放，其还将向更多行业和领域进行拓展与融合。

1.1.3　学科生态

电子商务社会生态决定着企业发展的方向，国家政策的出台使得电子商务平台的建设不断规范化。新的经济生态背景下，电子商务企业在创新的路上不断探索新商业模式之间的促进与融合。

随着社会生态的变迁，电子商务企业的生存、发展、壮大产生了工程生态的需求。例如，电子商务基本平台建设中需要将现实市场中的元素融合到线上平台，产生新零售商业模式 [21]。电子商务平台的交易量逐步增大带来对交易双方信用机制的要求，甚至是与金融平台融合，这需要在不同网络环境下在数据共享的基础上保护用户隐私 [22]、保证数据安全 [23]。同时，丰富的电子商务工程需求构成了一个庞大的电子商务工程生态，并对新技术的研发和应用提出了要求。中国某大型电子商务平台显示，该企业 2020 年一年的活跃购买用户数高达 4.719 亿 [①]。对大量的用户信息及消费信息的处理要求大数据技术、云计算技术等技术的综合使用。对这些用户信息的安全保护等主要依赖于区块链技术。敏锐地利用用户数据并分析用户偏好，为用户实时地、精准地推荐商品又需要综合使用大数据技术、云计算技术、人工智能技术等多种新技术。用户购买了产品，产品经历从厂家发货、货运中转、送达用户，对于产品的追踪则需要大数据技术、人工智能技术、物联网技术等多方面技术的融合。

工程生态的研究带来了许多创新的机会，如在虚拟购物环境现实化过程中，需要将整个购物环境部署到线上，将商家和用户同时在虚拟环境中进行三维重建，实行"线上线下一体化"的购物策略。这就产生了 O2O[n]（线上线下一体化）的创新电子商务模式。在全新的购物环境中，智能客服代替了线下的导购员、厂家推销员。同时，自然语言处理、计算机视觉等技术的应用可根据用户的信息实现与用户的自动对话。通过与智能客服的交流，消费者不用再必须采用现金或刷卡形式支付，而是采用移动支付工具进行快速支付。在用户支付后，电子商务背后的信息化物流系统开始运作，产生了自适应物流分配算法研究、智能自适应动态组网路径规划研究等创新需求。

电子商务社会生态、工程生态、创新生态的丰富对电子商务人才培养提出了更高的要求。在这一背景下，建设电子商务应用课程体系十分重要。这涉及多个学科：管理工程类、金融学类、会计学类、计算机科学类、法学类等交叉应用领域。教育部高等学校电子商务类专业教学指导委员会统计数据显示，截至 2021 年 9 月，中国已有

---

① www.jd.com.

600 所高校开设电子商务专业 ①，授予工学学位、经济学学位或管理学学位。电子商务和工学、经济学与管理学一级学科以及数学等基础学科都有一定程度的交叉（图 1-5）。

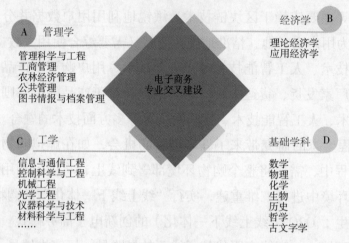

图 1-5　电子商务交叉学科建设

教育部提出并强调要深入推进"新工科、新文科、新医科、新农科"的"四新建设"，从而全方位服务于社会发展的需要，提高国家实力 [24]。图 1-6 是对"四新建设"重点与特点的归纳，它们分别代表了国家在不同层面的发展，新工科是国家硬实力的增长极，新文科是国家文化软实力的增长极，新医科是全民健康力的增长极，新农科是国家生态成长力的增长极，因此"四新建设"能够全面提高国家实力。而电子商务在发展过程中，为了不断适应时代的发展，融入了许多不同领域的技术和知识，因此极具前沿性和交叉性。但是电子商务已经进入深层次的建设期，面临许多机遇和挑战，行业应用的广泛也意味着需要更多具有综合能力的各类人才，

---

① https://www.gmw.cn/xueshu/2022-01/10/content_35436898.htm.

在国家日益重视"四新建设"的当今，电子商务与"四新建设"相结合也是必然的趋势。

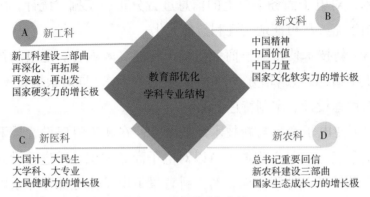

图1-6 "四新建设"归纳

电子商务专业学科建设在教育部"四新建设"的大背景下，目标是建设以电子商务概论为全局、以电子商务体系结构为架构、以电子商务原理为基础理论、以电子商务学为顶层设计的理论体系。在理论体系建设过程中，需要建设电子商务学科专业的基础知识体系，形成具有电子商务学科特征的基础知识体系群（含交叉学科知识体系）：数学类知识群、信息类知识群、管理类知识群、金融类知识群、法律类知识群。

1.1.3.1 电子商务与新工科

新工科主要是指为了产业发展需要，对已有的传统工科专业通过使用信息化、智能化、交叉融合其他学科等方式进行转型、改造，而产生的新型专业[25]，在新工科的建设背景下将应对第四次工业革命的需要，加强战略急需的人才培养。

新工科的这些专业所对应的创新技术也都与电子商务紧密相关。电子商务与新工科的融合体现在新技术应用的三个方面。

（1）新技术能够帮助电子商务企业更好地处理数据。电子商务的应用意味着需要处理海量的网络信息，同时面临用户高并发的访问，诸如云计算等技术可以解决相应问题。

（2）新技术能够帮助电子商务平台制定合适的营销策略。利用新技术，对电子商务平台上的信息进行分析、挖掘、统计，由此调整营销策略，尽可能地实现利益最大化。

（3）新技术使得电子商务与知识智能高效融合。通过新技术构建知识图谱，设计营销方式，精准匹配客户需求，同时根据市场变化，有针对性地设计、定制特色产品。

为了使电子商务与新技术高效融合，在新工科建设背景下建立特色电子商务工科知识群，可以对电子商务知识体系进行设计。例如，在共性基础课程方面，新工科背景下电子商务课程体系以"微积分""线性代数""概率论""统计学""英语""物理学""社会学""写作沟通"等数理基础和写作沟通基础课程为主。在专业基础课程方面，设置"软件文化""程序设计""信息管理""博弈论""运筹学""数据结构""计算机网络"等课程，讲解基本的软件工程知识、程序设计方法、统计分析方法等，为后续专业核心课程开展围绕大数据、云计算、人工智能、区块链等新技术在电子商务应用的深入研究做铺垫。在专业核心课程方面，"高级数据库技术"介绍大数据背景下的数据存储和管理，在传统的关系型数据库基础上，引入 NoSQL、NewSQL 等。"深度学习"介绍神经网络技术、深度学习技术以及其在电子商务特别是推荐领域的应用。此外还引入围绕 Spark、Hadoop 等平台的程序设计课程等，从具体实践角度研究新技术在电子商务中的应用。

1.1.3.2 电子商务与新文科

新文科是指对传统的文科，通过融入信息技术的方式进行文理交叉，从而形成综合性的跨学科模式，达到扩展知识、培养创新思维的目的。总结来说，新文科有以下特征：①多学科协同从而更契合现代社会需求。②融入信息技术，重塑思维体系。③变革人才培养模式，打牢知识基础。④不一味趋新，不抛弃"文"的本质。

当代科学技术发展以及世界格局的变迁带来了社会各方面的变化，而新文科就是为了适时应变，因此新文科的发展建设以及培养出来的人才，给电子商务注入新的活力的同时，也能够帮助电子商务适应变化。

（1）全球化将全世界的个体与市场紧密结合，跨境电子商务也在不断发展，因此更需要国际化人才。而新文科的建设能够培养具有国际视野以及跨文化交流能力的人才，能够帮助电子商务企业更加主动、成功地走向国际。

（2）电子商务融入社会，能够在很大程度上影响社会，影响人们的生产生活方式以及思维模式，而电子商务又是信息交汇、传播的有效方式，错综复杂的信息中难免会有负面信息潜移默化地对社会产生一定的不良影响。新文科建设就要培养出具有坚定立场，担当宣扬公平正义、捍卫社会良知重任的人才，引导电子商务向正确的方向发展。

（3）大数据、云计算、物联网等前沿技术不断地改变着人们的生活，数字化和移动支付也带来了商业模式的创新，必须走向前沿的电子商务对人才的创新能力、适应能力和学习能力都提出了挑战，而新学科强调整体性思维的培养以及多维度扩展，能够为电子商务的创新提供新的活力。

为了更好地保证电子商务与社会发展相互促进，在新文科建设背景下建立特色电子商务文科知识群，除了共性基础课程方面，在经济学、管理学等方面也为电子商务课程设计带来新启示，举例如下。

电子商务市场内流通的商品不再局限于实体商品，产生了虚拟商品（详见第4.2.1小节），虚拟商品的边际成本降低，诞生了很多新的定价策略，诸如打赏（pay what you want）[26]和众筹（crowd funding）[27]。此外，在电子商务中双边市场[28]更加成熟，形成了多种电子商务模型，进一步产生了线上线下的融合，形成了 $O2O^n$ 等创新的电子商务模型（详见第 3 章）。因此，"经济学基础""管理学基础""网络营销"等课程的设计可以更新相关内容。

1.1.3.3 电子商务与新农科

新农科是指新的农科或者对原有农科专业改造的专业，将人工智能、电子化、信息化技术融入原有农科中，也就是运用现代科学技术改造农科相关专业，同时也注重科技伦理的培养，以及时应对随着信息化发展所产生的新的伦理问题。

新农科与电子商务的结合是当前的一个重要研究点，也有相关政策来推进电子商务进农村。这对于电子商务和农村、农业发展来说，都是一个重要的机会。

（1）新农科的建设，能够帮助农业在农村信息通信、农产品加工以及质量标准化、仓储物流体系等方面提供技术与人才支撑，为农村电子商务的发展提供良好的环境基础以及技术支持，从而电子商务平台也能够提供更加丰富、新鲜的产品供消费者选择，进一步吸引更多有着农产品需求的消费者。

（2）新农科与电子商务的结合，能够转变农业发展方式，进一步助力精准扶贫政策。例如，通过线上平台的推广与包装，能够提升农产品的知名度，推动地方特色农产品的生产销售，同时实现农产品消费需求与生产供给直接对接，极大地缩短了农产品走向各类消费市场的空间距离，降低了农产品交易成本和生产风险。

为了更好地保证电子商务与社会发展相互促进，新农科建设背景为电子商务课程设计带来新启示，举例如下。

农特产品以其"生鲜"产品的特有属性，在电子商务发展过程中实现了生产者和销售者的对接，然后商品再由销售者卖给消费者，形成了新的电子商务模式，是模型组态变换的一个应用案例（详见第 3 章），"电子商务概论"等基础课程可以进行扩充。

1.1.3.4　电子商务与新医科

新医科是科学、人文、工程的交叉融合，是培养复合型人才，以适应和服务于信息时代的医学研究和医学实践学科[29]。近年来，人们的就医方式还是以线下与医生面对面的诊断为主，很多诊断、检查流程也较为烦琐，在信息化的背景下，医院的设备不断升级改造，也通过将一些服务线上化的方式简化就医流程，新医科的建设能够加快医院的升级改造进程，提高医院信息化程度。

与新农科类似，新医科建设能够为电子商务与医学的结合提供知识基础和技术支撑，培养出既懂医学又懂服务的复合型人才，而电子商务能够为新医科提供新的工作平台，以商务的形式、市场的行为、医学的手段、诊病问病服务于社会。两者相互促进、共同发展。

目前，随着人民生活水平的提高，中国大健康行业发展迅速，已上升为国家战略高度，如 2016 年中共中央、国务院印发了《"健康中国 2030"规划纲要》[30]，2019 年发布了《健康中国行动（2019—2030 年）》[31]。大健康要求对健康实施全面、全程、全要素的呵护，不仅追求身体健康，也追求精神、心理方面的健康。实现大健康产业发展的重要前提是改变传统的医疗产业发展模式，即从单一救治模式转向"防—治—养"的全程、全面、全要素的一体化模式。如图 1-7 所示为大健康产业参与主体，其中线上药物销售平台、在线问诊平台等都是电子商务相关服务，它应用了电子商务的营销理念，能够带动医疗体制改革，帮助医疗大型设备共享，在大健康产业中起着关键作用。

医疗设备的共享必然会带来医疗过程中信息的流通和共享，这对患者的隐私产生了极大的挑战。在新医科的背景下，这给电子商务课程设置带来了启示，如"电子商务法""大数据隐私保护""信息伦理"等课程的内容可以进行扩充。

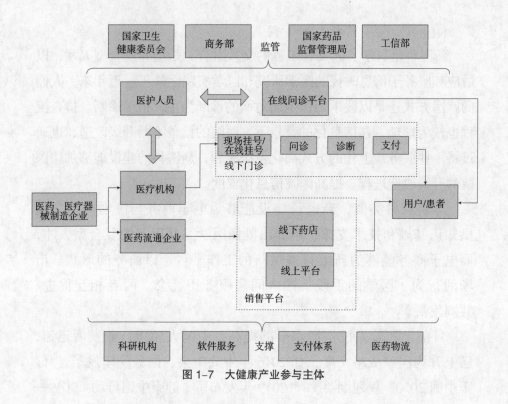

图 1-7　大健康产业参与主体

1.2　电子商务工程生态

　　社会生态的变迁决定了工程生态的需求，电子商务工程生态也随着企业的需求不断演变。电子商务领域有众多工程新技术应用场景，如平台建设、交易模式、互联互通、数据共享等。随着信息技术的发展，这些应用场景逐渐形成了围绕大数据、云计算、物联网、人工智能、区块链五大新技术的工程生态。

1.2.1　大数据生态

1.2.1.1　大数据基础概念

2012 年 12 月，英国学者维克托·迈尔 - 舍恩伯格（Viktor Mayer-Schönberger）在《大数据时代》一书中提出了"大数据"

的概念 [32]，认为"大数据"是指需要新处理模式才能具有更强的决策力、洞察力和流程优化能力的海量、高增长率和多样化的信息资产 [33]。

对于大数据的特性，业界认可度较高的是 IBM 提出的大数据 5V 特点 ①。

（1）volume：大数据量。从计量单位来看，大数据量的单位至少是 P（1 000TB），甚至会达到 EB（100 万 TB）或 ZB（10 亿 TB）。大数据量使得数据采集、存储和计算过程都发生了较大变化。

（2）variety：数据类型和数据源的多样化。数据类型包括结构化、半结构化和非结构化数据，数据源包括网络日志、音频、视频、图片、地理位置信息等，数据类型多样化要求更高的处理能力。

（3）value：较低的数据价值密度。低数据价值相对大数据量，对数据价值挖掘提出了更高要求。

（4）velocity：数据增长速度快，时效性要求高。诸如本书后续提到的推荐算法要求实时推荐。

（5）veracity：数据的准确性和可信赖度，即数据的质量。

1.2.1.2 大数据电子商务应用

随着科技的进步，电子商务的应用也不断增加。互联网技术的发展使得线上平台在零售中的比重越来越大，逐渐形成了以 B2C（企业对消费者）和 C2C（消费者对消费者）为核心的电子商务模式。随着移动互联网技术的发展，O2O（线上对线下）模式诞生。用户和数据来源的增多，使得电子商务面临的数据处理量更大，从 GB 规模逐步提升到 PB 规模。21 世纪初，大数据、云计算、大物联、人工智能、区块链等新技术发展，使得线上线下的边界逐渐模糊，进而诞生了 $O2O^n$ 等电子商务模式。

---

① https://www.ibm.com/blogs/watson-health/the-5-vs-of-big-data/.

从电子商务发展历程来看，B2C，即商家向客户发售产品的零售模式，是最为基础的电子商务模式之一。零售是电子商务 B2C 模式的重要过程，因此零售三要素"人""货""场"也在该模式中有所体现。

电子商务中的"人"主要是指电子商务企业和电子商务消费者，"货"主要是指电子商务产品，"场"主要是指电子商务平台。可以用一个有向图 $G(V, E)$ 来表示这几个要素之间的关系，其中 V 是要素节点。电子商务企业、消费者、产品和平台分别记为 v_1、v_2、v_3、v_4。E 是要素之间大数据应用关系的集合，$(v_i, v_j|i \neq j) \in E$ 定义为两个节点间的一条有向边：(v_1, v_2) 表示企业对用户的分析过程，(v_1, v_3) 表示企业选择某一款商品上架的流程，(v_1, v_4) 表示企业选择某一电商平台开设网店，(v_2, v_1) 表示用户在选择某一款商品的时候比较不同的商家，(v_2, v_3) 表示消费者购买某一款商品，(v_4, v_1) 表示电子商务平台对其上各企业的网店进行评估并设置不同的流量入口。

如图 1-8 所示，要素之间的每一种关系 (v_i, v_j) 都是营销中的重要过程，大数据的应用给每种关系都会带来重大变革。(v_1, v_2) 能够帮助企业掌握消费群体特征，研究消费群体购物偏好。为了更好地分析用户，对目标用户更好地勾画，联系用户诉求与设计产品，一种新的方式被提了出来：用户画像。中国互联网络信息中心（CNNIC）的数据显示，截至 2020 年 12 月，中国手机网络购物用户规模达 7.8 亿[①]。对这些用户信息的整理和归纳，可以让智能系统学会从数据比特流中分析理解用户。

如果将用户的信息分为若干类 $C=\{c_1, c_2, c_3\}$，其中 c_1 为用户的基本信息，c_2 为用户的消费信息，c_3 为用户的社交信息。用户的基

---

① http://cnnic.cn/gywm/xwzx/rdxw/20172017_7084/202102/t20210203_71364.htm.

本信息包括：年龄，性别，生日，当前所在国家、城市、区域，故乡所在国家、城市、区域等 N_1 种，记对应每种信息的维度为 d_i^1。用户的消费信息包括消费偏好领域、消费偏好品类、消费偏好价格区间、消费频率、近期消费次数、近期消费品类、近期消费额度、使用的设备、信用额度等 N_2 种，记对应每种信息的维度为 d_i^2。用户的社交信息包括用户社交偏好领域、用户常用社交软件、用户活跃时间、用户在不同平台上的粉丝数和关注数等种 N_3，记对应每种信息的维度为 d_k^3。

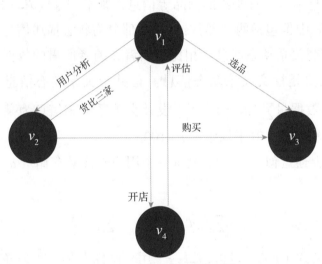

图 1–8　电子商务零售关系图

则每一个用户画像在某一时刻的静态数据存储量 d_{uf}，用公式表示为

$$d_{uf}=\sum_{i=0}^{N_1} d_i^1+\sum_{i=0}^{N_2} d_i^2+\sum_{i=0}^{N_3} d_i^3 \tag{1-1}$$

记某个电子商务企业 u_j 具有的用户数为 n_j，则该企业平台上数据画像的存储量 d_{uj}，用公式表示为

$$d_{uj}=n_j \times d_{uf} \tag{1-2}$$

由于电子商务平台精准营销的需求，对于用户画像的刻画要求较高，因此每个用户的各类信息 $N_i \gg 10$。下文对电子商务企业 u_j 的用户画像数据量进行描述。

基本信息 c_1 中每个信息可以用一个数字表示，那么平均维度 $\overline{d_i^1}$ 可以记为1。消费信息中包括两个部分：一个部分是用户偏好的静态信息，另一个部分是用户历史的消费信息，相比于后者，前者所需的数据量较小，数据量占比主要是用户历史的消费信息。记用户历史消费信息有 $\hat{N_2} \approx N_2$ 种，则消费信息的数据量 $\sum_i^{\hat{N_2}} d_i^2 \approx \sum_i^{N_2} d_i^2$。设历史消费信息为近一月购买的商品等信息，则平均维度 $\overline{d_i^2}=30$。用户的社交信息 c_3 中也包括两个部分：一个部分为状态描述信息，另一个部分为社交关系动态信息，相比于后者，前者所需的数据量较小，数据量主要是社交关系动态信息。记社交关系动态信息有 $\hat{N_3} \approx N_3$ 种，则其数据量 $\sum_i^{\hat{N_3}} d_i^3 \approx \sum_i^{N_3} d_i^3$。设社交关系动态信息为某一平台的关注数或粉丝数，其平均维度 $\overline{d_i^3}=100$。

根据上述近似，企业 u_j 上每一个用户画像的存储量 d_{uf}，用公式表示为

$$d_{uf} = \sum_{i=0}^{N_1} \overline{d_i^1} + \sum_{i=0}^{\hat{N_2}} \overline{d_i^2} + \sum_{i=0}^{\hat{N_3}} \overline{d_i^3} \tag{1-3}$$

根据公式（1–3）可得，每一个用户画像在某一时刻静态存储数据量 $d_{uf} \gg 60$，单位为字节。若该电子商务企业 u_j 网络购物用户数为 $n_j=10^8$，则整个企业平台上数据画像的存储量 $d_{uj} \gg 131$ GB。除了基本信息 c_1 外，其他用户相关信息动态变化的，在一个周期内用户画像的数据量就可能达到 PB 级。

一个平台上的用户画像在一个周期内的数据量就达到了 PB 级，那么在电子商务整个生态过程中，数据的规模则会更加庞大。所谓"量变产生质变"，电子商务模式和电子商务体系结构随之发生变化，详见第 3 章和第 4 章。

1.2.2　云计算生态

1.2.2.1　云计算基础概念

2006 年 8 月 9 日，时任谷歌首席执行官埃里克·施密特（Eric Schmidt）在搜索引擎大会（SES San Jose 2006）上提出了"云计算"的概念[①]。

美国国家标准与技术研究院（NIST）将云计算定义为："一种按使用量付费的模式，这种模式提供可用的、便捷的、按需的网络访问。进入可配置的计算资源共享池（资源包括网络，服务器，存储，应用软件，服务），这些资源能够被快速提供，只需投入很少的管理工作，或与服务供应商进行很少的交互。"[②] 云计算架构示意图如图 1-9 所示。

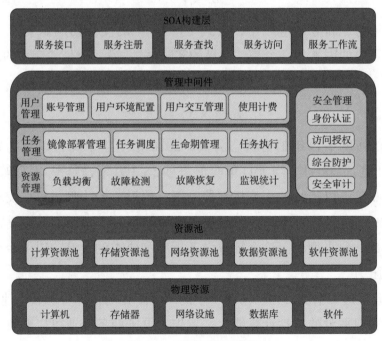

图 1-9　云计算架构示意图

---

① https://www.seroundtable.com/archives/004366.html.

② http://csrc.nist.gov/publications/nistpubs/800-145/sp800-145.pdf.

1.2.2.2 云计算电子商务应用

电子商务作为数字经济的重要组成部分，也是推动数字经济发展的核心动力之一，其带动的经济创新在世界上得到了广泛关注。据有关资料报道，中国电子商务平台企业阿里巴巴在 2013 年 11 月 11 日的单日销售额是 350 亿元，创造了单日销售额世界纪录。这个数字自 2014 年起呈逐年增长态势。这与"新零售"社会生态的形成息息相关。

从上述云计算定义可以得出一个基础的等式，云计算记为 E_1，可配置的计算资源共享池记为 a_1，便捷访问条件记为 a_2，用公式表示为

$$E_1 = a_1 \times a_2 \tag{1-4}$$

在电子商务的应用中，公式（1-4）中的便捷访问 a_2 需要考虑两个重要的因素，一个是"交易的实时性"，另一个是"交易的准确性"，分别记为 s_1 和 s_2，用公式表示为

$$E_1 = a_1 \times (s_1 + s_2) \tag{1-5}$$

以阿里平台年销售状态为例，2020 年全年平均订单量为每秒 0.2 万笔，"双 11"当天订单峰值每秒 58.3 万笔，是平均订单量的近 300 倍。以传统的小型机部署为例，假设一台小型机可以支撑每秒 0.2 万笔交易的计算，那么要在峰值来临时应对压力，则需要再采购 299 台小型机。这会导致设备折旧和成本的上升，以及企业财年的压力。

应对这一情况，公式（1-4）中的"可配置的计算资源共享池" a_1 可以实现平台的弹性计算能力。首先，电子商务企业可以购置低价位的 PC（个人计算机）服务器，作为计算节点。在计算节点上，虚拟化出不同的服务容器，为业务需求提供运算支撑。为了每个计算节点上服务容器以及依赖的网络、存储资源的动态分配，设计控制

节点。另外设计网络节点负责云计算平台内各节点和外部的通信，设计存储节点负责额外的存储。云计算拓扑结构图如图1-10所示。

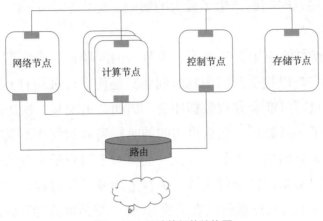

图1-10　云计算拓扑结构图

　　根据业务的需求控制节点动态调整所需的资源：当业务需求大时，所有计算节点均分配多个虚拟服务容器提供服务；当业务需求小时，关闭若干服务容器，降低资源消耗。

　　云计算在解决电子商务"交易实时性"时需要解决延时问题。云计算框架中不同的计算节点可能分布在不同的地域，加之为了保障数据的安全，电子商务平台企业通常采用"异地多活"的数据灾备方案。在这种情况下，数据的同步会造成延时问题。

　　若以每1 000千米光纤传播时间延迟5毫秒计算，加上复用、解复和中继的时延，可以设定1 000千米以上来回一次消息传递是30毫秒。对于用户来讲，如果只是增加30毫秒，感受并不是很明显。但是当用户在商品页面看到一个商品单击"立刻购买"，页面的背后有100多次的后端交互，如果100多次全部跨地域完成的话，就意味着页面的响应时间将增加3秒。3秒的增加使得用户产生明显感受。在实际情况下，3秒已经属于超时，很多页面就无法显示。这是"异地多活"给用户体验"实时性"的第一点冲击。

"实时性"受到的第二点冲击是当系统响应时间增加，意味着每年"双11"增加的QPS（每秒查询率）将付出更大的成本。由此可见，距离带来的延时问题产生了较大的影响。通常解决距离问题的方案是采用多点写。

而多点写的应用会带来第二个复杂的问题，这个问题比延时问题更令用户难以接受。因为延时问题只是使平台页面打开的速度慢了，而多点写可能会导致数据冲突。诸如会出现某一次访问在A数据中心写了一条数据，然后再访问的时候到B数据中心又写了一条数据。两条数据如果不能合并在一起，对于用户最直观的感受是有可能该用户买东西已经付了钱，平台上却显示没付钱。或者购买了一件商品，平台却压根就没有生成订单。"交易准确性"问题一旦出现，会给电商平台带来不可挽回的损失。

导致这种情况出现的原因是单点问题，如图1-11所示。在单点场景下使用多点写技术可能带来数据冲突问题。解决这一问题的一种方式是"单元化"，单元化结构中的一个单元，是一个功能完全的单点站，部署了所有应用。与多点操作的区别是，每个单元不是全量的，只能操作一部分数据。

图1-11　单点问题

单元化结构下，服务仍然是分层的，不同的是每一层中的任意一个节点都仅属于某一个单元，上层调用下层时，仅会选择本单元内的节点。一个单元是一个"五脏俱全"的缩小版整站，它是"全能"的，因为部署了所有应用。但它不是全量的，因为只能操作一部分数据。能够单元化的系统，很容易在云计算框架中部署，因为可以较容易地把几个单元部署在一个节点，而把另外几个部署在其他节点。通过在业务入口处设置一个流量调配器，可以调整业务流量在单元之间的比例。单元化结构如图 1-12 所示。

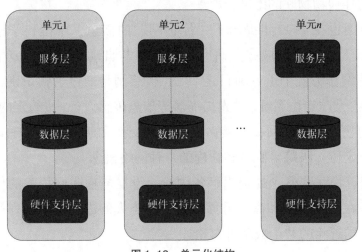

图 1-12　单元化结构

云计算的特性使在大数据背景下电子商务交易实时性和准确性得以满足，不仅支持了传统电子商务千亿元销售额的高纪录，更支持了直播电商等电子商务新模式带来的密集流量。

1.2.3　物联网生态

1.2.3.1　物联网基础概念

1995 年，比尔·盖茨（Bill Gates）在《未来之路》中提及了物联网概念的雏形。随后，在 1999 年，麻省理工学院成立 Auto-ID 全球研究中心，提出了物联网的基本设想：把所有物品通过射频识别（RFID）等信息传感设备与互联网连接起来，从而实现智能化的识别和管理[①]。在 2005 年国际电信联盟（ITU）发布的同名报告中，物

---

① http://autoid.mit.edu/.

联网的定义和范围已经发生了变化，拓展了覆盖范围，不再只是指基于 RFID 技术的物联网概念，而是在世界信息通信技术的概念上又加了一个维度，将原来任何时间任何地点与任何人互联的概念加入了与任何物物联的维度①。

中国也在 1999 年提出了"传感网"的概念，中国科学院"知识创新工程试点领域方向研究"的信息与自动化领域研究报告中将传感网作为五个重点项目之一②。传感网是通过射频识别、红外感应器、全球定位系统、激光扫描器等信息传感设备，按约定的协议，把任何物品与互联网相连接，进行信息交换和通信，以实现智能化识别、定位、跟踪、监控和管理的一种网络概念。

随着物联网概念的提出，各国纷纷设立与物联网相关的信息化战略，在技术研究和商业方面取得了相当大的进展，本书列举了美国和中国近年的若干战略进行论述。

美国近年的计划如下。

1999—2001 年，DARPA（美国国防部高级研究计划局）资助加州大学伯克利分校（UC Berkeley）进行"智能微尘"（Smart Dust）项目研究，2005 年，该项目被美国国防部正式列为重点研发内容③。

2010—2015 年，美国联邦政府首席信息官威维克·昆德拉（Vivek Kundra）先后签署颁布了关于政府机构采用云计算的政府文件以及《联邦云计算策略》（*Federal Cloud Computing Strategy*）白皮书④。

2020 年，《物联网网络安全改进法案 2020》（*H.R. 1668 Internet of Things Cybersecurity Improvement Act of 2020*）正式签发⑤。

---

① https://www.itu.int/osg/spu/publications/internetofthings/.
② http://www.bulletin.cas.cn/zgkxyyk/ch/reader/view_abstract.aspx？ file_no=20000104.
③ https://people.eecs.berkeley.edu/~pister/SmartDust/.
④ https://obamawhitehouse.archives.gov/sites/default/files/omb/assets/egov_docs/federal-cloud-computing-strategy.pdf.
⑤ https://www.congress.gov/bill/116th-congress/house-bill/1668.

中国近年的计划如下。

中国政府在 2010 年的政府工作报告中指出："要大力发展新能源、新材料、节能环保、生物医药、信息网络和高端制造产业。积极推进新能源汽车、'三网'融合取得实质性进展，加快物联网的研发应用。"[①]

工业和信息化部的《信息通信行业发展规划物联网分册（2016—2020 年）》指出："当前，物联网正进入跨界融合、集成创新和规模化发展的新阶段，迎来重大的发展机遇。"[②]

2020 年 5 月，工业和信息化部办公厅发布的《工业和信息化部办公厅关于深入推进移动物联网全面发展的通知》指出："准确把握全球移动物联网技术标准和产业格局的演进趋势，推动 2G/3G 物联网业务迁移转网，建立 NB-IoT（窄带物联网）、4G（含 LTE-Cat1，即速率类别 1 的 4G 网络）和 5G 协同发展的移动物联网综合生态体系，在深化 4G 网络覆盖、加快 5G 网络建设的基础上，以 NB-IoT 满足大部分低速率场景需求，以 LTE-Cat1（以下简称 Cat1）满足中等速率物联需求和话音需求，以 5G 技术满足更高速率、低时延联网需求。"[③]

1.2.3.2 物联网电子商务应用

物联网生态是连接"电子商务"线上到线下的桥梁，是电子商务交易闭环形成的重要技术保障。

物联网，表示物与物之间通过互联网连接传递信息。记电子商务物联网为 E_2，用 $G(V, E)$ 表示一个图，点集用 V 来表示，其中每一个物体作为一个节点，物体之间的网络连接作为边集 E，直观地解释物联网的基本概念，用公式表示为

[①] http://www.gov.cn/2010lh/content_1555767.htm.

[②] http://www.cvtech.com.cn/uploadfile/ExcelFile/2017-06/file2017062910124939188.pdf.

[③] http://www.gov.cn/zhengce/zhengceku/2020-05/08/content_5509672.htm.

$$E_2 = G(V, E) \tag{1-6}$$

$$V = \{v_1, \cdots, v_n\}, \ E = \{e_1, \cdots, e_m\} \tag{1-7}$$

物联网生态是基于物联网基本结构多种要素的组合，可以看作一个分层结构，如图 1-13 所示，主要包括：基本的"物"，表示设备和部署的嵌入式系统；"物"与"物"之间的连接，表示通信基础设施和通信设备；"物"的管理平台，表示"物"的激活、认证、计费和通信管理；"物"的分析，表示对"物"采集的数据进行分析和处理，得到的结果可以形成服务产品，或者对物联网设备、通信设备的部署和管理提供优化；"物"的服务，基于分析的数据提供服务，供给顶层用户。

服务	提供服务
分析	对"物"采集的数据进行分析和处理，优化设备，准备服务
平台	设备的部署、激活、注销、计费及通信管理
物与物连接	通信基础设施和通信设备
物	物联网设备

图 1-13 物联网生态示意图

记物联网为 E_2，则 $E_2 = G(V, E)$ 用于表示物联网的图结构。图的类型可以分为无向图（undirected graph）、有向图（directed graph）、有环图（cyclic graph）、无环图（acyclic graph）、加权图（weighted graph）、无权图（unweighted graph）、稀疏图（sparse graph）和稠密图（dense graph），如图 1-14 所示。

图 1-15 中的图结构类型都是针对静态图而言，对于一个物联网 E_2，可能存在节点和边的变化。比如污水处理厂的监测传感器突然失灵，则节点会消失。相反一个传感器的部署会带来节点和对应

边的出现，此时公式（1-7）可以更新为公式（1-8），表示为一个动态图，用公式表示为

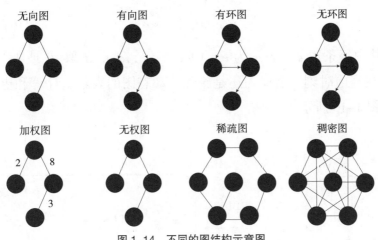

图 1-14　不同的图结构示意图

$$E_2 = G(V, E), \quad V = \{(v, t_s, t_e)\}, \quad E = \{(u, v, t_s', t_e')\} \quad (1-8)$$

其中，t_s，t_e 表示节点出现和消失的时间点，$t_s < t_e$；u 和 v 表示两个节点；t_s'，t_e' 表示边出现和消失的时间点，$t_s' < t_e'$。

根据时间 t 的粒度，可以用四种方式表示动态图。

（1）静态图：静态图可以视为动态图的一种。

（2）边加权：静态加权图可以通过边的权值标注每条边的最近活跃时间。

（3）离散：离散型动态图可以根据不同时刻构造一个静态图序列。

（4）连续：连续型动态图随着时间粒度的增加，模型的复杂度也会提升。

对于离散型动态图，用公式表示为

$$DG = \{G^1, G^2, \cdots, G^T\} \quad (1-9)$$

其中 DG 的每个元素都是某一时刻动态图的快照，即为 G^i，其中 i 取 1 到 T 之间的整数，T 是选取的时间段。

对于连续型动态图，用公式表示为

$$CG=\{e_1,\ e_2,\ \cdots\} \tag{1-10}$$

其中每条边 e_i，表示为 $e_i=(u_i,\ v_i,\ t_i,\ d_i)$，$d_i$ 取 –1 或 1，代表边 e_i 在当前时刻 t_i 是加入还是删除。动态图的表示、计算和更新过程如图 1–15 所示。

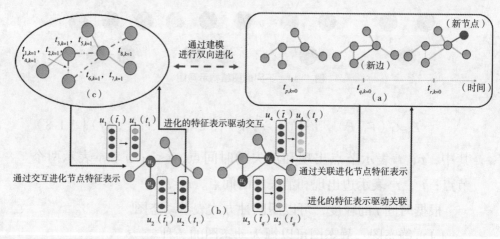

图 1–15　动态图的表示、计算和更新过程 [①]
（a）关联过程；（b）更新过程；（c）通信过程

在物流行业，物流市场规模持续扩大。2018 年，中国的社会物流总额达到 283 万亿元，但社会物流总费用占 GDP（国内生产总值）的比率高达 14.8%。该值越小，证明一个国家物流发展水平越高。以 2018 年的水平测算，中国的社会物流总费用高于欧美发达国家。

---

① https://openreview.net/pdf？id=HyePrhR5KX.

因此，国内各大型企业为了解决物流成本高、物流效率低和数字化程度较低的问题，引入物联网和人工智能等新技术。以某物流企业为例，根据图 1-14 的分层结构，可以得出一个该企业物流体系的分层结构，如图 1-16 所示。

服务	入库、存储、拣选、分拣、运输、配送
分析	仓网规划和库存布局、分拣布局和干支路由、点网布局和传摆路由
平台	智能排产、智能分单、智能派单
物与物连接	基于无线网的通信平台
物	货品、叉车（AGV）、运输车、无人机等

图 1-16　某企业物流体系的分层结构

在基础底层，"物"可以分为三大类：仓储、运输、配送。记仓储、运输和配送为 C_1、C_2、C_3。每个节点属于一个类别，则货品的数目记为边的权值。记录一个周期 T 的动态图，用公式表示为

$$DG=\{G^1,\ G^2,\ \cdots,\ G^T\} \tag{1-11}$$

则每一个周期的图 G，用公式表示为

$$G=G\left(V_c,\ E\right),\ v_c\in V_c,\ c\in\{C_1,\ C_2,\ C_3\} \tag{1-12}$$

对 V_c 中的一个节点 v_c，c 是节点的类型，属于 C_1、C_2 和 C_3 三类中的一类节点。

在物与物的连接层面，可以通过无线网络进行通信，常用的无线通信技术可以分为近距离无线通信技术和远距离无线通信技术。近距离无线通信技术包括 Zig-Bee、蓝牙（bluetooth）、无线宽带（Wi-Fi）、超宽带（UWB）和近场通信（NFC）等。远距离无线通信技术包括

GPRS/CDMA（通用分组无线业务/码分多址）、数传电台、扩频微波、无线网桥及卫星通信、短波通信技术等。

在平台层，智能排产、智能分单和智能派单主要应对物流领域三个场景：仓储、运输和配送。以智能排产为例，其主要服务于仓储领域，主要调控交叉带分拣机系统、无人搬运叉车以及RFID扫描识读设备。交叉带分拣机系统能够实现自动化供包和货物的六面精准扫描。无人搬运叉车能够执行自动装车、卸车、避障和载重检测等功能。RFID扫描识读设备识别发货订单并自动充电。

在分析层，主要是提升仓储、运输和配送环节的效率，优化结构。具体而言，在物流各大场景下，进行货物布局优化、仓网规划、物流全链条选址、网络路径优化等。

在服务层，对物流系统而言，就是一系列的入库、存储、拣选、分拣、运输、配送操作，支撑物流系统的运行。

物联网技术解决的是"物与物连接"的问题，使得电子商务平台上的参与者都获得明确的定位，保障了交易的顺利进行。同时，物联网技术的应用和发展加速了O2O模式向线上线下一体化模式O2O^{n}的演变。

1.2.4　人工智能生态

1.2.4.1　人工智能基础概念

1956年，美国达特茅斯"人工智能夏季研讨会"（Summer Research Project on Artificial Intelligence）被学术界广泛认为是人工智能诞生的标志。参加这次研讨会的有约翰·麦卡锡（John McCarthy）、马文·明斯基（Marvin Lee Minsky）、纳撒尼尔·罗切斯特（Nathaniel Rochester）、克劳德·香农（Claude Shannon）等。

这次研讨会提出了一份提案，提案提出了"人工智能"的定义：尝试找到如何让机器使用语言，形成抽象和概念，解决现在人类还不能解决的问题，提升自己等。对于当下的人工智能来说首要问题是让机器像人类一样能够表现出智能①。

在此之后的发展历程中，人工智能经历了数次兴衰，如图1-17所示。每次低谷都是因为算法和平台计算能力陷入瓶颈，但是每次技术上实现突破，又会迎来新的高峰。在今天，有了强大的计算力和海量的数据支撑，人工智能又呈现爆发态势。

图 1-17　人工智能发展史

当前，人工智能生态的一个核心组成就是机器学习算法。机器学习是一个很严谨的数学问题，是一个包含大量参数的函数，也就是所谓的"模型"，这个函数有固定的输入和输出。给出一部分输入输出的示例，然后通过调整函数的参数，让函数学到规律，它就有了判断的能力。机器学习算法的关键在于找到更好的函数形式，以及学到更好的参数。在机器学习领域，有多种函数形式可以表征数据的特征，其中，深度学习是一种利用深度神经网络对数据进行表征学习的方法。人工智能、机器学习和深度学习的关系如图1-18所示。

---

① http://www-formal.stanford.edu/jmc/history/dartmouth/dartmouth.html#:~:text=%20A%20
PROPOSAL%20FOR%20THE%20DARTMOUTH%20SUMMER%20RESEARCH,animal%20can%20
only%20adapt%20to%20or...%20More%20.

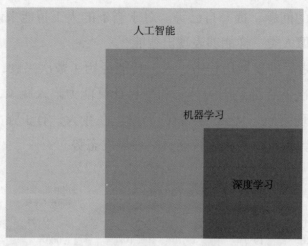

1950's 1960's 1970's 1980's 1990's 2000's 2010's

图1-18　人工智能、机器学习和深度学习的关系

1.2.4.2　人工智能电子商务应用

人工智能在电子商务中的一个重要应用是推荐系统，没有推荐系统，多数商品是无法被用户浏览到的。随着互联网的高速发展，人们每天花在网上的时间越来越多，推荐系统的重要性越来越高。

推荐系统的作用是从海量数据中为用户匹配最感兴趣的内容，节省用户查询的时间。前文提到，随着互联网的高速发展，互联网上的数据体量是非常惊人的。用户自然是无法从如此大规模的数据中获取自己感兴趣的信息。因此推荐系统极大地提升了线上服务的效率。

推荐系统的研究目标是用户和物品，基于用户的交互历史记录，为用户匹配感兴趣的物品，即预测新的交互记录。接下来，对三个关键的概念进行介绍：物品 i，用户 u，交互记录 r。

（1）物品 i。物品是推荐系统中被推荐的对象，在电子商务领域中是指电商网站中的商品，一个商品的刻画依赖于它的属性，如类别、名字、图片等。不同物品的刻画方式在不同情境下发挥的作用也不尽相同，一个成功的推荐算法需要能够准确、有效地描述它的物品。

（2）用户 u。用户是推荐系统中的主体，推荐系统的任务就是为不同的用户推荐定制化的物品。实际用户可能拥有非常丰富且多变的情感和喜好，不同用户之间的喜好差异可能非常大。比如，在网上购物的时候，年轻人可能喜欢看电子产品，老年人可能更加关注养生产品。在推荐系统中，用户的刻画方式可以基于过往的行为，如将一个用户表示成他购买过的所有物品，或者他之前对不同物品打的分数等，除此之外，也可以是基于属性的，如用人口统计学信息给出一个用户的年龄、性别、职业和受教育经历等。

（3）交互记录 r。推荐任务中能够观测和利用的数据是交互记录 r，就是用户和物品之间发生的各类行为，一般来说，这些行为可以分为"显式反馈"和"隐式反馈"。"显式反馈"一般是指用户对物品表现出的明确态度，如用户购买了一件商品，会对这件商品进行评分和评价。而"隐式反馈"则通常不能直接反映用户喜好，如用户的点击、浏览、收藏、购买、观看时长等行为。和"显式反馈"相比，"隐式反馈"更加接近于实际的评价指标，如用户是否购买某个商品等。基于这些信息构建的用户—物品交互矩阵为 M_{ui}，用公式表示为

$$M_{ui} = \begin{bmatrix} r_{u_1 i_1}(I) & \cdots & r_{u_1 i_N}(I) \\ \vdots & \ddots & \vdots \\ r_{u_M i_1}(I) & \cdots & r_{u_M i_N}(I) \end{bmatrix} \tag{1-13}$$

从公式（1-13）中可以看到，交互记录可以被抽象成交互矩阵的形式。在这个矩阵中，每一行表示一个用户，一共有 M 个用户；每一列表示一个物品，一共有 N 个物品。用户 u_M 和物品 i_N 发生交互的情况记为 $r_{u_M i_N}(I)$。在"显式反馈"的矩阵中，$r_{u_M i_N}(I)$ 的值域是 $[0, K]$，$K \in N^+$，对应用户对物品的评价分数。在"隐式反馈"矩阵中，$r_{u_M i_N}(I)$ 的值域是 $\{0, 1\}$，1 表示用户 u_M 和物品 i_N 发生过交互，0 表示用户 u_M 和物品 i_N 没有发生过交互。

　　除了交互矩阵，交互记录还可以被抽象成一个交互图，如图 1-19 所示。这种图是图论中的图，可以看成点线图。这里，用户和物品看作节点。若某个用户和物品发生过交互，则有边连接，否则没有边连接。推荐的任务就是根据已有的边预测缺失的边。交互图中有一个非常显著的特点，就是用户节点之间不会连接，物品节点之间也不会连接，只有用户和物品之间会连接。这种图被称为二分图。

图 1-19　交互图

　　除了三个关键概念之外，还有一个概念是多模态信息 mi。多模态信息是推荐任务中除了交互记录之外的额外数据，其定义为具有社会和文化意义的资源，在推荐任务中通常指图像、文字、语音和视频等数据。多模态信息可以提供更多的信息，模型通过这些丰富的信息可以更好地对用户喜好进行建模分析，为用户精准推荐商品。

　　图 1-20 展示了一条用户的评价，包含了上文提到的四个基本概念。首先，每条评论都是一个用户针对某个物品做的评价，因此包含用户和物品的 ID（唯一标识符）信息。其次，每一条评论就代表了一种交互，因此是一条交互记录。最后，评论是文本信息，物品图片是图像信息，因此构成多模态数据。

　　为用户匹配物品，推荐系统领域已经积累了大量成功而高效的推荐算法，其中最为流行和广泛使用的是协同过滤推荐算法。"协同"

的核心思想在于利用其他用户的行为（群体智慧）来辅助当前用户做出决策，"过滤"则表示从大量候选信息中筛选出合适的物品。该算法的基本假设是"过去兴趣相似的用户在未来仍然会保持类似的兴趣"，具体来说，协同过滤算法分为"基于记忆的方法"和"基于模型的方法"。

图 1-20　推荐系统中的观测数据

基于记忆的方法又可以细分为基于用户和基于物品两个类型（图 1-21）。在基于用户的方法中，为了计算一个用户 u 对物品 i 的喜好程度，首先需要找到和 u "最像"的 K 个用户，然后根据这 K 个用户对目标物品 i 的打分行为或者隐式反馈来推断 u 对 i 的兴趣。用户之间的相似度有多种计算方法，一种典型的方法是将每个用户交互过的物品表示成一个向量，然后利用余弦相似度或皮尔森相关系数等方法计算用户之间的相似程度。

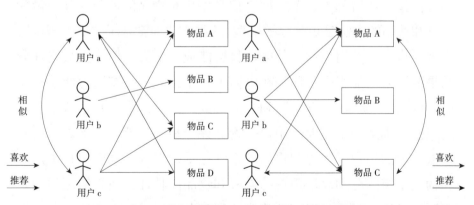

图 1-21　基于用户的协同过滤和基于物品的协同过滤

这种方法的好处在于可以反映用户群体的喜好，但在系统内用户过多的情况下，计算"最像"的 K 个用户将会非常耗时。另外，对于新用户，由于还没有行为记录，因此没有办法计算他和其他用户的相似度，也就不能为他准确地找到相关物品。

基于物品的方法和基于用户的方法实际上很类似，不同的地方在于，基于物品的方法首先要找到和目标物品 i 最相似的 K 个物品，然后根据用户 u 对这 K 个物品的喜好程度来计算他对 i 的感兴趣程度。计算物品的相似度时，可以先把每个物品表示成一个向量，其中的每一位标记着一个用户是否购买了该物品。利用向量之间的余弦相似度或皮尔森相关系数等方法可以很容易计算出物品之间的相关程度。

这种方法的优势在于，由于物品向量的变化程度要比用户向量的变化程度小很多，因此在实际部署推荐系统的时候，物品的相似度可以线下提前计算好，从而节约了线上的计算时间，提升了推荐的效率。另外，对于推荐结果来说，这种方法更好解释。这种方法的不足之处与基于用户的方法也类似，即不能很好地处理新上架的物品。

基于模型的方法一般是在用户物品的交互数据上训练一个机器学习模型，然后基于这个模型来预测用户对物品的评分。其中最为流行和通用的方法是矩阵分解模型，这种方法通常基于"低秩假设"，直观上讲，虽然用户和物品的数目可能成千上万，但决定最终评分结果的因素可能很少。比如在电商平台中，人们买东西可能就只考虑"价格""质量""款式"和"流行度"这些因素。基于这个直观的想法，本来一个庞大的用户—物品评分矩阵，就可以被表示成两个低维度的用户子矩阵和物品子矩阵相乘的形式，其中用户子矩阵和物品子矩阵分别表示用户的喜好和物品的特征，而它们之间的乘积则表示用户对物品感兴趣程度（即打分），如图 1-22 所示。尽管这类算法在实际的应用中取得了不错的效果，但模型中的线性假设却过于牵强，这使得它们只能建模比较简单的用户行为模式，不能很好地反映用户的真实兴趣。

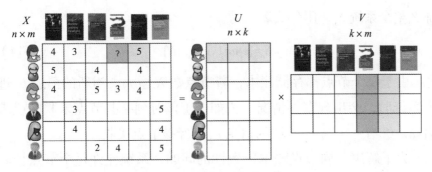

图 1-22　矩阵分解模型[①]

　　近年来，随着深度学习的突破，推荐模型能够利用深度模型强大的表征学习能力更好地发现用户的行为模式和物品的属性信息，更好地处理多模态信息。诸如将图形信息和用户评论信息都输入模型中，辅助模型学到更好的表达。推荐系统只是人工智能在电子商务中诸多应用领域之一，人工智能在电子商务中的应用十分广泛，如人工智能与视觉技术、虚拟现实技术的结合可以给电子商务消费场景带来变革等，详见第 1.3.1 小节。

1.2.5　区块链生态

1.2.5.1　区块链基础概念
　　早期的存储系统中，所有的数据都存在中心节点中，只要篡改了中心节点的数据，就会对存储系统造成重大的影响，这给金融等领域带来的危害是毁灭性的。2008 年经济危机，中本聪为了解决通

---

① https://buildingrecommenders. wordpress. com/.

货膨胀问题，设计了基于区块链技术的比特币，并将总货币数限定为 2 100 万枚 [①]。

在区块链的设计中，不再有"中心"的概念，所有节点上都存储了数据，中本聪称每个节点上都存储了账本，每个账本记为 c_i，那么整个系统 S_b，用公式表示为

$$S_b=\{c_i|i=1，\cdots，N\} \qquad (1\text{-}14)$$

由于每个节点都存储账本，若节点数 N 增大，当新的消息 b_1 进入系统时，会出现多种情况，诸如：①该时刻某些节点未联网或未启动。②有一个与 b_1 矛盾的信息 b_2 已经被节点接收。

为了解决不同节点账本一致性的问题，系统允许每个节点校验消息 b_j，具体的校验方法参见第 2.2.3 小节和第 2.2.4 小节。当某个节点验证了消息 b_4 的准确性，更新账本 c_i，将消息打包成区块，连到区块链的尾部，更新的区块链如图 1-23 所示。该节点会将这个区块广播到系统的各个节点上。

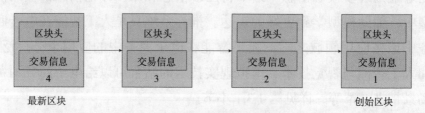

图 1-23　更新的区块链

但是系统节点过多时，可能出现 G_1 和 G_2 两个团，消息在两个团之间传递速度较慢。当 $c_1 \in G_1$ 和 $c_2 \in G_2$ 两个节点都广播消息时，可能导致 $\{c_i|c_i \in G_1，i \neq 1\}$ 节点集合和 $\{c_i|c_i \in G_2，i \neq 2\}$ 节点集合存储了不同的区块链。一种最简单的方式就是通过算力限制来延

---

① Bitcoin: A peer-to-peer electronic cash system[EB/OL]. https://bitcoin.org/bitcoin.pdf.

长区块生成的时间，当其长于消息在两个团之间的传播时间，就能够减少这种现象。

即便是已经有两个不同的区块链，当下一个区块产生时，也会连接到正确的区块链上，正确的区块链长于其他区块链，按照"相信长链"的原则，只有正确的区块链被保存下来。可见，要篡改区块链的数据，需要有一个节点拥有强于其他节点算力之和的算力，这在实践中是几乎不可能出现的，因此数据安全性非常高。这种高安全性的特性使得区块链在电子商务的商品追踪、交易验证等方面有巨大的潜能。

1.2.5.2 区块链电子商务应用

1. 区块链在电子商务支付中的应用

区块链在电子商务支付中的应用主要以数字货币的形式。目前，对于数字货币，国际上尚未有统一的定义。国际清算银行认为数字货币是基于分布式账本技术，采用去中心化支付机制的虚拟货币。国际货币基金组织认为数字货币是价值的数字表达。中国人民银行发行的数字货币，是数字化的人民币，以人民币作为价值标的，具有货币属性。而以比特币、以太币等为代表的数字货币采用了区块链技术实现了去中心化的账本，本书称之为加密货币。

截至 2021 年，在中国，加密货币还不是法定货币，不具有货币属性[34]。鉴于在全球范围内尚未有大型电商平台，旗下全品类商品能够支持加密货币支付，各国对加密货币的监管也存在较大差异，本书对于加密货币的支付功能不作讨论。

2. 区块链在电子商务存储中的应用

区块链在电子商务存储中的应用范围较广，主要利用了区块链在数据保存过程中的不可篡改性，如物流追溯等。

在物流追溯方面，电子商务平台企业可以通过区块链技术进行产品物流追踪和供应链管理，保证物流信息的准确和产品供应的安全。其中，可以通过区块链技术打造透明可追溯的跨境食品供应链，搭建更安全的食品市场，图1-24展示了一个鸡肉供应链中区块链的应用。在电脑上可以检索到食品的生产日期、保质期、原材料产地、培育方法及生产工艺。区块链技术使得数据篡改的成本和难度大幅上升。

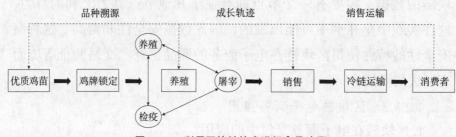

图1-24　利用区块链技术进行食品追溯

平台企业还利用区块链进行产品的防伪和追溯，图1-25展示了钻石供应链中区块链的应用。诸如客户购买了一个项链，通过区块链技术，不但可以查看原材料的来源以及生产的各个环节，还可以查看真伪。只有项链所属企业的私钥才能生成这条区块链。这使得消费者可以购买到安全放心的产品。

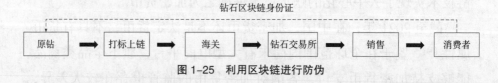

图1-25　利用区块链进行防伪

区块链的"不可篡改性"的实现与存储系统密切相关。存储系统 S 可以表示为节点的集合 $\{v_i | i=1，\cdots，N\}$，N 表示节点的总数。集中式存储,顾名思义，就是指系统中的所有存储都集中于一个节点，当然这个节点可能包含多个设备。其最大的特点是所有数据都要经过统一的入口流入存储节点。则集中式存储 S_a 可以表示为 $\{v_i | i=1，\cdots，N\}$，其中第一个节点 v_1 为存储节点 v_s，具体的结构如图1-26所示。

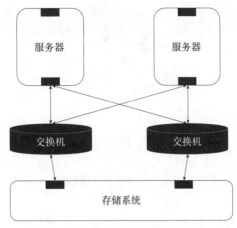

图 1-26　集中存储系统

显而易见，这个单一的入口就会使得存储服务器成为系统性能的瓶颈，也会极大地影响可靠性和安全性，不能满足大规模存储应用的需要。因此分布式存储应运而生，利用多个存储节点分担存储负荷，利用位置服务器定位存储信息，它不但提高了系统的可靠性、可用性和存取效率，还易于扩展。分布式存储 S_d，用公式表示为

$$S_d=\{v_i|i=1,\ \cdots,\ N\} \qquad （1-15）$$

其中第一个节点 v_1 指的是存储位置信息的节点 v_n，又称作管理节点，存储的是元数据。随后的 $K-1$ 个节点 $\{v_i|i=2,\ \cdots,\ K\}$ 表示文件的存储节点 v_s。如果客户端需要从某个文件读取数据，首先从位置节点获取该文件的位置（具体在哪个存储节点），然后从该位置获取具体的数据。简化的结构如图 1-27 所示。

在该架构中位置节点通常是主备部署，而存储节点则是由大量节点构成一个集群。由于元数据的访问频度和访问量相对数据都要小很多，因此位置节点通常不会成为性能瓶颈，而数据节点集群可以分散客户端的请求。所以，分布式存储架构中可以通过横向扩展存储节点的数量来增加承载能力。

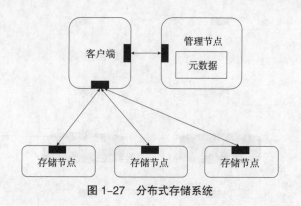

图 1-27　分布式存储系统

　　尽管分布式存储拥有了动态扩展能力，但仍然存在一个中心节点。在电子商务中"中心化"仍然是一个隐患。在中心化的场景下，记买方为 p_1，卖方为 p_2，负责保管资金的第三方机构为 p_m。那么交易的保障就完全依赖于 p_m 的信用，会造成交易的隐患。因此，在分布式存储的基础上进行去中心化的区块链就被视为解决这个问题的重要方法。简单理解，就是通过广播的形式让 p_1，p_2，p_m 三个节点都记录买家转账信息和卖家发货信息[35]，任何一个节点的损坏都不会导致交易失败。区块链存储系统 S_b 可以表示为 $\{v_i=v_s|i=1,\cdots,N\}$，没有中心节点，通过点对点（point to point，P2P）网络和工作量证明机制（proof of work，PoW），使得所有节点都被损坏或篡改的可能性大幅降低。这使得区块链技术在电子商务应用中有较大的商业价值和应用潜力。

1.3　电子商务创新生态

　　企业社会生态变迁决定了工程生态需求，给工程生态研究带来许多创新的机会。

　　在没有电子商务的时代，用户只能采用线下购买商品的途径，主体的流程可以由一个三元组 $\{v,b,c\}$ 表示，其中 v 表示看货，

b 表示交易，c 表示取货，分别记三个过程的时间为 t_v，t_b，t_c，这种方式应用到线下交易时排除抵达商场的时间，整体速度较快。21 世纪初，电子商务刚刚兴起，并没有得到广泛应用。因为当时的物流远不如现在发达，取货时间 t_c 十分漫长。现在的用户在各种电商平台上甚至可以享受"七天无理由"退货服务，当时的用户可能退换一次货要花费接近半个月的时间。因此取货的时间 t_c 可能由线下的即时变成几天甚至几周。另外，当时的看货时间 t_v 也很长。设卖家推出的产品包含 N 种，如果买家不能提前获知 N 种产品的详细信息和对应的编号，交易过程便会充满挑战。在 2G 时代，交易双方通过电话确定购买的产品。买家通过描述产品的形状、颜色、纹理来指定一款产品，卖家依靠对买家描述的理解从自己的产品仓库中检索、发货，造成了过长的看货时间 t_v。这个过程一旦出现差错，整个交易流程可能需要再重复一次。

随着互联网的诞生和发展，一些商家建设了个体门户网站，用户可以通过浏览网站上的图片来选择商品、下单购物。对用户而言，这种体验是不好的，因为受技术限制，看货时间的缩短并没有满足用户的要求。举例说明，在 2000 年前后，国内的用户通过一种"56K 猫"（调制解调器）的设备上网。顾名思义，其网速只有"56K"。而 2000 年数码相机已经全面进入 200 万像素时代。对于真彩图，一个像素需要 24 个比特（bit），那么一张 200 万像素的图片在不压缩的情况下大小是 5.72 MB。在系统实际运行中，通常采用 JPEG（联合图像专家组）压缩格式来降低存储消耗，而 JPEG 压缩的比率通常为 1/3~1/2。设取 JPEG 压缩率为 1/3，则一张图片的大小约为 1.90 MB，与"56K"存在数量级的差距。一个用户单击一个产品，要等几秒才能看到图片，这就导致用户的体验很差。

一个案例可以很好地说明这一点。1999 年年底，www.boo.com 成立，该网站销售的产品类目主要是衣服。6 个月后，该企业损失近 1 亿英镑，执行破产清算。虽然该企业存在宣传战线过长、产品上线过晚等原因，但企业破产的一个重要原因是该网站使用 Flash 以 3D 形式显示衣服，并提供了一个虚拟商店助手"Boo 小姐"为用户提供服务，这些特点在当时的互联网发展条件下不能顺畅地传达给用户。"3D""虚拟"等概念现在看都不十分落伍，这种在当时"超前"的理念无法在 56 KB 的网速下让用户获得满意的体验。因此在上线数月之内的用户流量十分惨淡，成本难以收回。

随着互联网发展速度日新月异，看货时间大幅缩短。以中国某电商平台为例，21 世纪初，该平台上的商品信息还是以图片为主。几年后，允许上传不超过 50 MB 的主图视频。截至 2021 年 5 月，其已经构造了包括主图视频、商详视频、店铺视频和使用说明书视频 4 个短视频品类的商品信息体系，主图视频文件的大小也放开到了 100 MB。

以图片、文字、视频和音频多种模态的信息进行商品展示现已成为电商平台的标配，不少电商平台甚至还推出了智能化的购物助手，但是用户对于商品的感知仍然与在线下实体卖场有较大的差距。无论是线上的购物环境还是线下的购物环境，其本质仍然是一个销售行为，根据这一行为，可以绘制购物管理系统的实体关系图，如图 1-28 所示。线上、线下购物管理系统都需要"商品""消费者"，通过"销售"行为关联。

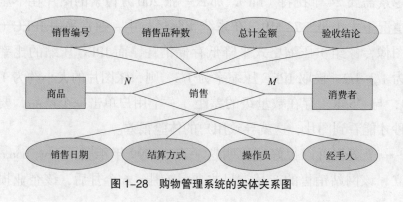

图 1-28　购物管理系统的实体关系图

虚拟购物环境是实体购物环境的虚拟化，目的是建立线下商品到线上展示的一一映射，以一个元组 $<G, C, A, O>$ 表示虚拟购物环境的组成，其中 G 表示管理员，C 表示客服，A 表示结算收单，O 表示其他。管理员负责将商品存放到仓库，在网上商店以产品图片、视频等形式展示，并根据订单将货物通过物流交付给买方。客服帮助买方挑选商品并解答疑惑。结算收单则接收买方的货款，生成交易记录，与平台的财务对接，完成交易和资金入账。其他包括电子商务交易相关的组成部分，如购物车等。关于虚拟购物环境的知识将在第 2 章具体展开。本节做如下论述：针对整个电子商务创新生态，论述了购物环境的虚拟现实化。针对管理员需要处理线下的货物，论述了智能配送。针对店铺客服，论述了智能客服。针对结算收单，论述了移动支付。

1.3.1 虚拟购物环境

电子商务依托于虚拟的互联网，因而客户的购物活动始终离不开虚拟的购物环境。近些年，电子商务企业十分注重虚拟环境的现实化。虚拟购物环境现实化的目的是使用户在屏幕前就可以实际感受线下店中的环境，获得现实中的体验。"销售"行为连接"商家"和"客户"两个实体，虚拟现实化的对象就是交易的双方：①将商家的产品和环境以三维虚拟世界的方式进行展现。②将客户本身从现实世界中转换到三维的虚拟世界中，使其有"身临其境"的感觉。

这里用到了三维重建技术与虚拟人技术两种技术。其中，三维重建技术从商家出发，将商家的店铺以及上架的产品从实物或者图片转换到三维虚拟世界中去，即为用户提供沉浸式的体验。虚拟人技术从客户出发，将现实世界中的客户融入三维虚拟世界中去，让客户获得产品的"试用"感受，提升用户体验。这种方式大大提升商家和客户双方的满意度，减少不必要的宣传推广和物流配送成本。

具体来讲，三维重建技术和虚拟人技术的目的都是学习一个映射函数 F，输入一幅图片，输出这幅图片的三维特征，用公式表示为

$$P\left(x, y, z, d_p\right) = F\left(I\left(x, y, d_i\right)\right) \qquad (1-16)$$

其中，x, y, z 分别表示某一个点的坐标值；$I\left(x, y, d_i\right)$ 表示输入的是一幅二维图像；d_i 表示特征通道的数目，对于没有透明度通道的非索引 RGB（三原色）图像而言，$d_i=3$，每一个通道的取值是在 [0，255] 区间；同理，$P\left(x, y, z, d_p\right)$ 表示输出的三维模型；d_p 表示三维模型特征通道的数目。

因此，二者的本质都是将二维的图像在同一个三维虚拟空间中呈现，使客户得到如同在线下购物般的体验。映射函数 F 的优化目标是让生成的场景尽可能接近真实的场景，但目前仍然存在困难。

以人们日常衣服的渲染为例，"服装鞋靴"作为商品的一大品类，在 2018 年的线上渗透率为 27%，低于"家用电器"类（31%）和"消费电子"类（32%），这与线上试衣还存在诸多缺陷有一定的关系。

近年来，在计算机视觉顶级会议 IEEE 国际计算机视觉与模式识别会议（IEEE Conference on Computer Vision and Pattern Recognition，CVPR）中以"虚拟试衣"为主题的论文屡见不鲜。发表在 2021 年 IEEE 国际计算机视觉与模式识别会议上的一篇论文中，论文的作者就提出了一种不需要对人像的各个部位进行标注的方法，将现有的方法学习真实人体和目标衣物外观的关系转换为对人体图像和服装图像之间的外观进行提取，有利于发现两者之间的密集对应关系，从而生成高质量的图像。生成的结果更加逼真，如图 1-29 所示。

2020 年，整个线下的销售渠道出现了长时间的停滞，营业额呈断崖式下跌，加之高昂的铺货成本、用工成本等，导致线下店的利润急剧萎缩。由于实体店铺没有利润，各大卖场也无法获得收益。这在很大程度上为虚拟购物环境现实化创造了社会需求，因而出现

了以虚拟现实技术为基础的虚拟卖场。能将"虚拟卖场"和线下用户连接到一起的就是送货到用户手上的"物流",本书下文论述"智能配送"在物流中的应用。

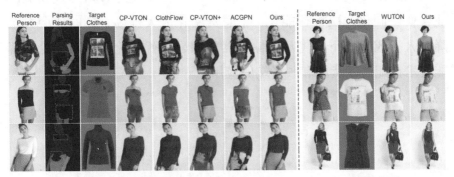

基于解析器   无解析器

图1-29　PF-AFN 中的论文效果[36]

1.3.2　智能配送

物流是电子商务交易中连接卖家和买家的重要环节。随着电子商务交易规模的增大,电子商务物流也迎来了高速发展。传统的"到店式"配送逐步变成了"到家式"配送。云计算、物联网、人工智能、区块链等技术在智能配送过程中得以组合应用,实现了物流信息化、仓储机器化、配送智能化。

1.3.2.1　物流信息化

物流信息化是物流行业全程可视化、透明化的必然趋势,其已经在全球范围内不断发展。电子商务完善的工程生态很大程度上提高了物流产业的信息化和数字化水平。

物联网技术和云计算技术可以及时、准确地获取并整理任意一件商品从生产到销售给客户这一过程之间的产地、存储的仓库、载运的车辆以及对应的时刻等数据,利用这些数据就可以实现价格预测、路线决策等。对于保证交易双方信息透明、保障交易双方的信用，可以通过区块链技术来实现。

在第 1.2 节物联网生态的论述中只介绍了物流中物联网应用的一个视角。实际上通过多种技术的综合运用，整个物流信息化产业围绕物流数据形成了一个闭环，如图 1-30 所示。这个闭环会使物流产业合作协同化、决策智能化、信息透明化大大提高，同时还会大幅降低人力成本。下文将从仓储机器化和配送智能化两个角度论述智能技术在配送发货端和收货端的应用。

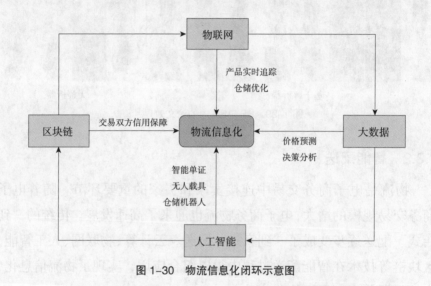

图 1-30 物流信息化闭环示意图

1.3.2.2 仓储机器化

仓储管理一直是物流配送的核心，提升仓储管理效率、降低仓储管理成本是重点问题。随着人工成本的攀升，机器人逐步承担了仓储管理的重要角色。对于一个机器人 R 而言，它有多个组成部分，包括主体 R_m、驱动系统 R_d、控制系统 R_c、末端检测和执行装置 R_v，分别用来支撑机器人的整体结构、提供机器人的动力、控制机器人的行动以及执行机器人的功能，用公式表示为

$$R=\{R_m,\ R_d,\ R_c,\ R_v\} \qquad (1-17)$$

每一个部位对于机器人而言都是必不可少的，其中 R_v 包含了视觉感知模块、精细动作模块等复杂机械，帮助机器人完成其设计功能。公式（1-17）仅仅是一个概念上的抽象表示，根据不同的功能需求还可以有其他的组成部分，如人机交互模块等。

在电子商务企业的仓库中，有一类机器人被称为搬运机器人，负责货物在仓库中的搬运工作，这些机器人搬运过程中的运输调度和路径规划在寸土寸金的仓库中是十分必要的。假设构建一个仓储空间模型，如图 1-31 所示。记货架的集合为 $A=\{a_i|i=1,\cdots,n_a\}$，理货口的集合为 $B=\{b_j|j=1,\cdots,n_b\}$，纵向道路的集合为 $C=\{c_m|m=1,\cdots,n_c\}$，横向道路的集合为 $D=\{d_n|n=1,\cdots,n_d\}$。为方便处理，横向道路和纵向道路均为单行道。对于机器人 $R=\{r_k|k=1,\cdots,n_r\}$ 中一个机器人 r_k，其任务可以表示为从货架 $a_i \in A$ 运送到某个理货口 $b_j \in B$，待货物处理完后，送到一个货架位置 $a_i \in A$。

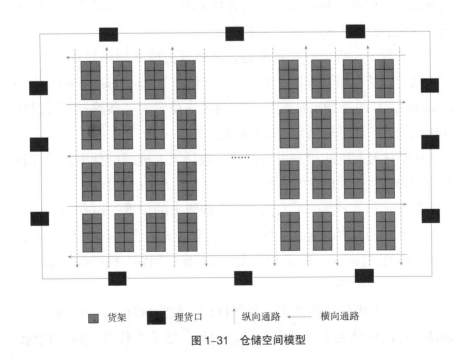

图 1-31　仓储空间模型

对于一个机器人 r_k 完成任务的时间 t_k，用公式表示为

$$t_k = t_{k1} + t_{k2} \qquad (1\text{-}18)$$

其中，t_{k1} 表示 r_k 由当前位置移动到起始货架 a_i 的时间；t_{k2} 表示 r_k 由起始位置移动到理货口然后返回其他位置的时间。

仓储机器人调度的方案记为一个 k 维向量 w，则优化调度方案的目标，用公式表示为

$$w^* = \underset{w}{\mathrm{argmin}}\ wt \qquad (1\text{-}19)$$

智能的调度优化，使得仓储机器人高效运转，大幅提升了仓储货运的效率，降低了物流成本。

1.3.2.3 配送智能化

与仓库机器化类似，配送智能化也是应用于物流的终端场景。配送问题又称为"最后一公里"问题。目前，解决这个问题的办法是通过人工将商品从接货仓送到客户手中。随着技术的发展，以无人机为代表的无人配送技术逐渐发展。

让诸多无人机进行货物配送，需要较为成熟的路径规划算法，无人机的路径规划算法是一个非线性优化问题（nonlinear optimization problem），目的是找出从起始位置到最终位置的一条路径，可以转化成在约束条件下的函数最优化问题。

首先对无人机的状态进行描述，包括无人机的机身坐标位置和机身的内部状态。机身的外部位置有六个状态，记为 $\{x, y, z, u, v, w\}$，其中 x, y, z 表示无人机在 3 个轴线上的位置，而 u, v, w 表示在 3 个轴线上的速度。机身的内部位置也有六个状态，记为 $\{a, b, c, p, q, r\}$，其中 a, b, c 表示无人机横滚、俯仰、偏航的角度；p, q, r 表示相应的角速度。

按照无人机的描述体系和禁飞区域、危险区域、障碍物的约束条件，可以计算无人机通行的各种代价，如上升代价、危险代价、

长度代价、燃料补充代价等，记为 $J_i(w)$。其中 w 表示飞行路径。无人机智能配送的优化目标，用公式表示为

$$w^*=\underset{w}{\operatorname{argmin}}\sum_{i=1}^N k_i J_i(w)$$

$$\text{s.t. }\sum_{i=1}^N k_i=1 \tag{1-20}$$

受到法律的限制，目前无人机配送还没有大规模普及。但是"无人配送"的概念对于解决"最后一公里"问题、提升用户体验具有一定的意义。

1.3.3　智能客服

智能客服是用来代替人工客服的角色，目的就是根据客户的问题生成解决方案，帮助客户最后做出决策。智能客服可以执行很多任务，如产品推荐、售后问题解决等。

解决的方式通常就是对话，而目前的对话方式主要有两种：一种是文字，另一种是语音。智能客服对话的形式如图 1-32 所示，其中向下的虚线箭头表示时间的推进。客户通过连续的提问来考虑是否有购买意向，而客服通过回答逐步坚定客户的购买意愿。这是一个简单的对话实例，一段对话可能包含不同的环节。图 1-32 中该客户询问产品 A 和产品 B 的区别，可能已经分别咨询了产品 A 和产品 B。

对于一个完整的对话 D，可以包含多个问答环节 $t=\{c_1, c_2, \cdots, c_n\}$，其中每个问答环节 c_i 又包含多个问答对，即 $\{(q_1, a_1), (q_2, a_2), \cdots, (q_m, a_m)\}$，其中 q_t 表示客户的问题，a_t 表示客服的回答。智能客服的目的是针对 q_t，根据 $q_{<t}=\{q_1, q_2, \cdots, q_{t-1}\}$，推断出一个让客户满意的答案 a_t。

一个 $q_t=\{w_t^1, w_t^2, \cdots, w_t^j\}$，是由多个单词或词组 w_t^i 组成的句子，

相应地回答 a_t，可以表示成 $\{w_t^1,\ w_t^2,\ \cdots,\ w_t^l\}$。因此，智能客服系统的输入是 q_t，$q_{<t}$，输出是 a_t。

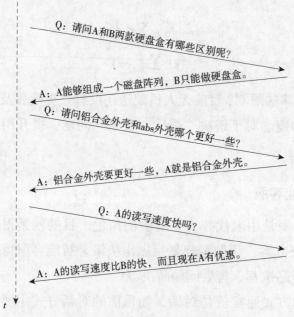

Q：请问A和B两款硬盘盒有哪些区别呢？

A：A能够组成一个磁盘阵列，B只能做硬盘盒。

Q：请问铝合金外壳和abs外壳哪个更好一些？

A：铝合金外壳要更好一些，A就是铝合金外壳。

Q：A的读写速度快吗？

A：A的读写速度比B的快，而且现在A有优惠。

图1-32 智能客服对话的形式

模型的优化目标是使得生成的回答 a_t 和真实的回答 $\bar{a}_t$ 尽可能接近。那么对 a_t 中的一个单词 w_t^i，其优化目标用公式表示为

$$w_t^{i*}=\arg w\min-\log p\left(w_t^i|q_t,\ q_{<t},\ w_t^{<i}\right) \tag{1-21}$$

智能客服既可以根据已有的知识库回答一些固定问题，又可以根据上下文推断用户的意图，是各大电子商务平台研究的重要方向之一。

1.3.4 移动支付

移动支付是电子商务的重要步骤，不仅对应在电子商务平台上用户支付的即时行为，还对应着背后完整的从支付者付款方到接收

者方的电子价值转移过程。根据中国金融移动支付技术标准体系，在应用层面可以将移动支付分为近场支付和远程支付[1]。这两种方式在用户终端设备、通信方式、后端可信服务管理方面均有较大差异，如图1-33所示。目前近场支付最常见的是基于近场通信技术（near field communication，NFC）的支付，NFC技术的基础是射频技术，也是移动支付技术体系中重要的环节。通过射频技术和数字协议使得线下的受理终端和移动设备上的客户端完成近场数据交换，实际的产品有"苹果支付""云闪付"等[2]。而远程支付则是基于移动终端，通过短信、数据网络等方式远程连接到服务器后台系统，由服务器完成的交易方式，交易可分为账户查询、消费、转账、空中圈存、脚本处理结果通知等[3]，实际的产品有微信支付、支付宝等。

图1-33　移动支付标准体系图

---

[1]　中国金融移动支付技术标准，https://www.cfstc.org/jinbiaowei/2929546/2929550/2970025/index.html.

[2]　JR/T 0094.2.

[3]　JR/T 0093.2.

记移动支付为 P，则移动支付的分析模型可以统一用公式表示为

$$P=WE \tag{1-22}$$

其中，W 是一个 $l \times m$ 的矩阵，$w_{ij} \in W$ 代表了用户 $i<1$ 和终端 $j<m$ 交互，提供支付信息，生成支付指令，终端将指令交由特定的通信信道传输这一过程，l 表示用户可用的终端类型数，m 表示移动终端通信方式的类别数，对应地，E 是一个 $m \times n$ 的矩阵，$e_{jk} \in E$ 代表了支付指令由终端 $j<m$ 通过特定通信信道 $k<n$ 传输到后台系统，进行交易合法性校验，完成支付过程，n 表示后台完成支付的方式数目。

本节仅给出移动支付的一个抽象描述，详细论述见第 2.1.4 小节和第 5.2 节。

1.3.5　元宇宙

元宇宙（metaverse）由表示"元"的前缀 meta 和表示"宇宙"的词根 verse 构成。元宇宙最早出现在 1992 年出版的科幻小说《雪崩》（Snow Crash）中。实际上，类似元宇宙的说法在很多科幻作品中均有出现，也是电子游戏、产品营销中常见的生态。

实践中，对元宇宙的认知来源于基础科学的创新和工业科技进步的引领，在当今研究的重要领域，云计算、大数据、物联网、区块链、人工智能与视觉技术等为推动元宇宙的进一步创新奠定了坚实的基础。这些技术在第 1.2 节的工程生态中有所体现，如图 1-34 所示。

元宇宙在电子商务中已有一定的应用。除第 1.3.1 节提到的虚拟购物环境外，元宇宙还在电子商务的不同层面发挥着作用。诸如国内各个房地产公司开发的 VR 看房软件，不仅可以看到房间的布局，还可以通过视野的转换让用户享有与现场看房类似的体验。

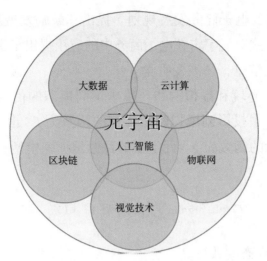

图1-34 元宇宙与工程生态的关系

公式（1-16）中的虚拟购物环境代表了用户现场购物的体验感，将一幅二维图像呈现到三维空间中。元宇宙的内涵更加丰富，为用户带来的是无缝体验。如图1-35所示，元宇宙中的现实环境和虚拟购物环境是双向的，并且通过区块链技术建立双向的支付体系。

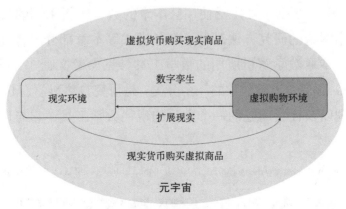

图1-35 元宇宙中的现实环境和虚拟购物环境

《"十四五"电子商务发展规划》提出"鼓励发展新一代沉浸式体验消费"[1],这对元宇宙在电子商务中的应用提出了更具体的要求,不仅涉及视觉信息,还涉及听觉、味觉、嗅觉、触觉[2]等多个模态的信息。现实环境和虚拟购物环境中不同模态的信息分别为 M_i 和 m_i,现实环境中投影到虚拟购物环境的函数为 f,虚拟购物环境扩展到现实环境的函数为 g。元宇宙的目标是训练模型 f 和 g,用公式表示为

$$f^*, g^* = \underset{f,\ g}{\mathrm{argmin}} \sum_{i=1}^{n} (f(M_i) - g(m_i))^2 \tag{1-23}$$

其中,n 表示模态的数目。

元宇宙是将现实社会和虚拟社会相结合的重要方式,优化公式(1-23)可以让虚拟与现实更好地融合。许多现实社会中无法保留下来的影像、图片、图书等在未来的虚拟世界中都可以永远保存,并解决不同领域电子商务全链路的各种问题,如设计检验、产品宣发、交易凭据管理和物流追溯等。

1.4 本章数学思想体系结构

数学思想在书中被广泛使用。本章的数学解析采用的数学工具主要运用图论的研究方法对电子商务模式等本章部分内容进行抽象及解析。本章数学解析所用的数学工具参见参考文献 37~39。图论(graph theory)是离散数学的一个分支,是研究自然科学、工程技术、经济管理以及社会问题的一个重要的现代数学工具,它与化学、拓

---

[1] http://www.gov.cn/zhengce/zhengceku/2021-10/27/5645853/files/90b38fda32dd4e27aa6080b0bf35266d.pdf.

[2] 龚江涛,於文苑,曲同,刘烨,傅小兰,徐迎庆.影响触觉图像识别因素的量化分析 [J].计算机辅助设计与图形学学报,2018,30(08):1438-1445.

扑学、计算机科学等领域密切相关。图论通常以图为主要研究对象，一般来说，图论中的图是由若干点及连接两点的线所构成的图形，这种图形通常用来描述某些事物之间的某种特定的关联关系，用点代表事物，用连接两点的线表示两个事物间的关系。

本章主要论述电子商务产生的背景。本章的数学解析体系结构可以被看作是一个连通的无圈图，即可用图论中树的结构来描述本章的体系。首先，定义使用到的节点。电子商务产生的背景作为根节点，记为 V。

第一层子树包含三个节点：电子商务社会生态 V_1、电子商务工程生态 V_2 和电子商务创新生态 V_3。这一层中的每一个节点称为父节点，每个父节点仅有一个前件，即电子商务产生的背景 V。

第二层子树的第一个父节点 V_1 可分为三个子节点：国家生态 V_{11}、经济生态 V_{12} 以及学科生态 V_{13}。父节点 V_2 下分五个子节点：大数据生态 V_{21}、云计算生态 V_{22}、物联网生态 V_{23}、人工智能生态 V_{24} 以及区块链生态 V_{25}。父节点 V_3 下分四个子节点：虚拟购物环境现实化 V_{31}、智能配送 V_{32}、智能客服 V_{33} 以及移动支付 V_{34}。

第三层子树的节点称为叶子节点，它们都无后件。子节点 V_{11} 可以连接四个叶子节点，用 V_{111}、V_{112}、V_{113}、V_{114} 分别表示美国、欧盟、日本和中国。子节点 V_{12} 可以连接四个叶子节点，用 V_{121}、V_{122}、V_{123}、V_{124} 分别表示数字经济、网络经济、平台经济和共享经济。子节点 V_{13} 可以连接四个叶子节点，用 V_{131}、V_{132}、V_{133}、V_{134} 分别表示电子商务与新工科、电子商务与新文科、电子商务与新农科和电子商务与新医科。子节点 V_{21} 可以连接两个叶子节点，用 V_{211}、V_{212} 分别表示大数据基础概念和大数据电子商务应用。子节点 V_{22} 可以连接两个叶子节点，用 V_{221}、V_{222} 分别表示云计算基础概念和云计算电子商务应用。子节点 V_{23} 可以连接两个叶子节点，用 V_{231}、V_{232} 分别表示物联网基础概念和物联网电子商务应用。子节点 V_{24} 可以连接两个叶子节点，用 V_{241}、V_{242} 分别表示人工智能基础概念和人工智能电子商务应用。子节点 V_{25} 可以连接两个叶子节点，用 V_{251}、V_{252} 分别表示区块链基础概念和区块链电子商务应用。而对于 V_3 连接的子节点 V_{31}、V_{32}、V_{33}、V_{34}，其中 V_{32} 连接三个叶子节点，用 V_{321}、V_{322}、V_{323} 分别表示物流信息化、仓储信息化和配送智能化。

下面，介绍节点间的关联关系。定义（V_i，V_j）为节点 V_i 和 V_j 之间的连边。首先，边（V，V_1），（V，V_2），（V，V_3）表示本章将从电子商务社会生态、电子商务工程生态和电子商务创新生态三个方面介绍电子商务产生的背景。

第二层子树中（V_1，V_{11}）相连，因为目前电子商务已经在世界经济中占据很大的比重，其发展也受到世界各国的高度关注，这不仅表现为各国对本国电子商务发展蓝图的规划，还表现为各国为实现国家间电子商务合作的努力。（V_1，V_{12}）相连，在经济与科技的双重推动下，电子商务应运而生。在电子商务繁荣发展的同时，其对社会生活的渗透也改变和引领着经济与科技的发展方向。（V_1，V_{13}）相连，因为在理论体系建设过程中，需要建设具有电子商务学科专业的基础知识体系，形成具有电子商务学科特征的基础知识体系群（含交叉学科知识体系）：数学类知识群、信息类知识群、管理类知识群、金融类知识群、法律类知识群。

社会生态的变迁决定了工程生态的需求。电子商务领域有众多工程新技术应用场景，如平台建设、交易模式、互联互通、数据共享等。随着信息技术的发展，这些应用场景逐渐形成了围绕大数据、云计算、物联网、人工智能、区块链五大新技术的工程生态，也就有了连边（V_2，V_{21}），（V_2，V_{22}），（V_2，V_{23}），（V_2，V_{24}）以及（V_2，V_{25}）。

父节点 V_3 针对整个电子商务创新生态，论述购物环境的虚拟现实化，即（V_3，V_{31}）；针对管理员需要处理线下的货物，论述智能送配，即（V_3，V_{32}）；针对店铺客服，论述智能客服，即（V_3，V_{33}）；针对结算收单，论述移动支付，即（V_3，V_{34}）。

第三层子树中，美国作为当今全球电子商务应用的重要国家，在推动全球贸易变革和重塑世界贸易格局等方面扮演着重要角色。相对其他国家，美国的网络基础设施较为完善，电子商务起步较早，故（V_{11}，V_{112}）连边。欧盟将电子商务当作推行全球经济一体化和主导世界经济的重要手段之一，把电子商务的发展看作是欧盟在未来全球经济中赢得竞争优势的关键因素，故（V_{11}，V_{112}）连边。日本较高的经济发展水平和较为发达的信息技术为电子商务的发展奠定了坚实的基础，故（V_{11}，V_{113}）连边。此外，自1994年互联网行业在中国发展以来，我国的电子商务经历了飞跃式发展。这一方面得益于中国庞大的电子商务市场，另一方面得益于电子商务发展的国家规划，故（V_{11}，V_{114}）连边。

对于父节点 V_2 所连接的子节点 V_{21}、V_{22}、V_{23}、V_{24}、V_{25}，本章均从基础概念及其在电子商务学中的应用进行论述，即有连边 {（V_{21}，V_{211}），（V_{21}，V_{212}）}、{（V_{22}，V_{221}），（V_{22}，V_{222}）}、{（V_{23}，V_{231}），（V_{23}，V_{232}）}、{（V_{24}，V_{241}），（V_{24}，V_{242}）} 以及 {（V_{25}，V_{251}），（V_{25}，V_{252}）}。以大数据生态 V_{21} 为例，可以定义一个有向子图来描述。零售的三要素"人""货""场"在电子商务中有所体现。电子商务中的"人"主要是指企业和消费者，"货"主要是指产品，"场"主要是指平台。可以用一个有向图 $G(\vec{V}, \vec{E})$ 来表示这几个要素之间的关系，其中 $\vec{V}$ 是要素节点：电子商务企业、消费者、产品和平台分别记为 v_1、v_2、v_3、v_4；弧集 $\vec{E}$ 定义为要素之间大数据应用关系的集合，（v_i，$v_j | i \neq j$）定义为两个节点间的一条有向边：（v_1，v_2）表示企业对用户的分析过程，（v_1，v_3）表示企业选择某一款商品上架的流程，（v_1，v_4）表示企业选择某一电商平台开设网店，（v_2，v_1）表示用户在选择某一款商品的时候比较不同的商家，（v_2，v_3）表示消费者购

买某一款商品，(v_4, v_1) 表示电子商务平台对其上各企业的网店进行评估并设置不同的流量入口。要素之间的每一种关系 (v_i, v_j) 都是营销中的重要过程，大数据的应用对每个关系都会带来重大变革。(v_1, v_2) 能够帮助企业掌握消费群体特征，研究消费群体购物偏好。

最后，父节点 V_3 连接的子节点 V_{31}，V_{32}，V_{33}，V_{34}，其中 V_{32} 连接三个叶子节点。物流是电子商务交易中连接卖家和买家的重要组成部分，随着电子商务的交易规模越来越大，电子商务物流迎来了高速发展。在工程生态中论述的云计算、物联网、人工智能、区块链等技术在智能配送过程中组合应用，实现了物流信息化、仓储管理机器化、配送到点智能化，所以将 (V_{32}, V_{321})、(V_{32}, V_{322})、(V_{32}, V_{323}) 连边。

物联网模型可以被看作是一个小世界网络[1]，其具有较高的聚类系数和较低的平均路径长度。实际的物联网络虽然具有一定的随机性，但是有很明显的关于距离、通信复杂度等条件的依赖性，与完全的随机网络有非常大的不同，具备非常明显的小世界网络特性。

以完全依赖距离定义的网络 $G_d = (V_d, E_d)$ 为例，其连边规则非常明确，$e = (v_1, v_2) \in E_d$ 等价于距离小于等于某个给定常数 d $(v_1, v_2) \leq D$。更进一步，其可以概括为更具体的 Cayley 图模型 $G_{Cay} = (Z_n, E_{Cay})$，顶点 i, j 连边当且仅当 $|i-j| \leq D$，其中 $i, j \in Z_n$，D 为给定常数。这种完全规则的图在实际的物联网网络中不会出现，但是却反映出一种很自然的现象，连边具有一定的规则性，会根据距离等因素产生一定的聚类特征，实际的小世界网络与这种规则的图更为相似，与完全随机图相差较大，相似性是通过聚类系数和特征路径长度两个具体的网络参数来计算评估的。

给定（有向）网络 $G = (V, E)$，其聚类系数定义为 $C = \frac{1}{|V|} C_i$，其

---

① Watts D J, Strogatz S H. Collective dynamics of 'small-world' networks[J]. Nature，1998.

中$C_i = \dfrac{|E(V(N(v_i)))|}{d(v_i)(d(v_i)-1)/2}$，表示顶点$V_i$的所有临点中实际连边数与所有可能连边的比例。可以看到完全规则网络的每一个C_i都完全相同或者非常接近，易知在总连边数相同的情况下，小世界网络具有非常接近规则网络并且远高于随机网络的聚类系数。通过对聚类系数取期望，可以看出聚类系数的估计值函数是连边概率p的单调递减函数，意味着随着随机性的增强，整体网络的聚类效益会呈现减少的趋势。实际网络中的聚类情况也可以由K_3、K_4等结构的相对数量作为网络的聚类情况刻画指标。

给定网络的特征路径长度定义为$L = \dfrac{1}{R}\sum_{i=1}^{R}L_i$，表示连通对所有$R$个连通的顶点对$(v,w)$之间的最短路长度$L_i$的均值。对小世界网络，设其是由$k-$正则的规则图以每条边$p$的概率重连得到的，那么其特征路径长度应该具有$L = \dfrac{N}{K}f(NKp)$，其中$f(x) \approx \dfrac{2}{\sqrt{x^2+4x}}$ atanh $\left(\sqrt{\dfrac{x}{x+4}}\right)$，那么有$L = \dfrac{\ln(NKp)}{K^2 p}$，可以看到，只要网络的边数足够多，就可以将特征路径长度看作是网络规模的对数增长函数。在固定网络规模、固定边数的条件下，小世界网络拥有接近规则网络的特征路径长度，连通顶点之间的平均长度相较于随机图要小。

小世界网络的评估系数综合了以上两个网络指标，定义为$S = \dfrac{C/C_{\text{rand}}}{L/L_{\text{rand}}}$，其中$C_{\text{rand}}$和$L_{\text{rand}}$为相同顶点个数和连边数量的随机网络对应参数，$S > 1$意味着离网络距离规则图更近、离随机图远，上述规律如图1-36所示，纵坐标是特征路径长度，横坐标是聚类系数，黑色点部分表示随机网络，蓝色点部分表示规则网络。

接下来，物联网模型部分被看作是一个小世界网络进行深化。实际的物联网络虽然具有一定的随机性，但是有很明显的关于距离、通信复杂度等条件的依赖性，与完全的随机网络有非常大的差距，具备非常明显的小世界网络特性。

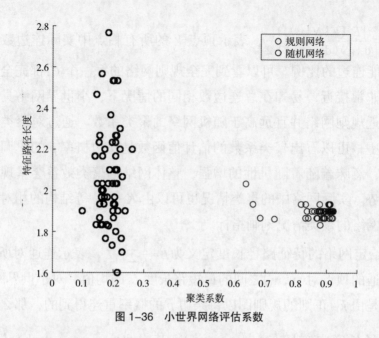

图 1-36　小世界网络评估系数

1.5　本章小结

当今世界经济蓬勃发展，全球化的浪潮极大地推动了贸易的发展，新的消费需求不断涌现。电子商务作为一种新兴业态也在不断成长并深刻影响着世界。同时，新一轮的工业革命与商业变革也在推动着世界不断发展，以大数据、云计算、物联网、人工智能、区块链等新技术为主的科技创新在商业中的广泛应用推动了电子商务的发展。

各个国家都在电子商务领域出台了一系列政策，投入巨资打造电子商务发展的良性环境，推动了数字经济、网络经济、共享经济、平台经济等新型的经济模式快速发展。在新经济模式下，电子商务企业在创新的路上不断地探索着商业新模式，在传统的 B2B、B2C、C2C、O2O 等基本电子商务模式的基础上又构建了 $O2O^n$ 等新型电子商务模式。

这些电子商务新模式的应用离不开新技术的工程应用，如虚拟市场和现实市场的融合、多模态数据融合、基于大数据的征信等。从工程应用中可以进一步发现创新机会，产生很多创新问题，如高可用软件体系结构、高性能计算、网络安全、移动计算、网格计算、防伪技术等。电子商务创新问题的深入研究对人才培养提出了更高的要求，在教育部"新工科、新文科、新医科、新农科"四新建设的背景下，电子商务与新业态、新技术的融合更加紧密，本书从电子商务背景、基础、模式、架构、原理、案例六个维度论述电子商务发展的要素，探索电子商务交叉学科的顶层设计。

结合本章内容，运用图论、组合优化以及集合论等数学理论工具，对电子商务的工程生态和创新生态等内容进行抽象及描述。本章所用的数学工具见参考文献37~39。

第 2 章

电子商务基础知识

物流、计算机技术、金融、电子支付、会计、管理工程，以及社会、法律、网络安全、信用、信息技术、信息资源等环境都是电子商务平台正常运转的基本条件。学习电子商务需要先了解并熟悉电子商务的这些基础知识，厘清电子商务的基本理论和体系结构。本章将介绍电子商务专属基础知识以及电子商务相关的十大基础知识。

2.1 电子商务专属基础知识

新的技术与概念的出现是永不停息的，这是社会发展和进步的不竭动力。同样，电子商务是一个不断发展的概念。它在产生以及发展的过程中，逐渐形成了特有的及相关领域的重要概念等，掌握电子商务基本概念、基本定义、基础知识是学习电子商务的重要环节，本章将对这些重要的基础知识展开论述。

2.1.1 电子商务基本概念

2.1.1.1 电子商务的定义

电子商务的概念是在 1996 年开始被提出并广泛传播的。此后很多国际组织或者企业都对其给出了具体的定义，如 WTO 在 1998 年的《电子商务工作计划》中将电子商务定义为："通过电子方式生产、分销、营销、销售或交付货物和服务。"① 经济合作与发展组织（Organization for Economic Cooperation and Development，OECD）对于电子商务的定义为："通过互联网，在企业、家庭、个人、政府和其他公共或私人组织之间销售或购买产品或服务。产品和服务通过互联网定购，但付款和最终的产品或服务的递交可能通过也可能不通过网络进行。"[40] 这也是被广泛接受的一种定义。

本书认为：电子商务是在信息化网络平台上进行贸易的一种商业行为，它具有虚拟性、海量性、实时性、可记忆性等鲜明特性，是一种虚拟社会和现实社会有机融合的新贸易模式。

总之，电子商务可以被认为通过电子技术的手段所进行的商业贸易活动。

2.1.1.2　电子商务中的基本概念

本小节重点介绍电子商务基础概念，主要包括虚拟商店、购物车、虚拟商品、虚拟物流。至于其他扩展部分，在各章节中均有论述。

1. 虚拟商店

虚拟商店也可以称为"网上商店""电子商场"等，就像现实中卖东西至少要有一个店面、摊位一样，在互联网上进行销售也需要一个销售场景，因此虚拟商店可以看作是在互联网上建立的商场，也是为了进行网上交易而实现的一个虚拟空间。消费者通过商场的网址可以查看虚拟商店，浏览其中的商品，商家同样可以通过虚拟商店的网站贩卖产品，省去了实体店面所需的成本。简单而言，可以把任何一家企业建立的一个网站当作虚拟商店的雏形，在此之上加上产品订购和支付等功能，就可以称其为一个典型的虚拟商店了。

定义：虚拟商店可以由虚拟商品（表示为 V_g^s）、销售平台（表

---

① WTO 官方网站，https://www.wto.org/english/tratop_e/ecom_e/ecom_e.htm.

示为 V_t^s)、客服（表示为 V_p^s ）、买家（表示为 V_{bu}^s ）、商家（表示为 V_{se}^s ）构成。

假设某一虚拟商店为 V_0^s，电子商务活动表示成函数 S，参与电子商务活动的各个要素作为自变量，得到一次具体的电子商务活动作为因变量，那么虚拟商店 V_0^s 可以表示为 $V_0^s = \sum S \left((V_g^s)_\alpha, (V_t^s)_\beta, (V_p^s)_\gamma, (V_{bu}^s)_\delta, (V_{se}^s)_\varepsilon \right)$。

$\alpha \in R^\alpha$ 为虚拟商品的类型，R^α 为所有虚拟商品类型组成的集合，如虚拟商品可以为音频、影像等数字化商品，也可以为虚拟化的实体商品等类型，因此 $(V_g^s)_\alpha$ 为属于类型 α 的某一件虚拟商品。

$\beta \in R^\beta$ 为销售平台的类型，R^β 为所有销售平台类型的集合，如销售平台可以为某一行业的门户平台，也可以说是提供给用户进行点对点交易的平台等，因此 $(V_t^s)_\beta$ 为属于类型 β 的某一个销售平台。

$\gamma \in R^\gamma$ 为客服的类型，R^γ 为所有客服类型的集合，如客服可以是人工客服，可以是提前设置好的自动回复客服，也可以是开发的人工智能客服等，因此 $(V_p^s)_\gamma$ 为属于类型 γ 的某一个客服。

$\delta \in R^\delta$ 为买家的类型，R^δ 为所有买家类型的集合，如买家可以是个人，也可以是企业，甚至是国家等，因此 $(V_{bu}^s)_\delta$ 为属于类型 δ 的某一个买家。

$\varepsilon \in R^\varepsilon$ 为商家的类型，R^ε 为所有商家类型的集合，指的是不同行业，如制造业、服务业等，因此 $(V_{se}^s)_\varepsilon$ 为属于类型 ε 的某一个商家。

以上是对虚拟商店的抽象，将上面几个要素具体化，就可以对虚拟商店进行更详细的分类，可以分为企业广告型、售后服务型、直销商店型、企业外部网站型。企业广告型网站仅提供企业介绍以及活动信息。售后服务型网站提供企业产品的售后服务和使用咨询等。直销商店型网站是最具有代表性的，它将企业与消费者进行对接，更直接地销售商品。企业外部网站型网站用于企业与相关合作厂商之间的合作、沟通、协调。

2. 购物车

电子商务中的虚拟购物车之所以称为"购物车"，是因为它所起的作用与人们在现实中使用的购物车一样，不同之处在于一个是虚拟的另一个是现实的。传统购物车的作用在于便于消费者在收银台结算前，选购商品并存储商品，从而解放客户的双手。虚拟购物车的作用也类似，就是便于消费者在购物网站的不同商品页面之间进行跳转时，能够保存已选购的商品，然后在结算时可以统一进行付款，减少重复性操作，对于商家来说也可以起到让消费者多买东西的作用，图 2-1 所示为暂存了各种商品的购物车界面。

假设消费者在虚拟商店 V_A^S 选有商品 $V_{a_1}^S$，$V_{a_2}^S$，$\cdots$，$V_{a_n}^S$，在虚拟商店 V_B^S 选有商品 $V_{b_1}^S$，$V_{b_2}^S$，$\cdots$，$V_{b_m}^S$，那么购物车 V^T 的一个最基本的功能就是对不同虚拟商店、不同商品进行统一的存储以及结算，用公式表示为

$$V^T = \sum_{i=1}^{n} \text{price}(V_{a_i}^S) + \sum_{i=1}^{m} \text{price}(V_{b_i}^S) \tag{2-1}$$

3. 虚拟商品

在虚拟商店中已经提到，虚拟商品可以分为很多种类型，从商品是否具有实体而言，可以将其分为两大类，一类是有形商品虚拟化，另一类是无形商品虚拟化。

虚拟化是指对现实商品和数字商品的一种抽象表示形式，也就是在互联网这个虚拟世界中，对任意能够进行电子商务交易的商品的一种描述形式。其目的是将现实世界中的客观实体商品或者无形的数字产品进行描述，让消费者能够对商品进行浏览、比较、评价、选购，从而在交易之前，在不接触商品的情况下，突破时空的限制了解商品，使交易更方便地进行。因此可以定义 $F_V(x)$ 为对任意

商品 x 的虚拟化。

（1）有形商品是指在物理意义上具有形体、能够进行运输的商品。对有形商品的虚拟化，就是对实体商品进行抽象描述，如通过照片、文字描述、视频展示等方式，将其呈现在互联网上，这种在互联网上描述的商品，就是虚拟化的实体商品。

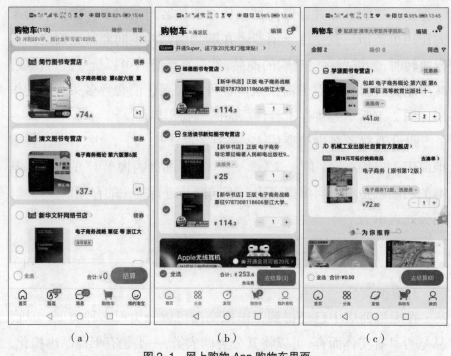

图 2-1　网上购物 App 购物车界面
（a）淘宝；（b）苏宁；（c）京东

（2）无形商品与有形商品对立，指的是在物理意义上没有形体的商品，它拥有价值和使用价值，具体包括非物质劳动产品以及有偿经济言行等，可以直接通过网络进行传输、配送。

因此，前面提到的虚拟商品的集合 R^a，可以表示为任意商品通过虚拟化函数的映射所组成的集合，用公式表示为

$$F_V(x), \ \forall x \in (R^{ay} \cup R^{by}) \qquad (2-2)$$

其中，R^{ay} 是有形商品的集合；R^{by} 是无形商品的集合。

也就是说，无论是有形商品还是无形商品，都可以通过虚拟化来进入互联网，成为虚拟商品被消费者购买。

4. 虚拟物流

虚拟物流是指以互联网为基础，通过信息化、智能化等手段实现的网络化物流服务。

虚拟物流主要为电子商务活动提供物流服务，前面已经提到过虚拟商品分为两类，即有形商品虚拟化与无形商品虚拟化，这两类商品都需要虚拟物流来管理配送。对于可以通过网络传输的无形商品而言，虚拟物流通过互联网进行高速的信息传输来配送商品，而对于有形商品，就需要多个企业利用日益完善的空地一体化网络系统，实现精准定位、精准管理、精准配送、精准评价等，构建一个大型物流支持系统，帮助企业快速、精确、稳定地完成物流任务，实现企业间的资源共享、优势互补、风险共担等目的，满足电子商务物流市场的多频度、小批量订货需求。虚拟物流与传统物流的对比如表 2-1 所示。

表 2-1　虚拟物流与传统物流的对比

项目	虚拟物流	传统物流
信息化	信息数字化、信息处理电子化、信息传递实时化	信息分散、多样、复杂、消息传递滞后
自动化	机械化、无人化，以机器代替人力，劳动生产率大幅提高	自动化程度较低，物流识别、挑拣、存取等大都依靠人力
网络化	物流领域网络化，物流配送系统间、组织间使用网络进行通信，联系紧密	侧重于点到点或线到线服务，组织分布散乱
智能化	提供物流配送管理过程中的决策支持	一般只提供简单的转移
柔性化	以用户为中心，主动适应消费需求，更加灵活多变	被动服务，无统一服务标准，客户满意度较低

从虚拟物流的定义可以看出，它与传统物流的不同之处主要在于五个方面：信息化、自动化、网络化、智能化、柔性化。信息化表现为信息的数字化、信息处理的电子化以及信息传递的实时化，如条码技术的使用等。图 2-2 所示为京东无人仓智能设备。自动化表现在机械化、无人化，也就是以机器代替人力来提高效率，如自动导向车的应用等。网络化表现在物流配送系统使用网络进行通信，来建立物流配送中心、供货商、消费者之间的联系。智能化表现在物流配送管理过程中的运筹与决策，如自动导向车的路径选择、作业控制等功能。柔性化表现在以用户为中心，根据需求组织生产、流通，从而适应消费需求，即"多品种、小批量、多批次、短周期"，从而灵活地进行物流管理。

（a）　　　　　　　　（b）　　　　　　　　（c）

图 2-2　京东无人仓智能设备 [①]
（a）JDT20 智能搬运车；（b）分拣机器人；（c）机械臂

总而言之，虚拟物流具有时空效应特征、大数据快速计算特征、可精准描述产品动态特征、实时快速响应可记忆的位置标注特征。可以说虚拟物流是电子商务的基础，而电子商务更是促进虚拟物流产生和发展的重要推动力。

---

① 京东 X 事业部官司网，https://x.jdwl.com/unmanned Warehouse/hardware.

2.1.2 电子商务体系结构

电子商务体系结构借鉴了建筑学、计算机体系结构、软件体系结构等相关设计领域中的体系结构设计思想，用以实现商品或服务的各项交易活动的电子化、信息化、数字化、无纸化、国际化。

从技术的角度来看，它可以被认为是一系列网络信息技术的集成，包括网络通信技术、计算机技术等。从系统的角度看，它是一个集成的信息系统，是基于企业内部网络系统构建的管理系统以及对外拓展网上市场的电子商务平台。从应用的角度看，它包括进行电子商务活动过程中所需要的各类功能，如面向用户提供各种商业经营和管理服务等。电子商务体系结构的详细论述将在本书第4章进行介绍。

2.1.2.1　电子商务基础结构框架

电子商务顶层的结构实际上是由多个电子商务实体以及电子商务应用系统组成，通过电子商务应用系统来进行各类商务活动。这些电子商务实体包括企业、消费者、政府机构等，它们中的任意两个实体之间都可以进行电子商务活动，这将在第2.1.3小节中进行介绍。实体之间进行电子商务活动就是电子商务顶层框架，用公式表示为

$$S^{EC} = \sum_{i=1}^{\infty} (S_A^{EC})_i + \sum_{j=1}^{\infty} (S_E^{EC})_j + \sum_{k=1}^{\infty} (S_O^{EC})_k \qquad （2-3）$$

其中，S^{EC} 为电子商务基础结构；S_A^{EC} 为任意类型的电子商务应用系统，能够提供电子商务活动所需的各种服务；S_E^{EC} 为参与电子商务业务的电子商务实体；S_O^{EC} 为参与、影响电子商务活动的外部环境，如银行、协议、网络等。

实际上，电子商务顶层结构中的电子商务应用系统虽然简单地囊括了所有相关的部分，但其实需要进一步细分，因为一个电子商务系统实际上涉及了安全、物流、银行交易等因素，从功能上分，

主要包括了如下几个子系统：安全子系统、应用服务子系统、物流管理子系统、支付子系统，分别用字母 S、D、G、P 来表示这几个子系统，那么一个电子商务应用系统 S_A^{EC} 的组成可以用公式表示为

$$S_A^{EC}=\{S,\ D,\ G,\ P\} \tag{2-4}$$

将这几个子系统组合在一起以满足电子商务活动的需要，就能够得到一个细化的电子商务的体系结构图（图 2-3），其中复合网络系统为电子商务活动的外部环境，主要包括互联网、物联网以及空间一体化网，银行以及物流配送也为外部要素，属于第三方实体。分析电子商务的商务过程，如果是电子商务实体 A、B 之间发生电子商务活动，那么可以将其过程总结为以下方面。

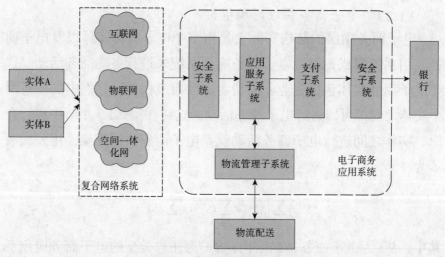

图 2-3　电子商务体系结构图

（1）电子商务实体 A 提出商务业务请求后，系统将请求信息和用户信息通过复合网络系统经过安全子系统加密后，发送到电子商务应用服务子系统。

（2）智能搜索引擎在复合网络系统找到合适的交易实体 B，并将请求信息通过复合网络系统发送给实体 B。

（3）实体B得到实体A的请求信息后，经过分析处理，响应交易请求，并将响应信息和自身的用户信息发送给电子商务应用服务子系统。

（4）收到实体B的交易信息后，电子商务应用服务子系统通过支付子系统对交易双方进行身份认证，将认证合格的银行账户信息发送给交易双方的开户银行，从而完成资金转移。

（5）将转账后的信息返回到应用服务子系统，然后通过物流管理子系统完成配送。

2.1.2.2　新型体系结构与电子商务

近年来，随着信息技术的不断发展，新的体系结构在不断产生，如云体系结构、柔性体系结构等。这些体系结构都已经或即将在未来应用到电子商务中。本节只做简单描述，详细论述见第4章。

1. 云体系结构

云体系结构也称为共享体系结构，是当今云计算技术日益发展成熟的背景下，产生的一种软件体系结构。可以认为采用了云计算技术的应用系统就是使用了云体系结构。

云体系结构实际上是对依托于云计算平台的软件进行抽象，从而得到的一种新型体系结构，其核心在于利用分布式计算机来为互联网应用提供计算、存储等资源。其中关键的云计算技术就是把普通的服务器、计算机连接起来以获得类似超级计算机的计算和存储能力，其成本更低，也有效提高了对软硬件资源的利用效率。

云体系结构如图2-4所示。云用户端主要是为用户和企业提供服务的交互式操作界面，也是使用云的一个接口，通过这个接口能够直观地访问服务目录，即企业和用户在获得权限之后就可以选择需要使用的服务列表。管理系统主要负责授权、认证等信息的管理，同时也负责管理可用的计算资源和服务。部署工具主要用于自动化调度资源，以智能、动态的方式来部署、配置和回收资源。资源监控主要用于实时监控和分析计量云计算中资源的使用情况，从而更好地完成节点配置以及负载均衡配置等，确保资源顺利分配。服务器集群被视为云体系结构的核心，用于高并发地进行计算、存储和数据处理。

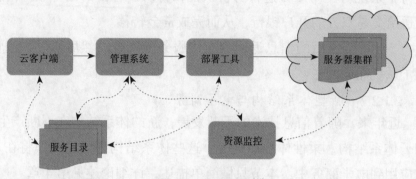

图 2-4　云体系结构[41]

云体系结构目前已运用于电子商务中，如淘宝网的"双 11"活动，每年都会创下新的交易纪录，这个过程中会产生大量的并发访问量和计算，云计算就起到了支柱作用。

2. 柔性体系结构

柔性体系结构的产生与发展，是由于软件工程在面对复杂系统工程进行重复设计时，系统资源共享化的一种软件体系结构设计思想，主要表现在系统平台可以实现插件式的动态管理，将不同应用的插件根据用户的需求进行动态调整，使系统保持完备的应用功能，为此柔性体系结构在当今的电子商务平台应用中受到了广泛的重视。柔性体系结构满足以下四个条件。

（1）使用运行时可以改变体系结构。

（2）能感知上下文，如用户指令、用户操作模式、网络情况、工作负载等。

（3）为用户或者开发人员留下可操作的接口。

（4）在一定范围内可用，避免额外的工作和开销。

柔性体系结构也早已应用于电子商务中，如目前在电子商务中普遍使用的推荐系统中，就有柔性体系结构的影子，它就是要求系统针对不同的用户，根据用户的偏好和需求，个性化地向用户推荐产品，这在当今电子商务大型平台中都有广泛的应用。

2.1.3 电子商务基础模型

电子商务是多个电子商务实体利用电子商务应用系统来进行商务活动的过程，其中电子商务实体包括商业机构、消费者和政府机构等。而由于进行电子商务活动的实体对象不同，电子商务可以按照交易实体分为六种不同的基础模型：商业机构对商业机构电子商务、商业机构对消费者电子商务、商业机构对政府电子商务、政府对政府电子商务、消费者对消费者电子商务、线上商业机构对线下商业机构和线上线下一体化。如果用 B 代表商业机构（business），用 C 代表消费者（consumer），用 G 代表政府机构（government），O 作为线上（online）和线下（offline）的一种表示，用 2（two）谐音代表英文中的"对"（to），用 2O^n 代表英文中的"一起"（together），那么这六种不同的基础模型可以简单地表示为 B2B、B2C、C2C、O2O、G2G、O2O^n。

2.1.3.1 B2B

电子商务一开始就是以 B2B 模式出现的，该模式具有较长的存在历史。其理论和实践在长期的实践发展中越发成熟，对未来电子商务运作具有丰富的指导意义。B2B 模式是以企业为主体，在企业之间进行电子商务活动的一种模式。在该模式下，企业与企业之间使用企业内部网以及外部网络，建立起产业上下游厂商之间的沟通，从而达到简化企业间交流、加快交易流程、减少成本以及实现供应链整合的目的。

B2B 模式的实现以及运作过程可以概括为以下四个阶段。

（1）实现企业与企业间之间供应链与配销商的管理自动化。

（2）进行电子数据交换（EDI），即将电子表格的内容以一对一的方式对应于商业交易书面表格中。

（3）进行电子资金转移，即完成银行与企业间的资金自动转账。

（4）处理出货需求，自动完成物流配送。

B2B 模式根据关联企业之间的关系可以再细分为四种类型：垂直 B2B、水平 B2B、自建 B2B 和关联行业 B2B。垂直 B2B 就是生产商、零售商和供应商之间形成供货关系，在市场上也可以看成生产商和经销商之间形成销货关系。水平 B2B 就是把相近的交易流程都集中在一个平台上，从而为采购方和供应方提供一个沟通以及合作的机会。自建 B2B 指的是大型企业，以自身产品供应链为核心，来打造一个自己的电子商务平台。关联行业 B2B 是整合了前面所说的综合 B2B 模型和垂直 B2B 模型，以建立更广泛且准确的跨行业电子商务平台的一种模型。

在电子商务的六种基础模型中，B2B 电子商务企业占据优势地位。它的优势主要可以概括为：交易额占电子商务总交易额绝大部分；B2B 电子商务企业的广泛业务使其拥有更多合理降低经营成本的渠道；B2B 电子商务企业与现代物流管理适配性更高；B2B 电子商务企业能在交易过程中提供更高的信用和资金保障 [42]。当前 B2B 模型在电子商务市场具有强大的竞争力，它也是电子商务的主要模型之一，值得重点研究。

2.1.3.2　B2C

B2C 模型以企业和消费者为主体，是一种通过网络的方式，在企业或者商业机构和消费者之间进行电子商务活动的模型，它建立了企业或商业机构与消费者的直接联系，能够降低商家寻找消费者、推销产品的成本，对消费者而言也方便快捷，从长远来看，这种模型最终将在电子商务领域占据重要地位。

B2C 模型的典型运作过程通常也可以分为以下三个阶段。

（1）企业或者商业机构通过网络发布商品、服务或者其他宣传信息。

（2）消费者通过广告或者主动搜索找到合适的商品或者服务，然后选购下单，通过在线支付完成付款。

（3）商家确认订单以及付款资料后，通过物流进行商品配送。

B2C 模型还可以根据企业和消费者的买卖关系，细分为卖方企业—买方个人以及买方企业—卖方个人两种 B2C 模型。第一种 B2C 模型的典型实例是亚马逊网上书店以及淘宝网，在这里企业是卖方，消费者是买方，它们为企业提供了建立虚拟商店的平台，并让其通过自己的虚拟商店直接与买方个人建立联系，最终达成企业与个人的交易关系，同时也给了供消费者挑选的不同企业商品的平台。第二种 B2C 模型中，企业属于买方，个人属于卖方，典型应用就是各类招聘网站，它们向企业提供向个人求购劳动的平台，而个人也可以通过平台选择相应的工作。实际上它们的运作过程与上述的典型运作过程没有很大的区别，只不过是商品的内容或者形式发生了改变，本质上仍然是企业与个人之间的交易活动。

目前，B2C 模型展现出强大的生命力，将成为互联网经济增长的强大动力。

2.1.3.3　C2C

C2C 模型是以消费者为主体，在消费者之间进行电子商务活动的一种模型，由于商品的买卖双方都是消费者，因此 C2C 模型类似于现实世界中的跳蚤市场，而电子商务平台就是为消费者提供线上交易场所的平台，不过它不受时间和空间的限制，降低了大量的市场沟通成本。

C2C 模型的典型运作过程也可以分为以下四个阶段。

（1）卖方将产品发布在电子商务平台上。

（2）买方通过电子商务平台搜索并浏览产品，找到合适的产品。

（3）买方与卖方进行沟通并达成一致，通过电子商务平台完成交易记录，并进行资金管理与转账。

（4）通过物流机制进行产品的配送。

在这个过程中，电子商务平台起着举足轻重的作用。

（1）消费者之间很难通过网络直接而准确地找到合适的买卖双方，电子商务平台能够聚集信息，将买卖双方更快地联系在一起。

（2）由于网络匿名的特点，网络上鱼龙混杂，消费者之间的直接交易很容易出现财物两空的情况，消费者之间的信任也很难建立，因此一个机制完善并且值得信任的平台，能够尽可能地避免欺诈行为的发生，保护买卖双方的权益。

（3）电子商务平台能够为买卖双方更加便捷地进行交流、更安全地进行交易提供技术支持，如建立信誉机制、帮助买方比较和选择产品、帮助卖方发布产品信息、帮助交易双方完成资金和商品的转移等。

总之，C2C 模型中，电子商务平台的建设是关键，是影响 C2C 模型存在和发展的前提和基础。

当前，C2C 模型是最能体现互联网精神和优势的电子商务模型，因为它在数量巨大、地域不同、时间不一的买家和卖家之间建立了联系，而买家同时也可能是卖家，交易非常快捷自由，因此具有很大的潜力。

2.1.3.4 O2O

O2O 模型是将线下商务和互联网结合，让互联网成为线下交易前台的一种模型，也就是在线下店面与线上消费者之间建立联系，在线下门店的信息方面，消除了线下服务与消费者之间时间和空间的距离。

O2O 模型的典型运作过程也可以分为以下四个阶段。

（1）线下店面的商家在 O2O 平台发布线下服务信息。

（2）消费者通过搜索或者平台推广找到提供所需服务的线下店面。

（3）消费者对服务进行预约或者购买，并完成付款，产生订单。

（4）消费者前往线下店面得到所需服务，完成订单。

O2O 模型也具有很大的优势。对于线下店面而言，通过平台的宣传以及精准营销，一定程度上降低了地理位置对商家知名度的影响。对于消费者而言，平台在线上即可提供丰富、全面的商家信息，消费者通过简单的筛选、排序，能够快速选择合适的商品和服务，降低了时间成本。对于平台而言，可以通过对商家的宣传得到利润，同时也获得大规模高黏性的消费者等。O2O 模型的实例就是当前的美团平台以及大众点评，它们把旅游、餐饮、美容美发等线下服务信息，通过一定的营销策略推送给消费者，从而将线上的消费者转成实体消费。

在"互联网＋"热潮的催动下，O2O 模型在中国市场发展较为迅速，行业呈现正向发展趋势，具有很大的市场潜力。

2.1.3.5　G2G

G2G 模型是以政府机构为主体，在政府机构之间进行电子政务活动的一种模型，它是电子政务的基础性应用，结合了电子信息技术与管理技术，在线上高速度、高效率、低成本地实现行政、服务以及内部管理等功能，是在政府、社会和公众之间建立的有机服务系统。更具体地说，G2G 模型的目的主要体现在以下五个方面。

（1）政府机构各部门之间实现电子化、网络化，能够有效提高行政、服务和管理效率，同时也能够起到推动简化办公、精简机构的作用。

（2）政府能够更加主动地服务于企业、公民，企业和公民也可以不受地点、时间的限制，掌握和了解方针政策，更好地接受管理。

（3）利用政府建立的网络和信息系统，能够为社会公众提供优质、权威的多元化服务。

（4）以政府的信息化的发展来切实地推动和加速整个社会的信息化发展。

（5）适应数字经济发展，引导、规划和管理电子商务活动，建立电子商务支撑环境。

当前，为了更好地服务公众并实现政府职能，政务活动的电子化主要包括监督电子化、资料电子化、沟通电子化、办公电子化、市场规范电子化等。对于具体的应用实例，可以归纳为政府内部网络办公系统、电子法规政策系统、电子公文系统、电子司法档案系统、电子财政管理系统、电子培训系统、垂直网络化管理系统、横向网络协调管理系统、网络业绩评价系统、城市网络管理系统 10 个方面。

2.1.3.6　$O2O^n$

$O2O^n$ 模型，也叫线上线下一体化，是一种把用户体验和用户服务纳入电子商务的新的电子商务模型。它结合了 O2O 模型和 B2C 模型的特点，将线下实体店和线上商城更紧密地结合。要将两者结合，需要两方面的信息融合：①数据的融合，指的是线上商城和线下实体店数据时刻保持一致且同步，使得用户更好地了解信息并体验服务。②资源的融合，其中最重要的是线下的仓储资源和物流资源，能够快速、高效地完成物流配送。

目前 $O2O^n$ 模型还是一种新兴的电子商务模型，其应用还没有大规模普及。它的一个实例是苏宁易购，不仅在线上有商城，对商品进行介绍和展示；在线下也有实体店面，实体店面以服务和辅助为主，为消费者提供产品的体验；同时通过线下与消费者的交互，也可以做新产品的推广并搜集消费者的意见。

在服务行业，电子商务就是为了给消费者提供更好的体验，因此 O2O^n 模型符合电子商务的发展趋势，从长远看，其未来也许会替代 O2O 模型，成为热门的模型之一。

总之，电子商务模型的应用是与企业的应用紧密相连的，适应企业发展的模型就是最好的模型。

2.1.3.7 一般模型的数学化表达

实际上，包括商业机构、消费者、线上线下等因素的电子商务基础模型不仅有上述六种模型，它们之间更多组合产生的模型在未来也将出现。这里将对电子商务基础模型做一个概括与总结，给出一般模型的数学表达，更深入的研究与讨论将在第 3 章介绍。

假设有主体类型 K_1 和 K_2，R_{K_1} 和 R_{K_2} 表示属于主体类型 K_1 和 K_2 的实体集合。有实体 b_1，b_2，$\cdots$，$b_n \in R_{K_1}$，以及实体 d_1，d_2，$\cdots$，$d_m \in R_{K_2}$，定义两个实体 b 和 d 之间的交易方式或交易关系为函数 $r(b, d)$，那么 K_12K_2 模型可以用数学语言表示为

$$K_12K_2=$$

$$\begin{bmatrix} r(b_1, d_1) & r(b_1, d_2) & \cdots & r(b_1, d_m) \\ r(b_2, d_1) & \ddots & \ddots & \vdots \\ \vdots & \ddots & \ddots & \vdots \\ r(b_n, d_1) & \cdots & \cdots & r(b_n, d_m) \end{bmatrix}_{n \times m}$$

（2-5）

这是一个 $n \times m$ 的矩阵，表示任意属于主体类型 K_1 的实体与任意属于 K_2 的实体之间的交易都是使用了 K_12K_2 模型的，而这两种主体类型的所有实体之间的相互交易，就能够概括为 K_12K_2 模型。

2.1.4 电子商务交易

电子商务以交易为核心。一般来讲，交易是指供需双方实现价值交换的过程。电子商务交易过程是指供需双方利用网络和电子商务平台实现商品或服务所有权和价值的转移。因此，电子商务交易

主要包括供给方、需求方、平台和网络四大要素。需要注意的是，这里的供给方和需求方不仅包括消费者，也包括商业机构和政府等。

目前，"网络零售额"这一指标被普遍用于衡量电子商务交易规模，是指企业及个人通过自建平台或依托第三方平台面向个人提供商品、服务产生的成交金额总和，包括实物型网络零售额和服务型网络零售额。另外，国家统计局统计的电子商务平台交易额、快递业务量等指标也可用于衡量电商交易规模。

电子商务使用复合网络系统来处理业务，在组织和个人之间进行数字化商业交易。数字化交易包括所有以数字技术为中介的交易。商业交易涉及跨越组织或个人边界的价值交换，以换取产品和服务。其中，电子支付是电子商务交易的重要环节，通用、快捷、安全的支付方式也是电子商务交易得以存在和发展的基础。本小节对电子商务交易中的基本知识进行介绍，包括电子支付和支付模式两个方面的内容。

2.1.4.1 电子支付

信息技术的不断发展，使得商业交易从现金交易转向电子交易。引入电子支付并不是为了取代现金，而是作为现金和贸易易货的更好替代方案。电子支付可以被定义为一种通过电子支付机制完成的从付款方到接收方的电子价值转移。从总体上讲，它是在互联网环境下执行的电子商务在线交易中使用的支付手段。主要的支付工具有以下几种。

1. 信用卡

信用支付是一种在交易过程中，由第三方企业或者银行贷款提供的支付方式。信用支付最早出现于 19 世纪末的英国，是为了便于有钱人购买昂贵商品，但是身上现金不够，而推出的一种基于信用的制度，利用记录卡来允许短期赊借行为。20 世纪 50 年代，第一款针对大众的信用卡出现 [43]。信用卡（图 2-5）是一种非现金交易付款的方式，即电子支付的一种，也是最常用的信用支付工具，它由银行或者信用卡企业根据用户的信誉和财力发给用户，用户使用信用卡消费就可以消费信用额度内的金额，而无须支付现金，之后需要在账单日进行还款。当前国际上的发卡组织有 Visa、Master Card 等，中国有中国银联等。目前也有提供信用支付的第三方组织，如蚂蚁花呗、京东白条等。

（a）　　　　　　　　　　　　　　（b）

图 2-5　信用卡示例

（a）中国银行白金信用卡 [①]；（b）Citi Cash Back 信用卡

信用支付主要可以通过以下方式进行。

（1）POS 机（电子付款机）刷卡，它通过刷卡联通银行等支付网关，然后确认交易金额，签字后核对无误即可完成交易。

（2）RFID 机拍卡，这种方式与 POS 机的不同在于无须签字，更快捷方便。

（3）手工压单，指的是操作员手动地将信用卡以及交易信息印到签购单上，然后拨打银行授权电话，得到授权码并书写到签购单上，再由持卡人签字确认。

（4）网络支付，指的是用户在网络上填写信用卡以及交易信息，

---

① 中国银行官网，https://www.boc.cn/bcservice/bc1/200810/t20081014_7298.html。

然后通过互联网来完成交易的一种方式。

2. 借记卡

借记卡是由银行签发的一种支付卡，连接了银行账户，与信用卡不同，它没有信用额度，持卡人需要先存款，然后消费时直接从连接的账户中扣款。

在消费操作上，与上述的信用卡相同，如用 POS 机刷卡，在网络上通过银行卡信息、输入支付密码等方式进行交易。

3. 智能卡

智能卡，属于赋予价值的支付卡，可以不记名。它可以追溯到 1974 年法国罗兰·莫瑞诺的一项专利（公开号：FR2266222），即智能卡的雏形。从它的硬件上讲，它由基片、接触面、集成芯片构成，在硬件的基础上，配备有基本的软件，包括卡内操作系统（chip operating system，COS）和卡内程序，同时还存储有必要的数据。

作为一种支付手段，智能卡可以用于储存小额款项，从而用于公交卡以及商店合作消费等方面，一般都需要在线下进行刷卡支付。我们常见的城市一卡通以及校园卡（图 2-6），就是典型的智能卡。

（a） （b）

图 2-6　中国城市交通卡
（a）北京市政交通一卡通；（b）上海交通卡 [1]；

---

[1] 上海公共交通卡股份有限公司，http://www.sptcc.com/.

（c） （d）

图 2-6 中国城市交通卡（续）

（c）岭南通·深圳通[①]；（d）京津冀互联互通卡

4. 数字货币

数字货币是指数字化的加密数字货币，包括法定数字货币和虚拟数字货币。

法定数字货币一般是指"具有法定地位，具有国家主权背书、具有发行责任主体的数字货币"。例如，中国的数字人民币（e-CNY），是指中国人民银行发行的数字形式的法定货币，由指定运营机构参与运营，以广义账户体系为基础，支持银行账户松耦合功能，与实物人民币等价，具有价值特征和法偿性[44]。

虚拟数字货币一般是机构发行的在一定范围内使用的具有货币部分功能的数字资产，如比特币和各类游戏中充值的货币。目前，以比特币为代表的加密货币在全球市场上发展迅速，然而因为此类加密货币缺乏价值支撑、价格波动剧烈、能源消耗大以及存在威胁金融安全和社会稳定的风险，容易成为非法经济活动的支付工具，所以此类货币的交易在中国是被禁止的。

2021 年 7 月，中国人民银行发布关于防范虚拟货币交易活动的风险提示，表明比特币等虚拟货币不是法定货币，没有实际价值

---

① 中国交通通信信息中心。

支撑，相关交易纯属投资炒作。提醒广大消费者应增强风险意识，树立正确的投资理念。不参与虚拟货币交易炒作活动，不盲目跟风虚拟货币相关投机行为，谨防个人财产及权益受损。要珍惜个人银行账户，不用于虚拟货币账户充值和提现、购买和销售相关交易充值码以及划转相关交易资金等活动，防止违法使用和个人信息泄露。及时举报虚拟货币交易相关违法违规线索，对其中涉嫌违法犯罪的，应及时向公安机关报案。

5. 电子支票

电子支票具有传统支票的功能特点，它是一种电子化的支票，能够通过信息和数字传递把钱款由一个账户直接转移给另一个账户。这种利用电子支票进行的支付，一般采取密码的方式进行信息传递，多数会使用公用关键字对签名进行加密或者是用个人身份证号码代替手写签名。

6. 电子钱包

电子钱包是电子商务中比较常用的支付方式，是一种计算机软件，可以存储电子货币，从而应用于线上小额消费，常见的有微信、支付宝的零钱。用户可以事先通过连接银行卡来将钱存入电子钱包中，以用于线上交易。电子钱包实际上可以结合前面所提到的信用卡、借记卡等工具，然后用数字钱包进行支付。

在中国，最广泛使用的电子钱包是支付宝和微信支付，消费者通过银行卡充值等方式往电子钱包中存钱，然后更方便快捷地进行消费，也可以连接到银行卡，来进行支付。PayPal 是国际上常用的一种电子钱包，在全球多个国家和地区使用。

2.1.4.2　支付模式

基于第 2.1.4.1 小节的电子支付工具，可以开拓电子商务交易的支付模式。常见的支付模式有银行账户模式、储值卡模式、第三方支付模式和银联支付模式。

1. 银行账户模式

这种模式与消费者的银行账户直接关联，支付时直接通过银行账户付款（可以是储蓄账户，也可以是贷记账户），也就是直接将消费者银行账户中的资金转移到收款方对应的银行账户。因此这种模式需要用户验证银行账户信息，并在支付时验证身份信息等。

2. 储值卡模式

储值卡模式指的是通过由专门机构发行的卡片进行支付，用户在预先交付一定金额并将金额存入卡中之后才可以进行消费，这种支付模式就是基于第2.1.4.1小节的智能卡支付工具的一种支付模式。在支付时，持卡人在选购商品后，通过刷卡完成支付，因此其具有不计息、不记名、脱机支付、小额支付等特点。

3. 第三方支付模式

第三方支付模式就是由银行以外的第三方支付企业平台来为用户设立虚拟账户并处理交易，具体可以再细分为两种模式，即储值账户运营模式和支付交易处理模式[45]。

储值账户运营是指通过开立支付账户或者提供预付价值，根据收款人或者付款人提交的电子支付指令，转移货币资金的行为。法人机构发行且仅在其内部使用的预付价值除外。其与银行结算账户的功能存在相似性。

支付交易处理是指在不开立支付账户或者不提供预付价值的情况下，根据收款人或者付款人提交的电子支付指令，转移货币资金的行为，不具备银行结算账户的功能。

4. 银联支付模式

中国银联是中国的银行卡组织，是一家非银行的金融机构，可以认为银联支付是一种特殊的第三方支付方式。银联支付模式是由银联电子支付服务有限公司（ChinaPay）推出的，拥有跨行交易结算的能力，是面向全国的统一支付平台，能够满足网上各种交易需求，包括认证支付、快捷支付、小额支付、网银支付等多种支付方式，它是中国一个综合性网上支付平台。

2.1.5　电子商务消费者

《中华人民共和国消费者权益保护法》（以下简称《消费者权益保护法》）中第 2 条规定："消费者为生活消费需要购买、使用商品或者接受服务，其权益受本法保护；本法未作规定的，受其他有关法律、法规保护。"因此，可以认为该法定义消费者为"为生活消费需要购买、使用商品或者接受服务的人"。国际标准化组织（International Organization for Standardization，ISO）对消费者的定义是"以个人目的购买使用商品、财产或服务的普通公众个体"。总而言之，客观存在的人的群体，可以将现实生活中的消费手段与信息化平台结合，形成新的消费习惯，这种具有双重性的客观人群可以定义为电子商务消费者。

电子商务消费者也是消费者的一种，与传统消费者的区别在于购买、使用商品或者接受服务的方式，传统消费者主要是在实体商店挑选商品，并进行线下付款，而电子商务消费者更多地利用了互联网来简化这个过程，消除了一定的空间和时间的限制。

2.1.5.1　电子商务消费者行为研究

电子商务消费者是电子商务中的重要参与者，也影响着电子商务发展的方向。针对电子商务消费者的研究和分析，能够更好地帮助电子商务平台经营者制定营销策略等。比如通过对电子商务消费者在线搜索、点击等行为的分析，个性化地为不同类型的电子商务消费者推荐不同的商品；通过对网络环境下消费者的认知问题的研究，电子商务企业也可以有针对性地设计更有竞争力的产品，如当前很热门的短视频平台等。

电子商务消费者购买行为是一个比较复杂的活动，具有动态性、冲动性，由一系列因素最终决定。这一系列影响电子商务消费者购买行为的因素可以总结为两种：内部因素和外部因素。内部因素指的是关于消费者个人的因素，包括消费者个人的经济水平、性别、年龄、受教育程度、喜好等因素。外部因素指的是不受消费者控制的外部环境因素，主要包括商品的营销方式、商品曝光度、其他消费者的评价、商品性价比等。除了影响电子商务消费者购买行为的静态因素以外，最终的购买行为还要考虑到消费者的个人的决策过程。这是一个动态的过程，包括电子商务消费者当前的需求，其网络信息搜寻的宽度广度，以及综合对比下来，消费者个人对最后选择的决策。

对于传统消费者购买行为，研究者已经提出了很多模型，如霍华德—谢思模型（Howard-Sheth 模型）[46]、技术接受模型（Technology Acceptance Model，TAM）[47] 等。参考以上的经典模型，也能够将电子商务消费者购买行为简化为一个模型（图2-7）。首先是外部因素和内部因素共同作用给电子商务消费者，使得电子商务消费者对当前需求有个明确的认知，如需要特定价位的某类商品。然后就是对这类商品进行搜索，网络信息搜寻也由内部因素和外部因素影响，如可以是很详尽的，也可以是很随意的，这取决于电子商务消费者个人当前的状态以及个性，如果不那么在意商品的性价比等因素，可能随便找到一个符合自己预期的商品就可以，反之则会货比三家，同时商品的曝光度也会直接影响电子商务消费者所能够浏览到的商品。再然后是信息搜寻完之后的评估，对于较多符合要求的商品，需要电子商务消费者决定选择哪一件商品。最后就是购买行为的产生，买到物品之后，电子商务消费者会有一个使用体验，这会影响他的下一次购物，如果质量太差，之后会考虑买一个更贵一点的，或者是换一个品牌等。

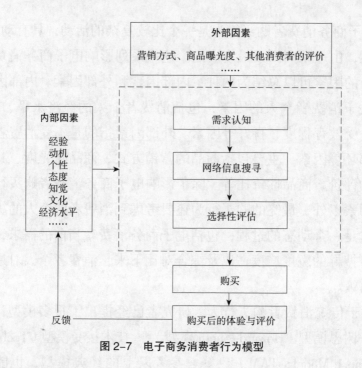

图 2-7　电子商务消费者行为模型

　　不过，当前是大数据的时代，产生了大量的电子商务消费者的网上购物行为数据，因此当前对影响电子商务消费者购买行为的建模，大多通过大数据分析以及人工智能的方式来自动地生成，如目前广泛使用的推荐系统，就是使用大量的数据来提取用户特征，从而个性化地进行商品推荐。

　　2.1.5.2　电子商务消费者权益保护

　　过去中国对于电子商务消费者权益的保护主要是基于《消费者权益保护法》。2018 年 8 月 31 日的《中华人民共和国电子商务法》（以下简称《电子商务法》）出台后，就有了更具体的依据。不过，《电子商务法》作为一部综合性的法律，并没有用专门的一章来规定电子商务消费者的权利，而是通过约束电子商务平台经营者来间接地保障消费者权益（图 2-8），通过对其分析，可以将电子商务消费者权益总结如下 [48]。

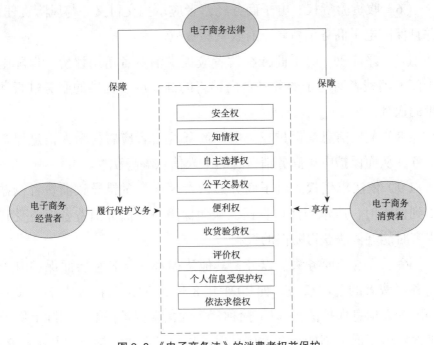

图 2-8 《电子商务法》的消费者权益保护

（1）安全权。电子商务经营者提供的商品或服务应满足保障电子商务消费者人身、财产安全的相关要求，从而保障电子商务消费者人身权和财产权。

（2）知情权。电子商务经营者应对身份信息、资质信息、服务信息、交易规则等进行公示，从而保障电子商务消费者享有知晓交易方及其所购买商品和服务情况的权利。

（3）自主选择权。电子商务经营者不得定向搜索、搭售商品等，进而保障电子商务消费者享有自主选择所需商品和服务的权利。

（4）公平交易权。电子商务经营者不得虚假宣传、附加不合理的条件等，进而保障电子商务消费者享有公平交易权利。

（5）便利权。电子商务经营者负有在押金退还等方面提供交易便利的义务，保障电子商务消费者享有便利权。

（6）收货验货权。电子商务经营者应承担交付义务与风险责任，并且保障电子商务消费者享有收货验货权。

（7）评价权。电子商务经营者应提供消费者信用评价，保障电子商务消费者对电子商务平台内销售的商品或者提供的服务进行评价的权利。

（8）个人信息受保护权。电子商务经营者应履行个人信息保护义务，从而保护电子商务消费者的个人信息等隐私权。

（9）依法求偿权。电子商务经营者因本身过错导致消费者权益受到侵害时，应承担法律责任，从而保障电子商务消费者权益受到损害时能够依法获得赔偿的权利。

除了《电子商务法》以外，其他法律都在从各种层面保护电子商务消费者的合法权益，如 2021 年 8 月 20 日通过的《中华人民共和国个人信息保护法》(以下简称《个人信息保护法》)，实际上更详细地对电子商务消费者个人信息保护提出了要求，同时，其中第 24 条"个人信息处理者利用个人信息进行自动化决策，应当保证决策的透明度和结果公平、公正，不得对个人在交易价格等交易条件上实行不合理的差别待遇"就禁止了"大数据杀熟"行为，保护了电子商务消费者的公平交易权。

世界上的其他国家或组织也有类同的相关法律法规，在这个领域里起着重要的作用。

2.1.6　电子商务企业

电子商务企业是指利用互联网等网络通信技术参与电子商务活动各个环节的经营实体。企业是从事生产、流通与服务等经济活动的营利性组织，它主要包括管理和生产经营两个部分。电子商务企业也拥有这两个部分，它的这两个部分都是数字化、互联网化的。

根据电子商务企业的经营方式，主要可以将电子商务企业划分为三种类型：传统走向网络的企业、数字创新型企业以及线上线下融合的企业。

2.1.6.1 传统走向网络的企业

当前互联网时代，信息技术高速发展，消费者观念转变，多数传统企业由于未能及时跟上技术发展，从而进入低速增长阶段。同时由于新冠肺炎疫情的影响，消费者线下消费力度大幅下滑、企业供应链中断等问题不断出现，传统企业受到冲击甚至有衰退趋势，因此传统企业急切需要革新、需要突破口。与此同时，国家政策大力推动"互联网＋"，指出要加快建设制造强国、网络强国、数字强国，构建数字驱动的产业生态[49]，也强调了数字化转型升级[50]，这些都说明了数字化转型升级是当今时代的一个大趋势，传统企业的突破口就在数字化。因此传统企业的数字化转型问题刻不容缓。

数字化转型实际上就是指顺应科技革命和产业变革趋势，通过深化应用云计算、大数据等技术，来对企业中生产、流通、运营、销售等流程进行统一的数字化管理，改造提升传统动能，达到高效管理、生产、营销的目的，进而提高企业竞争力，推动企业发展。本小节所介绍的传统走向网络的企业指的就是传统企业成功地进行数字化转型后的企业，可以认为："传统企业＋互联网"是传统走向网络的企业。

然而传统企业的数字化转型实际上也面临着诸多问题，可以总结为五个难点[51]，如图2-9所示。

由此也可以总结出传统企业数字化转型的五个重点主要在于推进数字化工具、数字化管理、数字化产业链、数字化转型以及以用户为中心的价值导向。推进数字化工具，要求传统企业充分推广并利用好数字化工具，提高工作效率。推进数字化管理要求结合传统走向网络的企业中的制造业企业，尤其是传统制造业企业是数字化转型升级的"先锋"，在众多行业中占比 42.3%[52]。一个最典型的代表就是美的。美的作为以家用电器制造为主的传统企业，制定了适合企业发展的数字化转型战略，这也使得美的在近几年实现营收和利润的高速增长。美的的数字化战略包括四个阶段：实现管理信息系统的数字化与统一，建设物联网和智能制造，实现全价值链的数字化，进入工业互联网与客户深度交互。在经历数字化转型后，美的也实现了高速超车，在《财富》世界 500 强中，排名不断上涨，2021 年上升至第 288 位，可以作为传统企业走向网络的一个很好的案例。除了传统制造业企业以外，在金融服务业，中国建设银行也进行了数字化转型，它在 2010 年 12 月启动了"新一代核心系统建设工程"，对业务流程进行升级，打造数字化经营基础，在此之后开启了金融生态的建设，在 2019 年又进一步开启全面数字化经营探索，全方位地提升了数据应用能力、场景运营能力、管理决策能力，为企业注入强大动力，在英国《银行家》2019 年全球银行 1000 强榜单中排名第二①。

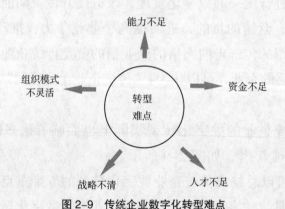

图 2-9 传统企业数字化转型难点

---

① https://www.thebanker.com/Top-1000-World-Banks/Top-1000-World-Banks-2019-The-Banker-China-Press-Release-Mandarin-for-immediate-release.

2.1.6.2　数字创新型企业

顺应互联网与信息技术的发展潮流，很多数字创新型企业相继建立、发展，并不断地改变着人们的生活方式。数字创新型企业与传统走向网络的企业不同，这类企业并不是从事传统的制造、生产，而是直接以互联网产品为营收方式，利用互联网和信息技术进行各种商务活动的企业。这类企业没有传统企业的固定生产、制造、营销等流程，而是在建立之初便以数字化为主，本身就具有极强的数字化特性，因此不需要面临数字转型问题。

数字创新型企业具有以下三个特征。

（1）经济上具有网络经济和规模经济效应，也就是使用的人数越多，就越有价值，能够降低成本同时带来高额利润。

（2）采用低成本、高效益的经济模式。数字创新型企业基于互联网的通信、交易平台，能够有效减少传统的业务流程以及中间环节，降低成本，同时也能够大幅提高效率。

（3）需要不断创新、高速发展。数字创新型企业一般以知识和信息为载体，需要不断地适应市场需要以及社会的变化，需要跟得上时代的发展，因此创新是数字创新型企业的最大动力和价值所在。

字节跳动就是互联网时代实现商业模式创新、价值共创的一个典型的数字创新型企业。它以信息流广告收入为主，通过短视频 App 等的商业创新，吸引了大量高黏性用户，带来了庞大的流量，由此也产生了多样变现的可能性，这也符合数字创新型企业的特征，使其能够在短时间内迅速发展，在全球范围内有一定的影响力。在 2020 年发布的《数字经济先锋：全球独角兽企业 500 强报告（2020）》中，字节跳动排名第二。

由此可见，数字创新企业是一种新型企业，发展迅速且在现代经济中发挥着越来越重要的作用。

2.1.6.3 线上线下融合的企业

线上线下融合的企业可以认为是应用了第 2.1.3 小节中所介绍的 O2O 模式或者是 O2O^n 模式的企业，这类企业力求充分利用线上以及线下各自的优势，进行互补创新，来进一步探索新的业务增长点以及适合企业发展的方向。通过企业发展的历程以及其制定的策略，线上线下融合的企业可以进一步划分为从线上走向线下的企业和从线下走向线上的企业。

1. 从线上走向线下的企业

截至 2020 年 12 月，中国网民规模达 9.89 亿，互联网普及率达到 70.4%[53]，相对于 2007 年左右互联网的高速普及，当前互联网用户增速逐步减缓，中国线上互联网的网络经济效应也逐渐趋缓。在此背景下，线上企业就需要开发线下流量来寻找新的业务。

线上企业走向线下具有两个优势。

（1）线上企业依托互联网积累了高黏性用户，拥有相对稳定的流量和业务，部分企业也在社交、视频、搜索等领域构建了生态圈，这都是助力线上企业走向线下的广泛资源。

（2）线下传统企业，如中国的部分实体零售企业的数字化转型能力不足，这一点已在第 2.1.6.1 小节进行论述，这意味着中小零售企业可能会引进外部的数字化能力来进行数字化转型，这也给线上企业走向线上提供了机遇。

目前，线上企业如京东、小米等，在强化线上业务的同时，也在不断开拓线下业务，如阿里巴巴宣布研发 ET 医疗大脑 2.0、百度发布自动驾驶开放基础平台等，也都是在向线下产业发展。

2. 从线下走向线上的企业

从线下走向线上的企业类似于传统走向网络的企业，不过侧重点不同，传统走向网络的企业主要指的是数字化转型，而从线下走上线上的企业主要追求的是开拓线上业务，同时让线上线下业务更好地融合。这类企业一般没有传统企业的生产销售等过程，最典型的模式是将线下的各种服务通过线上的流量资源、管理资源来进行调度。

最典型的例子就是外卖平台，它们将线下流程线上化，形成业务闭环，以提高用户的使用体验以及效率。在用户从线下交易转变到线上的过程中，这类企业也迎合了用户对于衣食住行更加便捷化的需求，在迅猛发展的同时也改变着人们的生活。

2.2 电子商务相关基础知识

在电子商务领域，不仅要掌握本领域的基础知识，也要深入理解和掌握与电子商务相关的领域知识，这些领域知识主要表现在电子商务生态系统中，这些生态系统中的基础知识论述如下。

电子商务生态体系 S_E 以电子商务交易为核心 $S_E^{(1)}$，交易活动则必然会涉及市场营销 $S_{E1}^{(1)}$ 的概念，即 $S_E^{(1)}=\{S_{E1}^{(1)}, S_{E2}^{(1)}, \cdots\}$。同时，物流 $S_{E1}^{(2)}$、计算机技术 $S_{E2}^{(2)}$、金融 $S_{E3}^{(2)}$、电子支付 $S_{E4}^{(2)}$、会计 $S_{E5}^{(2)}$、管理工程 $S_{E6}^{(2)}$ 等为电子商务交易提供基础性的支撑作用，即 $S_E^{(2)}=\{S_{E1}^{(2)}, S_{E2}^{(2)}, S_{E3}^{(2)}, S_{E4}^{(2)}, S_{E5}^{(2)}, S_{E6}^{(2)}, \cdots\}$。电子商务生态系统还包括直接或间接影响主体生存的各种环境，如社会环境 $S_{E1}^{(3)}$、法律环境 $S_{E2}^{(3)}$、网络安全环境 $S_{E3}^{(3)}$、信用环境 $S_{E4}^{(3)}$，信息技术 $S_{E5}^{(3)}$、信息资源 $S_{E6}^{(3)}$ 等，即 $S_E^{(3)}=\{S_{E1}^{(3)}, S_{E2}^{(3)}, S_{E3}^{(3)}, S_{E4}^{(3)}, S_{E5}^{(3)}, S_{E6}^{(3)}, \cdots\}$。生态体系内不同角色各司其职、协同进化，形成高效便捷、安全稳定的生态系统（图 2-10）。

因此，本节将对物流、市场营销学、网络安全、数字货币、金融、计算机、会计学、管理科学与工程、电子商务法律和数字社会等知识进行介绍。

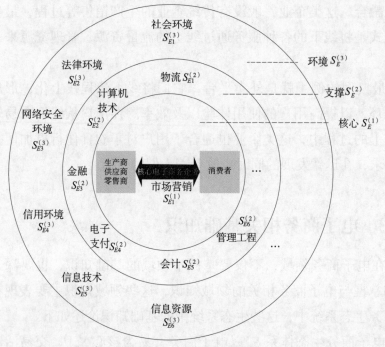

图 2-10　电子商务生态体系

2.2.1　物流基础知识

信息流、资金流和物流存在于电子商务活动的始终。其中，物流是电子商务活动的重要保障。随着现代信息技术的发展，建设现代物流，使其协同信息流、资金流进行高效的系统化运作，已成为优化电子商务生态体系的一个重要方向。

2.2.1.1　定义与特点

1. 物流的定义

物流的概念处在不断发展变化的过程中。1915 年，阿奇·萧在《市场流通中的若干问题》一书中首次提到"物流"一词，他提出"物流是创造需要不同的一个问题"，并提到"物资经过时间或空间的转移会产生附加价值"[54]。物流早期使用的英文单词为"physical distribution"，可从字面理解为实物配送，存在于在流通过程。随着现代物流的形成与发展，物流逐渐突破流通领域，其概念从销售物流向采购物流和生产物流延伸，"physical distribution"一词也逐渐被内涵更加宽广的"logistics"所替代。

根据中国国家标准《物流术语》（GB/T 18354—2021），物流 L^G 用公式表示为

$$L^G=\{L^T,\ L^S,\ L^I,\ L^H,\ L^P,\ L^C,\ L^D,\ L^{IP},\ \cdots\} \tag{2-6}$$

物流是指根据实际需要，将运输 L^T、储存 L^S、装卸 L^I、搬运 L^H、包装 L^P、流通加工 L^C、配送 L^D、信息处理 L^{IP} 等基本功能实施有机结合，使物品从供应地向接收地进行实体流动的过程。"① 其他国家具有代表性的物流定义如表 2-2 所示。

表 2-2　其他国家具有代表性的物流定义

机构	内容
美国供应链管理专业协会（Council of Supply Chain Management Professionals，CSCMP）	物流管理是供应链管理的一部分，以满足客户需求为目的，对货物、服务和相关信息在原产地和消费地之间的正向和反向流动与存储进行规划、实施和控制
欧洲物流协会（European Logistics Association，ELA）	物流是在一个系统内人员或商品的运输、安排及与此相关的支持活动的计划、执行与控制，以达到特定的目的 [55]
日本日通综合研究所	物流是货物从供应者向需求者之间的物理位移，在这样转移的经济活动中创造了时间价值和场所价值。从物流的领域来看，包括包装、装卸、存储、库存管理、流通加工、配送和其他活动 [56]

2. 物流的发展

现代物流的发展主要经历了产品配送、综合物流、供应链管理和智慧绿色物流四个阶段 [57]。

（1）产品配送阶段。二战时期军队运送物资装备所形成的储运技术是现代物流的发源。1962 年，美国管理学大师彼得·德鲁克

---

① http://c.gb688.cn/bzgk/gb/showGb?type=online&hcno=8A631AD87B106D0991100CD5A4347D73.

指出，商品价格中与流通活动相关的费用占比达到1/2，降低物流成本将有效拓展企业的利润空间[58]。因此，当时的物流管理活动主要集中于流通过程，即从产品到消费者的过程，这充分体现了时代特征。

（2）综合物流阶段。在这一阶段，物流从流通领域延伸到生产领域。企业开始将物料管理和产品配送结合起来，运用跨职能流程管理方式保证原料采购、生产、加工、流通、消费、售后、废弃物回收整个过程的时效性。与之相对应，物料需求预测、生产计划、存货管理等开始广泛应用于物流领域，实现整体效应的优化。因此，综合物流阶段即以综合性的横向物流管理替代传统垂直职能管理，以提高物流效率，使其与大规模工业化生产相适应。

（3）供应链管理阶段。物流内涵的不断扩大使物流系统变得复杂庞大，其功能要素往往难以由一个企业全部承担，而是分散到不同的企业。因此，在这一阶段，物流管理不再局限于单个企业内部，而是逐渐发展成为供应链上不同企业之间物流活动的组织与协调，供应链管理的思想也由此产生。

（4）智慧绿色物流阶段。21世纪以来，互联网、大数据、云计算、区块链、人工智能和物联网等现代信息技术形成并发展，其在物流领域的应用推动物流逐渐从信息化阶段向智慧物流的阶段转变。同时，环境保护与物流产业可持续发展的要求也推动着物流产业向绿色物流方向发展。

3. 中国物流发展特点

20世纪80年代初，中国自日本引进物流的概念，中国物流业进入起步阶段。20世纪90年代，中国市场经济体制进一步完善，顺丰速运、宝供物流集团有限公司等早期现代物流企业就诞生于这一时期[59]。同阶段，中国政府开始出台与物流业有关的法律法规，引导物流发展建设。① 21 世纪以来，中国物流业进入高速发展阶段。除现代信息技术外，这还受益于中国经济总量的迅速增加和交通基建的不断完善。中国加入世界贸易组织、"一带一路"倡议的推行也为物流发展持续提供外贸动力。近年来，尤其是在新冠肺炎疫情的影响下，电子商务成为经济发展新引擎，物流也随之日益成为中国国民经济的重要组成部分。目前，中国物流发展主要具有以下几个特点。

（1）社会物流需求总体平稳增长，但增速有所趋缓（图 2–11）。从量上看，2020 年，社会物流总额突破 300 万亿元，相较于 2011 年增长近 1 倍。从增速看，2020 年，社会物流总额增速降至 3.5%，近年来基本趋于低于 GDP 增速（图 2–12）。

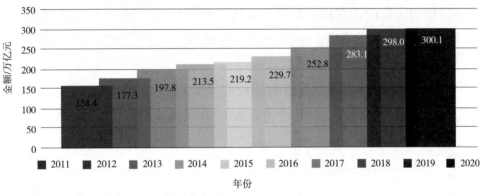

图 2–11　社会物流总额②

（2）物流需求结构优化、内需对物流拉动增强[60]。2020 年，全年实物商品网上零售额 97 590 亿元，按可比口径计算，比 2019 年增长 14.8%，占社会消费品零售总额的比重为 24.9%，比 2019 年提高 4.0 个百分点。③

---

① 国内贸易部于 1992 年发布《关于商品物流中心发展建设的意见》；1996 年草拟《物流配送中心发展建设规划》。

② 国家发展和改革委员会公布的 2011—2020 年全国物流运行情况通报。

③ 国家统计局发布的《中华人民共和国 2020 年国民经济和社会发展统计公报》。

图 2-12　社会物流总额与 GDP 同比增速对比 [①]

（3）资本驱动物流业加快发展。物流仍是风险投资的重要关注领域,物流资产证券化步伐明显加快。融资对象主要集中在电商物流、快递、公路零担货运、国际物流、智慧物流、综合物流、生鲜电商等细分领域的新兴企业 [61]。

（4）物流行业降本增效有所成效。2020 年社会物流总费用 14.9 万亿元,同比增长 2.0%,增速比 2019 年回落 5.2%（图 2-13）。

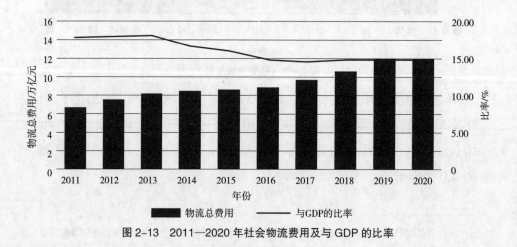

图 2-13　2011—2020 年社会物流费用及与 GDP 的比率

① 数据来源:国家统计局和中国物流信息中心。

（5）物流领域自动化与数字化变革持续推进[62]。5G、区块链、大数据、云计算和物联网等现代信息技术推动物流领域自动化与数字化变革。物流逐渐从信息化阶段向智能化阶段过渡。

（6）物流行业进入整合阶段。在中国产业结构向规模化和专业化发展的大背景下，以及电子商务迅速发展对物流提出降本增效新要求的微观背景下，物流行业以现代信息技术为支撑，开始进入整合阶段。现代物流产业特点如表 2-3 所示。

表 2-3　现代物流产业特点

特点	内容
网络化	完善、健全的物流网络体系，各网点之间进行系统有序的物流行为
专业化	物流要素的优化配置及系统化运作
信息化	物联网、云计算、大数据、区块链等新兴信息技术赋能物流，物流业务实现全链条在线化和数字化
集约化	通过建设物流园区等方式实现产业集群，整合资源。通过物流企业的兼并与合并等方式推动物流产业实现规模经济效益[63]

2.2.1.2　物流与电子商务

电子商务是物流最为广泛的应用领域之一。在电子商务交易活动中，电子商务平台与物流系统的高度协同，能够推动信息流、物流和资金流的有机结合，促使电子商务产生更大的经济效益。

1. 电子商务物流流程

电子商务平台一般可视作一个电商与物流协同的信息服务平台，物流、信息流和资金流均汇集在该平台。电商企业根据平台所反映的信息进行采购、库存及销售管理。相对应地，物流服务企业完成入库、仓储、出货及配送等活动，如图 2-14 所示。

第一阶段 $E^G_{(1)}$，入库即指依据电商企业的采购信息对到库货物 G 进行核对与检验，即 $E^G_{(1)}=E^P(G)$。

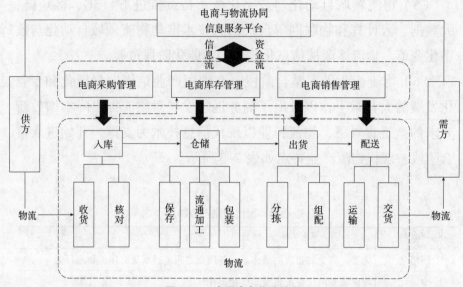

图 2-14　电子商务物流流程

第二阶段 $E^G_{(2)}$，物流服务企业采取科学方式保存在库货物 E^P（G），电商企业也可根据库存信息进行库存管理，保障商品在储存期的质量与安全，同时可对货物进行简单的加工以及包装，即 $E^G_{(2)} = E^S（E^P（G））$。

第三阶段，物流服务企业根据平台获取的电商订单进行出货 E^O 与配送 E^D 服务。整个过程用公式表示为

$$E^P = E^D（E^O（E^S（E^P（G））））\qquad（2\text{-}7）$$

三个阶段依次进行，完成物品由供给方向需求方的流动过程。

2. 快递物流

快递物流与电商行业密切相关，优质的快递服务是电商平台降本增效的重要策略。2018 年 1 月，国务院办公厅发布《国务院办公厅关于推进电子商务与快递物流协同发展的意见》（国办发〔2018〕1 号），指出中国电子商务与快递物流协同发展不断加深，推进了快

递物流转型升级、提质增效，促进了电子商务快速发展[64]。2019年6月，为进一步推动快递物流和电子商务协同发展，国家邮政局和商务部发布《国家邮政局 商务部关于规范快递与电子商务数据互联共享的指导意见》[65]。2013—2020年快递业务收入与电子商务平台交易额如图2-15所示。

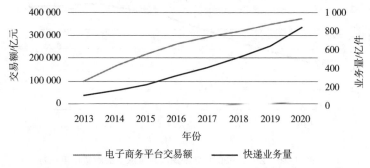

图2-15 2013—2020年快递业务收入与电子商务平台交易额①

目前，中国快递保持高速发展，但行业竞争激烈，具有明显的马太效应：①头部快递企业规模效应突出，优势继续扩大，如顺丰发展特惠专配业务，低价争夺电商市场，"四通一达"通过菜鸟网络进行资源整合等。2016—2020年快递与包裹服务品牌集中度指数如图2-16所示。②二、三线快递企业在激烈的市场竞争中受到强烈冲击甚至被淘汰。③平台型企业向物流领域加速扩张，如京东大力发展第三方物流、美团推出美团配送、饿了么推出蜂鸟即配等。

3. 跨境电商物流

目前，跨境电商物流模式主要包括邮政小包、商业快递②、国际专线三种直邮模式和海外仓模式。2016年政府工作报告首次提出

① 中华人民共和国2013—2020年国民经济和社会发展统计公报。

② 商业快递一般指的就是DHL、UPS、FedEx（包含TNT）3家国际快递企业提供的国际快递服务。

"海外仓"一词。海外仓模式是指跨境电商企业在目的地建立仓库，实现目的地本地发货、仓储、中转、代发、退货换标等一系列物流服务。该模式能够有效解决直邮模式下的跨境电商物流的成本与效率问题。

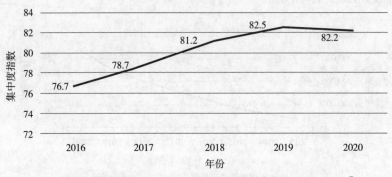

图 2-16　2016—2020 年快递与包裹服务品牌集中度指数 [①]

2014 年，针对跨境电商 B2C 模式，中国海关总署制定了"9610""1210"两个海关监管代码，分别针对跨境贸易电子商务 [66] 和保税电子商务 [67]。2020 年 7 月，针对 B2B 模式，中国海关总署发布《关于开展跨境电子商务企业对企业出口监管试点的公告》，增列海关监管方式代码"9810"和"9710"。其中，"9810"全称为"跨境电子商务出口海外仓"，适用于跨境电商出口海外仓的货物 [68]。这一举措意味着海外仓模式的进一步完善，也为跨境电商的优进优出提供了重要保障。

2.2.2　市场营销学基础知识

电子商务以交易为核心，则必然涉及市场营销。电子商务推动传统市场营销的内涵向网络营销延伸，在一定程度上，可将其看作

---

① 数据来源：中国邮政局。

是互联网时代下的市场营销。

2.2.2.1 定义与特点

1. 市场营销的定义

市场营销指以满足消费者需求为导向[69]，创造产品和价值并实现交换[70]，最终获得利润的企业经营活动[71]。可将市场营销 M^T 用公式表示为

$$M^T=\{M^R,\ T^M,\ P^D,\ P^P,\ \cdots\} \tag{2-8}$$

市场营销 M^T，即包括市场调研 M^R、选择目标市场 T^M、产品开发 P^D、产品销售 P^P 等在内的一系列活动。

2. 现代市场营销的特点

战略决策阶段 $M^{(1)}$、生产阶段 $M^{(2)}$、销售阶段 $M^{(3)}$ 有机循环。第一阶段 $M^{(1)}$ 主要是根据市场需求 D^M 制定市场营销战略决策 D^S，即 $D^S=M^{(1)}(D^M)$。第二阶段 $M^{(2)}$ 根据营销策略 D^S 进行指定商品 P^M 生产，即 $P^M=M^{(2)}(D^S)$。第三阶段 $M^{(3)}$ 是利用营销手段进行产品 P^M 销售，促进消费者对产品的购买与使用，获得最终效用 U^M，即 $U^M=M^{(3)}(P^M)$。则市场营销过程可表示为 $M^T=M^{(3)}(M^{(2)}(M^{(1)}(D^M)))$，三个阶段在时间上继起、在空间上并存，实现有机循环，从而保证企业经营活动的顺利进行。

消费者主权论，即以消费者需求为中心。相较于传统市场营销的生产者主权论，现代市场营销由以市场需求为导向，来进行战略决策、生产与销售等企业经营活动。市场对企业的生产发展有着无可匹敌的决定性影响。更有人为之感慨："消费者是企业的最高领导。"

战略性营销活动。传统营销活动是一种对策性营销活动，即"亡羊补牢"式营销，存在滞后性、盲目性和被动性等问题。而现代市场营销活动则事先依据市场情况制定营销战略，主张将不同经营环

节的策略组合起来，并进行系统优化与运行，具有前瞻性、主动性、战略管理性等特点。

互利共赢，通过最大限度地满足消费者需求来实现企业产品利益最大化。传统市场营销拘泥于已有需求或自身已生产的产品，缺少对消费需求和生产动力的挖掘。现代市场营销充分重视消费者需求，在满足现有需求的基础上，更加重视激发消费者的潜在需求，将其转化为新的现实需求，由此实现消费者利益与企业利益的共生。

3. 市场营销的发展

现代市场营销滥觞于 17 世纪 50 年代的英国和 18 世纪 30 年代的美国、德国，当时爆发于三个国家的工业革命为现代市场营销的萌芽提供了肥沃的土壤。20 世纪初，市场营销逐渐正式成为一个研究领域供以探讨。这一时期，大众营销占据主导地位（图 2-17）。"只生产黑色的 T 型福特牌轿车"这一表述充分体现了大众营销以生产为中心，无视消费者个人偏好的特征 [72]。20 世纪 50 年代，进入目标营销阶段。随着竞争加剧，市场逐步由卖方市场向买方市场过渡，企业开始重视消费者的个人偏好，通过识别消费者对产品除基本功能之外所需要的附加价值来划分目标市场，并以此为依据进行产品生产。进入 20 世纪 90 年代，同质产品竞争日益激烈，市场营销开始向以消费者为中心转变，企业开始向消费者提供定制化服务。

当下，全球市场一体化、商业竞争国际化等趋势需要市场营销迅速适应竞争激烈、复杂多变的宏观环境。以现代高新技术为代表，满足消费者需求为核心的新经济推动市场营销进入精准营销的时代。现代市场营销须通过不同营销手段的组合全方位、多层次地满足消费者需求，从而实现利润最大化。

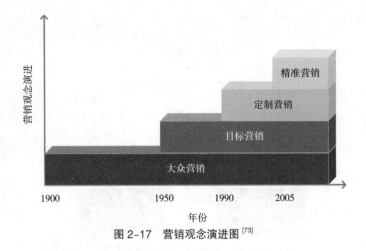

图 2-17　营销观念演进图 [73]

2.2.2.2　市场营销与电子商务

电子商务在技术、消费观念、消费心理和市场环境等多方面推动网络营销向社会化方向发展 [74]。利用新媒体平台进行整合营销以及利用大数据进行精准营销已成为当下电子商务营销的主要趋势。

1. 新媒体营销

新媒体营销，顾名思义，即利用新媒体平台进行营销。新媒体是以传统媒体作为比较对象而言的，传统媒体营销追求"覆盖率"或"到达率"，而新媒体营销更加重视参与度，即让营销受众深入参与营销活动，具有普及、互动和多元等特点。从本质上来说，新媒体营销是通过新媒体平台来达到企业软性渗透的商业目标的。一般而言，新媒体营销主要通过内容创作与传播使消费者认同某种概念或观点，从而进一步认同品牌价值，最终达到产品销售的目的。新媒体营销产业链布局分析如图 2-18 所示。

在消费者掌握信息主动权的今天，被动地向消费者传递信息已经不再可行，在新媒体的背景下，生产和利用价值内容吸引目标消费者的主动关注成为新的营销趋势，这也为电商运营提供了新的思路。近年来，搜索类营销虽仍是电商营销收入的主要来源，

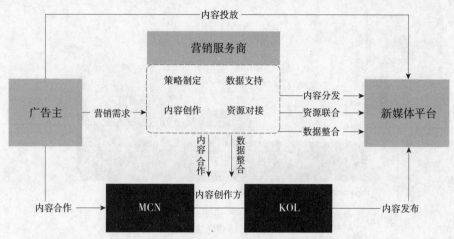

图 2-18 新媒体营销产业链布局分析

但信息流和直播广告等内容营销已经成为新的电商营销趋势[75]。2015—2020 年电商营销收入细分如表 2-4 所示。

表 2-4 2015—2020 年电商营销收入细分
（单位：%）

类型	2015 年	2016 年	2017 年	2018 年	2019 年	2020 年
搜索广告	66.6	63.4	61.0	60.6	57.2	54.4
信息流广告		1.0	1.8	3.1	9.9	11.7
展示广告	32.3	31.8	36.7	27.4	23.3	19.7
直播广告				5.6	13.1	17.4
其他	2.0	5.8	3.2	12.1	4.9	7.3

电子商务营销产业链以电子商务平台为核心向外延伸，链上各方以利益为枢纽保持紧密联系推动产业链有效运转。如图 2-19 所示，从纵向看，电商平台通过与其他媒体平台的深度资源联合进行引流，实现双方协同发展。从横向看，电商平台与广告投放平台以及营销服务商进行合作，以实现营销收益的最大化。同时，电商平台在产业链中所扮演的角色也在逐步向其他角色方延伸[76]。

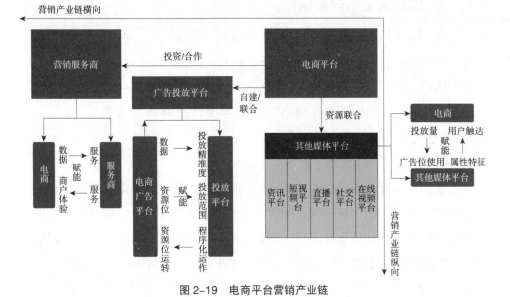

图 2-19 电商平台营销产业链

2. 精准营销

当下，市场竞争加剧，消费者需求日益呈现出个性化、差异化和多样化的特征，因此，企业需要更精准、可衡量和高投资回报的营销方式。随着大数据技术的深入研究与应用，企业在营销过程中积累的各类数据成为极有价值的资产，通过对这些数据进行分析处理，实现"用户画像"，企业能够精准地识别客户和抓住客户需求，从而展开针对性的营销推广。走在时代前沿的电子商务对现代信息技术以及消费者需求转型的感知更加敏锐，因此也是精准营销最广泛的应用场景之一。

在电子商务领域实现精准营销，即充分利用聚类、关联规则挖掘、文本分析等现代智能技术对客户行为数据实施动态分析。先构建客户细分数据库，根据客户类型定制个性化专属营销决策。结合客户信息反馈适时调整，以此提高精准营销水平与效率。最终实现商家服务更周到、营销推广更具针对性、售后纠纷处理更及时的目标。

2.2.3　网络安全基础知识

随着网络强国、"数字中国"建设的不断推进，网络安全作为数字经济发展的基石发挥着举足轻重的作用。电子商务发展一直伴随着网络安全问题，为保证电子商务交易的安全，促使中国互联网经济蓬勃发展，对电子商务网络安全问题进行研究至关重要。

2.2.3.1　定义与特点

1. 网络安全的定义

美国国家安全委员会的《国家信息保障词汇表》将网络安全与信息保障的含义等同，即通过确保可用性、完整性、可验证性、机密性和不可抵赖性来保护信息和信息系统 [77]。随着互联网在全世界的普及与应用，网络安全的内涵又得以扩展，尤其是网络空间安全概念的提出。2009 年，美国政府出台的《网络空间政策评估》对网络空间进行了明确界定：网络空间是信息环境中的一个整体域，由独立且互相依存的信息技术基础设施和网络组成，包括互联网、电信网、计算机系统和重要行业中的处理器和控制器，以及虚拟信息环境，人和网络之间的相互影响 [78]。2015 年，倪光南院士在《求是》中对网络空间安全进行了定义："网络安全既包含实体物理空间的安全，也包含虚拟数字空间的安全（信息安全也在其内）。" [79]

2. 网络安全发展的特点

网络空间包含着大量重要信息和资源。中国网络安全发展起步虽然较晚，但是也取得了一定的进展。2021 年上半年，中国三大移动运营商（电信、移动和联通）总计检测发现分布式拒绝服务（DDos）攻击较 2020 年同期下降 50.6%。另外，2021 年 1 月到 6 月，工业和信息化部网络安全威胁和漏洞信息共享平台共计接报网络安全事件较 2020 年同期下降 60.4%[80]，如图 2-20 所示。

当前，人工智能、区块链等技术的发展在带来新机遇的同时也产生了新的网络安全隐患，网络安全发展呈现出新态势。网络安全发展的特点如表 2-5 所示。

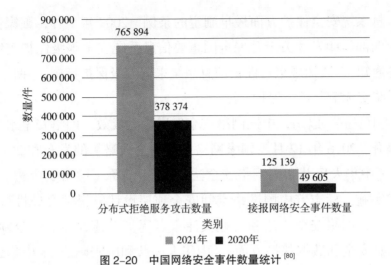

图 2-20 中国网络安全事件数量统计[80]

表 2-5 网络安全发展的特点

特点	内容
网络空间安全政策措施持续优化[81]	大国竞争博弈形势下，地缘政治摩擦频发，网络空间安全风险不断加剧，针对当前全球不断变化的网络空间安全形势，各国纷纷出台网络安全相关政策
网络安全产业规模持续增长	随着网络安全的快速发展，从 2015 年开始，中国网络安全产业规模呈现出持续增长的趋势[82]
重视数据安全与个人信息保护[83]	随着数字经济快速发展，数据在各个领域不断渗透，保障数据安全不仅涉及公民个人隐私，还涉及企业长远发展和国家安全，各个国家都将保护数据安全和个人信息作为立法重点
保护关键信息基础设施安全[84]	世界主要国家和地区将关键基础设施立法作为网络安全立法中最为关键的环节。中国也于 2021 年 9 月开始实施《关键信息基础设施安全保护条例》
5G 网络安全带来安全市场新格局[85]	5G 移动通信技术引入了网络切片、SDN/NFV 等技术，使得网络边界变得更加模糊，为保障 5G 网络安全，中国于 2021 年 2 月发布《网络关键设备安全通用要求》

2.2.3.2 网络安全发展

1. 中国网络安全发展

20 世纪 90 年代以来，网络安全逐步发展。1994 年 2 月，国务院发布的《中华人民共和国计算机信息系统安全保护条例》是中国在信息系统安全保护方面最早制定的条例。2007 年 7 月，国家保密局等四部门印发《关于开展全国重要信息系统安全等级保护定级工作的通知》，通知规定对涉密信息系统采取分级保护措施，并且要结合系统实际情况进行保护。

"十三五"以来，中国网络安全发展卓有成效，网络安全水平不断提升。2016 年 12 月《国家网络空间安全战略》的发布和 2017 年 6 月《中华人民共和国网络安全法》（以下简称《网络安全法》）的正式实施，标志着中国网络空间安全顶层设计取得了突破性进展。近年来，网络安全立法和行业关注重点逐步渗透到各个细分领域。在信息安全和数据保护方面，《中华人民共和国密码法》《中华人民共和国数据安全法》（以下简称《数据安全法》）和《个人信息保护法》的出台有效界定了数据市场发展的边界。在信息基础设施安全方面，2021 年 9 月 1 日起施行的《关键信息基础设施安全保护条例》，作为首部保护关键信息基础设施的法规，对于相关法律体系建设有着提纲挈领的作用。在国际网络安全方面，2021 年 7 月发布的《网络安全审查办法（修订草案征求意见稿）》对国际政治、外交、贸易等领域的网络安全监管更趋严格。

2020 年 12 月，中共中央印发《法治社会建设实施纲要（2020—2025 年）》，专门提出要对网络空间领域推进法治化治理。2021 年 3 月，国务院发布《中华人民共和国国民经济和社会发展第十四个五年规划和 2035 年远景目标纲要》，提出要营造安全的数字生态。另外，随着国家对网络道德规范的重视程度提高，在政府部门牵头下，网络道德建设逐渐成为未来网络安全体系的重要一环。

2. 国际网络安全发展

面对日益严峻的网络安全形势，各国全力加速推动网络安全发展。1992 年 11 月，世界经济合作与发展组织理事会发布《信息系统安全准则》提出了"信息系统安全"。2003—2016 年，美国、英国、印度、澳大利亚等国家纷纷发布《网络安全国家战略》以面对不断变化的网络空间安全局势。2018 年 5 月，美国国土安全部发布《网络安全战略》，称未来将重点关注减少漏洞、打击恶意攻击者等领域。2019 年 12 月，俄罗斯在原有《俄罗斯联邦个人数据法》的基础上，进一步加强对数据本地化的监管。2020 年 6 月，美国国土安全部发布《2020—2024 财年战略计划》，网络空间安全仍为资金投放的重要领域。

2.2.3.3 网络安全与电子商务

为保障电子商务交易网络安全，根据《国家网络空间安全战略》，要做好健全漏洞管理机制、数据安全保护、等级保护、数字证书技术、网络风险评估等工作[86]。

1. 健全漏洞管理机制

电子商务实现了传统经济产业的优化改革，将网络技术、通信技术、数字技术等融合为一体，改变了过去单一经济体制模式的不足。但是，电子商务信息调度和信息系统面临着明显的漏洞与风险，健全漏洞管理机制是电商经济可持续发展的保障。

漏洞是影响网络空间安全问题的重要诱因，重大安全漏洞被恶意利用时会对国家网络基础设施和社会经济发展造成严重危害。漏洞可能存在于信息产品和系统的软硬件、协议、算法以及编程中的逻辑错误，漏洞一般长期存在，随着产品的发布和升级而暴露、修复，周而复始。近年来，中国不断完善相关法律法规，初步形成了以《网络安全法》为法律依据，中央网信办等部门为主体，政府机构、软硬件厂商协同参与的漏洞管理机制体系①。根据《信息安全技术网络安全漏洞管理规范（GB/T 30276—2020）》，网络安全漏洞管理流程如图 2-21 所示。

---

① 中国国家信息安全漏洞库 [EB/OL].[2020-03-10].http://www.cnnvd.org.cn/web/xxk/gyCnnvdJs.tag.

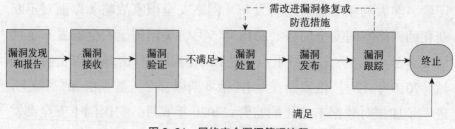

图 2-21　网络安全漏洞管理流程

2. 数据安全保护

电子商务的数据安全问题是电子商务应用的关键问题，近年来数据泄露事件日益频发，为规范数据应用并保障数据隐私安全，世界各国掀起数据保护和隐私法规的立法热潮，数据合规成为各界的研究热点。

在数据安全方面，通过数据分类分级、数据溯源等手段对数据进行管控，是当前数据合规市场的主流技术[87]。另外，检测审计对数据、配置、行为等进行监视和控制，根据检视信息发现异常行为和安全风险。在安全运营方面，隐私运营颠覆了传统的跨越多智能孤岛的手动隐私合规请求处理方式[88]。

3. 等级保护

2017 年，为助推网络安全等级保护工作，根据《网络安全法》的要求，对原有等级保护标准进行修订，等级保护由此进入 2.0 时代。

根据国家"等保 2.0"标准，电子商务中广泛使用的物联网、移动互联、云计算等技术都在通用安全要求的基础上，提出了新技术安全扩展要求，如对云计算的安全物理环境提出要求，强调基础设施、服务对象以及数据存储都应该在中国境内。在数据存储方面，电商企业往往由于业务延伸发展出多个平台，企业数据分别存储在不同的有独立法人的平台，由于安全责任主体不同，数据资源和企业平台要分别定级。

4. 数字证书技术

数字证书是保障用户身份真实、数据传输安全、终端接入可信的关键，这些问题对电子商务的稳健运行又具有重大意义。

数字证书是各主体通过互联网进行信息交流和交易活动的身份证明。各级证书授权（certificate authority，CA）机构组成整个电子商务交易的信任链，根 CA 是整个信任体系的锚点，数字证书上下两两关联、交叉认证[89]。保障 CA 机构的权威性、公正性，才能保障数字证书的可信任性。国际电联制定了数字证书 X.509 标准，采用树形信任体系（图 2-22）。

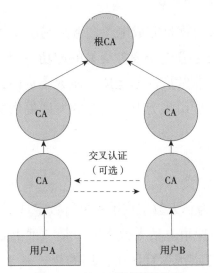

图 2-22　X.509 证书信任体系

5. 网络风险评估

电子商务系统安全与安全风险评估密切相关，制定电子商务网络安全策略时，需先对风险进行评估。

当前较为主流的方法有故障数分析、事件树分析、德尔菲分析等。埃里克·巴斯托斯·戈尔根斯等人提出了故障树分析模型[90]，通过计算故障树的最小割集，判定系统脆弱点和风险位置。事件树分析又称决策树分析[91]，对给定系统事件的可能结果进行定性定量的概率分析，通过中间步骤状态，评估系统风险措施和事件状态之间的关系，统计获得结果。德尔菲法[92]是一种基于群智的风险等级确定法，通过多名经验丰富的成员，在互不干扰的前提下，分别对系统安全风险进行独立评估，最终依据综合结果得出结论。模糊分析法构建指标集和指标权重，定义评价标准，针对系统网络安全结构状态构建模糊评价矩阵，通过矩阵合成运算，获取向量乘积，推演出评估结果。

2.2.4　数字货币基础知识

资金的支付与结算是完成电子商务交易必不可少的环节，资金流能否顺利运转决定着电子商务交易的成功与否。电子支付已经在电子商务领域得到非常广泛的运用，而数字货币这一支付方式将成为新的趋势。数字货币将为电子商务的发展提供更多的可能性和更广阔的市场。

2.2.4.1　定义与特点

1. 数字货币的定义

数字货币可分为私人数字货币和央行数字货币。

（1）私人数字货币。私人数字货币是一种由私人机构发行或无发行主体[93]，在特定虚拟社区中使用的[94]，基于分布式账本技术、采用去中介化支付机制的数字加密货币[95]。

（2）央行数字货币。国际货币基金组织（IMF）将央行数字货币定义为：一种新型的货币形式，由中央银行以数字方式发行的、有法定支付能力的货币。

中国央行数字货币，即数字人民币的研发走在世界的前列。《中国数字人民币的研发进展白皮书》给出数字人民币的定义如下：数字人民币是中国人民银行发行的数字形式的法定货币，由指定运营机构参与运营，以广义账户体系为基础，支持银行账户松耦合功能，与实物人民币等价，具有价值特征和法偿性。

2. 数字货币的特点

私人数字货币的主要特点有：①采用分布式记账技术，具有去中心化的特点（图2-23）。②世界流通，依托于互联网，轻易地实现跨国界。③费用低，尚无监管，持有和交易无须缴纳税费，同时不存在其他隐藏成本[96]。④专属所有权，即一旦设置用户密码，除了主人之外无人可以获取。⑤具有价值尺度和流通手段两种基本职能[97]。

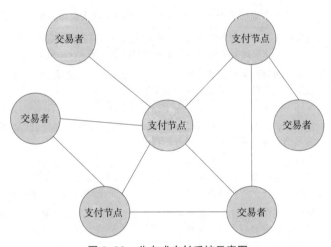

图2-23 分布式支付系统示意图

私人数字货币出现时间较短，因此也具有诸多问题：①在市场监管上存在很大问题，行业内部骗局较多。这一安全性问题很大程度上制约了数字货币的发展。②匿名性与跨国界特性导致其可能被广泛用于恐怖主义融资和非法洗钱犯罪活动。③缺乏足够的实体资产支撑和信用背书，价值不稳定，投机性太重[98]。

中国的电子支付系统在基础设施、客户规模和运营经验方面已经有了比较成熟的基础[99]。因此，中国在央行数字货币的理论研发和试验在国际上具有优势。《中国数字人民币的研发进展白皮书》提出，数字人民币设计兼顾实物人民币和电子支付工具的优势，具备兼具账户和价值、不计付利息、低成本、支付即结算、匿名性、安全性和可编程性等特点（表2-6）。

表 2-6 数字人民币的特点

特点	内容
兼具账户和价值	数字人民币兼容基于账户（account-based）、基于准账户（quasi-account-based）和基于价值（value-based）三种方式，采用可变面额设计，以加密币串形式实现价值转移
不计付利息	数字人民币定位于 M0，与同属 M0 范畴的实物人民币一致，不对其计付利息
低成本	与实物人民币管理方式一致，中国人民银行不向指定运营机构收取兑换流通服务费用，指定运营机构也不向个人客户收取数字人民币的兑出、兑回服务费
支付即结算	从结算最终性的角度看，数字人民币与银行账户松耦合，基于数字人民币钱包进行资金转移，可实现支付即结算
匿名性	数字人民币遵循"小额匿名、大额依法可溯"的原则，高度重视个人信息与隐私保护，充分考虑现有电子支付体系下业务的风险特征及信息处理逻辑，满足公众对小额匿名支付服务的需求
安全性	数字人民币综合使用数字证书体系、数字签名、安全加密存储等技术，实现不可重复花费、不可非法复制伪造、交易不可篡改及抗抵赖等，并已初步建成多层次安全防护体系，保障数字人民币全生命周期安全和风险可控
可编程性	数字人民币通过加载不影响货币功能的智能合约实现可编程性，使数字人民币在确保安全与合规的前提下，可根据交易双方商定的条件、规则进行自动支付交易，促进业务模式创新

3. 数字货币的发展

（1）数字货币起源与发展。最初数字货币是密码学的一个研究分支[100]。20世纪70年代以来，密码学界一直致力于通过数字加密技术，实现数字化后的实物现金在不同数字账户的转移。1983年，David Chuam 提出一种具备匿名性、不可追踪性的电子现金系统[101]，开创性地回答了这一问题，成为数字货币的起源。但 Chuam 建立的仍然是"银行、个人、商家"三方模型。2008年，Nakamoto 提出一种全新的电子化支付思路——建立完全通过点对点技术实现的电子现金系统，实现去中心化[102]。

比特币被视为世界上第一种也是目前最主要的数字货币，截至2021年8月，已经发行1 879万个比特币。①

《数字货币蓝皮书（2020）》中以比特币为起点，将数字货币的历史大致划分为四个阶段[103]，如表2-7所示，并认为这四个阶段并没有清晰的分界线，存在模糊和交叉的情况。

表2-7 数字货币发展阶段

阶段		内容
第一阶段	从比特币到形成非中心化数字货币群体的阶段	自比特币诞生，出现了一大批去中心化的数字货币，如以太坊及其通证体系、分叉币、山寨币、竞争币、具有特定场景的加密数字货币等
第二阶段	稳定币全面崛起阶段	比特币等加密数字货币价格波动幅度过大，常被视为投机工具，而难以成为通用支付工具。在这一背景下，稳定币开始大量出现，如Libra、USDT、TUSD、PAX等
第三阶段	机构数字货币发力阶段	2019年是机构数字货币发展的关键之年。例如摩根大通发行的摩根币（JPM Coin）和脸书发行的Libra
第四阶段	法定数字货币进场阶段	国际清算银行报告显示，全球至少有36家央行发布了央行数字货币计划[104]

（2）数字人民币发展历程。2014—2016年，中国人民银行成立法定数字货币研究小组，启动法定数字货币相关研究工作。该研究小组对法定数字货币发行和业务运行框架、关键技术、流通环境、国际经验等进行了深入研究，形成了第一阶段法定数字货币理论成果。2016年，中国人民银行搭建中国第一代法定数字货币概念原型，成立数字货币研究所，并于当年提出双层运营体系、M0定位、银行账户松耦合、可控匿名等数字人民币顶层设计和基本特征。

① https://bitinfocharts.com/bitcoin/?__cf_chl_managed_tk__=pmd_JWFqvVo.GEHB4yAo.kn1KuI0VLavdm
Hcz1q8E1NjupM-1630123149-0-gqNtZGzNArujcnBszQi9.

在此思路框架下，经国务院批准，中国人民银行自 2017 年年底开始数字人民币研发工作，并依据资产规模和市场份额居前、技术开发力量较强等标准，选择大型商业银行、电信运营商、互联网企业作为参与研发机构。中国人民银行和参与研发机构以长期演进理念贯穿顶层设计及项目研发流程，经历开发测试、内部封闭验证和外部可控试点三大阶段，打造完善数字人民币 App，完成兑换流通管理、互联互通、钱包生态三大主体功能建设。同时，围绕数字人民币研发框架，探索建立总体标准、业务操作标准、互联标准、钱包标准、安全标准、监管标准等较为完备的标准体系。2019 年年末以来，中国人民银行遵循稳步、安全、可控、创新、实用的原则，在深圳、苏州、雄安、成都及 2022 年北京冬奥会场景开展数字人民币试点测试，以检验理论可靠性、系统稳定性、功能可用性、流程便捷性、场景适用性和风险可控性。2020 年 11 月开始，增加上海、海南、长沙、西安、青岛、大连共六个新的试点地区。数字人民币研发试点地区的选择综合考虑了国家重大发展战略、区域协调发展战略以及各地产业和经济特点等因素，目前的试点省市基本涵盖长三角、珠三角、京津冀、中部、西部、东北、西北等不同地区，有利于试验评估数字人民币在中国不同区域的应用前景。

2.2.4.2　数字货币与电子商务

1. 私人数字货币

随着信息科技的不断发展和移动互联网信息技术的不断进步，数字货币在电子商务、互联网信息金融等各个领域的应用逐渐扩大。将数字货币应用于电子商务领域，可打造出以线上商城为载体，结合区块链分布式账本、智能合约技术和传统电商支付场景的新型区块链电商系统。这类系统能够降低电商平台的经营成本，提高结算管理效率，将为中国电商商务平台的持续发展提供较大的利润提升空间。关于私人数字货币在电子商务领域的应用研究，也将对数字货币技术的进一步研究产生重要意义。

2. 数字人民币

根据数字人民币的特点，将数字人民币应用于电子商务平台，在未来将可以做到：资金流便捷、快速和安全，信息流透明、公开、确权和溯源，物流隐私保护、信息确认和低成本信息记录。目前，京东和美团等企业已经接入数字人民币试点。

同时在跨境支付场景"发力"央行数字货币已上升到国家战略[105]。数字货币无国界对接全球业务的特点使其在跨境电商领域具有广阔的应用前景。当前，跨境清算高度依赖 SWIFT（环球同业银行金融电讯协会）以及 CHIPS（纽约清算所银行同业支付系统），清算效率较低且手续费高昂。而数字人民币则可通过点对点交易，绕开现有机制的控制，提高清算效率，并增强跨境清结算的安全性与便捷性。

2.2.5 金融基础知识

在电子商务活动中，金融发挥着重要支撑作用，特别是在数字支付、供应链金融、消费金融等方面，一方面金融为电子商务提供了支付工具，另一方面为电子商务中的资金需求提供融资。

2.2.5.1 定义与特点

1. 金融的定义

现在我们理解的"金融"概念源自西方，与英文的 finance 对应。finance 原本是指货币资金及其管理。其主体有政府、企业、个人，根据主体的不同形成了政府金融、企业金融和家庭金融等不同的知识领域。《中国金融百科全书》"金融"词条的注释是："货币流通和信用活动以及与相关的经济活动的总称。"该定义在"货币资金融通"的基础上扩展了金融含义的外延，把货币流通与信用活动和金融结合在一起[106]。黄达和张杰编写的《金融学》是高校广泛使用的教材，其中对金融 F 的界定是：凡是既涉及货币 F^M，又涉及信用 F^C，以及以货币与信用为一体的形式生成、运作的所有交易行为 F^B 的集合[107]，即 $F=\{F^M,\ F^C,\ F^B\ (F^M,\ F^C)\}$。

现代金融体系 S^F 由货币 S^F_1、金融机构 S^F_2、金融市场 S^F_3、金融工具 S^F_4、金融制度 S^F_5 五个核心要素构成（图 2-24），即 $S^F=\{S^F_1,\ S^F_2,\ S^F_3,\ S^F_4,\ S^F_5\}$。

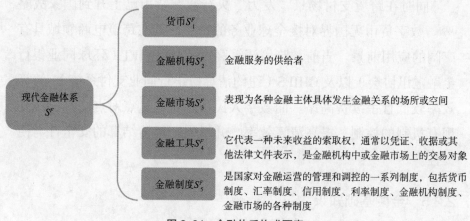

图 2-24　金融体系构成要素

2. 金融的特点

互联网金融和数字金融快速发展，现代金融表现出全球化 G^F、创新化 I^F、网络化 E^F、数字化 D^F 的特点（表 2-8）。

表 2-8　金融的特点

特点	内容
全球化 G^F	依托全球科技进步、金融创新以及金融监管自由化这一背景，国际金融市场及各国金融市场形成了一个全球化的、市场间相互依赖、互相作用的金融市场。金融全球化 G^F 主要表现为三方面的国际化：①货币国际化 G^F_M。②资本国际化 G^F_C。③监管国际化 G^F_R。即 $G^F=\{G^F_M,\ G^F_C,\ G^F_R\}=G^F(M,\ C,\ R)$
创新化 I^F	金融创新即处于金融领域内部环境中，或将金融各大关键要素一一重组，抑或通过创造性变革进一步创造或引进的新事物。其主要包含四个要素：①科技进步 T^P 所带来的变革创新。②规避金融管制 F^R 带来的创新。③增加防范金融风险工具 F^T 带来的创新。④为提高金融市场竞争力 M^c 带来的创新。即 $I^F=I^F_1(T^P)+I^F_2(F^R)+I^F_3(F^T)+I^F_4(M^c)$

特点	内容
网络化 E^F	21世纪以来现代信息技术 T^I 发展迅猛，新型的信息技术为金融服务电子网络化 E^F 提供了必要的技术基础，即：$T^I \Rightarrow E^F$。 金融机构将先进的电子信息技术广泛应用于金融服务的各个领域，涵盖了存款、提款、转账、汇兑、查账、交换、控制、金融买卖交易和咨询等。其中互联网金融也跟随着互联网的快速发展而日新月异
数字化 D^F	从21世纪开始，互联网及信息技术开始广泛应用在金融服务业，特别是金融机构通过大数据算法优化和数据资产的积累，对金融服务进行数字化创新，其具体业务内容包含互联网支付、移动支付、网上基金、网上保险、网上贷款等各项金融服务

3. 中国金融的发展

中国金融的发展如图2-25所示。

图 2-25　中国金融的发展

（1）社会主义金融体系探索时期（1948—1978年）。这个阶段新中国社会主义金融体系经历了从无到有的建立时期，以及在第一个五年计划和"大跃进"中的不断向"大一统"模式改造时期。

中华人民共和国金融体系的建立（1948—1952年）。1948年12月1日，中国人民银行成立，在中华人民共和国成立初期，逐步通过中国人民银行合并各个解放区银行，没收官僚资本银行，对私人银行和钱庄进行社会主义改造，在农村地区建立农村信用合作社，形成了中华人民共和国的金融体系。

"大一统"模式的金融体系（1953—1978年）。1953年开始，我国参照苏联模式对我国金融体系进行改造，形成高度集中的银行体系。虽然这一时期存在中国银行、中国建设银行、中国农业银行，但实质上，中国人民银行是这一时期唯一的银行，它既是管理机构也开展经营业务，中国人民银行拥有遍布全国的分支机构，各分支机构服从总行的统一安排。

（2）中国特色社会主义金融体系建设时期（1979—2017年）。1978年，党的十一届三中全会揭开改革开放的序幕，我国金融体制迈开改革的步伐。通过对金融体系的恢复建立与拓展、金融体系市场化改革、金融体系全面深化改革，金融已成为经济体系的核心部分，为经济的发展做出了重要贡献。与此同时，中国金融深耕祖国大地，与国情紧密相连，走出了一条中国特色社会主义道路，形成了自己完整的理论、体系。

金融体系恢复建立与拓展（1979—1992年）。党的十一届三中全会后，中国人民银行专职行使中央银行的职能，同时设立和恢复了一批专业金融机构，到1984年已经形成中、农、工、建4家专业银行，以及中国人保和中信企业两家辅助机构格局。1984年，中国的经济体制改革从农村走向城市。"计划经济为主、市场调节为辅"是这个阶段经济改革与发展的总方针。其主要实行了财政对国有企业的拨款以及将投资改为银行贷款，加强金融体系监管，发展股份制银行，开始股票交易试点工作，向外资开放保险市场。

金融体系市场化改革（1993—2012年）。为了实现在20世纪末建立社会主义市场经济体制的目标，中国这一时期加快了对金融体系的改革。这一时期改革从规范金融秩序开始，向更加完善、更加开放的市场化方向前进。在金融监管方面，建立了一批政策性银行，出台了多部金融法律形成我国金融法律体系的框架，对金融业进行分业经营和监管，建立银监会、保监会和证监会，形成了"一行三会"的金融监管格局。在国有银行经营方面，对各个大型国有银行进行股份制改革，完成上市。在利率汇率方面，建立上海银行间同业拆借利率，完善了我国汇率制度，利用现代信息技术完善了金融基础设施。

金融体系全面深化改革（2013—2017年）。2013年，《中共中央关于全面深化改革若干重大问题的决定》发布，我国的金融体系改革进入全面深化改革新阶段。其主要包括：加强金融法律建设。进一步完善和开放资本市场，完善上市企业退市指导，实施沪港通和深港通等。银行改革进入"深水区"，国内民营银行开业。我国金融国际影响力逐步提升，金砖国家新开发银行、亚洲基础设施投资银行成立，人民币加入IMF特别提款权，央行数字人民币研发与应用走在世界前列。

（3）现代金融体系构建时期（2018年后）。党的十九大报告明确金融业要"着力加快建设实体经济、科技创新、现代金融、人力资源协同发展的产业体系"；要"健全金融监管体系，守住不发生系统性金融风险的底线"。围绕这些目标，金融业开展了多项改革行动，其中包括完善金融风险防范力度，完善金融监管框架，将"一行三会"改为"一委一行两会"，调整资产管理业务机制，加快金融业对外开放步伐[108]。

2.2.5.2 金融与电子商务

电子商务是通过电子方式以商品交换为核心的商业贸易活动，正如传统的商贸活动需要金融的支撑，电子商务也一样，特别是近年来金融行业的不断发展与创新，不断加速促进电子商务发展。与此同时，电子商务的发展也对金融产生了新的需求，特别是在数字支付、供应链金融与消费金融方面。

1. 数字支付

国家"十四五"规划报告提出，全社会要加快数字化发展，建设数字中国，打造数字经济新优势[109]。近年来我国数字经济发展取得巨大进步，根据《数字中国发展报告（2020年）》，我国数字经济总量已至世界第二，其中电子商务行业发展成效突出，我国电子商务交易额由2015年的21.8万亿元增长到2020年的37.2万亿元[110]。电子商务是信息流、资金流、物流的融合，而资金流通过支付实现。支付是商品交易活动带来的债权债务清偿以及货币资金的转移。数字技术进步推动了电子商务迅速发展。

数字技术与支付结合带来了支付领域的创新，数字支付在电子商务中广泛被使用。数字支付本质是不同账户之间，采用数字化手段实现资金流动。参与电子商务的账户主要分为银行账户、网络账户、商户账户三类，各类账户内部又有各自的细分账户（图2-26）。

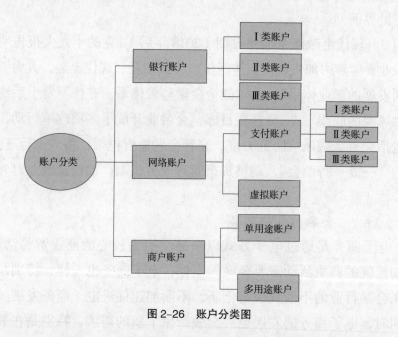

图2-26　账户分类图

（1）银行账户。各大商业银行账户主要分为Ⅰ类账户、Ⅱ类账户、Ⅲ类账户[111]。不同类型的账户定位不同，对实名程度要求不同，各商业银行赋予的功能也不同。

Ⅰ类账户相当于"金库"，安全性最高，用户的主要资金收入存放在该账户中，主要用于大额转账、投资、公用事业缴费以及购买理财产品等。

Ⅱ类账户相当于"保险箱",主要用于日常刷卡消费、网络购物、网络缴费等。

Ⅲ类账户相当于"钱包",主要用于金额较小、频次较高的交易[112]。

（2）网络账户。从事支付业务的互联网企业有两种:一种是具有支付牌照的企业,另一种是不具有支付牌照,但可以开立虚拟账户,以特殊数字币(腾讯 Q 币)进行支付的企业。其中支付账户分为Ⅰ类账户、Ⅱ类账户、Ⅲ类账户(表 2-9),由于账户的付款限额以及身份验证强度差异,不同的账户适用场景不同。

表 2-9 支付账户细分表

账户类别	余额付款功能	余额付款限额	身价核实方式
Ⅰ类账户	消费、转账	自账户开立起累计 1 000 元	以非面对面方式,通过至少一个外部渠道验证身份
Ⅱ类账户	消费、转账	年累计 10 万元	面对面验证身份,或以非面对面方式,通过至少三个外部渠道验证身份
Ⅲ类账户	消费、转账、投资理财	年累计 20 万元	面对面验证身份,或以非面对面方式,通过至少五个外部渠道验证身份

（3）商户账户。商户账户分为单用途账户和多用途账户,单用途账户一般为特定机构发放的仅用于指定地方消费的卡,如超市购物卡等。多用途账户通常为特殊部门或多个商户联合发起的可跨多机构进行消费的卡,如城市一卡通等。

2. 供应链金融

由于社会分工的深化,企业间分工逐渐替代企业内部分工,供应链上的核心企业在全球范围内开展外包与采购活动,供应链贸易快速发展。供应链贸易主要采用赊销的方式进行,但这种方式财务成本太高,增大了经营风险,所以产生了供应链金融。供应链金融是在贸易金融的基础上发展而来,但供应链融资突破了贸易金融的局限,不再依托买卖双方形成的贸易交易关系。供应链金融将生产商、供应商、第三方物流机构、金融中介机构、分销商以及消费者连接在一起，形成相互联系、相互影响、相互制约的网络，通过对供应链中资金流的管理优化资源配置，提高产业效率[113]。

从供应链贸易的业务类型视角分析，最普遍的有以下几类业务会产生供应链融资可能：①销售商订货时向核心企业支付预付款。②供应商向核心企业赊销产品，形成应收账款。③销售商提货之后，存货出现。对应产生供应链金融的三大融资模式：预付类融资、应收账款类融资、存货类融资。

预付类融资涉及供应链中的主体有核心企业、物流企业、销售商（中小企业）和银行。销售商将货款预付给上游核心企业，为缓解资金压力，以预付账款向银行融资，通常银行会开具承兑汇票。核心企业需要承诺回购银行开具的承兑汇票。物流企业为销售商提供信用担保，销售商以银行指定仓库的既定仓单为质押品申请贷款，银行会控制销售商的提货权。在此融资模式中，利益相关方共同签署预付账款融资协议书，银行为融资企业开出银行承兑汇票，后续购买方直接将货款支付给银行（图2-27）。

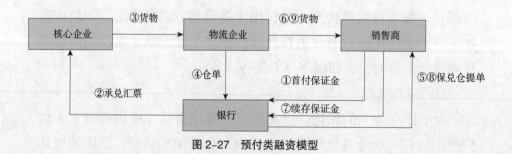

图2-27　预付类融资模型

应收账款类融资本质上是债权融资。核心企业与供应商签订真实的贸易合同；供应商取得核心企业的应收账款单据，为缓解经营压力，以应收账款作为还款来源向银行融资，并将应收账款单据转让给银行，核心企业需对银行做出还款承诺。到还款期限时，核心企业再将应付账款支付给银行，银行核销供应商贷款（图2-28）。

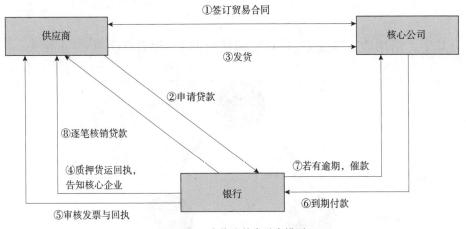

图 2-28　应收账款类融资模型

因为存货可以不以买卖双方订单为基础，独立地向银行做质押融资，严格意义上，存货质押融资并不符合供应链金融的定义，但由于仓储是供应链的重要部分，存货抵押贷款也放入供应链金融的范畴。存货类融资是以资产控制为基础的商业贷款形式。目前，由于存货风险太大，特别是大宗商品物价波动以及动产以少充多等带来的不确定性风险，存货抵押没有大量开展，但未来由于技术发展，存货融资可能成为供应链金融的一个重要渠道[114]。

3. 消费金融

消费金融是围绕消费者展开的金融活动，电子商务规模扩大为消费金融发展带来了机会，电子商务与消费金融模型如图2-29所示。消费金融的主要作用表现在支付、风险管理、投资储蓄方面。消费金融的目标是使消费者的消费活动更加便利、可持续[115]。电子商务与消费金融之间相互成就、相互发展。消费金融的资金提供方根据消费者在电子商务平台上的日常消费数据 C^D 和消费能力 C^A 进行深度分析，从而为消费者提供一定数额的信用透支额度 C^L，用公式表示为

$$C^L = f_c(C^D,\ C^A) \qquad\qquad （2\text{-}9）$$

其中，信用透支额度 C^L 与日常消费数据 C^D 和消费能力 C^A 正相关。

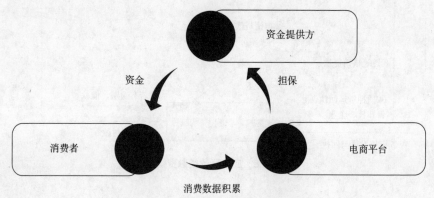

图 2-29　电子商务与消费金融模型

　　消费者在平台上消费时，可以先利用平台给予的信用额度进行透支支付。

2.2.6　计算机基础知识

　　在现代生活中，计算机技术的使用无处不在，对电子商务而言，计算机是重要的基础设施。近年来，计算机技术迅速发展，该领域内涌现的云计算、物联网、大数据、人工智能等技术对电子商务的发展起了重要推动作用。

2.2.6.1　定义与特点

1. 计算机的定义

　　计算机是一种用于高速计算的电子计算机器，可以进行数值计算和逻辑计算，同时具备存储记忆功能，能够运行程序，自动、

高速处理大量数据的现代化智能电子设备[116]。早期的计算机，存储只限于数字和字母，如今，它已经可以用于存储图片、照片、视频、音频等数据[117]。计算机研发的最初目的是辅助科学研究运算，计算机发展至今，已经被广泛运用到信息处理、过程控制、多媒体技术、通信、人工智能等各方面，极大地改变了我们的生活，也促进了科学的进步。

2. 计算机的组成

计算机由硬件和软件两部分组成。硬件是指计算机的物理实体，包括计算机中一切的电子、机械、光电等设备，如显示器、主机等。计算机运行时的程序、数据及其有关资料则是软件。一台计算机若是不安装任何软件，仅仅包含硬件和软件的系统，则被称为裸机。当然，经过近百年的信息技术发展，计算机的种类逐步增多，包括超级计算机、产品管理计算机、工业控制计算机、网络计算机、个人计算机以及嵌入式计算机等。

冯·诺依曼（John von Neumann）在 1945 年研究 EDVAC（离散变量自动电子计算机）时，提出了"存储程序"的概念[118]。以此为基础，后续的各类计算机都被通称为冯·诺依曼机，其具有如下特点。

（1）组成计算机的五大部件是运算器、存储器、控制器、输入设备和输出设备。

（2）指令和数据按地址在存储器内寻访，以同等地位存放其中。

（3）指令和数据统一采用二进制。

（4）操作码和地址码共同组成了指令，其中操作码表示操作性质，地址码表示操作数在存储器中的具体位置。

（5）在存储器内，指令按顺序存放。一般情况下，指令是顺序执行的。在特殊条件下，可根据运算结果或特定条件改变执行顺序。

（6）运算器是机器的中心，运算器在输入、输出设备与存储器间完成数据传送。

冯·诺依曼机的基本结构如图 2-30 所示。

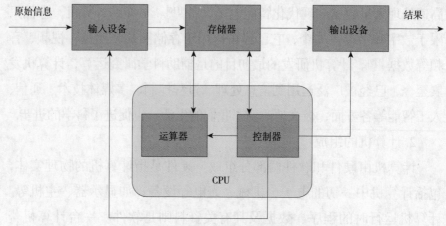

图2-30　冯·诺依曼机的基本结构

（1）计算机硬件介绍。计算机硬件是计算机系统中由电子、机械和光电元件等组成的各种物理装置的总称。这些物理装置按系统结构的要求构成一个有机整体，为计算机软件运行提供物质基础。计算机硬件由主机箱和外部设备组成。主机箱内主要有CPU、内存、主板、硬盘驱动器和各种扩展卡等；外部设备包括鼠标和键盘等。

中央处理单元即中央处理器（CPU），是由逻辑算术单元和控制单元组合而成的。其作用相当于人体心脏，是计算机最重要的运算和控制核心，其功能主要是解释计算机指令和处理数据。

内存又称内部存储器或随机存储器，由电路板和芯片组成，属于电子式存储设备，体积小巧，数据存储读取速度快。

存储器被称为硬盘，属于外部存储器，通常由金属磁片或者玻璃磁片制成。也因为是磁片，所以具备内存没有的记忆功能特性。凡是存储到磁片上的任何数据，不管是开机状态还是关机状态都不会轻易丢失，除非主动擦除或改写。

显卡将各类信息通过显示器显示出文字、图像等，方便各类信息与人进行交互。

（2）计算机软件介绍。软件是计算机中一系列按照特定顺序组织的计算机数据和指令的集合。计算机软件系统通常可分为系统软件和应用软件两大类。

系统软件是用户和计算机之间的接口，通常是由一组控制计算机系统的程序组成，为应用程序和用户提供控制和访问硬件的手段。操作系统是计算机最基本的系统软件，它是用于管理、控制和监督软件与硬件资源的程序系统。计算机启动，资料存储，程序加载和执行是操作系统的主要功能，其还能执行排序和搜索文件，将程序语言转换为机器语言等。

应用软件是针对特定需求和问题而设计的程序系统。通常将应用软件分为通用软件和专用软件两大类。其中，为计算机实现某种特殊功能或满足广大用户的普遍性共有需求而开发的软件是通用软件，如 Microsoft 企业发布的 Office 办公系列软件、Adobe 企业发布的 Photoshop 图形处理系列软件等。而为计算机实现解决某特定机构或行业的特定问题而开发的软件是专用软件，如铁路企业票务管理系统、民航局针对航班飞行管理系统等。

3.计算机的特点

计算机的特点如表 2-10 所示。

表 2-10　计算机的特点

特点	内容
运算速度快	运算速度的快慢是衡量计算机性能的一个重要指标，通常用每秒执行定点加法的次数或平均每秒执行指令的条数进行衡量，根据近年来"全球超级计算机 500 强"榜单，美国橡树岭国家实验室的"顶点"系统运算速度达到 14.86 亿亿次 / 秒。计算机强大的运算能力，帮助人类解决了大量复杂的科学计算问题
精确度高	常规的计算机精度在二进制下，可以有十几位甚至几十位有效数字，具体的计算精度可达到千分之几甚至百万分之几。随着技术发展，目前计算精度可以提高到任意精度。其高度精确的计算为尖端科学技术的发展提供技术支撑

续表

特点	内容
存储量大	计算机的存储器可以存储大量的信息，包括各类数据信息和处理这些信息的程序。计算机存储器有多个存储单元，存储器的容量可以自行扩大，因此可以存储大量信息
逻辑判断力强	计算机的运算器不仅能够进行算术运算，还能够对数据信息进行逻辑运算，包括比较、判断甚至推理证明等。同时，计算机能把参加运算的数据、程序以及中间结果和最后结果保存起来，供用户随时调用
自动化程度高	计算机将预先编好的程序放在内存中，在程序的控制下，计算机可以实现自动连续工作
应用范围广	由于计算机的发展，计算机几乎被运用到了工作生活的各个方面。各种不同功能的应用程序被开发出来，程序安装过程也比较简便，用户只用安装相应的应用程序，便可通过计算机得到想要的功能

4.计算机的发展

计算机的发展如图 2-31 所示。

图 2-31　计算机的发展

早期计算工具 [1946 年 ENIAC（埃尼阿克）诞生前] 如表 2-11 所示。虽然受科技发展的限制，但各个时代的人们都在充分地利用环境资源的基础上，发挥自己的智慧，不断创造各种工具，提高计算速度和计算的准确性，追求更大规模的计算。这些计算工具对人类的发展具有重要意义。

图灵机的出现证明了通用计算理论，同时它给出了计算机应有的主要架构，对计算机的出现具有重大的历史意义。

表 2-11　早期计算工具

工具	内容
算盘	算盘是中国传统的计算工具，被发明后一直被广泛使用，尽管现在已有先进的计算工具，但算盘仍在被使用
计算尺	计算尺只需要拉尺子就可以得到结果，由于其操作方便，从 16 世纪诞生到第一次工业革命期间，在西方国家被广泛运用
手动计算器	第一次工业革命后，计算器进入机械时代，第一台手动计算器——加法计算器由布雷斯·帕斯卡发明。它是由多个齿轮组合成的装置，顺时针拨动齿轮做加法，逆时针拨动做减法
手摇计算机	手摇计算机由奥涅尔发明，利用了齿数可变的齿轮，用特定传动比的齿轮传动组作为运算单元进行数值计算。后经过多次改进，计算功能逐步增强，到 20 世纪初的二三十年间，已经成为世界最主流的计算工具
分析机	查尔斯·巴贝奇提出了分析机的构想，并一生致力于研究分析机，但并未成功。后来赫曼·霍勒瑞斯在分析机原理基础上利用穿孔卡发明了电动制表机
图灵机	1936 年，英国数学家阿兰·麦席森·图灵提出了一种抽象的计算模型——图灵机。图灵机是将人类使用纸笔进行数学运算的过程进行抽象，由一个虚拟的机器替代人类进行数学运算。图灵机是将计算推理过程转化为简单机械运动的机器

第一代：电子管计算机时代（1946—1955 年）。其主要以电子管作为计算机的逻辑元件，其中阴极射线管和水银延迟线是主存储器，由纸带、卡片进行输入输出。计算速度每秒可达几千次至几万次，使用机器语言或汇编语言进行程序设计。电子管计算机体积大、耗电量大、运行速度慢、存储容量小、价格昂贵，因此主要运用于实验室科学计算。其代表是埃尼阿克和 ABC 计算机（Atanasoff Berry Computer）。

第二代：晶体管计算机时代（1955—1964 年）。其主要以晶体管作为计算机的逻辑元件，磁芯是主存储器，磁盘 / 磁鼓为外存储器。计算速度每秒 10 万次至几百万次，使用高级语言（如 FORTRAN、COBOL、ALGOL60 等）进行程序设计，开始出现操作系统和编译程序。相比于电子管计算机，晶体管计算机在兼具其功能的同时，具有尺寸小、重量轻、运算速度快、功耗低、价格相对低等优点，除了被运用在科学计算方面，还开始被运用到数据处理与过程控制领域。其典型代表是于 1954 年在美国贝尔实验室诞生的崔迪克（TRADIC），这是世界上第一台晶体管计算机。

第三代：中小规模集成电路计算机时代（1964—1970 年）。其主要以中、小规模集成电路作为计算机的逻辑元件，半导体为存储器，使存取速度大幅度提升。计算速度每秒几百万次至几千万次，在程序设计方面，出现了结构化程序设计，计算机的操作系统日趋成熟，开始进入文字与图形图像处理阶段。这一时期计算机语言也有了相应发展，出现了 250 多种高级语言（如 BASIC 语言、COBOL、C 语言、Pascal 语言、Ada 语言等）。第三代计算机使用中小规模的集成电路，使计算机的体积更小、重量更轻、耗电更省、寿命更长、成本更低，运算速度有了更大的提高。其典型代表是 20 世纪 60 年代初 IBM 公司推出的 IBM360 系列计算机。

第四代：大规模和超大规模集成电路计算机时代（1971 年至今）。其主要以大规模和超大规模集成电路作为计算机的逻辑元件，使计算机体积、重量、成本均大幅度降低，出现了微型机，以集成更大容量的半导体芯片为存储器。外存储器除广泛使用软、硬磁盘外，还引进了光盘。计算速度为每秒一亿次至几十亿次次。这一时期软件设计显示出系统工程化、理论化、程序设计自动化的特点。高级编程语言已经发展到 600 多种（C 语言、Java 语言、Python 语言、R 语言等）。软件产业迅速发展，出现各种实用软件。硬件方面出现了多种输入输出设备，与此同时，计算机技术与通信技术相结合，研发了将万物紧密相连的计算机网络，多媒体技术崛起，计算机具备了集图像、声音、文字处理于一体的功能。计算机已经运用到航天航空、工业生产、社会生活等方方面面，几乎成为现代人类生活最重要的工具。

1971 年，Intel 4004 微处理器发布，它在片内集成了 2 250 个晶体管，晶体管之间的距离是 10 μm，能执行 4 bit 运算，每秒运算 6 万次，运行的频率为 108 kHz，而成本才不到 100 美元。这是大规模集成电路发展历程上的一个重大成果，也标志着第一代微处理器的问世。1981 年，世界上第一台个人计算机 5 150 由 IBM 公司推出，标志着计算机真正走进人们的工作和生活。个人计算机问世以后，计算机开始朝满足日常生活的微型化和满足专业需求的巨型化两个方向发展，各类计算机产品推出迅速。

1976 年，美国克雷企业推出了世界上第一台超级计算机 Cray-1。这是一台向量计算机，既能做向量运算，又能做标量运算。它平均每秒能够执行约 5 000 万条指令，高效时每秒可执行约 8 000 万次浮点操作。作为一台超级计算机，它与同时期推出的大型计算机 IBM370 相比，速度提高了 5 ~ 10 倍，性价比则为其 3 ~ 4 倍。Cray-1 出现后，各国竞相研发超级计算机，超级计算机也在航天航空、天气预报、生命科学等领域做出重大贡献。1983 年 11 月，国防科学技术大学推出了我国第一台"银河"巨型计算机系统。此后在超级计算机方向，我国不断取得重大突破，1992 年的"银河 – Ⅱ"实现了从向量巨型机到并行处理巨型机的跨越，1997 年的"银河 – Ⅲ"标志着我国的综合技术达到了当时国际先进水平，2013 年的"天河二号"计算速度达到 3.39 亿亿次，位居当时世界第一[119]。

2.2.6.2　计算机与电子商务

近年来计算机技术迅速发展，在计算机的尖端领域涌现出云计算、物联网、大数据、虚拟现实、人工智能等前沿技术。这些技术在电子商务领域的运用为电子商务活动提供了高效安全的技术保障，将人力从大量简单重复性高的工作中解放出来，提高了生产效率。建立在大数据基础上的数据分析为生产决策提供支持。

1. 物联网技术与物流网络建设

物联网是互联网的扩展和延伸，主要是指在各种物品上通过安装信息传感设备，按约定的方式，将物体与网络相连接，实现物体间的信息交换与通信。

物联网在电子商务物流网络建设中有重要运用。物流网络中的仓储、运输、配送等环节通过物联网技术将物流信息实时上传到网络，让买家与商户可以随时了解物流信息，提高电子商务交易的信任度。

2. 大数据分析与生产决策支持

大数据是指巨量的资料，表现为用传统的软件工具已经不能对其进行抓取、管理和处理。为加工处理这些数据，获得价值信息的技术便称为大数据技术。

当电子商务通过交易积累大量交易信息后，如商户消费群体结构、消费者需求变动、消费水平和消费频率等，通过大数据技术，对这些信息进行分析，辅助商家进行生产、采购决策，让推出的商品更加符合消费者需要，实现利润最大化。

3. 人工智能与智能客服

人工智能是研究开发用于模拟、延伸和扩展人的智能的理论、方法、技术及应用系统的一门新的技术科学，它试图让机器拥有与人相似的反应。

电子商务规模的扩大，对客服从数量和工作质量上提出了新的要求。传统客服已经难以适应会话规模巨大、不间断工作、同时多点会话的业务需要。人工智能技术的引入，使语音机器人、文本机器人大量出现，智能客服成为新的趋势。在传统客服在线座席和客户诉求处理两个应用场景中，智能客服大大提高了工作效率，降低了企业成本。

2.2.7 会计学基础知识

近年来，互联网技术在社会各领域中得到广泛普及与应用，带来了各大新型的经济活动方式，如网络营销、网上支付、虚拟办公等，其对会计，无论是理论还是实务，都产生了极大的冲击。会计学作为电子商务中不可或缺的基础环节，其在电子商务领域中的改革创新更是深刻影响电商的持续发展。

2.2.7.1 定义与特点

1. 会计的定义

会计是指为了满足决策和管理需要，对一个主体（如企业等组织）的经济信息进行确认、计量、记录和报告的过程[120]。其中，会计是为了决策和管理的需要而进一步产生[121]，会计具体服务对象 A^{ST} 包括该会计主体的管理者 A^M、所有者 A^O、债权人 A^C、潜在投资者 A^I、企业员工 A^S、有关政府部门 A^G（如税务当局）等[122]，即 $A^{ST}=\{A^M,\ A^O,\ A^C,\ A^I,\ A^S,\ A^G,\ \cdots\}$。会计的对象为会计主体发生的经济业务活动所生成的各种经济信息。最后，会计的手段和工作过程 A^{WF} 包括确认 A^{RC}、计量 A^{MS}、记录 A^{RD} 和报告 A^{RT}，即 $A^{WF}=\{A^{RC},\ A^{MS},\ A^{RD},\ A^{RT}\}$[123]。

2. 会计的特点

电子商务环境下，会计呈现出五个显著特点，具体内容如表 2–12 所示。

表 2–12　电子商务环境下会计的特点

特点	内容
会计信息载体电子化	传统会计信息的载体均已实现无纸化，以电子数据的形式存于企业数据库中。其可使劳动效率提高、失误率降低，避免了存储、传输上的麻烦，因而企业运行成本降低
会计业务处理实时化	电子商务活动原始数据一经会计信息系统，即可与其他业务子系统实时共享，电商业务得到实时化处理

续表

特点	内容
会计职能扩大化	利用电子商务网络化的特点建立高度集成的管理信息系统，使得会计职能的重心逐渐向事前计划、事中控制上转变，其职能进一步被扩大
会计信息多元化	会计信息系统进行不断升级，借助会计信息系统强大的数据存储、处理及挖掘的功能即可获取多元化信息
会计设施智能化	可持续处理会计业务的智能化财务机器人被用于财会工作领域[124]，先进的自动化设备可快速记录数据与财务信息，自行整理数据库内存储的数字化资源，可在部分领域的专业性工作中替代人工

2.2.7.2　会计学与电子商务

随着电子商务的快速发展，出现了电商会计。电商会计强调在互联网的环境下进行会计处理，其中涉及各类交易和事项的确认、计量和披露等。电商会计的出现，实现了企业财务与各项业务的完美协同，同时轻松解决远程报表、报账、查账、审计的处理工作。为适应电子商务发展的需要，电商会计相较于传统会计发生的创新转变主要体现在反映、监督和参与经营决策这三大职能上。

1. 反映职能

对于专为电子商务企业构建的新型会计信息处理系统，它不仅可以采集与整个企业业务相关的所有财务会计相关的业务信息数据，还可以将各类财务信息和会计数据快速分析整理合并存储传输到整个会计信息处理系统中，更好地发挥反映职能。

2. 监督职能

在电子商务环境下，会计信息实时化及自动化处理使得会计的监督职能越发重要。电商会计主要是在会计信息处理系统的流程和结果上发挥其监督职能，监督形式多为网络远程实时监控，由此反映国家财经法律法规和会计制度的执行情况。

3. 参与经营决策职能

电商会计通过构建完整、强大的企业预测决策支持系统，快速实现以及实时参与整个企业预测决策的所有功能，帮助企业根据自身的会计信息对未来的财务状况做出合理的预测和正确的决策。

2.2.7.3 会计的发展

在中国会计信息化40多年的发展中，先后经历了会计电算化、会计信息化（狭义）和会计智能化三个阶段[125]，从时间维度对其进行详细划分如表2-13所示。

表2-13 中国会计信息化的发展历程

阶段名称	阶段内容及时间
会计电算化	会计电算化实验探索阶段 1979—1981 年
	会计电算化定点化软件阶段 1982—1987 年
	会计电算化商品化软件阶段 1988—1997 年
会计信息化	会计信息化产生阶段（ERP）1998—1999 年
	会计信息化初步应用阶段（网络财务）2000—2004 年
	会计信息化推进与发展（会计信息化标准和财务共享）2005—2015 年
会计智能化	会计智能化初步阶段（局部智能化）2016 年至今

1. 会计电算化

对于会计电算化，其最显著的特征便是将最初的PC、局域网等互联网技术运用到了会计工作之中，这样会计软件的操作便替代了传统的人工算账、记账、报账等过程。这番革新，一方面在很大程度上提高了会计数据处理的效率，有效地规避了人工操作会出现的种种失误；另一方面也提高了会计数据处理的准确性。早期的软件算法、系统模型、数据库存储结构、系统安全等都是基于会计电算化的研究，此类研究的主要共同之处在于均将研究关注点落在了信息技术在会计工作中的实际应用上。

在会计电算化这一关键阶段，将互联网技术充分植入会计之中，但并未给当前会计工作带来任何变革性的直接影响，只是借助现代计算机技术实现了对会计核算处理过程的自动模拟和智能替代，就当前会计的基本业务逻辑和会计工作内容而言，并未因此发生任何本质性的改变。

2. 会计信息化

会计信息化的显著特征是企业将"互联网"与会计应用场景进一步融合，巧妙地达到了核算业务和会计财务的信息一体化。其具体体现于三个层面：①流程一体化，将业务处理过程、会计核算以及部分控制流程紧密地衔接融合，通过把会计处理过程嵌入业务处理的过程中，使得会计业务处理的自动化程度进一步提高。②数据一体化，全程会计数据仅仅只需一次自动采集，即可实现业财共享。③控制一体化，对相关会计信息进行处理加工时，通过业务流程、会计业务监督以及部分控制管理职能的衔接，实现了部分控制流程和部分业务流程互相融合。

会计信息化阶段对会计的改变主要有：①基于核算业务和会计财务一体化的业务流程重组（business process reengineering，BPR），实现了技术功能集成以及管理制度创新，在信息化的支持下，会计工作的时空范围不断扩展，会计信息系统将价值链上的会计信息建立统一的逻辑视图，以支持科学决策。②会计组织结构的变迁，从分散式会计组织到集中化会计组织，再到共享化和众包型会计组织，会计组织结构发生了明显变化。但若是从会计理论或会计方法层面来看，创新性仍然存在不足[126]。

3. 会计智能化

会计智能化的显著特征是将人工智能运用到会计工作中，尽管目前会计工作中所涉及的对于人工智能的应用主要还停留在为会计提供智能化解决方案的"弱人工智能"阶段[127]。

会计智能化的目标也不再仅仅局限于提供支持决策的相关知识，而是实现组织和社会资源的优化配置。处理对象也从数据、信息、知识进一步延伸到微观及宏观价值运动。会计智能化将会计的应用空域扩展到社会化层面：①会计信息资源的社会化，智能会计系统依托云计算和大数据等社会化技术平台的支持，并随着云平台的丰富和完善，共享社会信息资源。②会计信息的生成、披露、鉴证、利用过程的社会化，企业及其他利益相关者获取会计信息的来源有编制会计报告的主体自身，但除此之外，还包括涉及的交易伙伴、税务、银行、监管机构，值得一提的还有区块链技术，它的应用彻底改变了会计信息的供给方式。③会计管理活动的社会化，随着价值链的进一步延伸，智能会计系统的资源的优化与协同得以实现，随着价值生态圈的形成，系统又可实现生态圈内价值的优化配置以及最大化，随着监管要求的提高和大数据应用能力的提升，通过微观管理活动的观测来反映宏观经济活动成为可能，会计成为连接微观管理和宏观政策的桥梁和纽带，会计边界进一步扩展，逐步形成社会化应用的场景。

会计智能化对会计的影响，不是简单的技术叠加和应用范围扩展，而是能够带来模式创新和方法上的突破，实现在智能化环境下的会计系统重构[128]。

2.2.8　管理科学与工程基础知识

电子商务是一个系统活动过程，这个系统的组成要素之间还形成了若干个相互联系的子系统，各子系统运行机制与服务目标各不相同，但都统一于总目标下，受到总目标的制约。为整体目标的实现，需要对整个过程的计划、设计、实施、管理、控制进行最优选择，管理科学与工程为电子商务管理的整体过程提供了有效的理论、方法与工具[129]。

2.2.8.1　定义与特点

1. 管理科学与工程的定义

在我国的管理学科体系中，将管理科学与工程和工商管理并列为管理学下的一级学科。工商管理教育更加注重思辨思维，重理论和定性分析，而管理科学与工程偏重科学思维，重实证和定量分析[130]。这一观点从早期的管理学科体系设计中可以看出，管理学包括管理理论与管理工程，管理理论部分构成了管理的本质理论及结构，管理工程部分主要研究管理的应用原理和方法。管理工程主要依托运筹学、预测技术、系统工程、信息技术、控制技术等，被运用在军事、企业、科技以及行政等领域[131]。

运筹学对管理科学与工程的知识体系建设具有奠基作用。运筹学借助数学工具，通过数学分析、逻辑判断、构建数学模型和算法让企业的人、财、物达到最优配置。这与"管理"的本义相一致，同时丰富了管理科学的方法论。

综上所述，管理科学与工程是一门运用数学工具，结合现代信息技术、系统科学思维引领管理活动及指导管理行为，注重运用数学语言与科学范式对管理问题进行分析、预测、决策优化和调控，并主要通过设计和构建"工程""类工程"等人造系统作为解决管理问题方案的学科[132]。

2. 管理科学与工程的特点

管理科学与工程具有多学科交叉融合、重视技术管理、理论与实践相结合的特点（表 2-14）。

表 2-14　管理工程与科学的特点

特点	内容
多学科交叉融合	涉及管理学、经济学、运筹学、数学等多个学科的知识，有明显的学科交叉和知识融合特征，研究领域广泛，多学科的理论、技术、方法基础为管理科学与工程发展提供支撑

特点	内容
重视技术管理	将管理理论与工程思想结合，擅长用工程的方法和技术指导管理工作，同时，重视将前沿科学技术，特别是信息技术、网络技术的创新成果运用到现代管理中，创新出新的管理理论、方法、工具与平台
理论与实践相结合	将管理理论、工程方法与技术、管理实践三者有机集合，重视现代生产、经营、科技、经济、社会等领域的问题，从实际出发凝练与发展相适应的理论方法技术，并用理论指导实践，同时丰富的经典实践案例又能促进理论的发展

3. 管理理论发展

管理理论发展如图 2-32 所示。

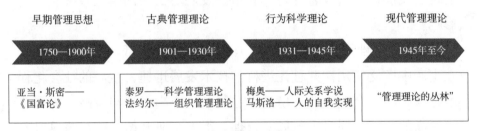

图 2-32　管理理论发展

　　早期管理思想（1750—1900 年）。英国工业革命爆发后，企业中的管理问题更加突出，企业管理者与学者开始思考如何通过改进管理来提高效率，从而从市场中获取最大利润。古典管理思想开始萌芽，代表性的人物是亚当·斯密，他在自己的著作《国富论》中从"经济人"假设出发，提出了经济自由主义，提出了劳动分工可以提高效率，从而产生巨大经济效益的主张。

　　古典管理理论（1901—1930 年）。其中最重要的是弗雷德里克·温斯洛·泰罗的科学管理理论和法约尔的组织管理理论。科学管理理论围绕如何提高工作效率进行研究。组织管理理论以管理过程和管理组织为研究重点，提出了著名的企业六大活动与管理的五大职能。六大活动是技术活动、商业活动、财务活动、会计活动、安全活动、管理活动，其中管理活动处于核心地位。管理的五大职能是计划、组织、指挥、协调、控制。古典管理的共同特征有：①人是"经济人"。②注重技术，重视效率。③重视物质激励和严惩。④忽视了人的社会性。

行为科学理论（1931—1945年）。其包括人际关系学说和行为科学理论。梅奥是人际关系学说的代表人物，通过霍桑试验，他提出了"社会人"观点，认为工人除了受工资影响外，还会受到社会、心理等影响，提高员工的满足感对提高生产率有重要作用。行为科学理论认为工人是"自我实现人"和"复杂人"，在工作中需要成就感，实现自我满足，所以领导行为和组织发展对工人的生产效率有重要影响。

现代管理理论（1945年至今）。第二次世界大战之后，科学技术在生产中广泛使用，并且先进科学技术发展迅速，生产的社会化程度越来越高，企业经营环境越来越复杂，充满机遇与挑战。为了寻求更高的利润，同时进行风险管理，很多企业开始了跨行跨界投资与生产，兼并购、跨国企业等越来越普遍。这一时期，也涌现出许多不同管理学派，它们从不同的角度，用不同的方法，结合自身独特背景对现代企业管理进行研究，这一时期被形象地称为"管理理论的丛林"[133]，如表2-15所示。

表2-15　现代管理理论

学派	代表人物	研究内容与观点
行为科学学派	梅奥 马斯洛	从"社会人"角度出发，用心理学、社会学等方面知识，关注人的需求与动机，是管理中"人性"理论，研究人与人之间的关系，领导的方式等
决策学派	西蒙马奇	主要研究决策制定，认为管理就是决策，管理者的最重要的任务是决策制定，管理者要建立制度决策的人—机系统
权变学派	莫尔斯洛西	认为组织、环境是复杂且变化的，因而没有普遍适用的管理理论，强调具体问题具体分析，不同的环境需要不同的管理理论和方法

学派	代表人物	研究内容与观点
系统学派	卡斯特约翰逊	认为企业组织是一个系统，管理应从系统的角度出发，进行系统性管理，强调整体最优
经验学派	德鲁克戴尔	注重经验教训对管理的作用，通过案例研究来提高分析能力和决策能力，从而使管理更加有效，即"案例教学"
管理科学学派	伯法鲍曼	将数学引入管理中，注重计算机与定量分析技术的研究和运用，对管理中的问题提出解决的数学模型，以经济效果作为管理的评价标准
和谐管理理论	席酉民	将西方严谨的科学思维与东方的传统管理智慧有机结合，认为管理环境具有不确定性（uncertainty）、模糊性（ambiguity）、复杂性（complexity）快变性（changeability），即UACC，因此管理者应该"动态"地发现问题与解决问题，"迭代"地用管理理论对复杂管理现象进行透视[134]

2.2.8.2 管理科学与工程与电子商务

运筹学是管理科学与工程的基础，运筹学为管理活动提供许多理论方法与模型，如著名的线性规划、整数规划、对策论（博弈论）、排队论等。电子商务是融合了资金流、物流、信息流的过程活动，从资金流、物流、信息流的视角，发现这些过程可运用运筹学理论与模型指导电子商务活动。

1. 供应链管理（物流）中的管理模型

供应链管理对供应商、制造商、销售商以及库存采取科学的方法进行管理，目标是：规划生产使生产的数量与需求匹配，精准配送，总成本最小。在电子商务活动中，管理学所涉及的供应链，对电子商务交易的成功以及电子商务企业盈利与发展有重要作用。其具体业务包括供应链设计、企业运营模拟、生产计划制作、流水机器调度、非流水机器调度等。其中供应链设计中，通常采用整数规划（IP）或者混合整数规划（MIP）对问题进行描述和求解[135]。模型归纳如下：

$$（\text{IP or MIP}）\min_{y} \ wy$$

$$\text{s.t.} \, a_i y \leqslant r_i \quad i=1, \ 2, \ \cdots, \ m$$

$$e_j y \geqslant 0 \quad j=1, \ 2, \ \cdots, \ n$$

其中，y 是 n 维决策变.量；w 是成本系数变量；每个 a_i 是 n 维技术变换向量；每个 r_i 是右端纯量系数；每个 e_j 是第 j 个单位坐标向量。

在模型中，目标函数 wy 可以是：可变成本（如生产、库存、装运成本等），固定成本，或者生产、运输时间等。其还可以进一步包含原料与产品进出口的费用（关税、汇率变化等）。决策变量（向量）y 可以是连续变量、整数变量以及（0–1）二进制变量，用以表示制造厂、仓库、分销中心的数量、选址、能力与类型、供应商的选择等。

2. 商品竞争及企业信用（信息流）中的管理模型

在电子商务活动中，对于商品竞争的过程，通常存在多次、多目标的协商问题，通过信息的快速流通，以期达到最佳的资源配置，这其中涉及商品的竞争决策、商家与消费者之间的信用博弈、电子商务平台的定价。而研究此类问题的最佳管理理论就是对策论（Game Theory），亦称博弈论。它是研究对抗性或竞争性质的现象的数学理论和方法，也成为电子商务应用过程中，对于多对象和多目标的协商问题进行处理的重要工具。在电子商务活动中，通过现代计算机系统建立买方与卖方对于商品信息、信用的博弈模型，通过现代信息技术，将消费者和企业有机匹配，从而缩短交易时间和降低交易成本，极大提升了双方效率[136]。电子商务交易协商系统结构如图 2–33 所示。

在电子商务活动中，卖方、买方和平台方三方对互相之间的信用、商品信息及价格等多目标进行多重博弈。每一重的博弈过程，都是建立博弈模型进行协调分析，最终达到均衡目标。

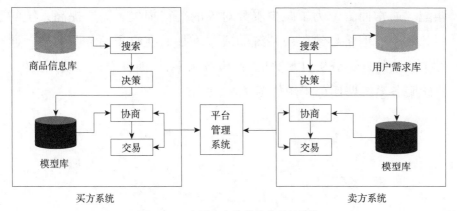

图 2-33 电子商务交易协商系统结构

3. 电子支付及订单处理（资金流）中的管理模型

电子商务的发展，特别是各类购物节日对消费者消费需求的拉动，导致电子商务企业需要处理大规模的客户需求订单及资金支付。企业短时间的订单履行效率提升，是电子商务企业发展的基本能力[137]。而对于此类问题解决的管理理论模型则是排队论，或称随机服务系统理论。它主要是通过对处理对象产生和与之对应的服务时间进行统计研究，得到相关指标（如等待处理时间、对象排队长度、忙期长短等）的统计规律，根据统计规律，对原有的服务系统进行改进优化，提升系统的服务效率，最终达到系统费用最经济或者服务效率最高的最优解。

排队论中核心点理论模型表示为

$$X/Y/Z/A/B/C$$

其中，X 是服务对象到达的间隔时间分布；Y 是服务时间的分布（可以有多种概率分布，如一般分布、指数分布等）；Z 是服务端口数；A 是系统服务的最大容量限制；B 是服务对象总数；C 是服务规则 [如先到先服务规则、VIP（贵宾）优先规则等]。

在电子商务活动中，电商平台需要闲时状态和忙时状态两种不同服务系统，用于处理订单及资金，使其服务系统的资源达到最优匹配。通常而言，为了减少服务对象的等待损失，需要提高系统的服务效率，但将导致服务系统的成本增加。在电子商务服务中，通过排队论的理论分析，以达到最优服务水平，同时使总成本费用最低。排队服务系统费用分析图如图 2-34 所示。

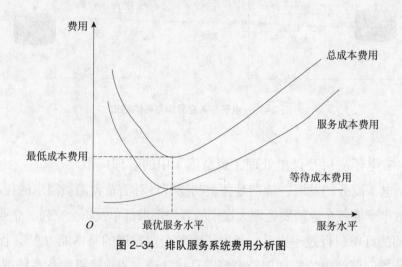

图 2-34　排队服务系统费用分析图

2.2.9　电子商务法律基础知识

通过法律法规调整国内外电子商务活动中各方的权利义务关系，建立切实有效的法律体系，可有效降低电商交易风险、促进电商发展。

2.2.9.1　定义与特点

1. 电子商务法律法规的定义

广义的电子商务法包括所有调整以数据电文方式进行的商务活动的法律法规[138]。狭义的电子商务法是调整以数据电文作为交易手段、以电子商务交易形式所引起的社会关系的法律法规的总称[139]。在中国，电子商务法不仅包括 2019 年施行的《电子商务法》，还包括其他现有制定法中有关电子商务的法律法规，如《个人信息保护法》等。电子商务相关法律法规如表 2-16 所示。

表 2-16 电子商务相关法律法规

类型	法律法规	实行年份
综合性	《中华人民共和国电子商务法》	2019
	《中华人民共和国消费者权益保护法》	1994
	《中华人民共和国电子签名法》	2005
	《网络交易管理办法》	2014
	《网络交易监督管理办法》	2021
反垄断	《经营者反垄断合规指南》	2020
	《公平竞争审查制度实施细则》	2021
	《国务院反垄断委员会关于平台经济领域的反垄断指南》	2021
跨境电商	《关于实施支持跨境电子商务零售出口有关政策意见的通知》	2013
	《中华人民共和国进出口关税条例》	1985
	《关于跨境电子商务零售进口商品退货有关监管事宜的公告》	2020
直播电商	《市场监管总局关于加强网络直播营销活动监管的指导意见》	2020
	《网络直播营销行为规范》	2020

2. 电子商务法律法规的发展特点

互联网时代下，数据要素所反映的法律关系成为电子商务法律的关键，电子商务法律在构建公平有序的数据交易及竞争规则、正确认定网络平台的边界和责任等方面发挥了保障作用，司法机关对现有制度的运用和执行以及对新法规的探索表现出四个特点[140]，如表 2-17 所示。

表 2-17 电子商务法律法规的发展特点

特点	内容
不断完善网络空间下知识产权保护规则[141]	为完善知识产权保护规则，划定新技术应用保护边界，加强创新成果司法保护，激发数字经济市场活力，《中华人民共和国专利法》《中华人民共和国民法典》《电子商务法》等法律法规对网络环境中保护专利权做出规定
不断确立网络交易规则[142]	由于网络交易案件复杂多样，为规范互联网商业竞争秩序，优化数字经济营商环境，在《电子商务法》的基础上，司法机关不断通过判例确立网络交易的规则

171

特点	内容
不断打击垄断与不正当竞争 [143]	电商行业中，不正当竞争时有发生。《中华人民共和国反垄断法》《中华人民共和国反不正当竞争法》等针对电商平台内和电商平台间的不正当竞争行为进行了约束和规范
不断加强个人信息和数据安全保护 [144]	近年来，为保护个人数据信息安全，规范数字经济数据要素市场，相关的法律法规密集出台，覆盖了中国法律体系中的各个层级，如《个人信息保护法》《网络安全法》等

2.2.9.2　电子商务法律法规发展

1. 国际电子商务法律法规发展

20世纪80年代开始，国际组织和各个国家开始关注电子商务相关法律问题。联合国为推动电子商务立法做出了突出贡献。1985年，联合国国际贸易法委员会第十八届会议上通过了《计算机记录的法律价值》，建议将数据电文等计算机记录纳入诉讼证据的范畴。1996年12月，联合国大会通过了《电子商务示范法》，为后续电子商务相关法律立法工作提供了重要借鉴。2000年9月正式通过了《电子签名示范法》，为各国制定电子签名法提供了范本。国际经济合作与发展组织从1980年到1997年期间，先后出台了《保护个人隐私和跨国界个人数据流指导原则》《电子商务：税务政策框架条件》《电子商务：政府的机遇与挑战》等报告，填补了电子商务数据安全、税务问题以及政府职能等法律空白，为世界各国电子商务的立法工作提供了指导。另外，美国、欧盟、新加坡等也陆续在20世纪90年代颁布了电子商务相关法律。

2. 中国电子商务法律发展

目前中国电子商务立法包括《电子商务法》《网络安全法》等法律法规。2005年4月，《中华人民共和国电子签名法》对数据电文、电子签名与认证等法律概念以及书面形式进行了规范。2009年9月，《快递业务经营许可管理办法》发布，电子商务立法从聚焦于电商本身扩展覆盖到产业链上下游。由此电子商务立法范围得以扩展。2010 年 7 月，《中华人民共和国侵权责任法》实施，其中第 36 条被称为"网络专条"。2016 年 11 月，《网络安全法》对个人信息保护、关键信息基础设施、网络运营者等都提出了较高的安全要求。2019 年 1 月，《电子商务法》作为中国电子商务领域的基本法正式施行。

2.2.9.3 电子商务涉及的基本法律问题

1. 电子合同订立相关法律

电子合同的订立是缔约人利用数据电文方式做出意思表示并通过互联网发出以达成合意的过程。虽然电子合同与传统合同相比表现出了不同的特征，但是其本质是相同的，只是缔约方式和合同载体发生了一定的变化[145]。

2021 年起生效的《中华人民共和国民法典》第 469 条基本确定了电子合同的法律地位。事实上，早在 1999 年颁布的《中华人民共和国合同法》中就承认了电子合同的法律地位，但是在具体细则规定方面还不够详尽。2019 年《电子商务法》就该问题做了较为详细的规定，并且明确了采用不同交付方式的合同标的的交付时间[146]。

2. 消费者保护相关法律

互联网存在虚拟性、流动性、隐匿性以及无国界性等特点，电子商务交易安全，尤其是消费者权益的保护存在着较大的挑战。

在电子商务交易中，《电子商务法》和《消费者权益保护法》都可以为保护消费者的合法权益提供保障。在退换货方面，《消费者权益保护法》第 25 条规定了电商交易中退换货的期限与特殊商品种类。在广告宣传方面，《电子商务法》第 17 条对电商经营者披露商品或服务的行为进行了约束[147]。在商品运输方面，《电子商务法》第 20 条对买卖双方商品运输过程中承担的风险和责任进行了划分[148]。

3. 电子支付相关法律

电子支付以数字化信息替代货币的存储和流通，从而完成交易[149]，主要当事人是从事电子商务交易的单位和个人，主要中介机构是银行、金融机构等[150]。

2005 年 10 月，中国人民银行制定的《电子支付指引（第一号）》明确将电子支付业务纳入监管范畴。2010 年 6 月，中国人民银行发布《非金融机构支付服务管理办法》，对《支付业务许可证》的发放条件进行了规定。2016 年 7 月，《非银行支付机构网络支付业务管理办法》正式实施，详细说明了对交易金额、转账对象的限制等问题。《电子商务法》规定了包括电子支付服务提供者的义务以及支付损失的责任承担等电子支付相关问题[146]。但是当前在跨境电子商务中电子支付的立法工作仍需进一步完善。

4. 知识产权保护相关法律

知识产权作为一种确认权利、保障权利的制度，要依据一定标准来确认是否授予某一项智力成果的专有权。依据传统的知识产权观念，智力成果是无形的，但是一项智力成果要获得知识产权保护，一般需要采用物质性的载体表示或者显示出来，在电子商务技术开发和应用的过程中，大量的技术通过计算机数据表现和完成，具有技术的实质特性，可以帮助人们利用计算机完成创造性工作，这些作为计算机语言的数据却不能采用传统知识产权法律进行保护[151]。

《电子商务法》第 41~45 条规定了权利人、电商平台以及平台商家在发生网络知识产权侵权案时，通知与声明机制以及对应的权利与义务。另外，《最高人民法院关于涉网络知识产权侵权纠纷几个法律适用问题的批复》对在发生网络知识产权纠纷时，知识产权权利人、网络服务提供者和电子商务平台等法律主体应采取的措施以及时间期限进行了规定。

5. 网络安全相关法律

电子商务交易对网络安全有极高的要求，尤其是保障交易主体真实性、防止资金盗用、交易行为不可被抵赖等。

20世纪80年代，中国网络安全立法工作逐渐开始推进。公安部专门成立了计算机安全监察机构来研究和制定相关法律法规，包括《网络安全法》《数据安全法》《电子商务法》《中华人民共和国国家安全法》《个人信息保护法》[152]等。《网络安全法》明确了网络运营者维护网络信息安全的义务以及网络用户所享有的相关权利。《个人信息保护法》对"大数据杀熟"、数据爬虫、公开售卖隐私数据、一揽子授权、强制同意等行为进行了约束。

2.2.10 数字社会基础知识

随着数字经济的不断发展，人类社会正逐步迈向构建数字社会的新时代，数字化信息技术在中国社会主义经济日常生活中已全面发展，并不断衍生而成为推动经济快速增长以及社会文明演进的内生动能。从即时通信、社交媒体到电子商务、智能控制，整个社会被一张紧密的"互联之网"所包裹。互联网与经济社会的全面深度对接正稳步实现，海量信息数据和丰富信息应用服务场景融合优势被充分挖掘凸显，数字信息技术与新兴实体经济正逐步加速实现深度对接融合，进而充分赋能传统产业开展转型改造升级，催生新兴产业、新兴业态、新模式，使其成为经济社会发展新驱动引擎。

2.2.10.1 定义与特点

1.数字社会的定义

国家"十四五"规划明确提出在今后的发展中，加快推进数字经济建设是当务之急，同时提出要积极适应推动数字信息技术全面发展，融入现代人们的经济社会交往和人们日常生活这一发展新趋势，进而推进企业公共服务和企业社会经济运行管理方式改革朝向技术创新方向迈进。基于现代数字特色社会主义建设指导思想，同时参照中国信通院发布的《中国数字经济发展白皮书（2021年）》中数字经济的界定方法，对数字社会做出以下定义：数字社会是指以构建数字生活为目标，以数字化、网络化、大数据、人工智能等当代信息科技的高速发展和广泛应用为支撑，通过数据驱动推动产业发展、公共服务以及社会生活等领域数字业态变革型成长，形成全连接、全共享、全融合、全链条的数字社会形态。其中数字社会 S^D 的组成要件分别为：城市大脑 S_1^D、数字化服务 S_2^D、业务协同 S_3^D、社会空间 S_4^D，则有

$$S^D=\{S_1^D,\ S_2^D,\ S_3^D,\ S_4^D\} \tag{2-10}$$

数字社会组成要件，如表 2-18 所示。

表 2-18　数字社会组成要件

组成要件	内容
城市大脑 S_1^D	为数字社会提供全面、全程、全域的能力支撑
数字化服务 S_2^D	社会事业的数字化服务，协同推动制度创新和政策供给
业务协同 S_3^D	跨业务流程再造、跨部门业务协同、跨行业数据共享
社会空间 S_4^D	多场景应用，包括未来社区、乡村服务、海洋空间等

2. 数字社会的特点

数字社会是一种特定的社会文化形态，具有全连接、全共享、全融合、全链条四个特点，如表 2-19 所示。

表 2-19　数字社会的特点

特点	内容
全连接	既包括人与人之间的数字化连接，也包括物与物之间的数字化连接、人/物之间的连接和贯通，实现了全球一体化的互联互通
全共享	信息数据不断生成、存储、流转和分享的"无形而在"的特定空间，能够最大限度地对各类资源要素进行整合利用和分工协作
全融合	物理空间与数字空间不断融合，打破空间和时间的限制，供给和需求界限逐渐模糊，以人为本，衍生出多样化、均等、便捷的社会服务
全链条	数字社会特有的透明化的多元协同进步，新的价值主张、人格化和规则越来越清晰，引导着人类社会变革进化

2.2.10.2　数字社会与电子商务

当前，电子商务的应用已逐步常态化。新冠肺炎疫情发生以来，电子商务普及率进一步提高。在此背景下，国家"十四五"规划对电子商务谋划的重点已经从促进电子商务业态发展转向更深层次的电子商务生态体系建设，这意味着电子商务将向数字商务全面转型，加快推进整个商贸服务业的数字化、网络化、智能化进程，成为数字生活的重要体现和数字中国的重要组成部分[153]。

1. 数据共享

数据共享即信息共享，涉及数据共享的具体场景主要涵盖政府部门之间、公众和政府部门、企业和政府、企业和企业、公众和企业五类，如图 2-35 所示。

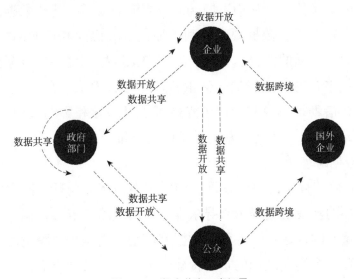

图 2-35　数字共享五类场景

当前，中国数据开放共享的政策措施以及相关管理机制日益完善，政务数据共享步伐不断加快，公共数据有序开放，政企数据共享探索推进，企业数据共享基本处于黑箱状态，企业数据开放以市场化行为为主[154]。

2. 数据开放

数据开放是发挥数据赋能潜力的重要场域之一，目前已在全球各国得到广泛关注。以经济社会数字化转型为视角，C2G、B2G、B2B、C2B 四类数据共享模式已稳步向数据开放迈进。随着数字社会与传统电子商务的不断深度融合，电商购物平台充分利用大数据及云计算等新技术，逐步完成电商平台系统优化的建设工作，通过不断完善增强购物平台的商品信息发布功能、服务管理功能以及网络推广服务功能，向数字平台经济迈进。

3. 数据交易

数据交易，可从字面理解为将数据作为商品进行交易。通过数据交易，数据的生产者和控制者得以分离，各类数据在不同的社会主体之间交叉流动，从而不断畅通数据流通渠道，优化数据的市场化配置。一方面，数据要素有利于加快区域协同和产业结构优化。另一方面，数据的整合、叠加、处理和深度挖掘促进大数据交易市场和交易平台的快速发展，催生新业态和新模式。在这一背景下，电商平台借助推荐算法、广告媒体等工具引导和影响人们的生产、生活方式、消费习惯等，从而重塑供应链和产业链。

4. 数据跨境

随着数字社会的蓬勃发展，加之国内经济大循环、国内国际经济双循环的新发展格局亟须寻求强有力的战略支点，数据跨境便成为十分重要的议题：一方面，数据跨境是国内运转及跨境流动的数据双循环生命周期理论的重要构建依据之一；另一方面，基于新冠肺炎疫情的影响，数据跨境不仅可以强化内循环稳定性和竞争力，同时依托数字贸易在外循环中提升国内企业生产经营效能，实现价值创造能力倍增，从而成为支撑高质量发展的微观基础。

2.2.10.3 数字社会发展趋势

"十四五"时期数字中国的发展目标可以概括为"413 大思路"，

即四大建设、一个驱动、三大变革。其中，四大建设为：数字社会建设、数字政府建设、数字经济建设以及网络强国建设。一个驱动是指：用数字化驱动经济社会转型。三大变革指的是：通过数字化转型，促进生产方式变革、生活方式变革和治理方式变革[155]。

近年来，中国数字社会建设取得了明显的成效。CNNIC 发布的第 48 次《中国互联网络发展状况统计报告》显示：截至 2021 年 6 月，中国的互联网普及率已高达 71.6%，网民规模半年内增长 2 175 万人，达 10.11 亿人。10 亿用户接入互联网，形成了全球最为庞大、生机勃勃的数字社会。未来，数字社会将朝着全面数字化转型的方向发展，以数字作为驱动力推动人们生活方式的变革[156]。

趋势一：中国国民关注的医疗、教育、社保、养老、就业等民生问题的数字化水平将大幅提高[153]。数字社会首要的就是推动与老百姓息息相关的领域进行数字化变革，坚持以人为本。例如，在新冠肺炎疫情期间，国务院为因智能手机而被边缘化的老人开通绿色通道，出台相关政策规定及解决方案，力求实现全民便利的这一目标。由此可知，围绕医疗、教育、社保、养老、就业等多个数字化的高水平产业存在着极大的产业发展应用空间，智慧便捷的医疗公共服务平台有着十分广阔的实际应用发展前景。

趋势二：智慧城市建设迅速发展。目前，智慧城市已经成为中国大部分城市的建设目标之一。未来，智慧城市建设将一直作为数字社会建设的一个重要方向，成为促进城市治理与发展提档升级的关键一环，为城市高速发展提供强大的动力。

趋势三：数字乡村建设将成为数字社会发展的新方向，在未来的发展中极有可能取得突破性进展。目前，中国已经实现全面脱贫，但为建设社会主义现代化强国，实现第二个一百年奋斗目标，必须坚持乡村振兴战略。而数字乡村无疑是推进乡村振兴战略、扎实推动共同富裕[157]的一个重要抓手。因此，全面推进数字乡村建设应作为数字社会建设的一个重要方向及长远目标。

趋势四：数字消费者将对数字化转型产生更深远的影响[158]。在数字经济迅速发展的大背景以及新冠肺炎疫情防控"非接触"经济的现实需求下，虚拟现实产业得到了长足的发展。数字化已经渗入人们生活的方方面面，消费者需求的数字化转型将推动虚拟现实产业关键技术的不断突破，拉动数字产业化的进一步发展，继而带动产业数字化的发展。

2.3 本章数学思想体系结构

数学思想作为非常有用的工具被广泛使用。本章数学解析采用的数学工具主要运用图论的研究方法对电子商务模式等内容进行抽象及解析。本章数学解析所用的数学工具参见参考文献 37~39、159、160。

本章主要论述电子商务的基础知识。本章的体系结构依旧可被看作一个连通的无圈图，即可用图论中树的结构来描述本章体系。首先，电子商务基础知识作为根节点，记为 V。它的第一层子树，包含两个父节点：电子商务基础知识 V_1、电子商务相关基础知识 V_2。第二层子树中，父节点 V_1 可分为六个子节点，分别是电子商务基本概念 V_{11}、体系结构 V_{12}、基础模型 V_{13}、交易 V_{14}、消费者 V_{15} 和企业 V_{16}。六个子节点又可从定义和基本概念出发分为若干叶子节点。父节点 V_2 可分为 10 个子节点，包括物流、市场营销学、网络安全、数字货币、金融、计算机、会计学、管理学与工程、电子商务法律以及数字社会的基本概念，分别记为 V_{2i}（$i=1$，...，10）。而这 10 个子节点又可从定义与特点出发分为若干叶子节点，此处暂且不提。

下面介绍节点间的关联关系，定义（V_i，V_j）为节点 V_i 和 V_j 的连边。首先，边（V，V_1）、（V，V_2），表示本章将从电子商务专属基础知识和电子商务相关基础知识两方面介绍电子商务基础知识。电子商务是一个不断发展的概念。电子商务在产生以及发展的过程中逐渐形成了电子商务领域特有的概念与技术，即为连边（V_1，V_{11}），如虚拟商店、购物车、虚拟商品等，以及电子商务的体系结构（V_1，V_{12}）、电子商务的基础模型（V_1，V_{13}）等。在技术上，电子商务的特性也决定了它有独特的交易方式（V_1，V_{14}），包括各种电子支付方式，而参与交易的两个主体，也是电子商务的重要主体，包括企业（V_1，V_{16}）和消费者（V_1，V_{15}）。对于父节点 V_2，也可对连边关系进行类似的定义。

既然可以用图论语言来描述体系结构，对于电子商务模型 V_{13} 及其下分的若干叶子节点（B2B 等模型），亦可用图论语言描述。实际上，本书第 3 章会用矩阵论的方法详细论述几类常用的电子商务模型，这里用图论中经常用到的工具图的邻阶矩阵介绍其中的 B2B2B 模型。假设 $G(\vec{V}, \vec{E})$ 是电子商务基本模型有向图。

以生产商 – 渠道商 – 消费商所代表的 B2B2B 模型为例，假设 $F_B(d)$ 为生产商，用集合 $F_C(d) = \{c_j^i | i = 1, 2, \dots, n_c(d), j = 1, \dots, n_i(d)\}$ 表示渠道商的集合，其中：

d 代表我们所使用的企业分类标准；

C 意味着我们定义的集合 $F_C(d)$ 中的每个元素都是企业；

c_j^i 的上标 i 代表企业的种类，种类总数为 $n_c(d)$，$n_c(d)$ 由我们所选取的企业分类标准决定；

c_j^i 的下标 j 意味着该企业是第 i 类企业中的第 j 个企业，给定 i 时，j 的最大取值为 $n_i(d)$，同样的，$n_i(d)$ 也由我们所选取的企业分类标准决定。

对于 B2B2B 系统的商业模式来说，整个商业过程可以看作两个过程。在第一个过程中，生产商将产品卖给渠道商。事实上，该过程亦可看作 B2B 模型。假设企业 $b_{j_1}^{i_1}$ 与渠道商 $c_{j_2}^{i_2}$ 之间的交易关系为

函数 $r^{i_1 i_2}_{j_1 j_2}(I)$,函数 $r^{i_1 i_2}_{j_1 j_2}(I)$ 的值域为 $\{0,1\}$,其中 I 代表全信息集。该过程可用矩阵表示为

$$\boldsymbol{B}_1(I) = \begin{pmatrix} B_1^{11}(I) & B_1^{12}(I) & \cdots & B_1^{1n_c(d)}(I) \\ B_1^{21}(I) & B_1^{22}(I) & \cdots & B_1^{2n_c(d)}(I) \\ \vdots & \vdots & & \vdots \\ B_1^{n_B(d)1}(I) & B_1^{n_B(d)2}(I) & \cdots & B_1^{n_B(d)n_C(d)}(I) \end{pmatrix} n_B(d) \times n_C(d),$$

其中,

$$\boldsymbol{B}_1^{i_1 i_2}(I) = \begin{pmatrix} r_{11}^{i_1 i_2}(I) & r_{12}^{i_1 i_2}(I) & \cdots & r_{1n_{i_2}}^{i_1 i_2}(I) \\ r_{21}^{i_1 i_2}(I) & r_{22}^{i_1 i_2}(I) & \cdots & r_{2n_{i_2}}^{i_1 i_2}(I) \\ \vdots & \vdots & & \vdots \\ r_{n_{i_1}1}^{i_1 i_2}(I) & r_{n_{i_2}2}^{i_1 i_2}(I) & \cdots & r_{n_{i_1}n_{i_2}}^{i_1 i_2}(I) \end{pmatrix} n_{i_1} \times n_{i_2}$$

在第二个过程中,渠道商将产品卖给消费商。假设渠道商 $c^{i_2}_{j_2}$ 与企业 $b^{i_1}_{j_1}$ 之间的交易关系为函数 $s^{i_2 i_1}_{j_2 j_1}(I)$,其值域为 $\{0,1\}$,其中 I 代表全信息集。该过程可用矩阵表示为

$$\boldsymbol{B}_2(I) = \begin{pmatrix} \boldsymbol{B}_2^{11}(I) & \boldsymbol{B}_2^{12}(I) & \cdots & \boldsymbol{B}_2^{1n_B(d)}(I) \\ \boldsymbol{B}_2^{21}(I) & \boldsymbol{B}_2^{22}(I) & \cdots & \boldsymbol{B}_2^{2n_B(d)}(I) \\ \vdots & \vdots & & \vdots \\ \boldsymbol{B}_2^{n_C(d)1}(I) & \boldsymbol{B}_2^{n_C(d)2}(I) & \cdots & \boldsymbol{B}_2^{n_C(d)n_B(d)}(I) \end{pmatrix} n_C(d) \times n_B(d),$$

其中,

$$\boldsymbol{B}_2^{i_1 i_2}(I) = \begin{pmatrix} S_{11}^{i_2 i_1}(I) & S_{12}^{i_2 i_1}(I) & \cdots & S_{1n_{i_1}}^{i_2 i_1}(I) \\ S_{21}^{i_2 i_1}(I) & S_{22}^{i_2 i_1}(I) & \cdots & S_{2n_{i_1}}^{i_2 i_1}(I) \\ \vdots & \vdots & & \vdots \\ S_{n_{i_2}1}^{i_2 i_1}(I) & S_{n_{i_2}2}^{i_2 i_1}(I) & \cdots & S_{n_{i_2}n_{i_1}}^{i_2 i_1}(I) \end{pmatrix} n_{i_2} \times n_{i_1}$$

综合起来，上述两个过程可用下面的分块矩阵表示为

$$\bar{B}(I) = \begin{pmatrix} 0 & B_1(I) \\ B_2(I) & 0 \end{pmatrix}$$

该分块矩阵即为电子商务基本模型有向图 $G(\vec{V}, \vec{E})$ 在 B2B2B 条件下的邻阶矩阵。实际上，不难看出 B2B 模型用图的邻阶矩阵来描述的方式也蕴含其中。

此外，V_{14}、V_{15}、V_{16} 为零售三要素"人、货、场"在电子商务中的体现。可以用有向图 $G(\vec{V}, \vec{E})$ 表示这几个要素之间的关系，亦可用该图的邻阶矩阵抽象描述关联细节。

综上所述，对本章数学体系结构的梳理首先将其看作一个连通的无圈图，即可用图论中树的结构描述本章体系，并分析该树结构的分支以及连边关系。接下来，对电子商务模型 V_{13} 及其下分的若干叶子节点（B2B 等模型）用图论语言描述。这里用图论中经常用到的工具图的邻阶矩阵介绍了 B2B2B 模型。

2.4 本章小结

本章论述了电子商务基础知识。虽然各领域对电子商务的定义不同，但是从本质上讲，电子商务可以看作是通过电子技术手段所进行的商业贸易活动。在此基础上，电子商务的概念是不断发展的，不仅赋予了贸易活动交易双方参与主体更丰富的内涵，还通过特有的信息化技术，对交易方式进行了变革。在这一过程中，形成了电子商务专属的概念，诸如电子商务虚拟购物环境、电子商务体系结构、电子商务基础模型等。

电子商务迅猛发展，对人们生活方式和思维方式也产生了重大改变，诞生了共享经济等新的经济业态。围绕电子商务带来的新经

济，一个深层次的电子商务生态正在逐步建立。物流、计算机技术、金融、电子支付、会计、管理科学与工程等为电子商务生态提供支撑，而电子商务所处的社会环境、法律环境、网络安全环境、信用环境、信息技术、信息资源等构成了电子商务生态环境。一个稳定的生态体系是电子商务高效、稳定、安全、合理发展的不竭动力。

本章围绕电子商务专属基础知识和其他知识，对电子商务生态进行了论述，构建了电子商务基础知识体系，为后续章节的阅读提供了支撑。

结合本章内容，运用集合论、矩阵论、概率论以及组合优化等数学理论为工具，对虚拟商店、消费及结算过程等进行数学语言的描述，使本章中所涉及的电子商务过程、模型等描述更为严谨清晰。关于本章所用的数学工具见参考文献 38、39、159、160。

第3章
电子商务基础模型

　　电子商务模型是电子商务企业商业运营策略的抽象概括。如第 2.1.3 小节所述，本书总结了 B2B、B2C、C2C、O2O、G2G、O2O" 六种基础模型，基本能涵盖目前已有电子商务企业的主要商业模式。电子商务作为交叉学科，是一门不断进步的学科。因此，电子商务的发展日新月异，除了基础模型以外，还产生了很多新的模型，诸如跨境电子商务使得 B2B2B（企业对企业对企业）等新模式开始出现。本章通过对新模式产生的成因分析，使用数学中的矩阵、集合论的相关知识，旨在将电子商务交易模型组合抽象成数学模型，以便为深入研究电子商务模式奠定基础。

3.1　基础模型

　　先进的电子信息技术和信息时代的企业与消费者是电子商务发展的动力。电子商务的实现并非一步到位，而是有一个逐渐成熟的过程。对企业和消费者来说，不同种类、不同层次的电子商务过程往往蕴含着不同的发展机遇。根据交易主体的不同，电子商务具有六种不同的基础模型。本节根据基础模型的定义，用矩阵论的知识论述电子商务基础模型的数学建模思想。

3.1.1　B2B

正如第 2.1.3.1 小节所述，B2B 模式是一种以企业为主体、在企业之间进行的电子商务活动。

简而言之，B2B 基础模型就是刻画企业与企业之间交易的基础模型。根据这样的基础想法，本节进行了接下来的描述。

既然是刻画企业与企业之间交易的基础模型，那么企业必定是需要研究的对象，企业与企业之间的交易关系如何刻画也是需要解决的问题。由于现实世界中有各种不同类型的企业，并且对于企业有不同种类的划分，我们采用以下定义来对全体企业所构成的集合做出描述。

定义 1：将集合 $F_B(d)$ 定义为 $\{b_j^i | i=1, 2, \cdots, n_B(d), j=1, \cdots, n_i(d)\}$，其中：

d 代表我们所使用的企业分类标准；

B 意味着我们定义的集合 $F_B(d)$ 中的每个元素都是企业；

b_j^i 的上标 i 代表企业的种类，种类总数为 $n_B(d)$，$n_B(d)$ 由我们所选取的企业分类标准决定；

b_j^i 的下标 j 意味着这个企业是第 i 类企业中的第 j 个企业，给定 i 时，j 的最大取值为 $n_i(d)$，同样的，$n_i(d)$ 也由我们所选取的企业分类标准决定。

可以看到，本书所定义的集合与我们所采用的企业分类标准密切相关，常用的企业分类标准有：根据《中华人民共和国公司法》[①]的规定，企业法定分类的基本形态主要是独资企业、合伙企业和企业。不会出现同一个企业既属于独资企业又属于合伙企业的情况。根据中华人民共和国统计局《统计上大中小微型企业划分办法（2017）》[②]的规定，一个企业根据营业收入、资产总额、从业人员等标准划分

---

① http://www.neeq.com.cn/uploads/1/file/public/201908/20190822182613_phq0t962cx.pdf.

② http://tjzd.stats.gov.cn/fgzd/system/2018/06/07/010002802.shtml.

企业规模，不会出现同一个企业既属于中型企业又属于小型企业的情况。但按照企业经营范围划分，可能出现同一个企业既能经营药品又能经营保健品的情况，虽然这种情况会导致集合里我们的元素有重复（例如 b_3^1 和 b_2^5 是同一个企业，只不过企业既属于 1 类，又属于 5 类），但我们可以通过后续的一些假设来避免元素重复对我们造成的影响。

定义 2：将企业 $b_{j_1}^{i_1}$ 与企业 $b_{j_2}^{i_2}$ 之间的交易关系定义为函数 $r_{j_1j_2}^{i_1i_2}(I)$，函数 $r_{j_1j_2}^{i_1i_2}(I)$ 的值域为 $\{0, 1\}$，其中 I 代表全信息集，信息集中包括了所有信息，如企业的净资产、股权结构、净收益等。$r_{j_1j_2}^{i_1i_2}(I)=0$ 意味着在已知信息 I 的情况下，企业 $b_{j_1}^{i_1}$ 与企业 $b_{j_2}^{i_2}$ 无法进行电子商务交易。$r_{j_1j_2}^{i_1i_2}(I)=1$ 意味着在已知信息 I 的情况下，企业 $b_{j_1}^{i_1}$ 与企业 $b_{j_2}^{i_2}$ 可以进行电子商务交易，并且企业 $b_{j_1}^{i_1}$ 是卖方，企业 $b_{j_2}^{i_2}$ 是买方。我们假设，当企业 $b_{j_1}^{i_1}$ 与企业 $b_{j_2}^{i_2}$ 为同一个企业时，$r_{j_1j_2}^{i_1i_2}(I)=0$，这意味着在已知信息 I 的情况下，企业无法和自己进行电子商务交易。简而言之，企业与企业之间要么可以交易，要么不可以交易，本章将企业之间的这种关系抽象成了函数 $r_{j_1j_2}^{i_1i_2}(I)$。

定义 2'：当对于所有企业构成的集合有了划分之后，一个很自然的想法就是研究在特定的划分下，不同划分所对应的企业之间的关系。

将第 i_1 类企业与第 i_2 类企业之间的交易关系定义为矩阵 $\boldsymbol{B}^{i_1i_2}(I)$，矩阵 $\boldsymbol{B}^{i_1i_2}(I)$ 为 n_{i_1} 行 $\times n_{i_2}$ 列的矩阵，矩阵中的第 j_1 行第 j_2 列的元素为 $r_{j_1j_2}^{i_1i_2}(I)$。矩阵 $\boldsymbol{B}^{i_1i_2}(I)$ 代表了第 i_1 类企业作为卖方、第 i_2 类企业作为买方时，它们对应的企业之间的交易关系。

$$\boldsymbol{B}^{i_1i_2}(I) = \begin{pmatrix} r_{11}^{i_1i_2}(I) & r_{12}^{i_1i_2}(I) & \cdots & r_{1n_{i_2}}^{i_1i_2}(I) \\ r_{21}^{i_1i_2}(I) & \ddots & \ddots & \vdots \\ \vdots & \ddots & \ddots & \vdots \\ r_{n_{i_1}1}^{i_1i_2}(I) & \cdots & \cdots & r_{n_{i_1}n_{i_2}}^{i_1i_2}(I) \end{pmatrix}_{n_{i_1} \times n_{i_2}} \tag{3-1}$$

定义 2″：在定义 2′ 中，我们定义了不同划分所对应的企业之间的关系，那么所有企业与企业之间的交易关系可以很自然地被定义为矩阵 $\boldsymbol{B}(I)$，矩阵 $\boldsymbol{B}(I)$ 为分块矩阵，矩阵的第 i_1 行 i_2 列的子矩阵为 $\boldsymbol{B}^{i_1i_2}(I)$，代表的是第 i_1 类企业作为卖方、第 i_2 类企业作为买方时，它们对应的企业之间的交易关系。

$$\boldsymbol{B}(I) = \begin{pmatrix} \boldsymbol{B}^{11}(I) & \boldsymbol{B}^{12}(I) & \cdots & \boldsymbol{B}^{1n_B(d)}(I) \\ \boldsymbol{B}^{21}(I) & \ddots & \ddots & \vdots \\ \vdots & \ddots & \ddots & \vdots \\ \boldsymbol{B}^{n_B(d)1}(I) & \cdots & \cdots & \boldsymbol{B}^{n_B(d)n_B(d)}(I) \end{pmatrix}_{n_B(d) \times n_B(d)} \quad (3\text{-}2)$$

讨论：客观上来说，无法观测到全信息集，如信息获取有成本。

对企业来说，可能存在信息不对称，企业基于自身信息做出的决策与基于全信息集做出的决策有出入。可能今天企业 A 和企业 B 合作赚钱，但明天合作就亏钱了，而且信息会不断更新。全信息条件下，企业知道的可交易企业以及交易利润最透明，做出的决策更科学。

B2B——信息不对称下的交易：为了更加贴近实际，刻画信息不对称条件下企业之间的交易关系，一个非常自然的想法就是假设每个企业自身所拥有的信息各不相同。只有当企业双方在基于自身信息的条件下所做出的决策一致时（即一个愿意买，一个愿意卖），交易才可达成。接下来本章使用数学的语言将这一朴素的想法描述出来。

B2B——信息不对称下的交易关系：假设企业 $b_{j_1}^{i_1}$ 与企业 $b_{j_2}^{i_2}$ 所拥有的信息分别为 $I_{j_1}^{i_1}$、$I_{j_2}^{i_2}$。将 $r_{j_1j_2}^{i_1i_2}(I_{j_1}^{i_1})$ 与 $r_{j_1j_2}^{i_1i_2}(I_{j_2}^{i_2})$ 相乘得 $r_{j_1j_2}^{i_1i_2}(I_{j_1j_2}^{i_1i_2})$，当且仅当 $r_{j_1j_2}^{i_1i_2}(I_{j_1j_2}^{i_1i_2})=1$ 时交易可达成。

其中 $I_{j_1j_2}^{i_1i_2}$ 表示企业 $b_{j_1}^{i_1}$ 与企业 $b_{j_2}^{i_2}$ 分别拥有信息 $I_{j_1}^{i_1}$、$I_{j_2}^{i_2}$，$r_{j_1j_2}^{i_1i_2}(I_{j_1j_2}^{i_1i_2})$ 代表了企业 $b_{j_1}^{i_1}$ 与企业 $b_{j_2}^{i_2}$ 分别基于信息 $I_{j_1}^{i_1}$、$I_{j_2}^{i_2}$ 所做出的交易决策是否一致，即企业 $b_{j_1}^{i_1}$ 作为卖方、企业 $b_{j_2}^{i_2}$ 作为买方的电子商务交易是

否能达成。

若 $r_{j_1 j_2'}^{i_1 i_2}(I_{j_1}^{i_1})=0$ 且 $r_{j_1 j_2'}^{i_1 i_2}(I_{j_2}^{i_2})=1$，则意味着企业 $b_{j_1}^{i_1}$ 基于信息 $I_{j_1}^{i_1}$ 的情况下，所做出的决策是不卖给企业 $b_{j_2}^{i_2}$ 产品，企业 $b_{j_2}^{i_2}$ 基于信息 $I_{j_2}^{i_2}$ 的情况下，所做出的决策是购买企业 $b_{j_1}^{i_1}$ 的产品。由于企业 $b_{j_1}^{i_1}$ 基于信息 $I_{j_1}^{i_1}$ 不愿意卖给企业 $b_{j_2}^{i_2}$ 产品，虽然企业 $b_{j_2}^{i_2}$ 有购买意愿，但此时电子商务交易无法达成。

同理，若 $r_{j_1 j_2'}^{i_1 i_2}(I_{j_1}^{i_1})=1$ 且 $r_{j_1 j_2'}^{i_1 i_2}(I_{j_2}^{i_2})=0$，则意味着企业 $b_{j_1}^{i_1}$ 基于信息 $I_{j_1}^{i_1}$ 的情况下，所做出的决策是卖给企业 $b_{j_2}^{i_2}$ 产品，企业 $b_{j_2}^{i_2}$ 基于信息 $I_{j_2}^{i_2}$ 的情况下，所做出的决策是不购买企业 $b_{j_1}^{i_1}$ 的产品，此时电子商务交易无法达成。

若 $r_{j_1 j_2'}^{i_1 i_2}(I_{j_1}^{i_1})=1$ 且 $r_{j_1 j_2'}^{i_1 i_2}(I_{j_2}^{i_2})=1$，则意味着企业 $b_{j_1}^{i_1}$ 基于信息 $I_{j_1}^{i_1}$ 的情况下，所做出的决策是卖给企业 $b_{j_2}^{i_2}$ 产品，企业 $b_{j_2}^{i_2}$ 基于信息 $I_{j_2}^{i_2}$ 的情况下，所做出的决策是购买企业 $b_{j_1}^{i_1}$ 的产品，此时电子商务交易可以达成。

若 $r_{j_1 j_2'}^{i_1 i_2}(I_{j_1}^{i_1})=0$ 且 $r_{j_1 j_2'}^{i_1 i_2}(I_{j_2}^{i_2})=0$，则意味着企业 $b_{j_1}^{i_1}$ 基于信息 $I_{j_1}^{i_1}$ 的情况下，所做出的决策是不卖给企业 $b_{j_2}^{i_2}$ 产品，企业 $b_{j_2}^{i_2}$ 基于信息 $I_{j_2}^{i_2}$ 的情况下，所做出的决策是不购买企业 $b_{j_1}^{i_1}$ 的产品，此时电子商务交易无法达成。

B2B——信息不对称下的交易关系矩阵：与定义 2″ 类似，区别在于基于的信息不同。在全信息 I 下，每个企业拥有的信息相同，企业所做出的决策也是基于相同的信息，但这显然不符合实际情况，所以我们引入了不对称信息，此时，需要考虑企业自身所拥有的信息以及其根据信息所做出的决策。此时的交易关系矩阵变成

$$B(I^*) = \begin{pmatrix} B^{11}(I^{11}) & B^{12}(I^{12}) & \cdots & B^{1 n_B(d)}(I^{1 n_B(d)}) \\ B^{21}(I^{21}) & \ddots & \ddots & \vdots \\ \vdots & \ddots & \ddots & \vdots \\ B^{n_B(d)1}(I^{n_B(d)1}) & \cdots & \cdots & B^{n_B(d) n_B(d)}(I^{n_B(d) n_B(d)}) \end{pmatrix}_{n_B(d) \times n_B(d)}$$

$$(3\text{-}3)$$

$$\boldsymbol{B}^{i_1 i_2}(I^{i_1 i_2}) = \begin{pmatrix} r_{11}^{i_1 i_2}(I_{11}^{i_1 i_2}) & r_{1z}^{i_1 i_2}(I_{1z}^{i_1 i_2}) & \cdots & r_{1n_{i_2}}^{i_1 i_2}(I_{1n_{i_2}}^{i_1 i_2}) \\ r_{21}^{i_1 i_2}(I_{21}^{i_1 i_2}) & \ddots & \ddots & \vdots \\ \vdots & \ddots & \ddots & \vdots \\ r_{n_{i_1}1}^{i_1 i_2}(I_{i_1}^{i_1 i_2}) & \cdots & \cdots & r_{n_{i_1}n_{i_2}}^{i_1 i_2}(I_{n_{i_1}n_{i_2}}^{i_1 i_2}) \end{pmatrix}_{n_{i_1} \times n_{i_2}} \quad (3\text{-}4)$$

可以看到，在全信息 I 下，刻画所有企业与企业之间的关系所用到的信息都是 I，它们没有区别，但在不对称信息下，刻画企业与企业之间关系所用到的信息是每个企业自身拥有的信息 $I_{j_1}^{i_1}$、$I_{j_2}^{i_2}$，在定义 2" 中也已经解释了，其中 $I_{j_1 j_2}^{i_1 i_2}$ 表示企业 $b_{j_1}^{i_1}$ 与企业 $b_{j_2}^{i_2}$ 分别拥有信息 $I_{j_1}^{i_1}$、$I_{j_2}^{i_2}$，$I^{i_1 i_2}$ 表示第 i_1 类企业与第 i_2 类企业分别拥有信息 $I_1^{i_1}$，$\cdots$，$I_{n_{i_1}}^{i_1}$，$I_1^{i_2} \cdots$，$I_{n_{i_2}}^{i_2}$，I^* 表示每个企业 $b_{j_1}^{i_1}$ 所拥有的信息为 $I_{j_1}^{i_1}$。

有了不对称信息下的交易关系矩阵，其余的讨论都与全信息下的交易关系矩阵类似。

针对上述对 B2B 电子商务模式的抽象描述，对本节定义 1、定义 2 和定义 2" 用实例进行说明。记一个生产某产品的企业为 B_p，该企业生产的商品为一种组装型电子产品。该电子产品需要从上游元器件生产商 B_1 和 B_2 购买零部件。零部件生产商 B_1 需要从原材料供应商 B_3 购买原材料，零部件生产商 B_2 需要从上游元器件供应商 B_4 采购元器件。零部件生产商 B_2 需要从生产设备服务商 B_9 处购买专用生产设备，该设备由 B_9 进行生产，但是该设备研发的集成方案的专利权归属集成方案供应商 B_{10}，B_9 只是获得了 B_{10} 的生产授权许可。B_2 获得专用生产设备使用权，需要从 B_9 处购买设备，同时获得 B_{10} 的使用许可。该使用许可只允许使用，无法对设备进行维护和改造。企业 B_p 需要将产品投放到下游的分销商 B_6、B_7、B_8 进行销售。在 B_p 生产销售产品过程中，除零部件供应商 B_2 和生产设备服务商 B_9、集成方案供应商 B_{10} 的三方销售关系无法通过 B2B 模式进行外，其他均可通过 B2B 模式进行。

用 v_i 标记企业 B_i 的节点，节点集合为 V，任意两企业间的关系记为（B_i, B_j），关系集合为 E，则上述实例的图结构表示为 $G(V, E)$，如图 3-1 所示。

若原材料供应商 B_3 由于开采成本上涨，品控下降，无法提供 B_1 合格的原材料，B_1 更换原材料供应商为 B_{11}，现各商家节点构成的图 $G(V, E)$ 如图 3-2 所示。

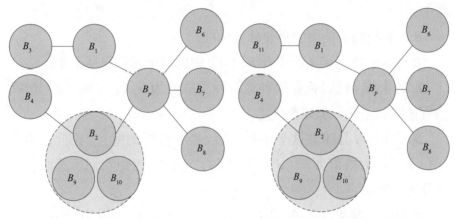

图 3-1　B2B 模型实例图结构　　图 3-2　更换原材料供应商实例图结构

若 B_2 从生产设备服务商 B_9 处购买专用生产设备，无法从 B_{10} 获得给 B_p 提供零部件的生产许可，B_p 只能自行研发原本从 B_2 采购的零部件，现各商家节点构成的图 $G(V, E)$ 如图 3-3 所示。

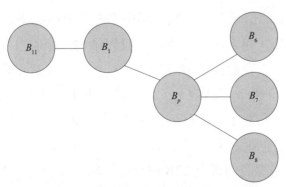

图 3-3　不再购买 B_2 的零部件实例图结构

3.1.2　B2C

正如第 2.1.3.2 小节所述，B2C 模型以企业和消费者为主体，是一种通过网络的方式、在企业或者商业机构和消费者之间进行电子商务活动的模型。

回顾第 3.1.1 小节的定义 1，关于企业的分类：

将集合 $F_B(d)$ 定义为 $\{b_j^i | i=1, 2, \cdots, n_B(d), j=1, \cdots, n_i(d)\}$，其中：

d 代表我们所使用的企业分类标准；

B 意味着我们定义的集合 $F_B(d)$ 中的每个元素都是企业；

b_j^i 的上标 i 代表企业的种类，种类总数为 $n_B(d)$，$n_B(d)$ 由我们所选取的企业分类标准决定；

b_j^i 的下标 j 意味着这个企业是第 i 类企业中的第 j 个企业，给定 i 时，j 的最大取值为 $n_i(d)$，同样的，$n_i(d)$ 也由我们所选取的企业分类标准决定。

定义 1′：将集合 F_C 定义为 $\{c_j | j=1, 2, \cdots, n_C\}$，其中：

C 意味着我们定义的集合 F_C 中的每个元素都是客户（customer）；

c_j 的下标 j 代表不同的客户，客户总数为 n_C，关于客户，我们不划分客户的种类。

定义 2：将企业 $b_{j_1}^i$ 与客户 c_{j_2} 之间的交易关系定义为函数 $r_{j_1 j_2}^i(I)$，函数 $r_{j_1 j_2}^i(I)$ 的值域为 $\{0, 1\}$，其中 I 代表全信息集，信息集中包括了所有信息，如企业的净资产、股权结构、净收益等，也包括客户的资产，对于企业的了解程度等。$r_{j_1 j_2}^i(I)=0$ 意味着在已知信息 I 的情况下，企业 $b_{j_1}^i$ 与客户 c_{j_2} 无法进行电子商务交易。$r_{j_1 j_2}^i(I)=1$ 意味着在已知信息 I 的情况下，企业 $b_{j_1}^i$ 与客户 c_{j_2} 可以进行电子商务交易，并且企业 $b_{j_1}^i$ 是卖方，客户 c_{j_2} 是买方。

定义 ′：根据我们研究 B2B 模型的经验，我们仍然想要用矩阵来表示 B2C 下的交易关系。

将第 i 类企业与客户的交易关系定义为矩阵 $\boldsymbol{B}^i(I)$，矩阵 $\boldsymbol{B}^i(I)$ 为 n_i 行 $\times n_C$ 列的矩阵，矩阵中的第 j_1 行第 j_2 列的元素为 $r_{j_1 j_2}(I)$。矩阵 $\boldsymbol{B}^i(I)$ 代表了第 i 类企业作为卖方，卖给客户商品的时候，它们对应企业与客户之间的交易关系。

$$\boldsymbol{B}^i(I) = \begin{pmatrix} r_{11}^i(I) & r_{12}^i(I) & \cdots & r_{1n_C}^i(I) \\ r_{21}^i(I) & \ddots & \ddots & \vdots \\ \vdots & \ddots & \ddots & \vdots \\ r_{n_i 1}^i(I) \cdots & & \cdots & r_{n_i n_C}^i(I) \end{pmatrix}$$

（3-5）

定义 2″：在定义 2′ 中，我们定义了不同划分所对应的企业与客户之间的交易关系，那么所有企业与客户之间的交易关系可以很自然地被定义为矩阵 $\boldsymbol{B}(I)$，矩阵 $\boldsymbol{B}(I)$ 为一个只有一列的分块矩阵，矩阵的第 i 行子矩阵为 $\boldsymbol{B}^i(I)$，代表的是第 i 类企业作为卖方、客户作为买方时，它们对应的企业与客户之间的交易关系。

$$\boldsymbol{B}(I) = \begin{pmatrix} \boldsymbol{B}^1(I) \\ \boldsymbol{B}^2(I) \\ \vdots \\ \boldsymbol{B}^{n_i}(I) \end{pmatrix}$$

（3-6）

B2C——信息不对称下的交易：与第 3.1.1 小节所刻画的信息不对称下的交易关系类似，本节采用相似的描述对 B2C 情况下的信息不对称交易进行刻画。

B2C——信息不对称下的交易关系：假设企业 $b_{j_1}^i$ 与客户 c_{j_2} 所拥有的信息分别为 $I_{j_1}^i$、I_{j_2}。将 $r_{j_1 j_2}^i(I_{j_1}^i)$ 与 $r_{j_1 j_2}^i(I_{j_2})$ 相乘得 $r_{j_1 j_2}^i(I_{j_1 j_2}^i)$，当且仅当 $r_{j_1 j_2}^i(I_{j_1 j_2}^i) = 1$ 时交易可达成。

其中 $I_{j_1 j_2}^i$ 表示企业 $b_{j_1}^i$ 与客户 c_{j_2} 分别拥有信息 $I_{j_1}^i$、I_{j_2}，$r_{j_1 j_2}^i(I_{j_1 j_2}^i)$ 代表了企业 $b_{j_1}^i$ 与客户 c_{j_2} 分别基于信息 $I_{j_1}^i$、I_{j_2} 所做出的交易决策是否一致，即企业 $b_{j_1}^{i}$ 作为卖方、客户 c_{j_2} 作为买方的电子商务交易是否能达成。

若 $r^i_{j_1j_2}(I^i_{j_1})=0$ 且 $r^i_{j_1j_2}(I_{j_2})=1$，则意味着企业 $b^i_{j_1}$ 基于信息 $I^i_{j_1}$ 的情况下，所做出的决策是不卖给客户 c_{j_2} 产品，客户 c_{j_2} 基于信息 I_{j_2} 的情况下，所做出的决策是购买企业 $b^i_{j_1}$ 的产品。由于企业 $b^i_{j_1}$ 不愿意卖给客户 c_{j_2} 产品，虽然客户 c_{j_2} 有购买意愿，但此时电子商务交易无法达成。

同理，若 $r^i_{j_1j_2}(I^i_{j_1})=1$ 且 $r^i_{j_1j_2}(I_{j_2})=0$，则意味着企业 $b^i_{j_1}$ 基于信息 $I^i_{j_1}$ 的情况下，所做出的决策是卖给客户 c_{j_2} 产品，客户 c_{j_2} 基于信息 I_{j_2} 的情况下，所做出的决策是不购买企业 $b^i_{j_1}$ 的产品，此时电子商务交易无法达成。

若 $r^i_{j_1j_2}(I^i_{j_1})=1$ 且 $r^i_{j_1j_2}(I_{j_2})=1$，则意味着企业 $b^i_{j_1}$ 基于信息 $I^i_{j_1}$ 的情况下，所做出的决策是卖给客户 c_{j_2} 产品，客户 c_{j_2} 基于信息 I_{j_2} 的情况下，所做出的决策是购买企业 $b^i_{j_1}$ 的产品，此时电子商务交易可以达成。

若 $r^i_{j_1j_2}(I^i_{j_1})=0$ 且 $r^i_{j_1j_2}(I_{j_2})=0$，则意味着企业 $b^i_{j_1}$ 基于信息 $I^i_{j_1}$ 的情况下，所做出的决策是不卖给客户 c_{j_2} 产品，客户 c_{j_2} 基于信息 $I^i_{j_2}$ 的情况下，所做出的决策是不购买企业 $b^i_{j_1}$ 的产品，此时电子商务交易无法达成。

B2C——信息不对称下的交易关系矩阵：与 B2B 情况类似，全信息 I 下，每个企业和客户所拥有的信息都是相同的，他们所做出的决策也是基于相同的信息，但这显然不符合实际情况，所以我们引入了不对称信息，此时，需要考虑企业和客户自身所拥有的信息以及其根据信息所做出的决策。此时的交易关系矩阵变成

$$B(I^*)=\begin{pmatrix} B^1(I^1) \\ B^2(I^2) \\ \vdots \\ B^{n_B(d)1}(I^{n_B(d)1}) \end{pmatrix} \tag{3-7}$$

$$\boldsymbol{B}^i\left(I^i\right)=\begin{pmatrix} r_{11}^i\left(I_{11}^i\right) & r_{12}^i\left(I_{12}^i\right) & \cdots & r_{1n_C}^i\left(I_{1n_C}^i\right) \\ r_{21}^i\left(I_{21}^i\right) & \ddots & \ddots & \vdots \\ \vdots & \ddots & \ddots & \vdots \\ r_{n_i1}^i\left(I_{n_i1}^i\right) & \cdots & \cdots & r_{n_in_C}^i\left(I_{n_in_C}^i\right) \end{pmatrix} \tag{3-8}$$

　　针对上述对 B2C 电子商务模式的抽象描述，对本小节定义 1、定义 2 和定义 2″ 用实例进行说明。一名高校学生想要在毕业期间拍摄一组毕业照，想通过某电商平台选择一个摄影机构进行拍摄。电商平台可以将客户群体分为在校大学生和非在校大学生（分类标准仅供示例），根据某一群体的消费偏好，会做不同的产品推荐。记该生为 c_1^1，表示第 1 类客户（在校大学生）中的第 1 个消费者。c_1^1 通过对比，选择了某一家摄影机构 b_1^2 来进行拍摄。拍摄完成后，c_1^1 和同学 c_2^1 及同学 c_3^1 分享了他的拍摄经历，同学 c_2^1 同样选择了摄影机构 b_1^2 拍摄，而同学 c_3^1 通过自行比较选择了另一家摄影机构 b_2^2。摄影机构 b_1^2 和客户 c_2^1 及 c_1^1 建立了交易关系，摄影机构 b_2^2 和客户 c_3^1 建立了交易关系。

　　用 v_i^b 标记企业 b_i^2 的节点，v_j^c 标记客户 c_j^1 的节点，节点集合为 V，任意企业用户间的关系记为 $\left(v_i^b,\ v_j^c\right)$，关系集合为 E，暂不考虑企业间的竞争合作关系，则上述实例的图结构表示为 $G\left(V,\ E\right)$，如图 3-4 所示。

　　在实际操作中，摄影机构 b_2^2 提出试拍不满意退款的操作，客户 c_3^1 对试拍效果不满意，选择了摄影机构 b_1^2。现各商家和客户节点构成的图 $G\left(V,\ E\right)$ 如图 3-5 所示。

3.1.3　C2C

　　正如第 2.1.3.3 小节所述，C2C 模型是以消费者为主体、在消费者之间进行电子商务活动的一种模型，商品的买卖双方都是消费者。

　　定义 1：将集合 F_C 定义为 $\{c_j|j=1,\ 2,\ \cdots,\ n_C\}$，其中：

　　C 意味着我们定义的集合 F_C 中的每个元素都是客户；

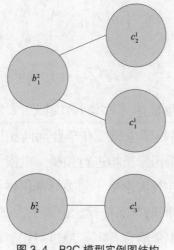

图 3-4　B2C 模型实例图结构

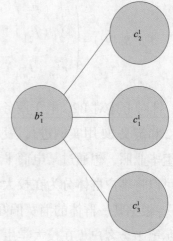

图 3-5　消费关系变化的实例图结构

c_j 的下标 j 代表不同的客户，客户总数为 n_C，关于客户，我们不划分客户的种类。

定义 2：将客户 c_{j_1} 与客户 c_{j_2} 之间的交易关系定义为函数 $r_{j_1 j_2}(I)$，函数 $r_{j_1 j_2}(I)$ 的值域为 $\{0, 1\}$，其中 I 代表全信息集，信息集中包括了所有信息。$r_{j_1 j_2}(I)=0$ 意味着在已知信息 I 的情况下，客户 c_{j_1} 与客户 c_{j_2} 无法进行电子商务交易。$r_{j_1 j_2}(I)=1$ 意味着在已知信息 I 的情况下，客户 c_{j_1} 与客户 c_{j_2} 可以进行电子商务交易，并且客户 c_{j_1} 是卖方，客户 c_{j_2} 是买方。

定义 2′：根据我们研究 B2B 模型的经验，我们仍然想要用矩阵来表示 C2C 下的交易关系。

将客户与客户的交易关系定义为矩阵 $\boldsymbol{B}(I)$，矩阵 $\boldsymbol{B}(I)$ 为 n_C 行 $\times n_C$ 列的矩阵，矩阵中的第 j_1 行第 j_2 列的元素为 $r_{j_1 j_2}(I)$。矩阵 $\boldsymbol{B}(I)$ 代表了客户作为卖方，卖给其他客户商品的时候，它们对应的客户之间的交易关系，我们默认 $r_{j_1 j_2}(I)=0$，即自己不能卖给自己商品。

$$\boldsymbol{B}(I) = \begin{pmatrix} r_{11}(I) & r_{12}(I) & \cdots & r_{1n_C}(I) \\ r_{21}(I) & \ddots & \ddots & \vdots \\ \vdots & \ddots & \ddots & \vdots \\ r_{n_C1}(I) & \cdots & \cdots & r_{n_Cn_C}(I) \end{pmatrix} \tag{3-9}$$

C2C——信息不对称下的交易和交易关系：假设客户 c_{j_1} 与客户 c_{j_2} 所拥有的信息分别为 I_{j_1}、I_{j_2}。将 $r_{j_1j_2}(I_{j_1})$ 与 $r_{j_1j_2}(I_{j_2})$ 相乘得 $r_{j_1j_2}$ $(I_{j_1j_2})$，当且仅当 $r_{j_1j_2}(I_{j_1j_2})=1$ 时交易可达成。

其中 $I_{j_1j_2}$ 表示客户 c_{j_1} 与客户 c_{j_2} 分别拥有信息 I_{j_1}、I_{j_2}，$r_{j_1j_2}(I_{j_1j_2})$ 代表了客户 c_{j_1} 与客户 c_{j_2} 分别基于信息 I_{j_1}、I_{j_2} 所做出的交易决策是否一致，即客户 c_{j_1} 作为卖方、客户 c_{j_2} 作为买方的电子商务交易是否能达成。

若 $r_{j_1j_2}(I_{j_1})=0$ 且 $r_{j_1j_2}(I_{j_2})=1$，则意味着客户 c_{j_1} 基于信息 I_{j_1} 的情况下，所做出的决策是不卖给客户 c_{j_2} 产品，客户 c_{j_2} 基于信息 I_{j_2} 的情况下，所做出的决策是购买 c_{j_1} 的产品。由于客户 c_{j_1} 不愿意卖给客户 c_{j_2} 产品，虽然客户 c_{j_2} 有购买意愿，但此时电子商务交易无法达成。

同理，若 $r_{j_1j_2}(I_{j_1})=1$ 且 $r_{j_1j_2}(I_{j_2})=0$，则意味着客户 c_{j_1} 基于信息 I_{j_1} 的情况下，所做出的决策是卖给客户 c_{j_2} 产品，客户 c_{j_2} 基于信息 I_{j_2} 的情况下，所做出的决策是不购买 c_{j_1} 的产品，此时电子商务交易无法达成。

若 $r_{j_1j_2}(I_{j_1})=1$ 且 $r_{j_1j_2}(I_{j_2})=1$，则意味着客户 c_{j_1} 基于信息 I_{j_1} 的情况下，所做出的决策是卖给客户 c_{j_2} 产品，客户 c_{j_2} 基于信息 I_{j_2} 的情况下，所做出的决策是购买 c_{j_1} 的产品，此时电子商务交易可以达成。

若 $r_{j_1j_2}(I_{j_1})=0$ 且 $r_{j_1j_2}(I_{j_2})=0$，则意味着客户 c_{j_1} 基于信息 I_{j_1} 的情况下，所做出的决策是不卖给客户 c_{j_2} 产品，客户 c_{j_2} 基于信息 I_{j_2} 的情况下，所做出的决策是不购买 c_{j_1} 的产品，此时电子商务交易无法达成。

C2C——信息不对称下的交易关系矩阵：与 B2B 情况类似，全信息 I 下，每个客户所拥有的信息都是相同的，他们所做出的决策也是基于相同的信息，但这显然不符合实际情况，所以我们引入了不对称信息，此时，需要考虑客户自身所拥有的信息以及其根据信息所做出的决策。此时的交易关系矩阵变成

$$\boldsymbol{B}(I) = \begin{pmatrix} r_{11}(I_{11}) & r_{12}(I_{12}) & \dots & r_{1n_C}(I_{1n_C}) \\ r_{21}(I_{21}) & \ddots & \ddots & \vdots \\ \vdots & \ddots & \ddots & \vdots \\ r_{n_C1}(I_{n_C1}) & \dots & \dots & r_{n_Cn_C}(I_{n_Cn_C}) \end{pmatrix}$$

（3-10）

针对上述对 C2C 电子商务模式的抽象描述，对本小节定义 1、定义 2 和定义 2″ 用实例进行说明。一名高校学生想要在毕业期间拍摄一组毕业照，但是由于天气原因，该生抽不出时间拍摄。该生的学位服已按时交还给学校，他通过校内二手周转平台搜索到一套合适的学位服，是一名已毕业的学生在出售。通过平台，该生购得这套学位服。记该学生为 c_1^1，毕业的学生记为 c_1^2，c_1^1 和 c_1^2 建立了交易关系。该生得到学位服后通过二手周转平台联系了一名学生 c_2^1 帮他拍摄，c_1^1 和 c_2^1 建立了交易关系。这名学生 c_2^1 的相机镜头发生故障，为完成拍摄，c_2^1 从朋友 c_2^2 处购置了一个相机镜头，c_2^2 和 c_2^1 建立了交易关系。

用 v^c_j 标记客户节点，节点集合为 V，任意企业用户间的关系记为（v^c_i, v^c_j），关系集合为 E，暂不考虑企业间的竞争合作关系，则上述实例的图结构表示为 $G(V, E)$，如图 3-6 所示。

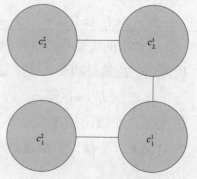

图 3-6　C2C 模型实例图结构

3.1.4　O2O

正如第 2.1.3.4 小节所述，O2O 模

型是将线下商务和互联网结合，让互联网成为线下交易前台的一种模型。O2O 与 B2C 在消费形式、库存方式等方面存在一些差异，但是二者第一交互面在网上，主流程是闭合的，在用交易关系矩阵进行刻画的情况下，所需要的描述语言基本是一致的，为了避免记号过于复杂，本书仍用 B 代表线上企业 O，C 代表客户 C。

定义 1：将集合 $F_B(d)$ 定义为 $\{b_j^i | i=1, 2, \cdots, n_B(d), j=1, \cdots, n_i(d)\}$，其中：

d 代表我们所使用的企业分类标准；

B 意味着我们定义的集合 $F_B(d)$ 中的每个元素都是企业；

b_j^i 的上标 i 代表企业的种类，种类总数为 $n_B(d)$，$n_B(d)$ 由我们所选取的企业分类标准决定；

b_j^i 的下标 j 意味着这个企业是第 i 类企业中的第 j 个企业，给定 i 时，j 的最大取值为 $n_i(d)$，同样的，$n_i(d)$ 也由我们所选取的企业分类标准决定。

定义 1'：将集合 F_C 定义为 $\{c_j | j=1, 2, \cdots, n_C\}$，其中：

C 意味着定义的集合 F_C 中的每个元素都是客户；

c_j 的下标 j 代表不同的客户，客户总数为 n_C，关于客户，我们不划分客户的种类。

定义 2：将企业 $b_{j_1}^i$ 与企业 c_{j_2} 之间的交易关系定义为函数 $r_{j_1 j_2}^i(I)$，函数 $r_{j_1 j_2}^i(I)$ 的值域为 $\{0, 1\}$，其中 I 代表全信息集，信息集中包括了所有信息，如企业的净资产、股权结构、净收益等，也包括客户的资产、对于企业的了解程度等。$r_{j_1 j_2}^i(I)=0$ 意味着在已知信息 I 的情况下，企业 $b_{j_1}^i$ 与客户 c_{j_2} 无法进行电子商务交易。$r_{j_1 j_2}^i(I)=1$ 意味着在已知信息 I 的情况下，企业 $b_{j_1}^i$ 与客户 c_{j_2} 可以进行电子商务交易，并且企业 $b_{j_1}^i$ 是卖方，客户 c_{j_2} 是买方。

定义 2'：根据研究 B2B 模型的经验，仍然想要用矩阵来表示 B2C 下的交易关系。

将第 i 类企业与客户的交易关系定义为矩阵 $\boldsymbol{B}^i(I)$，矩阵 $\boldsymbol{B}^i(I)$ 为 n_i 行 $\times n_C$ 列的矩阵，矩阵中的第 j_1 行第 j_2 列的元素为 $r^i_{j_1 j_2}(I)$。矩阵 $\boldsymbol{B}^i(I)$ 代表了第 i 类企业作为卖方，卖给客户商品的时候，它们对应的企业与客户之间的交易关系：

$$\boldsymbol{B}^i(I) = \begin{pmatrix} r^i_{11}(I) & r^i_{12}(I) & \cdots & r^i_{1n_C}(I) \\ r^i_{21}(I) & \ddots & \ddots & \vdots \\ \vdots & \ddots & \ddots & \vdots \\ r^i_{n_i 1}(I) & \cdots & \cdots & r^i_{n_i n_C}(I) \end{pmatrix}$$
（3-11）

定义 2″：在定义 2′ 中，我们定义了不同划分所对应的企业与客户之间的交易关系，那么所有企业与客户之间的交易关系可以很自然地被定义为矩阵 $\boldsymbol{B}(I)$，矩阵 $\boldsymbol{B}(I)$ 为一个只有一列的分块矩阵，矩阵的第 i 行子矩阵为 $\boldsymbol{B}^i(I)$，代表的是第 i 类企业作为卖方、客户作为买方时，它们对应的企业与客户之间的交易关系：

$$\boldsymbol{B}(I) = \begin{pmatrix} \boldsymbol{B}^1(I) \\ \boldsymbol{B}^2(I) \\ \vdots \\ \boldsymbol{B}^{n_i}(I) \end{pmatrix}$$
（3-12）

O2O——信息不对称下的交易和交易关系：假设企业 $b^i_{j_1}$ 与客户 c_{j_2} 所拥有的信息分别为 $I^i_{j_1}$、I_{j_2}。将 $r^i_{j_1 j_2}(I^i_{j_1})$ 与 $r^i_{j_1 j_2}(I_{j_2})$ 相乘得 $r^i_{j_1 j_2}(I^i_{j_1 j_2})$，当且仅当 $r^i_{j_1 j_2}(I^i_{j_1 j_2}) = 1$ 时交易可达成。

其中 $I^i_{j_1 j_2}$ 表示企业 $b^i_{j_1}$ 与客户 c_{j_2} 分别拥有信息 $I^i_{j_1}$、I_{j_2}，$r^i_{j_1 j_2}(I^i_{j_1 j_2})$ 代表了企业 $b^i_{j_1}$ 与客户 c_{j_2} 分别基于信息 $I^i_{j_1}$、I_{j_2} 所做出的交易决策是否一致，即企业 $b^i_{j_1}$ 作为卖方、客户 c_{j_2} 作为买方的电子商务交易是否能达成。

若 $r^i_{j_1 j_2}(I^i_{j_1}) = 0$ 且 $r^i_{j_1 j_2}(I_{j_2}) = 1$，则意味着企业 $b^i_{j_1}$ 基于信息 $I^i_{j_1}$ 的情况下，所做出的决策是不卖给客户 c_{j_2} 产品，客户 c_{j_2} 基于信息 I_{j_2} 的情况下，所做出的决策是购买企业 $b^i_{j_1}$ 的产品。由于企业 $b^i_{j_1}$ 不

愿意卖给客户 c_{j_2} 产品，虽然客户 c_{j_2} 有购买意愿，但此时电子商务交易无法达成。

同理，若 $r^i_{j_1j_2}(I^i_{j_1})=1$ 且 $r^i_{j_1j_2}(I_{j_2})=0$，则意味着企业 $b^i_{j_1}$ 基于信息 $I^i_{j_1}$ 的情况下，所做出的决策是卖给客户 c_{j_2} 产品，客户 c_{j_2} 基于信息 I_{j_2} 的情况下，所做出的决策是不购买企业 $b^i_{j_1}$ 的产品，此时电子商务交易无法达成。

若 $r^i_{j_1j_2}(I^i_{j_1})=1$ 且 $r^i_{j_1j_2}(I_{j_2})=1$，则意味着企业 $b^i_{j_1}$ 基于信息 $I^i_{j_1}$ 的情况下，所做出的决策是卖给客户 c_{j_2} 产品，客户 c_{j_2} 基于信息 I_{j_2} 的情况下，所做出的决策是购买企业 $b^i_{j_1}$ 的产品，此时电子商务交易可以达成。

若 $r^i_{j_1j_2}(I^i_{j_1})=0$ 且 $r^i_{j_1j_2}(I_{j_2})=0$，则意味着企业 $b^i_{j_1}$ 基于信息 $I^i_{j_1}$ 的情况下，所做出的决策是不卖给客户 c_{j_2} 产品，客户 c_{j_2} 基于信息 I_{j_2} 的情况下，所做出的决策是不购买企业 $b^i_{j_1}$ 的产品，此时电子商务交易无法达成。

O2O——信息不对称下的交易关系矩阵：与 B2B 情况类似，全信息 I 下，线上线下所拥有的信息都是相同的，他们所做出的决策也是基于相同的信息，但这显然不符合实际情况，所以我们引入了不对称信息，此时，需要考虑线上线下自身所拥有的信息以及其根据信息所做出的决策。此时的交易关系矩阵变为。

$$\boldsymbol{B}(I^*) = \begin{pmatrix} \boldsymbol{B}^1(I^1) \\ \boldsymbol{B}^2(I^2) \\ \vdots \\ \boldsymbol{B}^{n_B(d)1}(I^{n_B(d)1}) \end{pmatrix} \tag{3-13}$$

$$\boldsymbol{B}^i(I^i) = \begin{pmatrix} r^i_{11}(I^i_{11}) & r^i_{12}(I^i_{12}) & \cdots & r^i_{1n_C}(I^i_{1n_C}) \\ r^i_{21}(I^i_{21}) & \ddots & \ddots & \vdots \\ \vdots & \ddots & \ddots & \vdots \\ r^i_{n_i1}(I^i_{n_i1}) & \cdots & \cdots & r^i_{n_in_C}(I^i_{n_in_C}) \end{pmatrix} \tag{3-14}$$

针对上述对 O2O 电子商务模式的抽象描述，对本节定义 1、定义 2 和定义 2″ 用实例进行说明。O2O 与 B2B、B2C 模式不同，该模式下商家的主要精力在线下市场。按照前述符号表示方式，用 B 表示线上商家，用 C 表示线下用户。某单位某办公室 4 名员工 c_j^2（$j=1$，…，4）准备使用外卖平台购买午饭，最终选择了商家 b_1^3，该商家和这 4 名员工建立了交易关系。另外，员工 c_2^2 还在另一商家 b_2^3 购买了小食，c_2^2 和 b_2^3 建立了交易关系。

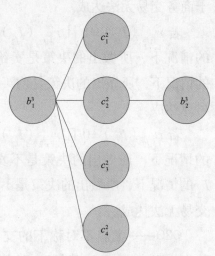

用 v_i^b 标记企业 b_i^3 的节点，v_j^c 标记客户 c_j^2 的节点，节点集合为 V，任意企业用户间的关系记为 (v_i^b, v_j^c)，关系集合为 E，暂不考虑企业间的竞争合作关系，则上述实例的图结构表示为 $G(V, E)$，如图 3-7 所示。

图 3-7 O2O 模型实例图结构

3.1.5 G2G

正如第 2.1.3.5 小节所述，G2G 模型是以政府机构为主体，在政府机构之间进行电子政务活动的一种模型。

定义 1′：将集合 F_G 定义为 $\{g_j | j=1, 2, \cdots, n_G\}$，其中：

G 意味着我们定义的集合 F_G 中的每个元素都是一个政府；

g_j 的下标 j 代表不同的政府机构（government），政府总数为 n_G，关于政府机构，我们不划分政府机构的种类。

定义 2：将政府 g_{j_1} 与政府 g_{j_2} 之间的交易关系定义为函数 $r_{j_1 j_2}(I)$，函数 $r_{j_1 j_2}(I)$ 的值域为 $\{0, 1\}$，其中 I 代表全信息集，信息集中包括了所有信息。$r_{j_1 j_2}(I)=0$ 意味着在已知信息 I 的情况下，g_{j_1} 与 g_{j_2}

无法进行电子商务交易。$r_{j_1 j_2}(I)=1$ 意味着在已知信息 I 的情况下，g_{j_1} 与 g_{j_2} 可以进行电子商务交易，并且 g_{j_1} 是卖方，g_{j_2} 是买方。

定义 2′：根据我们研究 B2B 模型的经验，我们仍然想要用矩阵来表示 G2G 下的交易关系。

将交易关系定义为矩阵 $\boldsymbol{B}(I)$，矩阵 $\boldsymbol{B}(I)$ 为 n_G 行 $\times n_G$ 列的矩阵，矩阵中的第 j_1 行第 j_2 列的元素为 $r_{j_1 j_2}(I)$。矩阵 $\boldsymbol{B}(I)$ 代表了政府作为卖方，卖给其他政府商品的时候，它们对应的交易关系，我们默认 $r_{j_1 j_2}(I)=0$，即自己不能卖给自己商品。

$$\boldsymbol{B}(I)=\begin{pmatrix} r_{11}(I) & r_{12}(I) & \cdots & r_{1n_G}(I) \\ r_{21}(I) & \ddots & \ddots & \vdots \\ \vdots & \vdots & \ddots & \vdots \\ r_{n_G 1}(I) & \cdots & \cdots & r_{n_G n_G}(I) \end{pmatrix} \tag{3-15}$$

G2G——信息不对称下的交易和交易关系：假设政府 g_{j_1} 与政府 g_{j_2} 所拥有的信息分别为 I_{j_1}、I_{j_2}。将 $r_{j_1 j_2}(I_{j_1})$ 与 $r_{j_1 j_2}(I_{j_2})$ 相乘得 $r_{j_1 j_2}(I_{j_1 j_2})$，当且仅当 $r_{j_1 j_2}(I_{j_1 j_2})=1$ 时交易可达成。

其中 $I_{j_1 j_2}$ 表示政府 g_{j_1} 与政府 g_{j_2} 分别拥有信息 I_{j_1}、I_{j_2}，$r_{j_1 j_2}(I_{j_1 j_2})$ 代表了政府 g_{j_1} 与政府 g_{j_2} 分别基于信息 I_{j_1}、I_{j_2} 所做出的交易决策是否一致，即政府 g_{j_1} 作为卖方、政府 g_{j_2} 作为买方的电子商务交易是否能达成。

若 $r_{j_1 j_2}(I_{j_1})=0$ 且 $r_{j_1 j_2}(I_{j_2})=1$，则意味着政府 g_{j_1} 基于信息 I_{j_1} 的情况下，所做出的决策是不卖给政府 g_{j_2} 产品，政府 g_{j_2} 基于信息 I_{j_2} 的情况下，所做出的决策是购买 g_{j_1} 的产品。由于政府 g_{j_1} 不愿意卖给政府 g_{j_2} 产品，虽然 g_{j_2} 有购买意愿，但此时电子商务交易无法达成。

同理，若 $r_{j_1 j_2}(I_{j_1})=1$ 且 $r_{j_1 j_2}(I_{j_2})=0$，则意味着政府 g_{j_1} 基于信息 I_{j_1} 的情况下，所做出的决策是卖给政府 g_{j_2} 产品，g_{j_2} 基于信息 I_{j_2} 的情况下，所做出的决策是不购买 g_{j_1} 的产品，此时电子商务交易无法达成。

若 $r_{j_1 j_2}(I_{j_1}) =1$ 且 $r_{j_1 j_2}(I_{j_2}) =1$，则意味着政府 g_{j_1} 基于信息 I_{j_1} 的情况下，所做出的决策是卖给政府 g_{j_2} 产品，政府 g_{j_2} 基于信息 I_{j_2} 的情况下，所做出的决策是购买 g_{j_1} 的产品，此时电子商务交易可以达成。

若 $r_{j_1 j_2}(I_{j_1}) =0$ 且 $r_{j_1 j_2}(I_{j_2}) =0$，则意味着政府 g_{j_1} 基于信息 I_{j_1} 的情况下，所做出的决策是不卖给政府 g_{j_2} 产品，政府 g_{j_2} 基于信息 I_{j_2} 的情况下，所做出的决策是不购买 g_{j_1} 的产品，此时电子商务交易无法达成。

G2G——信息不对称下的交易关系矩阵：与 B2B 情况类似，全信息 I 下，各个政府所拥有的信息都是相同的，它们所做出的决策也是基于相同的信息，但这显然不符合实际情况，所以我们引入了不对称信息，此时，需要考虑政府自身所拥有的信息以及其根据信息所做出的决策。此时的交易关系矩阵变为

$$\boldsymbol{B}(I) = \begin{pmatrix} r_{11}(I_{11}) & r_{12}(I_{12}) & \cdots & r_{1n_G}(I_{1n_G}) \\ r_{21}(I_{21}) & \ddots & \ddots & \vdots \\ \vdots & \ddots & \ddots & \vdots \\ r_{n_G 1}(I_{n_G 1}) & \cdots & \cdots & r_{n_G n_G}(I_{n_G n_G}) \end{pmatrix} \tag{3-16}$$

针对上述对 G2G 电子商务模式的抽象描述，对本节定义 1、定义 2 和定义 2″ 用实例进行说明。以跨境电商为例，随着发展时期的不同而有不同的模式，诸如早期以 C2C 模式出现的"代购"以及后期以 B2C、B2B2C（将在第 3.2 节介绍）等模式出现的跨境电子商务平台。这些模式均存在弊端：①难以统筹控制，导致某些"爆款产品"价格虚高。②整体规模大、单体商品量小，企业难以鉴定产品真伪。因此，G2G 模式对于跨境电商布局有重要意义。国家力量建设的超大型企业市场调研分析能力强、稳定性强，可以降低合作难度和风险。当企业进入国际市场，超大型企业能够更多地获得政策支持，增强竞争力。

记某国 g_1 建立了超大型企业，负责该国的海外贸易。海外将重

点选择在 g_j（$j=2$，…，7）共计6个国家进行布局，这6个国家互相之间均有贸易关系。

用 v_i 标记政府节点，节点集合为 V，任意政府用户间的关系记为（v_i，v_j），关系集合为 E，暂不考虑政府间的竞争合作关系，则上述实例的图结构表示为 G（V，E），这个图可以看作是一个稠密图，如图3-8所示。

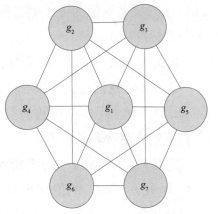

图3-8　G2G 模型实例图结构

3.1.6　O2O^n

正如第2.1.3.6小节所述，O2O^n 模型也叫线上线下一体化，是一种把用户体验和用户服务纳入电子商务的新的电子商务模型。它结合了 O2O 模型和 B2C 模型的特点，将线下实体店和线上商城更紧密地结合。

虽然 O2O^n 结合了 O2O 模型与 B2C 模型的特点，但在用交易关系矩阵进行刻画的情况下，所需描述语言基本是一致的，还是描述的企业与消费者之间的交易关系，为了避免记号过于复杂，我们仍用 B 代表线上企业 O，C 代表消费者 C。

定义 1：将集合 F_B（d）定义为 $\{b_j^i | i=1, 2, …, n_B(d), j=1, …, n_i(d)\}$，其中：

d 代表我们所使用的企业分类标准；

B 意味着我们定义的集合 F_B（d）中的每个元素都是企业；

b_j^i 的上标 i 代表企业的种类，种类总数为 n_B（d），n_B（d）由我们所选取的企业分类标准决定；

b_j^i 的下标 j 意味着这个企业是第 i 类企业中的第 j 个企业，给定

205

i 时，j 的最大取值为 $n_i(d)$，同样的，$n_i(d)$ 也由我们所选取的企业分类标准决定。

定义 1′：将集合 F_C 定义为 $\{c_j|j=1，2,\cdots，n_C\}$，其中：

C 意味着我们定义的集合 F_C 中的每个元素都是消费者；

c_j 的下标 j 代表不同的消费者，消费者总数为 n_C，关于消费者，我们不划分消费者的种类。

定义 2：将企业 $b^i_{j_1}$ 与消费者 c_{j_2} 之间的交易关系定义为函数 $r^i_{j_1j_2}(I)$，函数 $r^i_{j_1j_2}(I)$ 的值域为 $\{0，1\}$，其中 I 代表全信息集，信息集中包括了所有信息，如企业的净资产、股权结构、净收益等，也包括消费者的资产、对于企业的了解程度等。$r^i_{j_1j_2}(I)=0$ 意味着在已知信息 I 的情况下，企业 $b^i_{j_1}$ 与消费者 c_{j_2} 无法进行电子商务交易。$r^i_{j_1j_2}(I)=1$ 意味着在已知信息 I 的情况下，企业 $b^i_{j_1}$ 与消费者 c_{j_2} 可以进行电子商务交易，并且企业 $b^i_{j_1}$ 是卖方，消费者 c_{j_2} 是买方。

定义 2′：根据我们研究 B2B 模型的经验，我们仍然想要用矩阵来表示 B2C 下的交易关系。

将第 i 类企业与消费者的交易关系定义为矩阵 $\boldsymbol{B}^i(I)$，矩阵 $\boldsymbol{B}^i(I)$ 为 n_i 行 $\times n_C$ 列的矩阵，矩阵中的第 j_1 行第 j_2 列的元素为 $r^i_{j_1j_2}(I)$。矩阵 $\boldsymbol{B}^i(I)$ 代表第 i 类企业作为卖方，卖给消费者商品的时候，它们对应的企业与消费者之间的交易关系。

$$\boldsymbol{B}^i(I)=\begin{pmatrix} r^i_{11}(I) & r^i_{12}(I) & \cdots & r^i_{1n_C}(I) \\ r^i_{21}(I) & \ddots & \ddots & \vdots \\ \vdots & \ddots & \ddots & \vdots \\ r^i_{n_i1}(I) & \cdots & \cdots & r^i_{n_in_C}(I) \end{pmatrix} \qquad (3-17)$$

定义 2″：在定义 2′ 中，我们定义了不同划分所对应的企业与消费者之间的交易关系，那么所有企业与消费者之间的交易关系可以很自然地被定义为矩阵 $\boldsymbol{B}(I)$，矩阵 $\boldsymbol{B}(I)$ 为一个只有一列的分块矩阵，矩阵的第 i 行子矩阵为 $\boldsymbol{B}^i(I)$，代表的是第 i 类企业作为卖方、消费者作为买方时，它们对应的企业与消费者之间的交易关系。

$$B(I) = \begin{pmatrix} B^1(I) \\ B^2(I) \\ \vdots \\ B^{n_i}(I) \end{pmatrix}$$

（3–18）

O2O^n——信息不对称下的交易和交易关系： 假设企业 $b_{j_1}^i$ 与消费者 c_{j_2} 所拥有的信息分别为 $I_{j_1}^i$、I_{j_2}。将 $r_{j_1 j_2}^i(I_{j_1}^i)$ 与 $r_{j_1 j_2}^i(I_{j_2})$ 相乘得 $r_{j_1 j_2}^i(I_{j_1 j_2}^i)$，当且仅当 $r_{j_1 j_2}^i(I_{j_1 j_2}^i)=1$ 时交易可达成。

其中 $I_{j_1 j_2}^i$ 表示企业 $b_{j_1}^i$ 与消费者 c_{j_2} 分别拥有信息 $I_{j_1}^i$、I_{j_2}，$r_{j_1 j_2}^i(I_{j_1 j_2}^i)$ 代表了企业 $b_{j_1}^i$ 与消费者 c_{j_2} 分别基于信息 $I_{j_1}^i$、I_{j_2} 所做出的交易决策是否一致，即企业 $b_{j_1}^i$ 作为卖方、消费者 c_{j_2} 作为买方的电子商务交易是否能达成。

若 $r_{j_1 j_2}^i(I_{j_1}^i)=0$ 且 $r_{j_1 j_2}^i(I_{j_2})=1$，则意味着企业 $b_{j_1}^i$ 基于信息 $I_{j_1}^i$ 的情况下，所做出的决策是不卖给消费者 c_{j_2} 产品，消费者 c_{j_2} 基于信息 I_{j_2} 的情况下，所做出的决策是购买企业 $b_{j_1}^i$ 的产品。由于企业 $b_{j_1}^i$ 不愿意卖给消费者 c_{j_2} 产品，虽然消费者 c_{j_2} 有购买意愿，但此时电子商务交易无法达成。

同理，若 $r_{j_1 j_2}^i(I_{j_1}^i)=1$ 且 $r_{j_1 j_2}^i(I_{j_2})=0$，则意味着企业 $b_{j_1}^i$ 基于信息 $I_{j_1}^i$ 的情况下，所做出的决策是卖给消费者 c_{j_2} 产品，消费者 c_{j_2} 基于信息 I_{j_2} 的情况下，所做出的决策是不购买企业 $b_{j_1}^i$ 的产品，此时电子商务交易无法达成。

若 $r_{j_1 j_2}^i(I_{j_1}^i)=1$ 且 $r_{j_1 j_2}^i(I_{j_2})=1$，则意味着企业 $b_{j_1}^i$ 基于信息 $I_{j_1}^i$ 的情况下，所做出的决策是卖给消费者 c_{j_2} 产品，消费者 c_{j_2} 基于信息 I_{j_2} 的情况下，所做出的决策是购买企业 $b_{j_1}^i$ 的产品，此时电子商务交易可以达成。

若 $r_{j_1 j_2}^i(I_{j_1}^i)=0$ 且 $r_{j_1 j_2}^i(I_{j_2})=0$，则意味着企业 $b_{j_1}^i$ 基于信息 $I_{j_1}^i$

的情况下，所做出的决策是不卖给消费者 c_{j_2} 产品，消费者 c_{j_2} 基于信息 I_{j_2} 的情况下，所做出的决策是不购买企业 $b_{j_1}^i$ 的产品，此时电子商务交易无法达成。

$O2O^n$——信息不对称下的交易关系矩阵：与 B2B 情况类似，全信息 I 下，线上线下所拥有的信息都是相同的，他们所做出的决策也是基于相同的信息，但这显然不符合实际情况，所以我们引入了不对称信息，此时，需要考虑线上线下自身所拥有的信息以及其根据信息所做出的决策。此时的交易关系矩阵变成

$$B(I^*) = \begin{pmatrix} B^1(I^1) \\ B^2(I^2) \\ \vdots \\ B^{n_B(d)1}(I^{n_B(d)1}) \end{pmatrix} \tag{3-19}$$

$$B^i(I^i) = \begin{pmatrix} r_{11}^i(I_{11}^i) & r_{12}^i(I_{12}^i) & \cdots & r_{1n_C}^i(I_{1n_C}^i) \\ r_{21}^i(I_{21}^i) & \ddots & \ddots & \vdots \\ \vdots & \ddots & \ddots & \vdots \\ r_{n_i1}^i(I_{n_i1}^i) & \cdots & \cdots & r_{n_in_C}^i(I_{n_in_C}^i) \end{pmatrix} \tag{3-20}$$

针对上述对 $O2O^n$ 电子商务模式的抽象描述，对本节定义 1、定义 2 和定义 2" 用实例进行说明。$O2O^n$ 的实例与 B2C、O2O 类似，只是 $O2O^n$ 采取多种模式。以直播电商为例，某线下实体零售企业在线上展开直播带货，给线下客户进行推介。此时可以看作 $n=2$ 的线上线下一体化模式。这类企业为 b_i^4，其主要特点是会对应百万级实时用户，本书定义至少有 1 万名用户，则对应的线下用户 c_j^2，$j \gg 1e4$。

用 v_i^b 标记企业 b_i^4 的节点，v_j^c 标记客户 c_j^2 的节点，节点集合为 V，任意企业用户间的关系记为 (v_i^b, v_j^c)，关系集合为 E，暂不考虑企业间的竞争合作关系，则上述实例的图结构表示为 $G(V, E)$，如图 3-9 所示。

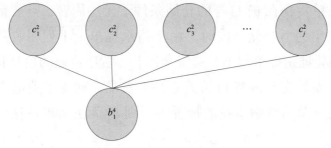

图 3-9 O2O{n} 模型实例图结构

3.2 模型演变及新组态：模型组合

除了第 3.1 节中的电子商务模型，针对电子商务发展过程中不断涌现的新需求，根据现有的电子商务模型，还可以构建很多新的排列组合，如 B2B2B、B2B2B2B（企业对企业对企业对企业）、B2B2C、C2C2C（消费者对消费者对消费者）等。

3.2.1 模型组态的成型分析

第 3.1 节中介绍的电子商务模型对于电子商务的发展已经起到了一定的促进作用，但是仍然存在弊端。对于现有的大宗航运贸易和新兴的直播电商等方式，B2B、B2C 等电子商务基本模式需要扩展才能够满足需求。

用一个图 $G(V, E)$ 来表示不同节点间的双方交易关系，第 3.1 节中的矩阵可以理解为 $G(V, E)$ 的邻接矩阵。点集 V 中的任何一个元素都可以理解为交易双方中的一个实体，有可能是一个企业 b_j^i，也有可能是一个个体消费者 c_j^i，对应不同的电子商务模式。边集 E 中的每一个元素都是一个交易关系，如 $(b_{j_1}^{i_1}, b_{j_2}^{i_2})$ 表示两个企业 $b_{j_1}^{i_1}$ 和 $b_{j_2}^{i_2}$ 间的交易关系，即为 B2B。

但是这些电子商务模型在大宗航运贸易中的应用存在问题。企业 b_1^1 和 b_1^2 进行交易，b_1^1 通过海运给 b_1^2 运送货物，货物交易量大，

可能这一单货物在 b_1^2 自身的仓储条件下无法周转，需要借助第三方仓储或集约型仓储。同时，由于指示提单上不列明收货人，货物转让的凭证是提单背书，给资金周转、货物流通的信息化管理带来挑战。如果交易的货物品类不是消费品，而是工业品，涉及货物的退还以及以货物本身的抵押等，则 b_1^2 无法实现对这些货物的管理。

若 b_1^1 和 b_1^2 通过 B2B 电子商务模式进行交易，随着交易量的大幅增加，会出现资金流不完整、交易信息化不充分的问题，详见第 4.2 节的分析。

除了传统的航运贸易，新兴的直播电商同样难以用电子商务基础模型进行界定。虽然第 3.1.6 小节提到的 $O2O^n$ 能够描述直播电商线上线下一体化的融合关系，但是不能描述直播平台、直播企业、主播、消费者的多方关系。甚至存在直播平台需要借助第三方的电商平台进行商品交易流程，会再引入一个交易主体。在这种场景里，直播平台 b_2^1、直播企业 b_3^1、主播 c_1^1、消费者 c_2^1、电商平台 b_4^1 之间很难形成只有双方参与的交易。诸如 (b_2^1, b_3^1) 无法描述直播平台和直播企业之间的交易关系，因为直播企业需要通过旗下的主播才能进行商品的推介。

因此，对于电子商务的基本模式交易关系图 $G(V, E)$，需要通过三种变化来扩充现有交易关系。

1. 插入新节点

为解决大宗交易的信息化管理和信息不对称等问题，需要在生产企业和消费企业之间建立一个专业的渠道机构，利用现有的销售渠道，建立 B2B2B 模式。在该模式下，生产企业可以缩短自营供应链的长度，降低成本，规避风险，同时缩短资金的周转期。

渠道商作为生产企业和消费企业中间的第三方，没有改变产品从生产企业到消费企业的信息流，但是可以应对生产企业和消费企业信息不对称的情况。第 3.1.1 小节中 B2B 能够适应信息对称的情况（定义 2″），但是在信息不对称的情况下刻画企业与企业之间的关系利用的是每个企业自身拥有的信息，导致信息流通存在方向，这样对于 B2B 的图表示就需要利用有向图，而非无向图。

解决这一问题的情况，需要在图中插入节点，建立新的边的关系。假设 $F_B(d)$ 为原来的企业，用集合 $F_C(d)=\{c_j^i | i=1, 2, \cdots, n_C(d)$，$j=1, \cdots, n_i(d)\}$ 表示渠道商的集合，其中：

d 代表本书所使用的企业分类标准；

C 意味着本书定义的集合 $F_C(d)$ 中的每个元素都是企业；

c_j^i 的上标 i 代表企业的种类，种类总数为 $n_C(d)$，$n_C(d)$ 出我们所选取的企业分类标准决定；

c_j^i 的下标 j 意味着这个企业是第 i 类企业中的第 j 个企业，给定 i 时，j 的最大取值为 $n_i(d)$，同样的，$n_i(d)$ 也由我们所选取的企业分类标准决定。

对于 B2B2B 系统商业模式来说，整个商业过程可以看作两个过程。在第一个过程，生产商将产品卖给渠道商。我们假设企业 $b_{j_1}^{i_1}$ 与渠道商 $c_{j_2}^{i_2}$ 之间的交易关系为函数 $r_{j_1 j_2}^{i_1 i_2}(I)$，函数 $r_{j_1 j_2}^{i_1 i_2}(I)$ 的值域为 $\{0，1\}$，其中 I 代表全信息集。该过程可用下列矩阵表示为

$$B_1(I)=\begin{pmatrix} B_1^{11}(I) & B_1^{12}(I) & \cdots & B_1^{1n_C(d)}(I) \\ B_1^{21}(I) & B_1^{22}(I) & \cdots & B_1^{2n_C(d)}(I) \\ \vdots & \vdots & \vdots & \vdots \\ B_1^{n_B(d)1}(I) & B_1^{n_B(d)2}(I) & \cdots & B_1^{n_B(d)n_C(d)}(I) \end{pmatrix}_{n_B(d)\times n_C(d)} \quad (3-21)$$

其中，

$$B_1^{i_1 i_2}(I)=\begin{pmatrix} r_{11}^{i_1 i_2}(I) & r_{12}^{i_1 i_2}(I) & \cdots & r_{1n_{i_2}}^{i_1 i_2}(I) \\ r_{21}^{i_1 i_2}(I) & r_{22}^{i_1 i_2}(I) & \cdots & r_{2n_{i_2}}^{i_1 i_2}(I) \\ \vdots & \vdots & \vdots & \vdots \\ r_{n_{i_1}1}^{i_1 i_2}(I) & r_{n_{i_1}2}^{i_1 i_2}(I) & \cdots & r_{n_{i_1}n_{i_2}}^{i_1 i_2}(I) \end{pmatrix}_{n_{i_1}\times n_{i_2}} \quad (3-22)$$

在第二个过程，渠道商将产品卖给消费商。我们假设渠道商 $c_{j_2}^{i_2}$ 与企业 $b_{j_1}^{i_1}$ 之间的交易关系为函数 $s_{j_2 j_1}^{i_2 i_1}(I)$，函数 $s_{j_2 j_1}^{i_2 i_1}(I)$ 的值域为 $\{0, 1\}$，其中 I 代表全信息集。该过程可用下列矩阵表示：

$$\boldsymbol{B}_2(I) = \begin{pmatrix} \boldsymbol{B}_2^{11}(I) & \boldsymbol{B}_2^{12}(I) & \cdots & \boldsymbol{B}_2^{1 n_B(d)}(I) \\ \boldsymbol{B}_2^{21}(I) & \boldsymbol{B}_2^{22}(I) & \cdots & \boldsymbol{B}_2^{2 n_B(d)}(I) \\ \vdots & \vdots & \vdots & \vdots \\ \boldsymbol{B}_2^{n_C(d) 1}(I) & \boldsymbol{B}_2^{n_C(d_2)}(I) & \cdots & \boldsymbol{B}_2^{n_C(d) n_B(d)}(I) \end{pmatrix}_{n_C(d) \times n_B(d)}$$

（3-23）

其中，

$$\boldsymbol{B}_2^{i_2 i_1}(I) = \begin{pmatrix} s_{11}^{i_2 i_1}(I) & s_{12}^{i_2 i_1}(I) & \cdots & s_{1 n_{i_1}}^{i_2 i_1}(I) \\ s_{21}^{i_2 i_1}(I) & s_{22}^{i_2 i_1}(I) & \cdots & s_{2 n_{i_1}}^{i_2 i_1}(I) \\ \vdots & \vdots & \vdots & \vdots \\ s_{n_{i_2} 1}^{i_2 i_1}(I) & s_{n_{i_2} 2}^{i_2 i_1}(I) & \cdots & s_{n_{i_2} n_{i_1}}^{i_2 i_1}(I) \end{pmatrix}_{n_{i_2} \times n_{i_1}}$$

（3-24）

综合起来，这两个过程可以用下面这个分块矩阵表示为

$$\bar{\boldsymbol{B}}(I) = \begin{pmatrix} \boldsymbol{O} & \boldsymbol{B}_1(I) \\ \boldsymbol{B}_2(I) & \boldsymbol{O} \end{pmatrix}$$

（3-25）

对应实例来说，引入第三方的渠道商是解决信息不对称的一个重要措施[161]。渠道商在库存、支付、物流三个方面都有重要作用。在 B2B2B 平台模式下，渠道商在从生产企业引进产品之前，就可以根据自己渠道建设的目标和客户消费企业需求，制订自己的产品引进计划和企业发展计划。确定了引进产品，渠道商就要进行库存管理，让生产企业采用自己的信息化系统来管控物流过程，保证消费企业在没有库存的状态下获得产品的速度与有库存的情况下基本一致。

在 B2B2B 系统商业模式下的支付也发生改变，渠道商首先会获得消费企业的资金，渠道商会根据自己的企业规划获得利润，然后再按周期与供应商结算时转给供应商。

为了保证在加入渠道商之后消费企业仍能快速获得产品，渠道商会建立相对统一的物流服务，降低客户的时间成本，提升客户的满意度。

2. 扩展单节点

第二种情况的应用场景有两个：①应用场景是减轻信息不对称问题。②应用场景是线上线下一体化融合，构建新的交易方法。

在第一个场景减轻信息不对称问题中，与第一种情况类似，也是需要引入渠道商，区别是在第二种情况中的渠道商不是从交易双方外引入，而是由交易双方中的一方将渠道业务分拆独立运营产生。

在第二个场景线上线下一体化融合问题中，线上线下一体化融合使得线上销售场景具有较为真实的线下购物体验。线下销售实体通过虚拟现实技术、三维重建技术将线下购物环境虚拟现实化，提升用户体验。通常虚拟现实购物环境可以独立于线下销售实体运营，可以获得更多的销售实体加盟。

对电子商务基本模型图 $G(V, E)$ 而言，对交易双方一个节点进行扩展即可描述这种交易关系。

假设 $F_B(d)$ 为原来的企业，用集合 $F_C(d) = \{c_j^i | i=1, 2, \cdots, n_C(d),$ $j=1, \cdots, n_i(d)\}$ 表示 $F_B(d)$ 中每个企业扩展出来的渠道商的集合，其中：

d 代表我们所使用的企业分类标准；

C 意味着我们定义的集合 $F_C(d)$ 中的每个元素都是 $F_B(d)$ 中每个企业扩展出来的渠道商；

c_j^i 的上标 i 代表企业的种类，种类总数为 $n_C(d)$，$n_C(d)$ 由我们所选取的企业分类标准决定；

c_j^i 的下标 j 意味着这个企业是第 i 类企业中的第 j 个企业，给定 i 时，j 的最大取值为 $n_i(d)$，同样的，$n_i(d)$ 也由我们所选取的企业分类标准决定。

对于这种情况，整个商业过程同样可以看作两个过程。在第一个过程，生产商将产品卖给渠道商。我们假设企业 $b_{j_1}^{i_1}$ 与渠道商 $c_{j_2}^{i_2}$ 之间的交易关系为函数 $r_{j_1 j_2}^{i_1 i_2}(I)$，函数 $r_{j_1 j_2}^{i_1 i_2}(I)$ 的值域为 {0，1}，其中 I 代表全信息集。该过程可用下列矩阵表示为

$$
B_1(I) = \begin{pmatrix}
B_1^{11}(I) & B_1^{12}(I) & \cdots & B_1^{1 n_C(d)}(I) \\
B_1^{21}(I) & B_1^{22}(I) & \cdots & B_1^{2 n_C(d)}(I) \\
\vdots & \vdots & \vdots & \vdots \\
B_1^{n_B(d)1}(I) & B_1^{n_B(d)2}(I) & \cdots & B_1^{n_B(d) n_C(d)}(I)
\end{pmatrix}_{n_B(d) \times n_C(d)}
$$

（3-26）

其中，

$$
B_1^{i_1 i_2}(I) = \begin{pmatrix}
r_{11}^{i_1 i_2}(I) & r_{12}^{i_1 i_2}(I) & \cdots & r_{1 n_{i_2}}^{i_1 i_2}(I) \\
r_{21}^{i_1 i_2}(I) & r_{22}^{i_1 i_2}(I) & \cdots & r_{2 n_{i_2}}^{i_1 i_2}(I) \\
\vdots & \vdots & \vdots & \vdots \\
r_{n_{i_1}1}^{i_1 i_2}(I) & r_{n_{i_1}2}^{i_1 i_2}(I) & \cdots & r_{n_{i_1} n_{i_2}}^{i_1 i_2}(I)
\end{pmatrix}_{n_{i_1} \times n_{i_2}}
$$

（3-27）

在第二个过程，渠道商将产品卖给消费商。我们假设渠道商 $c_{j_2}^{i_2}$ 与企业 $b_{j_1}^{i_1}$ 之间的交易关系为函数 $s_{j_2 j_1}^{i_2 i_1}(I)$，函数 $s_{j_2 j_1}^{i_2 i_1}(I)$ 的值域为 {0，1}，其中 I 代表全信息集。该过程可用下列矩阵表示为

$$
B_2(I) = \begin{pmatrix}
B_2^{11}(I) & B_2^{12}(I) & \cdots & B_2^{1 n_B}(I) \\
B_2^{21}(I) & B_2^{22}(I) & \cdots & B_2^{2 n_B(d)}(I) \\
\vdots & \vdots & \vdots & \vdots \\
B_2^{n_C(d)1}(I) & B_2^{n_C(d)2}(I) & \cdots & B_2^{n_C(d) n_B(d)}(I)
\end{pmatrix}_{n_C(d) \times n_B(d)}
$$

（3-28）

其中，

$$
B_2^{i_2 i_1}(I) = \begin{pmatrix}
s_{11}^{i_2 i_1}(I) & s_{12}^{i_2 i_1}(I) & \cdots & s_{1 n_{i_1}}^{i_2 i_1}(I) \\
s_{21}^{i_2 i_1}(I) & s_{22}^{i_2 i_1}(I) & \cdots & s_{2 n_{i_1}}^{i_2 i_1}(I) \\
\vdots & \vdots & \vdots & \vdots \\
s_{n_{i_2}1}^{i_2 i_1}(I) & s_{n_{i_2}2}^{i_2 i_1}(I) & \cdots & s_{n_{i_2} n_{i_1}}^{i_2 i_1}(I)
\end{pmatrix}_{n_{i_2} \times n_{i_1}}
$$

（3-29）

综合起来，这两个过程可以用下面这个分块矩阵来表示为

$$\bar{B}(I) = \begin{pmatrix} O & B_1(I) \\ B_2(I) & O \end{pmatrix}$$

（3-30）

通过实例分析，第一个场景以一个 B2C 交易关系举例。某电子商务企业 b_2^2 向零售消费者销售各类产品。零售消费者需求多样，而且实时性要求较高，特别是对于物流的要求，诸如"当日达""退换货"等。消费者希望在购物和退换货的过程中获得高效的体验。为了满足消费者需求，该企业 b_2^2 采取自建仓储物流的方式提升自己的物流效率。由于效益较好，b_2^2 将旗下仓储物流企业分拆，建立专门渠道商 b_2^3。该渠道商不仅为 b_2^2 和其对应的消费者服务，还可以服务其他电子商务平台。

第二个场景是线上线下一体化融合，某以销售服装鞋帽品类的产品为主的电子商务企业 b_2^4 推出了智能客服和线上试衣功能。进一步，该企业设计了商场的 3D 模型，并部署在线上。它提供了用户接口，根据用户上传图片为用户自动生成 3D 形象，打造了虚拟现实购物环境，这在第 1 章电子商务产生的背景中有详细描述。该虚拟现实商场吸引了一定的客流，但是建设该商场有一定的成本，因此 b_2^4 将虚拟现实商场分拆为独立企业 b_2^5，支持其他电子商务企业在该商场上线产品。

3. 扩展双节点

第二种情况是扩展单一节点，如果需要构成 B2B2B 这种新组态，有些交易本身就不仅涉及两方企业，以第 3.1.1 小节中所提供的实例进行细化分析。在消费类电子产品产业链，终端消费品厂家 b_1^1 需要不同的零部件进行组装，零部件厂家 b_2^1 如果能直接为消费品厂家 b_1^1 提供零部件，则能够完成交易。

但是实际上，消费类电子产品的体积呈"小型化""微型化"，对于零部件的体积、功耗、性能要求很高。在这种高要求的情况下，

一些零部件需要精密的大规模集成电路甚至是超大规模集成电路，以某企业 2020 年年底发布的集成芯片为例，它的制作工艺为 5 nm，只有少数企业能够掌握这种制造工艺。在实际生产中，掌握这种制造工艺的生产厂家需要依据一定的集成电路解决方案进行生产，实现从设计到制造的过程。制造这种精密零部件所需的设备又需要其他厂家来提供。这一种多方依赖关系很难通过扩展单节点来实现，需要扩展交易双方两个节点。

假设 $F_B(d)$ 为原来的企业，用集合 $F_C(d) = \{c_j^i | i = 1, 2, \cdots, n_C(d), j = 1, \cdots, n_i(d)\}$ 表示 $F_B(d)$ 中生产商企业扩展出来的渠道商的集合，用集合 $F_D(d) = \{d_j^i | i = 1, 2, \cdots, n_D(d), j = 1, \cdots, n_i(d)\}$ 表示 $F_B(d)$ 中消费商企业扩展出来的渠道商的集合，其中：

d 代表我们所使用的企业分类标准；

C 意味着我们定义的集合 $F_C(d)$ 中的每个元素都是 $F_B(d)$ 中每个生产商企业扩展出来的渠道商；

D 意味着我们定义的集合 $F_D(d)$ 中的每个元素都是 $F_B(d)$ 中每个消费商企业扩展出来的渠道商；

c_j^i 的上标 i 代表企业的种类，种类总数为 $n_C(d)$，$n_C(d)$ 由我们所选取的企业分类标准决定；

c_j^i 的下标 j 意味着这个企业是第 i 类企业中的第 j 个企业，给定 i 时，j 的最大取值为 $n_i(d)$，同样的，$n_i(d)$ 也由我们所选取的企业分类标准决定；

d_j^i 的上标 i 代表企业的种类，种类总数为 $n_D(d)$，$n_D(d)$ 由我们所选取的企业分类标准决定；

d_j^i 的下标 j 意味着这个企业是第 i 类企业中的第 j 个企业，给定 i 时，j 的最大取值为 $n_i(d)$，同样的，$n_i(d)$ 也由我们所选取的企业分类标准决定。

对于这种情况，整个商业过程可以看作三个过程。

在第一个过程，生产商将产品卖给生产商的渠道商。我们假设生产商企业 $b_{j_1}^{i_1}$ 与生产商的渠道商 $c_{j_2}^{i_2}$ 之间的交易关系为函数 $r_{j_1 j_2}^{i_1 i_2}(I)$，函数 $r_{j_1 j_2}^{i_1 i_2}(I)$ 的值域为 $\{0, 1\}$，其中 I 代表全信息集。该过程可用下列矩阵表示为

$$B_1(I) = \begin{pmatrix} B_1^{11}(I) & B_1^{12}(I) & \cdots & B_1^{1n_C(d)}(I) \\ B_1^{21}(I) & B_1^{22}(I) & \cdots & B_1^{2n_C(d)}(I) \\ \vdots & \vdots & \vdots & \vdots \\ B_1^{n_B(d)1}(I) & B_1^{n_B(d)2}(I) & \cdots & B_1^{n_B(d)n_C(d)}(I) \end{pmatrix}_{n_B(d) \times n_C(d)}$$

（3-31）

其中，

$$B_1^{i_1 i_2}(I) = \begin{pmatrix} r_{11}^{i_1 i_2}(I) & r_{12}^{i_1 i_2}(I) & \cdots & r_{1n_{i_2}}^{i_1 i_2}(I) \\ r_{21}^{i_1 i_2}(I) & r_{22}^{i_1 i_2}(I) & \cdots & r_{2n_{i_2}}^{i_1 i_2}(I) \\ \vdots & \vdots & \vdots & \vdots \\ r_{n_{i_1}1}^{i_1 i_2}(I) & r_{n_{i_1}2}^{i_1 i_2}(I) & \cdots & r_{n_{i_1}n_{i_2}}^{i_1 i_2}(I) \end{pmatrix}_{n_{i_1} \times n_{i_2}}$$
（3-32）

在第二个过程，生产商的渠道商将产品卖给消费商的渠道商。我们假设生产商的渠道商 $c_{j_2}^{i_2}$ 与消费商的渠道商 $d_{j_3}^{i_3}$ 之间的交易关系为函数 $s_{j_2 j_3}^{i_2 i_3}(I)$，函数 $s_{j_2 j_3}^{i_2 i_3}(I)$ 的值域为 $\{0,1\}$，其中 I 代表全信息集。该过程可用下列矩阵表示为

$$B_2(I) = \begin{pmatrix} B_2^{11}(I) & B_2^{12}(I) & \cdots & B_2^{1n_D(d)}(I) \\ B_2^{21}(I) & B_2^{22}(I) & \cdots & B_2^{2n_D(d)}(I) \\ \vdots & \vdots & \vdots & \vdots \\ B_2^{n_C(d)1}(I) & B_2^{n_C(d)2}(I) & \cdots & B_2^{n_C(d)n_D(d)}(I) \end{pmatrix}_{n_C(d) \times n_D(d)}$$

（3-33）

其中，

$$B_2^{i_2i_3}(I) = \begin{pmatrix} s_{11}^{i_2i_3}(I) & s_{12}^{i_2i_3}(I) & \cdots & s_{1n_{i_3}}^{i_2i_3}(I) \\ s_{21}^{i_2i_3}(I) & s_{22}^{i_2i_3}(I) & \cdots & s_{2n_{i_3}}^{i_2i_3}(I) \\ \vdots & \vdots & \vdots & \vdots \\ s_{n_{i_2}1}^{i_2i_3}(I) & s_{n_{i_2}2}^{i_2i_3}(I) & \cdots & s_{n_{i_2}n_{i_3}}^{i_2i_3}(I) \end{pmatrix}_{n_{i_2}\times n_{i_3}} \quad (3-34)$$

在第三个过程，消费商的渠道商将产品卖给消费商。我们假设生产商的渠道商 $d_{j_3}^{i_3}$ 与消费商的渠道商 $b_{j_1}^{i_1}$ 之间的交易关系为函数 $t_{j_3j_1}^{i_3i_1}(I)$，函数 $t_{j_3j_1}^{i_3i_1}(I)$ 的值域为 $\{0, 1\}$，其中 I 代表全信息集。该过程可用下列矩阵表示为

$$B_3(I) = \begin{pmatrix} B_3^{11}(I) & B_3^{12}(I) & \cdots & B_3^{1n_B(d)}(I) \\ B_3^{21}(I) & B_3^{22}(I) & \cdots & B_3^{2n_B(d)}(I) \\ \vdots & \vdots & \vdots & \vdots \\ B_3^{n_D(d)1}(I) & B_3^{n_D(d)2}(I) & \cdots & B_3^{n_D(d)n_B(d)}(I) \end{pmatrix}_{n_D(d)\times n_B(d)}$$
$$(3-35)$$

其中，

$$B_3^{i_3i_1}(I) = \begin{pmatrix} t_{11}^{i_3i_1}(I) & t_{12}^{i_3i_1}(I) & \cdots & t_{1n_{i_1}}^{i_3i_1}(I) \\ t_{21}^{i_3i_1}(I) & t_{22}^{i_3i_1}(I) & \cdots & t_{2n_{i_1}}^{i_3i_1}(I) \\ \vdots & \vdots & \vdots & \vdots \\ t_{n_{i_3}1}^{i_3i_1}(I) & t_{n_{i_3}2}^{i_3i_1}(I) & \cdots & t_{n_{i_3}n_{i_1}}^{i_3i_1}(I) \end{pmatrix}_{n_{i_3}\times n_{i_1}} \quad (3-36)$$

综合起来，这三个过程可以用下面这个分块矩阵来表示为

$$\bar{B}(I) = \begin{pmatrix} O & B_1(I) & O \\ O & O & B_2(I) \\ B_3(I) & O & O \end{pmatrix} \quad (3-37)$$

通过实例分析，集成电路的整体设计方案掌握在一些特定的企业（b_{10}^1）手中，消费品厂家 b_1^1 需要获得集成方案提供商 b_{10}^1 的许可，即从 b_1^1 扩展一个节点 b_{10}^1。新扩展的节点 b_{10}^1 和零部件生产商

b^1_2 的关系是 b^1_{10} 提供方案，b^1_2 按照方案生产零部件。而生产所需的设备是高精密仪器，只能由专用的设备生产厂家 b^1_9 提供。这样从 b^1_2 扩展出 b^1_9 节点，完成了交易双方节点的扩展。

3.2.2 模型组态的理论分析

本小节将以 B2B2B 和 C2C2C 为例，介绍如何描述新的模型组合所对应的交易关系矩阵。

B2B2B——全信息：以 B2B2B 的情况为例，企业 $b^{i_1}_{j_1}$ 是否能卖给企业 $b^{i_2}_{j_2}$ 产品？

（1）若 $r^{i_1 i_2}_{j_1 j_2}(I)=0$，则交易无法直接达成，此时得考虑 B2B2B。

（2）取出矩阵 $\boldsymbol{B}(I)$ 中企业 $b^{i_1}_{j_1}$ 作为卖方所对应的行向量（$r^{i_1 1}_{j_1 1}(I)$, $r^{i_1 1}_{j_1 2}(I)$, $\cdots$, $r^{i_1 1}_{j_1 n_1}(I)$, $\cdots$, $r^{i_1 n_B(d)}_{j_1 1}(I)$, $\cdots$, $r^{i_1 n_B(d)}_{j_1 n_{n_B(d)}}(I)$），取出矩阵 $\boldsymbol{B}(I)$ 中企业 $b^{i_2}_{j_2}$ 作为买方所对应的列向量（$r^{1 i_2}_{1 j_2}(I)$, $\cdots$, $r^{n_B(d) j_2}_{n_B(d) j_2}(I)$），将行向量左乘以列向量，若得到的结果为 0，则企业 $b^{i_1}_{j_1}$ 不能通过 B2B2B 卖给企业 $b^{i_2}_{j_2}$ 产品。若结果非 0，则企业 $b^{i_1}_{j_1}$ 可以通过 B2B2B 卖给企业 $b^{i_2}_{j_2}$ 产品。

（3）把这样的矩阵乘法抽象出来，可以发现，矩阵 $\boldsymbol{B}(I)\times\boldsymbol{B}(I)$ 代表了 B2B2B 的交易关系，它的第 $r^{i_1 i_2}_{j_1 j_2}(I)$ 元素（类似于 $\boldsymbol{B}(I)$）代表的是企业 $b^{i_1}_{j_1}$ 与企业 $b^{i_2}_{j_2}$ 之间的间接（一次中间）交易关系。以此类推，$\boldsymbol{B}(I)\times\boldsymbol{B}(I)\times\boldsymbol{B}(I)$ 代表了 B2B2B2B 的交易关系（表示可以进行这样的间接交易，但是否能有更简单的交易关系需要看 $\boldsymbol{B}(I)$、$\boldsymbol{B}(I)\times\boldsymbol{B}(I)$ 中对应的元素是否为 0，如果为 0，说明没有更简单的交易关系了）……

定理 1：取出矩阵 $\boldsymbol{B}(I)$ 中企业 $b^{i_1}_{j_1}$ 作为卖方所对应的行向量 row=（$r^{i_1 1}_{j_1 1}(I),r^{i_1 1}_{j_1 2}(I),\cdots,r^{i_1 1}_{j_1 n_1}(I),\cdots,r^{i_1 n_B(d)}_{j_1 1}(I),\cdots,r^{i_1 n_B(d)}_{j_1 n_{n_B(d)}}(I)$），取出矩阵 $\boldsymbol{B}(I)$ 中企业 $b^{i_2}_{j_2}$ 作为买方所对应的列向量 column=

$(r_{1j_2}^{1i_2}(I), \cdots, r_{n_{n_B}(d)j_2}^{n_B(d)j_2}(I))$，将行向量左乘以列向量，若得到的结果为 0，则企业 $b_{j_1}^{i_1}$ 不能通过 B2B2B 卖给企业 $b_{j_2}^{i_2}$ 产品。若结果非 0，则企业 $b_{j_1}^{i_1}$ 可以通过 B2B2B 卖给企业 $b_{j_2}^{i_2}$ 产品。

证明：由于矩阵 $B(I)$ 的元素均大于等于 0，$(r_{j_12}^{i_11}(I)$，$r_{j_12}^{i_11}(I), \cdots, r_{j_1n_1}^{i_11}(I), \cdots, r_{j_11}^{i_1n_B(d)}(I), \cdots, r_{j_1n_{n_B}(d)}^{i_1n_B(d)}(I)) \times (r_{1j_2}^{1i_2}(I), \cdots,$ $r_{n_{n_B}(d)j_2}^{n_B(d)j_2}(I))' = 0$ 意味着 $r_{j_11}^{i_11}(I) \times r_{1j_2}^{1i_2}(I) = 0$，$r_{j_12}^{i_11}(I) \times r_{2j_2}^{1i_2}(I) = 0$，$\cdots$，$r_{j_1n_{n_B}(d)}^{i_1n_B(d)}(I) \times r_{n_{n_B}(d)j_2}^{n_B(d)j_2}(I) = 0$，也就是说：

$(r_{j_11}^{i_11}(I), r_{j_12}^{i_11}(I), \cdots, r_{j_1n_1}^{i_11}(I), \cdots, r_{j_11}^{i_1n_B(d)}(I), \cdots, r_{j_1n_{n_B}(d)}^{i_1n_B(d)}(I)) \times$ $(r_{1j_2}^{1i_2}(I), \cdots, r_{n_{n_B}(d)j_2}^{n_B(d)j_2}(I))' = 0$

$\Rightarrow$任取中间商企业 $b_{j_{1.5}}^{i_{1.5}}$，$r_{j_1j_{1.5}}^{i_1i_{1.5}}(I) \times r_{j_{1.5}i_2}^{i_{1.5}i_2}(I) = 0$ (3-38)

任取中间商企业 $b_{j_{1.5}}^{i_{1.5}}$，企业 $b_{j_1}^{i_1}$ 能通过中间商企业 $b_{j_{1.5}}^{i_{1.5}}$ 与企业 $b_{j_2}^{i_2}$ 进行 B2B2B 交易的充要条件便是企业 $b_{j_1}^{i_1}$ 与中间商企业 $b_{j_{1.5}}^{i_{1.5}}$ 能直接交易（即 $r_{j_1j_{1.5}}^{i_1i_{1.5}}(I) = 1$），中间商企业 $b_{j_{1.5}}^{i_{1.5}}$ 与企业 $b_{j_2}^{i_2}$ 能直接交易（即 $r_{j_{1.5}j_2}^{i_{1.5}i_2}(I) = 1$）。

由该充要条件可以推出必要条件 $r_{j_1j_{1.5}}^{i_1i_{1.5}}(I) \times r_{j_{1.5}i_2}^{i_{1.5}i_2}(I) = 1$，这明显与条件（1）中得到的结论矛盾，则知企业 $b_{j_1}^{i_1}$ 不能通过中间商企业 $b_{j_{1.5}}^{i_{1.5}}$ 与企业 $b_{j_2}^{i_2}$ 进行 B2B2B 交易，而中间商企业 $b_{j_{1.5}}^{i_{1.5}}$ 是我们任取的。则在 row × column=0 的情况下，企业 $b_{j_1}^{i_1}$ 不管选择哪家企业作为中间商，都无法完成与企业 $b_{j_2}^{i_2}$ 之间的 B2B 交易。

row × column $\neq$ 0 时，则存在至少一个中间商企业 $b_{j_{1.5}}^{i_{1.5}}$，使得 $r_{j_1j_{1.5}}^{i_1i_{1.5}}(I) = 1$，$r_{j_{1.5}i_2}^{i_{1.5}i_2}(I) = 1$（这个小命题可以用反证法，若不存在，则所有项之和为 0，矛盾），此时企业 $b_{j_1}^{i_1}$ 能通过中间商企业 $b_{j_{1.5}}^{i_{1.5}}$ 与企业 $b_{j_2}^{i_2}$ 进行 B2B2B 交易的充要条件被满足。

以上为全信息 I 下的讨论，若要考虑信息不对称，则可以将 I 替换成 I^*，替换的推导详见第 3.1.1 小节。

C2C2C──全信息：以 C2C2C 的情况为例，消费者 c_{j_1} 是否能卖给消费者 c_{j_2} 产品？

（1）若 $r_{j_1 j_2}(I)=0$，则交易无法直接达成，此时得考虑 C2C2C。

（2）取出矩阵 $\boldsymbol{B}(I)$ 中消费者 c_{j_1} 作为卖方所对应的行向量 $(r_{j_1 1}(I),\ r_{j_1 2}(I),\ \cdots,\ r_{j_1 n_{C}(d)}(I))$，取出矩阵 $\boldsymbol{B}(I)$ 中消费者 c_{j_2} 作为买方所对应的列向量 $(r_{1 j_2}(I),\ \cdots,\ r_{n_{C}(d) j_2}(I))'$，将行向量左乘以列向量，若得到的结果为 0，则消费者 c_{j_1} 不能通过 C2C2C 卖给消费者 c_{j_2} 产品。若结果非 0，则消费者 c_{j_1} 可以通过 C2C2C 卖给消费者 c_{j_2} 产品。

（3）把这样的矩阵乘法抽象出来，可以发现，矩阵 $\boldsymbol{B}(I)\times\boldsymbol{B}(I)$ 代表了 C2C2C 的交易关系，它的第 $\hat{r}_{j_1 j_2}(I)$ 元素（类似于 $\boldsymbol{B}(I)$）代表的是消费者 c_{j_1} 与消费者 c_{j_2} 之间的间接（一次中间）交易关系。以此类推，$\boldsymbol{B}(I)\times\boldsymbol{B}(I)\times\boldsymbol{B}(I)$ 代表了 C2C2C2C 的交易关系（表示可以进行这样的间接交易，但是否能有更简单的交易关系需要看 $\boldsymbol{B}(I)$、$\boldsymbol{B}(I)\times\boldsymbol{B}(I)$ 中对应的元素是否为 0，如果为 0，说明没有更简单的交易关系了）……

定理 2：取出矩阵 $\boldsymbol{B}(I)$ 中消费者 c_{j_1} 作为卖方所对应的行向量 $\text{row}=(r_{j_1 1}(I),\ r_{j_1 2}(I),\ \cdots,\ r_{j_1 n_{C}}(I))$，取出矩阵 $\boldsymbol{B}(I)$ 中消费者 c_{j_2} 作为买方所对应的列向量 $\text{column}=(r_{1 j_2}(I),\ \cdots,\ r_{n_{C} j_2}(I))'$，将行向量左乘以列向量，若得到的结果为 0，则消费者 c_{j_1} 者不能通过 C2C2C 卖给消费者 c_{j_2} 产品。若结果非 0，则消费者 c_{j_1} 可以通过 C2C2C 卖给消费者 c_{j_2} 产品。

证明：由于矩阵 $\boldsymbol{B}(I)$ 的元素均大于等于 0，$(r_{j_1 1}(I),r_{j_1 2}(I),\cdots,r_{j_1 n_{C}}(I))\times(r_{1 j_2}(I),\ \cdots,\ r_{n_{C} j_2}(I))'=0$ 意味着 $r_{j_1 1}(I)\times r_{1 j_2}(I)=0$，$r_{j_1 2}(I)\times r_{2 j_2}(I)=0,\ \cdots,\ r_{j_1 n_{C}}(I)\times r_{n_{C} j_2}(I)=0$，也就是说：

$(r_{j_1 1}(I),\ r_{j_1 2}(I),\ \cdots,\ r_{j_1 n_{C}}(I))\times(r_{1 j_2}(I),\ \cdots,\ r_{n_{C} j_2}(I))'=0$

$\Rightarrow$ 任取中间商消费者 $c_{j_{1.5}}$，$r_{j_1 j_{1.5}}(I)\times r_{j_{1.5} i_2}(I)=0$ $\qquad$ （3-39）

任取中间商消费者 $c_{j_{1.5}}$，消费者 c_{j_1} 能通过中间商消费者 $c_{j_{1.5}}$ 与消费者 c_{j_2} 进行 C2C2C 交易的充要条件便是消费者 c_{j_1} 与中间商消费者 $c_{j_{1.5}}$ 能直接交易（即 $r_{j_1 j_{1.5}}(I)=1$），中间商消费者 $c_{j_{1.5}}$ 与消费者 c_{j_2} 能直接交易（即 $r_{j_{1.5} j_2}(I)=1$）。

由该充要条件可以推出必要条件 $r_{j_1 j_{1.5}}(I) \times r_{j_{1.5} j_2}(I)=1$，这明显与条件（1）中得到的结论矛盾，则知消费者 c_{j_1} 不能通过中间商消费者 $c_{j_{1.5}}$ 与消费者 c_{j_2} 进行 C2C2C 交易，而中间商消费者 $c_{j_{1.5}}$ 是我们任取的。则在 row × column=0 的情况下，消费者 c_{j_1} 不管选择哪个消费者作为中间商，都无法完成与消费者 c_{j_2} 之间的 C2C 交易。

row × column ≠ 0 时，则存在至少一个中间商消费者 $c_{j_{1.5}}$，使得 $r_{j_1 j_{1.5}}(I)=1$，$r_{j_{1.5} j_2}(I)=1$（这个小命题可以用反证法，若不存在，则所有项之和为 0，矛盾），此时消费者 c_{j_1} 能通过中间商消费者 $c_{j_{1.5}}$ 与消费者 c_{j_2} 进行 C2C2C 交易的充要条件被满足。

以上为全信息 I 下的讨论，若要考虑信息不对称，则可以将 I 替换成 I^*，替换的推导详见第 3.1.1 小节。

3.3　本章数学思想体系结构

数学思想作为非常有用的工具被广泛使用。本章数学解析采用的数学工具主要运用图论的研究方法对电子商务模式等内容进行抽象及解析。本章数学解析所用的数学工具参见参考文献 37~39、159、160。

本章主要论述电子商务基础模型。本章的体系结构可以被看作是一个连通的无圈图，用图论中树的结构来描述本章体系。电子商务基础模型作为根节点，记为 V。它的第一层子树,包含两个父节点：基础模型 V_1、模型组合 V_2。第二层子树的第一个父节点 V_1 可分为六个子节点，即六种基础模型 B2B、B2C、C2C、O2O、C2G、$O2O^n$，

分别记为 V_{11}、V_{12}、V_{13}、V_{14}、V_{15}、V_{16}。父节点 V_2 可分为两个子节点：模型组态的成型分析 V_{21}、模型组态的理论分析 V_{22}。本章结构简单，仅有两层子树结构。

下面介绍节点间的关联关系，定义（V_i，V_j）为节点 V_i 和 V_j 的连边。首先，边（V，V_1）、（V，V_2）表示本章将从电子商务基础模型和电子商务模型的组合着手介绍电子商务模型。本章用矩阵论的知识从不同的电子商务模型中找到企业与消费者角色变化的规律，抽象描述电子商务模型的演变。电子商务六种不同的基本模型，即连边（V_1，V_{11}）、（V_1，V_{12}）、...、（V_1，V_{16}）。随着跨境电商规模的不断扩大，小型企业在跨境电商交易中承担的风险越来越大。因此，大型企业和小型企业之间就明显拉开了差距，逐渐形成了新模型，如 B2B2C。所以，父节点 V_2 针对电子商务发展过程中不断涌现的新需求，基于现有的电子商务模型，还可以构建很多新的排列组合，如 B2B2B、B2B2B2B、B2B2C、C2C2C 等。本章主要讲述模型组态的成型分析、模型组态的理论分析，分别记为（V_2，V_{21}）、（V_2，V_{22}）。

本章使用了矩阵、集合论的相关知识，旨在将复杂的电子商务交易模型抽象成简单的数学模型。首先以企业类别进行划分，第 i_1 类企业与第 i_2 类企业之间的交易关系定义为

$$\boldsymbol{B}^{i_1 i_2}(I) = \begin{pmatrix} r_{11}^{i_1 i_2}(I) & r_{12}^{i_1 i_2}(I) & \cdots & r_{1 n_{i_2}}^{i_1 i_2}(I) \\ r_{21}^{i_1 i_2}(I) & \ddots & \ddots & \vdots \\ \vdots & \ddots & \ddots & \vdots \\ r_{n_{i_1} 1}^{i_1 i_2}(I) & \cdots & \cdots & r_{n_{i_1} n_{i_2}}^{i_1 i_2}(I) \end{pmatrix}_{n_{i_1} \times n_{i_2}}$$

矩阵 $B^{i_1 i_2}(I)$ 为 $n_{i_1} \times n_{i_2}$ 的矩阵，矩阵中的第 j_1 行第 j_2 列的元素为 $r_{j_1 j_2}^{i_1 i_2}(I)$。矩阵 $B^{i_1 i_2}(I)$ 代表了第 i_1 类企业作为卖方、第 i_2 类企业作为买方时，它们对应的企业之间的交易关系。汇总不同企业之间

的关系，最后用实例对抽象的公式进行解析。

大数据时代的 $O2O^n$ 模型更接近当今电子商务的实际模型。假设整个贸易网络为 $G=(V, E)$，则可以将顶点划分为 $V=B \cup C$，其中 B 为公司节点，C 为客户节点，根据实际的商品流通模型的特点，可知存在顶点 $V \in B$，其度 $d(v)=\Theta(|V|) >> d(c)$，$c \in C$。

线上电商交易，使得购物几乎没有距离限制，G 更倾向于复杂的大规模网络，网络的规模和连边复杂度远高于传统的线下交易模式。研究这种网络的特性需要使用更多的图论工具。图论的顶点覆盖问题与许多网络中的实际问题有关，如交易网络的监管、网络整体质量的评估等。

顶点覆盖集的定义是 $V_C \subseteq V$，s.t.$\forall e=(v_1, v_2) \in E$，$\{V_1, V_2\} \cap V_C \neq \varnothing$ 而不要求覆盖全部边的 ψ（顶点覆盖）集合的定义为 $V_{C, \psi} \subseteq V$，s.t. $\forall e=(v_1, v_2) \in E, P(\{v_1, v_2\} \cap V_C \neq \varnothing) \geq \psi$。由以上定义可知，顶点覆盖问题 (G, k) 为图 G 是否含有大小不超过 k 的顶点覆盖集 V_C，而更粗略的 ψ（顶点覆盖）问题 (G, k, ψ) 的定义为图 G 是否含有大小不超过 k 的 ψ（顶点覆盖）集合 V_C。由于实际电商交易网络除了 (B, C) 之间的连边，还有少量 B2B、C2C 的连边，顶点覆盖问题会比理论的 $O2O^n$ 模型更加复杂，我们通过度数分布来研究该问题。

设图 G 的度序列为 $d_{b_1}, ..., d_{b_{|B|}}, d_{c_1}..., d_{c_{|C|}}$，其中度数由大到小递减，由于所有顶点身处网络中，不妨设 $d_{c_{|C|}} \geq 1$，若针对 $\psi < 1$、$k \geq |B|$ 的 ψ（顶点覆盖）问题，只需要贪婪地选取 $V_C, \psi=B$ 可以满足绝大多数的要求。而对于更一般的 (G, k) 问题，其已经被证明为是 NP（完全问题），如果将问题中的 k 视为参数，可以根据参数复杂性理论给出时间复杂度 $O(k^2 2^{k^2})$ 的精确求解算法，注意到该算法可以有效地避免因网络规模增大导致的指数性求解复杂度的增加只由参数 k 进行决定。

引理 1：所有的 $\{v \in V | d(V) > k\} \subseteq V_C$。

由引理 1，我们可以将所有度数大于 k 的顶点 v 放入 V_C，且将顶点 v 和边集 $\{e \in E | v \in e\}$ 在网络中删除，从而将问题 (G, k) 转化为 $(G \backslash \{v\}, k-1)$，更进一步，我们可以假设图 G 中所有的顶点都满足度数小于等于 k。在这个假设的基础上，顶点覆盖集合 V_C 有 $|V \backslash V_C| \leq k|V_C|$，若问题 (G, k) 有解，则 $|V| \leq (k+1)|V_C| \leq (k+1)k$，可以得到引理 2。

引理 2：若问题 (G, k) 有解，则有 $|V(G)| \leq k^2+k$，且 $|E(G)| \leq k^2$。

根据引理 2，我们可以将问题的规模缩减到被 k 控制住，不需要考虑有关 $|V|$ 或者 $|E|$ 的复杂度，从而有效地减少了问题的规模。缩减规模之后的问题被称作核问题，虽然整体网络是大规模结构，但是把冗余部分去除，可以得到规模被有限常数控制住的核问题，通过对核问题的求解，可以得到相对应的原大规模问题解。

在更广泛的实际模型中，每条交易链由两个顶点构成，此时的交易链需要使用超边进行描述，而此实际网络中的顶点覆盖问题对应的是超图 $H = (V, F)$ 的集中集问题 (H, k)：$V_H \subseteq V$，s.t. $\forall f \in F$，$f \cap V_H \neq \varnothing$，上述算法经过部分更改后也可用来求解超图问题，复杂度是 $O(d^k(|V| + \sum_{f \in F}|f|))$，其中 d 是网络的最大度。

综上所述，对本章数学体系结构的梳理首先被看作一个连通的无圈图，即可用图论中树的结构来描述本章的体系，并分析该树结构的分支以及连边关系。大数据时代的 $O2O^n$ 模型更接近当今电子商务的实际模型。线上电商交易，使得购物几乎没有距离限制，G 更倾向于大规模复杂网络，网络的规模和连边复杂度远高于传统的线下交易模式。研究这种网络的特性需要使用更多的图论工具。

3.4　本章小结

本章的核心思想即从两个相对的个体出发（比如企业 $b_{j_1}^{i_1}$ 与企业 $b_{j_2}^{i_2}$），先刻画出它们之间的交易关系函数 $r_{j_1 j_2}^{i_1 i_2}(I)$，然后将这样的交易关系函数置于矩阵中，汇总不同企业之间的关系，最后用实例对抽象的公式进行解析。但现实世界中每个个体所拥有的信息不一样，那么个体与个体之间的交易关系就必须从双方自身所拥有的信息出发。当双方在自身所拥有的信息下所做出的决策一致时，交易才可达成。于是本章引出了对于不对称信息下交易关系的讨论。本章所有小节的讨论均是以 3.1.1 小节的讨论为基础，仅仅是对于 B2B、B2C、O2O、G2G、O2O^n 交易关系本身进行了一个简单的抽象。3.2 节由基础电子商务模型的局限讨论到电子商务模型的组合，以 B2B2B 和 C2C2C 为例，论述了模型组合的过程和理论基础。除此之外，还有很多别的可能的组合。根据本章已有的理论，可以近似推出更多的模型组合。

本章只是电子商务学中的重要描述，可能会对电子商务新模型有所应用，谨以此抛砖引玉，希望以后有更多的数学模型应用到电子商务中。

本章通过对新模式产生的成因分析，使用数学中的矩阵、集合论的相关知识，旨在将电子商务交易模型组合抽象成数学模型，以便为深入研究电子商务模式打下基础。本章所用的数学工具见参考文献 39 和 159。

第4章

电子商务体系结构与系统

体系结构是一个内涵丰富的概念，其不但包括一系列部件，还涉及各部件之间的联系。体系结构的思想源自社会实践、建筑学等社会实际生产生活中的应用学科。电子商务体系结构是软件体系结构在社会生产生活中的一次重要应用，是从理论到实践再到生活的过程。本章主要介绍常见的九种软件体系结构类型，并在此基础上研究适合电子商务发展的体系结构。

4.1　体系结构组成原理

电子商务体系结构的基本原理是对软件体系结构以及其他科学思想的应用。体系结构是电子商务系统创建的重要部分，因此应对软件体系结构进行了解，并以此为基础进一步引出对电子商务的深入研究。

4.1.1　体系结构的定义

体系结构的概念最早出现在 20 世纪 60 年代后期 [162]。由于当时软件设计并没有统一的规范，软件系统在大数据量和快速动态变化的业务需求中变得难以更新和维护，软件开发产生的隐患在全球软件企业中蔓延。因此，德国在 1968 年召开的北约软件工程大会上提出了软件体系结构的概念，并在后续的工作和学术讨论中达成了共识：软件系统的体系结构是对形成系统的约束，主要构件通过体系结构的组合形成了系统。

软件体系结构的出现为系统的实现提供了约束条件，否则随心所欲的架构和编码都会导致软件系统开发缓慢、系统维护困难等问题出现。软件体系结构决定了系统分解之后的结构、运行时的结构以及模块与模块之间的交互机制。关于体系结构设计，专家们有多种具体的软件结构设计方案。

（1）Bosch 将软件体系结构定义为系统的顶级分解，系统分解得到的产物是系统的主要构件[163]。在该定义中，软件体系结构被认为是软件系统的分解，该定义仅仅考虑了静态结构。此外，在该定义中的"构件"也有不同的含义，它们可以被看作"模块"的等价物，也就是基本的实现单位。

（2）Gacek[164] 等对软件体系结构定义为

$$SA=\{SA_1,\ SA_2,\ SA_3,\ SA_4,\ SA_5\} \qquad (4-1)$$

在该定义中，除了静态结构之外，系统的功能属性部分以及其他部件被统一加以考虑。SA_1 指的是系统的具体组件，是负责基础功能的单元。SA_2 指的是系统组件之间的连接关系。SA_3 表示的是在软件体系中具体组件 SA_1 和连接关系 SA_2 划分或者成立需要满足的约束条件。SA_4 表示的是在体系结构搭建过程中分析各个层次（项目主管、程序员等）的需求。SA_5 代表决策者需要根据在不同层次需求中，做出一份权衡的策略，满足实际的开发条件和需求。

除了上述两个经典的定义之外，学术界还提出多种体系结构模型[165][166]，体系结构模型能够很好地帮助理解软件体系结构及其应用，即如何合理有效地建立体系结构模型系统。值得注意的是，软件体系结构模型只是本书学习体系结构的工具和方法，不可被具体的形式所拘泥而成为进一步深入科学研究的绊脚石。

4.1.2 常见的体系结构风格

基于对软件体系结构的定义，本小节将对工业生产中常见的体系结构进行科学调研，帮助读者深入理解体系结构。本小节将重点介绍管道—过滤器（pipe-filter，PF）风格、面向对象风格（object oriented style，OOS）、事件驱动风格（event driven style，EDS）、分层风格、数据共享风格、解释器风格、反馈控制环风格、云体系结构风格以及微服务体系风格九种常见的体系风格。

4.1.2.1 管道—过滤器风格

1.定义

管道—过滤器风格中包含两种抽象的实体：管道（pipe）和过滤器（filter）[167]。管道通常是指消息（message）队列，管道中存储的消息可以是任何信息（该信息并非是指狭义的信息）。过滤器可以是一个线程、一个进程或其他任何组件[168]。过滤器通过读取输入管道中的消息，进行必要处理，最终将处理后的结果输出到输出管道中[169]。一个过滤器可以有多个输入管道和输出管道，同时管道也可以进行一些简单的条件控制，如同步数据等操作。使用者可以组合多个管道和不同过滤器来完成各种复杂的任务。

管道—过滤器风格示意图如图 4-1 所示，为了更清楚地表达过滤器的过滤功能，将用更易理解的实体处理器概念替代抽象的过滤器概念[170]。

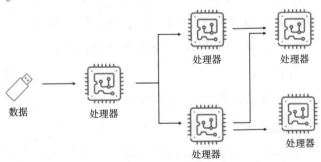

图 4-1　管道—过滤器风格示意图

2. 内容

管道—过滤器风格的特征之一在于过滤器的相对独立性，即过滤器独立完成自身功能，相互之间无须进行状态交互。此外，每个过滤器无须知道它的输入管道和输出管道所连接的过滤器的存在，仅仅需要对输入管道中输入数据流进行限制，并保证输出管道的输出数据流有合适的内容，并不需要知道连接在其输入、输出管道上的其他过滤器的实现细节。同时，整个管道—过滤器风格系统的最终输出格式和系统中各过滤器执行操作的顺序无关。

3. 工作流程

在管道—过滤器风格的设计模式中，如果每一个过滤器将所有的输入数据作为单个实体来处理，这个体系结构就是批处理系统（sequence batch process system，SBPS）模型。以最为基础的单批次处理模型（图4-2）为例，其工作流程是数据从数据源开始，经过多个处理器，按照先后顺序进行，每个处理器只有在上一处理器运行完毕后才能运行。对于该工作流程的理解和实现比较容易，但是在实际运用中，并不能很好地满足大量数据的需求，本书介绍3个单批次处理模型的改进案例。

4. 案例

（1）案例一。

在经典的管道—过滤器风格上做一些特别的约束和改进，就能得到许多管道—过滤器的子风格。例如将传统的单批次处理系统改进成多处理系统，利用分开计算效果和原理就能同时在不同处理器上处理不同内容，最后在某一个环节对数据进行集成。多道批次处理模型如图4-3所示。多道批次处理技术允许多个程序同时进入内存并运行，即同时把多个数据放入内存，并允许它们交替在处理器中运行，共享系统中的各种硬、软件资源，可以同时利用空闲的处理器处理单独分开的资源。这种改进没有用某些机制来解决技术方面的瓶颈，而是让系统的各组成部分尽量去"忙"，从而花费很少时间去切换任务，实现了系统各部件之间的并行工作，使整体在单位时间内的效率翻倍。

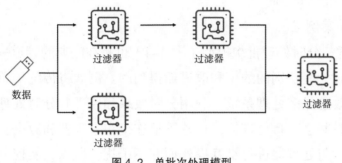

图 4-2　单批次处理模型

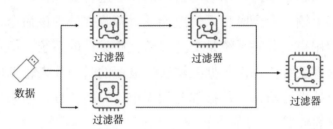

图 4-3　多道批次处理模型

多道批次处理模型伪代码如下：

```
def cpuProcess(data_input):
    process_data(data_input)
def dataDistribute(data):
    nums_cpu=0
    devices = [ ]
    result = [ ]
    for x in nums(cpu):
        if cpux.isAvaliable():
            nums_cpu+=1
```

```
        devices.append(cpux）
for cpu in devices：
        result.append(cpu.cpuProcess(data/nums_cpu)）
return result
```

（2）案例二。

同样，分时处理批次模型（图4-4）也是在经典的管道—过滤器风格上做一些特别的约束和改进而得到的。例如将传统的单批次处理系统改进成多处理系统，利用分时效果和原理，分时处理是多份数据同时共享一台处理器，这些管道连接在处理器和数据上，数据可以同时与处理器进行交互操作而互不干扰。所以，实现分时系统最关键的问题是如何使用户与自己的作业进行交互，即当用户在自己的终端上键入命令时，系统应能及时接收并处理该命令，再将结果返回给用户。分时系统是支持多道程序设计的系统，但它不同于多道批处理系统。每份数据能够通过极短的时间片来轮训使用一个处理器，处理器给每个数据都分配固定的时间长度，用来处理不同管道带来的数据。

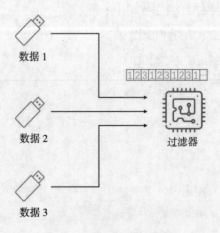

图 4-4　分时处理批次模型

分时处理批次模型伪代码如下：

```
def cpuProcess(data_input_list)：
    time_gap = 0.000001
    token = 0
    while(data_input_list)：
        if token==0：process_data(data_input_list[0])
        if token==1：process_data(data_input_list[1])
        if token==2：process_data(data_input_list[2])
def time_gap(time_gap)：
    while(1)：
        if(current_time-last_time>time_gap)
            if token!=last_token：token+=1
            else：token =0
def dataDistribute(data，all_cpus)：
    nums_cpu=0
    devices = all_cpus
    result = []
    for cpu in devices：
        result.append(cpu.cpuProcess(data/nums_cpu))
    return result
```

（3）案例三。

当前电子商务体系结构中，使用广泛的是实时处理模型，进行特别的约束和改进让模型满足优先级的需求，更符合实际生产生活的需要。为了能在某个时间限制内完成某些紧急任务而无须时间片排队，实时处理系统诞生。这里的时间限制可以分为两种情况：①如果某个动作必须绝对地在规定时刻（或规定的时间范围）发生，则称为硬实时处理系统，如飞行器的飞行自动控制系统等，这类系统要求必须提供绝对保证机制，让某个特定的动作在规定时间内完成。②如果能够接受偶尔违反时间规定，并且不会引起任何永久性的损害，则称为软实时处理系统，如飞机订票系统、银行管理系统等。

在实时操作系统的控制下，计算机系统接收到外部信号后及时进行处理，并且要在严格的时限内处理完接收的事件。实时操作系统的主要特点是及时性和可靠性（图4-5），虽然数据2最先到达，但由于数据1的优先级更高，且采用3个感叹号强调其最优先性不可延迟的标志，所以数据1必须进行插队处理，让处理器立即响应自己通过管道流通过来的数据。最底端的用2个感叹号强调的标记数据属于次优先级的数据，所以也插入数据2之前被处理器处理。

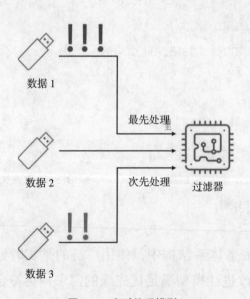

图4-5　实时处理模型

实时处理模型伪代码如下：

```
def cpuProcess(data_input_list):
```

```
    sort(data_input_list) #according to the importance
    for data_input in data_input_list
        process_data(data_input)

def dataDistribute(data，all_cpus)：
    nums_cpu=0
    devices = all_cpus
    result = []
    for cpu in devices：
        result.append(cpu.cpuProcess(data/nums_cpu))
    return result
```

采用上述实现方式的管道—过滤器模型，有如下几个优点。

（1）通过设置独立的过滤器结构，减少了构建之间的耦合关系，这就意味着一个过滤器，甚至是一个功能模块能够被重用，从而在减轻代码工作负担的同时也减少了整个系统的构件总量。

（2）管道—过滤器模型实现的系统非常容易维护和拓展，如果设计师想要替换掉某个模块，无须对整个系统进行调整，只需要对新模块进行输入输出改造，保持和原模块相同的输入输出即可。

（3）过滤器构件的独立性为系统运行分析提供了便捷，如数据吞吐量、死锁分析以及计算准确性等。

（4）低耦合的结构能够更好地支持并发计算，并发算法能够利用管道拓扑结构实现并高并发的目标。

当然，这种结构也存在缺点：过滤器对于输入和输出都有明确的规定和限制，这种设计方式并不适合交互式的系统，在应用上受到了一定限制。这种设计风格符合早期计算机的计算任务需求，随着计算机领域的蓬勃发展，其他体系结构风格不断诞生。

4.1.2.2　面向对象风格

1. 定义

面向对象风格是用更接近人类的思维方式来看待问题的软件开发方法和编程范式[171]，其核心思想是"万物皆可是对象"[172]。每个对象都有自己的特点，并以自己的方式与其他对象进行交互完成系统的部分功能。对象的组成元素有属性和方法[173]。属性是对象自身具有的特点。

2. 内容

具有相同属性和操作的对象可抽象成一个类，类中用来描述对象动作的程序称为方法，对象之间通过消息传递发生联系，与管道—过滤器风格一样，消息是对象之间相互联系和作用的唯一手段。类除了封装属性和方法之外，还具有继承性的特点。继承性意味着一个类可以通过继承的方式从另一个类中继承属性和方法，这大大减少了软件代码中的冗余。这种类的定义方式是软件世界和现实世界寻找共同描述方式的平衡产物。

基于面向对象模式构建系统，首先要确定求解问题中有哪些实体，并从实体中抽象出层次关系，构造适当的类并正确把握它们的继承关系。然后分析并抽象出实体间传递消息种类和对象的相应方法。整个系统通过对象之间的协调共同完成问题求解。此外，面向对象风格的灵活性较高，用户可以根据自己的意愿设计类和包。根据这种思想，人们可以把现实世界概念看作对象，直接对其进行模拟，这与数据库系统中的实体关系建模十分相似。

3. 工作流程

在软件开发流程中，"树"的定义被广泛应用，包括应用在排序算法里的二叉搜索树、应用在机器学习领域中的决策树，作为有向图的特例在图计算中也得到相应的应用。面向对象风格非常适合"树"的表达。如图 4-6 所示，面向对象风格包含属性和方法，"绿叶"就是这棵"树"所具有的属性。方法代表的是对象本身所能够完成和实现的功能，"生长"就是"树"的方法。人们可以通过绿树的属性绿叶访问树节点，通过连接的树枝访问该树某节点的相邻节点，以达到遍历整个树的目的。

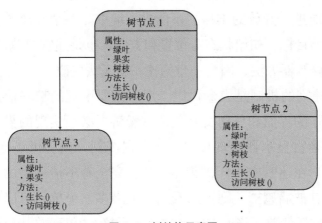

图 4-6　树结构示意图

随着软件工程行业的不断发展，创造出面向对象风格时，软件行业也在积极推广一种面向对象编程（object oriented programming，OOP），即 Java，它允许设计者作为一个工作系统来实现面向对象设计。面向过程到面向对象的转变过程使得编程过程更加自然，对于更复杂的系统，面向对象设计的可控性和可理解性更强。

然而，面向对象的风格同样存在缺陷。在测试阶段，使用面向对象风格的系统比起面向过程的系统难度更大，核心原因在于面向对象根本上是将原本单一、巨大的控制流分解并散落到不同的对象中。这种方式使得控制流在物理含义上更加清晰、易于理解，但同时也使得测试代码的编写更加困难。近年来，针对面向对象风格的缺陷，一些研究者提出了解决方案，如 Rajvir 提出的 SG 算法和ATM 算法。这些针对性算法的提出，在一定程度上弥补了面向对象风格的缺陷。

4. 案例

（1）案例一。

迷宫游戏的设计理念很好地运用了面向对象设计和编程思想。迷宫由一个格子组成，格子可以是墙，也可以是开放的。迷宫中的步行者只能进入开放的牢房，不能进入墙壁。一个开放单元被指定为要达到的目标，初始状态（位置和方向）也是迷宫规范的一部分。迷宫没有修改器方法，因为一旦构建，就无法更改。

显示迷宫的机制是黑盒代码。用户需要了解的唯一信息是指定显示器操作的界面和任何交互式迷宫漫游器必须实现的界面。有两种不同的迷宫显示器实现接口：①老鼠视图，它提供了一个显示，就好像用户在迷宫中一样，漆黑一片，完全看不清事物的全貌。如果视图没有被墙遮挡，则可以看到前方最多三个单元格以及当前单元格或前方任何单元格的左右各一个单元格。②鸟瞰视图（图 4-7），从鸟瞰视图的底部中心向上看是初始位置，浅色部分表示迷宫中已经被探明的部分，剩下的仍然是类似黑盒机制的未知部分。与老鼠视图相比，鸟瞰视图的优点在于能从全局的角度了解系统机制。

图 4-7　迷宫鸟瞰视图

基于第一个视图，设计者需要完成交互式"行者"类的实现，该"行者"要能够响应单击输入的命令。第二个视图是鸟瞰视图，显示整个迷宫，并用箭头指示步行者的当前状态。如果创建一个随机步行器，就会出现这种显示，程序会"自动"通过迷宫，而不是响应单击，直到达到目标。

首先为已经提供的交互式"行者"类完成一个方法"迷宫输入"的代码，即通过单击更改"行者"对应的状态。当用户输入"前进"时，如果该位置不是墙，则步行者应向前移动一个位置。当用户输入"右侧"时，"行者"应向右转向，而不改变位置。当用户输入"左侧"时，"行者"应向左转弯，而不改变位置。当用户输入"倒车"时，步行者应在不改变位置的情况下转身。

面向对象设计和编程的优势之一是代码重用。有经验的设计师通常会预测代码重用的可能性，并规划适当的继承层次结构。新手程序员或部分有经验的程序员在开发了几个没有继承的类之后，会意识到这些可能性，这些类有一些共同的元素，迷宫就是很好的例子来说明这一点。"一般的行者"类伪代码如下：

```
public class GenericWalker
{
//"一般的行者"类伪代码
    private Maze myMaze;
    private MazeDisplay myDisplay;
    private WalkerState myState;
    public GenericWalker(Maze maze, MazeDisplay display)
    {
        myMaze = maze;
        myDisplay = display;
        myState = myMaze.start();
```

```
    myDisplay.displayState(myState);
}
protected Maze maze()
{
    return myMaze;
}
protected MazeDisplay display()
{
    return myDisplay;
}
protected WalkerState state()
{
    return myState;
}
}
```

针对迷宫游戏的设计，迷宫"行者"们有各自的共同点，通过将公共元素提取到基类（其他不同种类的迷宫"行者"可以从基类继承）来重构代码，只添加额外的功能。这可以分两个阶段有效地完成，第一个阶段处理所有"行者"类，第二个阶段分解为等同于类的组，一方面是交互式的，另一方面是自动的。

在设计里，每个迷宫"行者"必须具有以下组件：迷宫以及迷宫的显示状态。每个组件都有一个构造函数，该构造函数将迷宫和迷宫显示作为参数，并将参数分配给其实例变量，将使用迷宫的启动方法设置初始状态。这些都可以包装成一个基类，本书称之为"一般的行者"。当然，除此之外，交互式"行者"还需要实现"迷宫显示"接口。这将产生一个继承层次结构，如图4-8所示。保持所有数据字段的私有性，并在子类中提供访问这些字段的方法，这种继承结构限定访问器的访问数据字段的方式，即只能从子类层次的结构访问，不能直接从接口和基类进行访问。简化任何其他"行者"的代码，因为不需要重做此处给出的构造，并可以使用访问器方法访问从"一般的行者"继承的实例变量，将重点放在使"行者"运行的代码上。例如，所有继承"一般的行者"（基类）的"交互的行者"（派生类）等都具有"一般的行者"的属性和方法，区别在于实例化"交互的行者"时，所采用的构造参数不同。当系统运行时，对象通过在发送和接收信息互相沟通。如今面向对象技术发展迅速，大多数程序都采用面向对象的设计思想。对系统设计师来说，最重要的事情是用面向对象的分析与设计（OOAD）思想来设计系统，使系统更易于理解和评价。

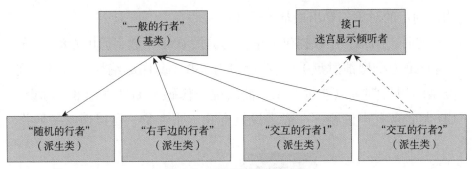

图4-8　面向对象迷宫类定义

（2）案例二。

现代图书馆管理系统是一个集面向对象风格之大成的系统。在此案例中，能看到面向对象设计的迭代，并将所有新的面向对象知识进行结合。现代图书馆管理系统需要建立库目录。几个世纪以来，图书馆一直在跟踪库存，由最初使用卡片目录到使用电子库存，现代图书馆已经具备基于网络的目录，读者可以在家查询。

图书馆的目录包含书籍列表。人们搜索的目的是找到关于特定主题、特定标题或特定作者的书籍。书籍可以通过国际标准书号

（ISBN）进行唯一标识。每本书都有一个杜威十进制系统（DDS）编号,用于帮助在特定书架上查找该书。其中,图书是最为重要的对象,具有的属性包括作者、标题、主题、ISBN、DDS编号。

在进行设计时应该思考以下问题：书架是需要在编目系统中建模的对象吗？如何识别单个货架？如果一本书存储在一个书架的末尾,由于另一本书插入上一书架而导致该书移动到下一个书架的开头,会发生什么情况呢？目录显然需要一种搜索方法,可能是针对作者、标题和主题的单独搜索方法。它需要预览方法吗？或者预览是否可以通过"第一页"属性而非方法来实现？

前面讨论的问题是面向对象分析阶段的一部分。如图 4-9、图 4-10 所示,在已经确定一些关键对象后,通过几次微迭代,可以为已确定的对象勾勒出最基本的设计。

同时,图书馆不仅提供书籍,还提供 DVD（数字通用光盘）、杂志和 CD（小型镭射盘）,这些都没有 ISBN 或 DDS 编号。不过,该类型的项目都可以通过 UPC（商品统一代码）编号进行唯一标识。CD 大多是有声读物,一般来说只有几十张存货,所以通常按照作

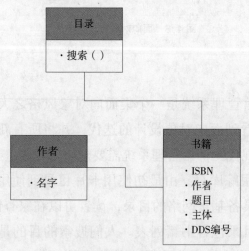

图 4-9　图书管理面向对象风格基本类

者姓氏进行组织。DVD 按演员、导演分不同类型，并进一步按标题组织。杂志是按标题组织的，并按卷数和发行号加以扩充。书籍是按 DDS 编号组织的。

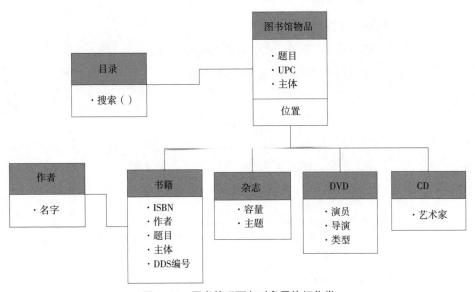

图 4-10　图书管理面向对象风格细化类

通过考虑将单独的 DVD、CD、杂志和书籍列表添加到目录中，并依次搜索每个目录，抽取出继承关系，可以获得新的 UML（统一建模语言）图。

相关的伪代码如下所示：

```
class BaseBookType：
// 图书管理系统核心类
    def __init__(self, title, UPC, utility)：
        self.title = title
        self.UPC = UPC
        self.utility = utility
```

```python
    def search(self, search_type):
        if search_type == SEARCH_TITLE:
            return search_title(self.title)
        elif search_type == SEARCH_UPC:
            return search_upc(self.upc)
        elif search_type == SEARCH_UTILITY:
            return search_utility(self.utility)


class StoryBook(BaseStoryBook):
    def __init__(self, ISBN, authors, title, utility, DDS):
        self.ISBN = ISBN
        self.authors = authors
        self.title = title
        self.utility = utility
        self.DDS = DDS


class Magazine(BaseStoryBook):
    def __init__(self, volume, theme):
        self.volume = volume
        self.theme = theme


class DVD(BaseStoryBook):
    def __init__(self, actor, director, type):
        self.actor = actor
        self.director = director
        self.type = type
```

```
class CD(BaseStoryBook)：
    def __init__(self, artist)：
        self.artist = artist
```

通过考虑书籍、杂志、DVD 和 CD 的关系，可以抽取出它们之间的共同特性，即它们都是图书馆中的物品。由此可以创建一个图书馆物品的基类。其他物品包括书籍、杂志、DVD 和 CD 都可以通过继承该基类去做颗粒度更细的表示。物品的特性也会和其他类别有关联性，如书籍的作者关联作者类等。所有的图书馆物品统一记录在目录中，由此建立目录类与图书馆物品之间的关系。

（3）案例三。

深度学习已无处不在，不可或缺。可扩展的深度学习系统（如 TensorFlow、MXNet、Caffe 和 PyTorch）是推动变革的重要部分。大多数现有系统都针对小范围的服务器级 GPU（图形处理器）进行了优化，并且需要在其他平台上进行大量部署，如手机、物联网设备和专用加速器（FPGA、ASIC）等。随着深度学习框架和硬件后端数量的增加，提出了一个统一的中间表示（IR）堆栈，它将缩小以生产力为中心的深度学习框架和面向性能或效率的硬件后端之间的差距。统一中间表达的设计与实现充分利用了面向对象风格的编程思想。深度学习部署硬件示意图如图 4-11 所示。

图 4-11　深度学习部署硬件示意图

深度学习优化编译器堆栈（TVM）采用编译器社区的共同理念，并提供两个中间表示层，以有效地将高级深度学习算法降低到多个硬件后端。TVM 包含适用于 x86、ARM、OpenCL、Metal、CUDA 和 JavaScript 的优化原语。编译器社区正在积极致力于增加对专用硬件加速和 Nvidia 的 GEMM 优化 Volta 架构的支持。

TVM 堆栈的目标是提供一个可重用的工具链，以编译从深度学习框架前端到用于多个硬件后端的低级机器代码的高级神经网络描述。挑战在于如何支持多个硬件后端，同时将计算、内存和能源占用保持在最低水平。为了弥补深度学习框架和硬件后端之间的差距，构建由 NNVM 组成的两级中间层。一个是用于任务调度的高级中间表示和内存管理。另一个是 TVM，用于优化计算内核的富有表现力的低级 IR。

堆栈的第一级是基于计算图的表示。计算图是有向无环图，是经典的面向对象风格的表达方式。将计算表示为节点，将数据流依赖表示为边。这种表示非常强大：它允许将操作属性呈现到计算图中并指定转换规则以迭代优化计算图。这是大多数现有深度学习框架采用的常用方法，包括 TVM 堆栈中的 NNVM 图表示、TensorFlow XLA 和英特尔的 nGraph。

图优化框架可以支持很多强大的优化。例如，TVM 提供了一个次线性内存优化功能，允许用户在单个 GPU 上训练 1 000 层 ImageNet ResNet。然而，仅基于计算图的 IR 不足以解决支持不同硬件后端的挑战。原因是像卷积或矩阵乘法这样的单个图算子可以以非常不同的方式针对每个硬件后端进行映射和优化。这些特定硬件的优化在内存布局、并行化线程模式、缓存访问模式和硬件原语的选择方面存在很大差异。

TVM 构建了一个低级表示来解决这个问题。此表示基于索引公式，并额外支持递归计算。低级 IR 采用现有图像处理语言（如 Halide 或暗室）的原理来制定富有表现力的深度学习 DSL（领域特定语言）。描述语言充分利用了面向对象的风格思想，将语句构建和访问有机而无冗余地结合在一起。低级 IR 表达伪代码如下：

```
class Expr：
    def __add__(self, other)：
        return BinaryExpr(self, other, Expr.ADD)
    def __sub__(self, other)：
        return BinaryExpr(self, other, Expr.SUB)
    def __mul__(self, other)：
        BinaryExpr(self, other, Expr.MUL)
    def __truediv__(self, other)：
        BinaryExpr(self, other, Expr.TRUE_DIV)
class UnaryExpr(Expr)：
    def __init__(self, expr, type)：
        super().__init__()
        self.expr = expr
        self.type = type
    def same_as(self, other)：
        return isinstance(other, UnaryExpr) and self.type == other.type and self.expr.same_as(other.expr)
    def accept(self, visitor)：
        return visitor.visit_unary_expr(self)

    class BinaryExpr(Expr)：
        def __init__(self, left, right, type)：
```

```
        super().__init__()
        self.left = left
        self.right = right
        self.type = type
    def same_as(self, other):
        return self is other or (isinstance(other, BinaryExpr) and self.
type == other.type and self.left.same_as(other.left) and self.right.
same_as(other.right))
    def is_compare(self):
        return self.type == Expr.GE or self.type == Expr.GT or self.type
== Expr.LE or self.type == Expr.LT
    def accept(self, visitor):
        return visitor.visit_binary_expr(self)
class VarExpr(Expr):
    def __init__(self, name):
        super().__init__()
        self.name = name
    def same_as(self, other):
        return self is other or (isinstance(other, VarExpr) and self.
name == other.name)
    def accept(self, visitor):
        return visitor.visit_var_expr(self)
```

TVM 包括 CPU 优化框架中常见的标准转换原语。更重要的是，TVM 还通过利用线程协作模式、数据布局转换和强大的新计算原语，结合了针对 GPU 的新颖优化原语。TVM 与 NNVM 的结合使用优化了整个软件堆栈中的深度学习工作负载，从而实现联合计算图级和操作员级优化。

4.1.2.3 事件驱动风格

1.定义

事件驱动风格的应用由一系列相关组件构成[174]，组件之间通过事件机制完成业务内容。事件驱动风格有其固有的基本思想[175]。该风格的做法是：对于某个系统，了解它的最佳方式，是观察其处理外部事件的方法。因此，事件驱动风格会将事件输入系统，并重点观察其输出，以此作为分析的依据。部分学者会将事件驱动风格称呼为"订阅发布"的风格（publishing-subscription style，PSS）。

2. 特征

事件驱动系统具有一些独有特征，此处将这些特征通过数学范式进行表示。事件驱动系统作为主系统 MS，往往由较多的子系统组成，这些子系统为 MS_i（$i=1$，$\cdots$，n），即

$$MS=\{MS_1，MS_2，MS_3，\cdots，MS_n\} \tag{4-2}$$

某些特定的场景和控制下，子系统需要通过相互协作的方式来完成系统的最终目的。事件驱动系统会从所有的子系统中挑出唯一一个主子系统 MS_{master}，其他所有子系统 MS_{client} 则作为从子系统，即

$$MS_{master} \in MS \tag{4-3}$$

$$MS_{client}=MS-MS_{master} \tag{4-4}$$

需要注意的是，系统中的任意组成部分都可以进行通信操作，与外界取得联系。分析以上特征描述，可以得出结论：子系统是整体系统中分离开的组件，但它们互相依赖，某一子系统需要不断与其他子系统通信、合作。单纯是模块分离和结构分离的子块并不能称为子系统。在面向对象的设计中，事件驱动的软件系统将作为一个完整的系统，该完整系统被划分成一个个子系统。

举一个简单的例子，如图4-12所示。图中MS_A、MS_B、MS_C、MS_D、MS_E、MS_F、MS_G皆为整体系统当中的子系统。其中子系统MS_A作为整体系统中的头部节点，承担着主子系统的职责，负责所有子系统信息的收集和整合处理。主子系统MS_A和MS_B、MS_C两个子系统进行直接的通信、互相协作。而MS_B、MS_C两个子系统在与主子系统MS_A进行通信的同时，分别同时负责与子系统MS_D和MS_E、MS_F和MS_G的通信。从某种程度上来看，MS_B、MS_C两个子系统具有很强的独立性，它们能够与上级主子系统MS_A进行交互，同样又能作为关键节点与下级子系统通信。这就像是人类社会中各种组织的运行方式，大到集团、中到部门、小到个体，这些子系统通过通信协作组成新的系统，继而组成整体的事件驱动系统。因而在系统设计的过程中，需要考虑各个子系统之间的特性进行协同管理，这样的设计才是合理的。

事件驱动的设计有一些基本原则。由于系统整体的复杂性，需要对系统进行分块处理，以此保证系统的社会性和对立性。整体的事件驱动系统非常复杂，但是无论复杂度如何，所有的子系统都可以分为操作系统和管理系统，即

$$MS_{\text{client}}=MS_{\text{oper}}+MS_{\text{gov}} \qquad (4\text{-}5)$$

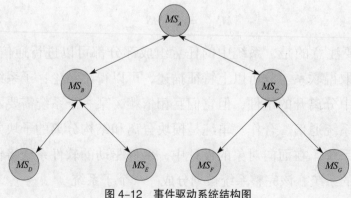

图4-12　事件驱动系统结构图

其中，MS_{oper} 为操作系统，MS_{gov} 为管理系统，且 $MS_i \cap MS_{oper} = \Phi$（$i=1$，$\cdots$，$n$），即操作系统没有子系统，而管理系统的子系统既可以是操作系统，也可以是管理系统。多数时候子系统只会在高层的控制下做出行为，只在特定情况下才对某些事件做出响应。每一个子系统都需要一个处理器，该处理器一方面负责完成上级系统交代的任务；另一方面还会与下级系统进行交互，收集下级系统的信息并指导下级系统完成任务。有一个需要突出强调的概念是，上级的系统在管理下级系统时只会给出指引而不会给出细节操作，真正的细节操作由下级系统自己完成。

3. 优缺点

事件驱动的风格有其固有的优点和缺点。其优点在于：①对于子系统的描述重复度比较高的情况，事件驱动的风格可以多次复用，提高效率。②通过事件驱动风格构建的系统可拓展性强，对于新的对象，设计者只需要增加新的事件接口并将这个对象归纳到其中即可。③同级的系统之间不进行直接的通信，是一个非常适合并发操作和多进程运行的场景。其缺点在于：①事件驱动的风格某种程度上减轻了计算机系统对它的控制，在一定程度上会导致事件响应不及时，影响实时性。②因为存在大量自定义的成分，且模块块件相互依赖、设计难度大，要想设计出高效的系统对设计者水平要求很高。

4. 案例

（1）案例一。

交易大厅有来自各种提供商的信息源。这些提供者聚合来自众多来源的内容，并将这些信息作为面向主题的提要流提供。例如，一名专注于石油行业的交易员会订阅其认为会影响石油证券价格的任何相关信息。每个交易员对影响石油证券或其交易类型的因素有不同的看法。因此，即使交易大厅中可有 2 000 名交易员，但其中没有两人对同一组信息感兴趣，也不希望以相同的方式呈现。

使用事件驱动体系结构构建交易大厅涉及构建一个性能极高的基础设施，该基础设施由许多服务组成，如图4-13所示，这些服务必须能够将数据速率维持在远超1 000件事务/秒的水平。整个过程都需要超高的可靠性和事务语义。每个进程都在一个集群或一组集群中提供，通常采用主动或被动容错方法。消息主题用于与可审计实体相关的交易和事项。主题用于分发市场数据。使用活动监视器来监控系统。数据还需要可靠地发送到风险分析，实时计算企业的信用限额和其他交易操作限额。复杂事件处理用于检测异常事件。

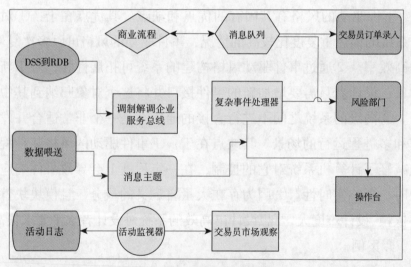

图4-13　高频交易程序架构

在高频交易（HFT）应用程序中，使用专门的消息代理，将与证券交易所通信的延迟降至最低。银行利用计算机直接获取市场信息，高性能计算机将计算交易机会。这种交易以自动化的方式进行，处理时间必须在毫秒级才能抓住机会。此外，还使用了专用硬件。部分示意伪代码如下所示。

```
class INFO：
    def __init__(self，theme，operator，name)：
        self.theme = theme
        self.operator = operator
        self.name = name


def GetInformation()：
    info = info_queue.pop()
    return info


def complicated_processor(trigger)：
    // 触发条件
    while trigger == False：
        delay(5)
    info = GetInfoTheme()
    info_queue_trigger.push(info)
    theme = GetInfoTheme(info)
    operator = operate_on_info(info，theme)
```

（2）案例二。

网上购物的复杂程度存在很大差异，这取决于商品销售或购买的规模、方式以及实现的过程。此处给出一个在线卖家的例子，架构如图 4-14 所示。在此架构中，消费者有可能通过移动应用程序进行通信或去网站购物。当他们使用移动应用程序时，可以直接与 ESB（企业服务总线）对话。当通过 Web 服务进入时，通常会在应用服务器中启动一个进程。

所有信息都通过 ESB，因此搜索、查找更多信息、下订单、查询订单状态的请求都通过 ESB 进行处理，从而启动业务流程或直接查询数据库并返回结果。业务流程将协调履行，确定是否有库存或库存在哪里，如果需要，启动延期订单流程，然后启动流程以通知客户交货日期。仓库中可能会通知发货以开始交货。

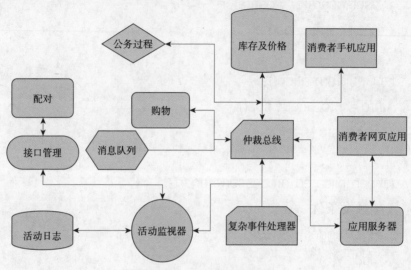

图 4-14　网上购物系统架构

在此架构中，本书假设供应商有一个 API（应用程序接口）与销售商户交互，以便通知商户交货并下订单。同时，必须在 RDB（关系数据库）中管理实时库存，并不断接收和更新产品信息。

活动监控用于收集整个系统（包括客户）中所有活动数据，以便分析指标和大数据。包括 CEP（协同参与处理器）处理器，以便在分析确定对客户有利时，可以向客户提供实时报价。RDB 与消息队列用于记录事务和其他关键任务数据。

（3）案例三。

保险企业、州医疗保健系统、HMO（健康维护组织）需要管理客户的健康、提供医疗决策。这类系统有时被称为 MMIS（医疗补助管理信息系统）。MMIS 架构如图 4-15 所示。MMIS 的四个组件为：提供商——注册、管理、凭据、服务注册；消费者——注册、服务应用、医疗保健管理；交易、账单和服务审批；患者健康数据、Bigdata、健康分析和分析。

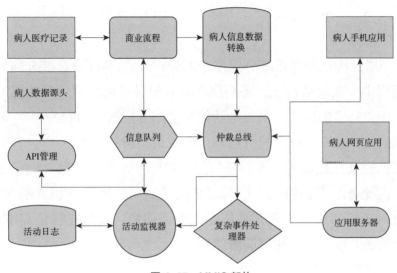

图 4–15　MMIS 架构

　　每个系统都是集成的，都需要自己的体系结构。健康行业的标准包括信息格式和编码的 HL–7。任何系统中需要支持的重要标准包括 HL–7、EHR（电子健康记录）标准、ICD（国际疾病分类）编码标准和许多其他不断变化的规范。系统需要支持强大的隐私、身份验证和安全性。

　　当患者请求加入医疗保险企业或系统时，他们通常会提出申请。为了简化此应用程序的多种实现方式，中介 ESB 是最佳实践。例如，移动应用程序可以直接与 ESB 通信。

　　一旦收到应用程序，就需要对其进行可靠存储，并启动业务流程来处理该应用程序。通常，必须从现有医疗系统以及交易、付款、提供者等的历史记录中获取患者过去的数据，以便制作一份档案，以确定是否应批准申请。

　　随着时间的推移，进入系统的新信息可能会削弱申请人参与某项计划的资格。因此，系统必须继续接收来自各种数据源的数据，包括申请人居住地址、医疗状况和行为的信息。CEP 引擎可以检测可能触发业务流程以审查申请人状态的事件。

4.1.2.4　分层风格

1. 定义

分层风格是指将系统分成多个部分[176]，这些部分会被分隔到不同的层中。在此结构下，每一层都具有两种功能，第一种功能是为上层提供特定的服务，第二种功能是使用下层提供的服务[177]。需要注意的是，每个系统经过分层都会存在最高层和最底层[178]。其中最高层已经处在最顶层，不为任何层提供服务，最底层则不能使用任何层的服务。多数时候，层与层之间的通信仅发生在相邻层之间，本层对于相邻层之外的其他层是完全透明的，仅仅在指定需求下，本层的服务可以被非相邻层所使用。

2. 内容

图 4-16 是一个示例性质的分层风格示意图，共有三个层次：应用层、功能层和核心层。位于最下层的核心层提供最底层的服务，被视作整个系统的基石，对稳定性有极高的要求。位于中间的功能层一方面使用底部的核心层提供的服务，另一方面需要向应用层提供服务，具有很强的灵活性。应用层位于最上层，作为整个系统直接对外的层次，应用层往往根据不同的需求做相应的定制化，功能繁多，具有强大的开放性和可拓展性。示例中三个层次各自只有一层，但是在实际的应用中每一层内部可能会被再次划分为多个层次。整个层次结构自上而下、自下而上进行交流、协同、合作，形成一个复杂且强大的分层系统。

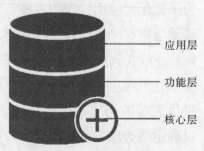

图 4-16　分层风格示意图[41]

应用层

功能层

核心层

3. 优缺点

分层风格也有着对应的优缺点。其优点有：①分层使原先的复杂系统设计在逻辑上变得可分离，原本复杂的功能模块交互耦合变得清晰，整体的复杂功能被分离到各个层次变成相对简单的功能，整体系统更易拆解、更易维护。②使用分层结构设计的系统具有很高的稳定性和可拓展性，这是因为设计的变化只会对层次结构中的某些层产生影响，设计者只需对某一层或某几层及其相关层进行改动，其他层完全不受影响。③使用分层风格的系统具有很强的可复用性，设计者在设计分层系统的时候，需要重点考虑接口的定义，尽量保持接口不变性，在对系统进行迭代更新时只要保持接口不变，所有的版本都可以做到无缝切换，并且在切换过程中各层不受影响，使得系统的整体功能保持不变。其缺点有：并非所有系统都适合用分层系统表示，很多时候强行分层可能会导致层次之间的结构更加模糊、功能混乱，寻找一个合适且规则全面的分层方式具有难度。

4. 案例

（1）案例一。

计算机网络中的分层结构是使用分层风格的典型案例。计算机网络一共分成七层，分别是物理层、数据链路层、网络层、传输层、会话层、表示层和应用层（图 4–17）。其中物理层主要负责最底层信息的传输通信，提供基本信息的通信准则。数据链路层的职责是流量控制以及纠错管理。作为网络层和物理层的中间层，保证数据传输的正确性，起到类似质量监管的作用。网络层的主要功能是拥塞控制和路由控制。因为网络中的传输路径分为多条，因此如何选择路径直接影响信息最终是否能到达以及传输是否高效。其中网络层便发挥着路径选择的作用。处于中间位置的传输层是衔接低层和高层之间的关键节点，负责提供点对点、透明、可靠的传输。其中透明的含义是传输层并不理解传递数据的具体信息内容，只负责把信息传到相应的目的地。会话层主要负责数据的接收和发送工作。表示层的主要功能是在数据层面为应用层服务，它可能会对数据做一些额外处理，如数据加密、数据压缩等，以满足应用层的相关需求。最后的应用层则是为用户提供一系列网络服务的接口，社交软件、邮件、云文件传输等都属于应用层的范畴。

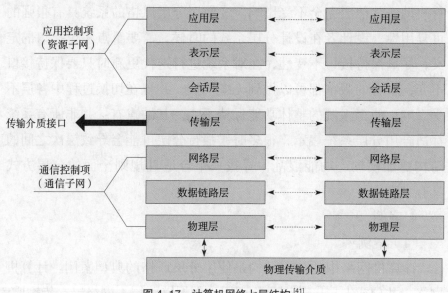

图4-17　计算机网络七层结构 [41]

（2）案例二。

在 RUP（统一软件开发过程）的逻辑视图中，学习管理系统的分解是通过在设计模型中指定离散的子系统和之间的连接器来执行的，因为它们是从用例和分析模型中派生出来的。分解与"分层系统"架构模式的实施相结合，有助于将子系统分层组织到各个层中，即一个层中的子系统只能引用同一级别或更低级别的子系统。驻留在不同层中的子系统之间的通信通过明确定义的接口实现，每层中的子系统集可以概念化为实现虚拟机（VM）。这种体系结构风格的最广为人知的例子是分层通信协议（如 ISO/OSI）或操作系统（如某些 X 窗口系统协议）。RUP 通过定义四个层来利用前面提到的架构模式，以便在设计模型中组织子系统。根据 RUP，层是一组共享相同程度的通用性和接口波动性的子系统。用于描述软件系统体系结构的四个层如下。

应用专有层：一个包含特定于应用程序的子系统的层，在本书的例子中，特定于 LMS，不打算在不同的应用程序中重用。这是顶层，因此它的子系统不被其他层的子系统共享。

应用常规层：由子系统组成的层，这些子系统并非特定于单个应用程序（如 LMS），但可用于同一领域或业务中的许多不同应用程序。

中间件：为实用框架和平台无关服务提供可重用构建块（包括子系统）的层，用于分布式对象计算和异构环境中的互操作性，如对象请求代理、用于创建 GUI 的平台无关框架。

系统软件：包含用于计算和网络基础设施的软件的层，如操作系统、DBMS（数据库管理系统）、特定硬件协议，如 TCP/IP（传输控制协议 / 网际协议）。

学习管理系统的拟议分层架构如图 4-18 所示，这是设计模型中的一级分解。该图除了标识所有一级子系统并将其组织到各个层之外，还定义了它们之间的依赖关系，这些依赖关系通过良好指定的接口实现。

图 4-18　学习管理系统的拟议分层架构

4.1.2.5 数据共享风格

1. 定义

数据共享风格的系统是一个由中央数据单元和各种相互依赖的组件构成的系统 [179]。该风格被许多知识库系统以及专家库系统广泛采用。在这种设计体系之下，系统被分成中央数据单元和外部构件组 [180]。中央数据单元包含当前系统运行状态下的所有信息 [181]，而外部构件则包含多种多样的功能，且相互之间存在依赖关系。因此，一个极其关键的问题是中央数据单元和外部构件之间的通信交流问题。根据不同的场景需求，中央数据单元与外部构件之间的交流方式也各有差异。

2. 内容

不同的场景需求决定了数据共享风格中两种组件的控制策略各不相同。总体上，数据共享风格中的控制策略主要分为输入数据流驱动和风格库当前状态驱动两种。如果是输入数据流驱动，则中央数据单元会随着数据流的信息不断更新自身的状态，这一方式可以理解为应用传统数据库风格的系统。风格库当前状态驱动是基于黑板式共享数据风格的系统结构（图 4-19），即系统本身根据中央数据单元的状态去运行相应的进程。

数据共享风格的特点可以概括成渐增性和机遇性。黑板元素的求解并非一蹴而就，求解的过程中黑板元素之间相互作用，形成新的黑板元素，这些处于不同区域的黑板元素又相互性地协作生长形成解。黑板元素的求解没有固定模式。如果将黑板作为一整片海，那么每一个黑板元素都可以看作其中的一个岛。在求解的整体过程中不断有新岛产生，这些相邻的岛会并在一起生长，最后成为完整的解。此外，提供数据信息的知识源由控制器选出，知识源可以是候选集中的任意一个，因此也存在很大的不确定性。

由此可见，数据共享的系统具有智能程度高、灵活性高的特点，因而该方式非常适用于大型、复杂、动态的场景和问题，是当前的国际研究热点。

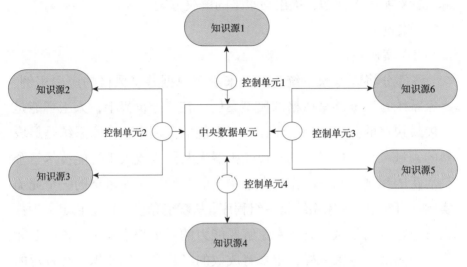

图 4-19　基于黑板式共享数据风格的系统结构

3. 工作流程

黑板式共享数据风格系统结构的流程构成主要有：①知识源。知识源是整体系统中最为重要的部分，是整个系统的信息来源。每个知识源之间相互独立，只作用于产生它们的应用。知识源之间的协作与通信通过中央数据单元进行。中央数据单元对各个知识源来说相当于是一块黑板，知识源可以在其上做各种运算操作，算出的结构将直接存储在中央数据单元中。②中央数据单元。相当于系统的大脑。它负责记录系统运行时出现的所有状态，以及存储一些包括了计算结果的信息。大部分的系统功能在此得以实现。③控制单元。知识源作为信息源头不断往知识库中输入新的数据信息，由此系统的状态也在不断改变。控制单元会根据改变的状态做出相应的处理，进而实现对整体系统的控制。人工智能专家系统是数据共享的经典案例。专家系统的实现理念是，通过模拟人类专家的思维方式，从某个特定领域的知识库里去获取信息、学习信息，并通过这些信息去完成类似于专家判断的推理工作，最终使得该系统真正应用于实际，针对某一个问题，提出高水平的解决方案。

4. 案例

（1）案例一。

该部分将以专家系统为例，来说明数据共享风格的应用实例。专家系统是数据共享风格的典型案例。在当今世界上，人工智能是发展最快速的技术之一。而在人工智能的应用中，专家系统是最成熟的领域。它与模式识别、智能机器人共同构成人工智能技术三个最活跃的领域。知识库作为专家系统的基础，是库风格的一个完美实例。事实上，专家系统是一组程序，从功能角度可以把它定义为：在某个特定的领域，具有专家解题能力的一个程序系统。该系统能像这个领域的专家一样，用卓有成效的经验和专家知识，在较短的时间内提供出解决具体问题的高水平的方案。其从结构方面可以定义为：一个用于解题的程序系统，由一个特定领域的知识库和一个可以获取和运用知识构件组成。给专家系统的研究带来了新的课题，即知识工程，主要研究知识获取、知识表示以及知识推理。

专家系统的工作流程如下：通过获取人们长期总结的特定领域中的知识和经验，模仿人类专家的思维规律和思维过程模式，利用某些推理机制和控制策略，用计算机执行推理，使专家的经验成为共享资源，以克服专家缺乏的困难。专家系统的核心内容是知识库和推理机制，主要构件包括人机接口、知识获取结构、知识库及其管理系统、推理机、数据库及其管理系统和翻译结构。专家系统的总体结构如图 4-20 所示，以下将简要介绍专家系统的主要构件。

第一个构件是人机接口。人机接口是专家系统和领域专家、知识工程师及普通用户的接口，由一套程序和相应的硬件组成，完成输入和输出工作。通过人机接口，领域专家或知识工程师可以输入、更新和完善知识库。通过人机接口，普通用户可以输入要解决的问题或向专家系统提出问题，系统可通过人机界面输出运行结果，回答问题或向用户请求进一步的事实。在输入与输出的过程中，人机接口必须改变信息的表示，从内部的形式变换成外部的形式。比如，当输入数据时，它们可能把领域专家、知识工程师或一般用户的输入变换成系统内部的表示，然后交给不同的结构。当输出数据时，它们把内部的表示变换成外部的容易理解的表示，并且把后者展现给相应的用户。

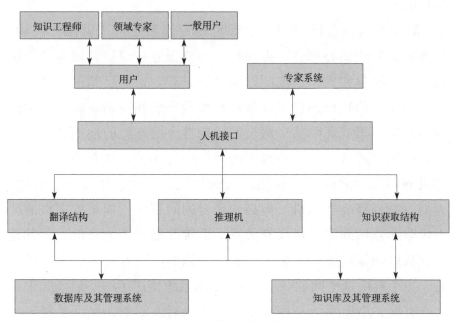

图 4-20　专家系统的总体结构

第二个构件是知识获取结构。专家系统中的知识获取结构由组程序组成。知识获取结构的基本任务是把知识输入知识库中，并保证知识的一致性和完整性。在不同的系统，系统采集的功能和其相应的实现方法不同。在有些系统中，知识工程师首先从领域专家手里获取知识，然后使用知识编辑软件把知识输入知识库。另外一些系统本身具有学习能力，能直接从领域专家获取知识或通过系统的操作实践总结新的知识。

第三个构件是知识库及其管理系统。知识库是知识的存储机构，用来存储领域的基本知识、专家的知识经验以及一些相关的事实等。知识库的知识是通过知识获取结构获得的，同时，知识获取结构也为推理机提供了所需的知识。知识库管理系统则负责组织、检索和维护知识库。在专家系统中，任何部门如果要和知识库通信，就必须请求该管理系统。因此，知识库管理系统可以实行统一管理和使用知识库。

第四个构件是推理机。推理机是专家系统的"思维"机构，是专家系统的核心部分。推理机的主要任务是模仿领域专家的思维过程，控制和操作预期问题的解决进程。根据已知的事实，运用知识库中的知识，它可以根据某推理方法和控制策略，得到问题的解决方案或证明某个假设的正确性。推理机的性能和知识表示和组织方式有关，但和知识的具体内容无关，这有利于保证推理机和知识库之间的独立性。也就是说，当知识库发生了变化，人们不需要修改推理机。但必须面对的问题是：如果推理机的搜索策略和领域问题绝对没有关系，系统性能将大大降低，尤其是当领域的问题规模非常大时，解决问题的过程有可能成为一场灾难。为了解决这个问题，一方面，专家系统使用了一些启发知识；另一方面，专家系统利用变换知识代表启发知识，保证了推理机和知识库的独立。

第五个构件是数据库及其管理系统。数据库也被称为"黑板"或"综合数据库"，它是用来存放初始事实和在推理过程中进行的每一步结果。根据数据库中的内容，推理机从知识库选择适当的知识，并将它们进行整理，然后将该执行结果输入数据库。从这个过程中，可以发现数据库是一个推理机不能缺少的工作空间，因为它可以在推理过程中记录详细信息，这便为翻译结构回答用户的咨询提供了一个基础。数据库是由数据库管理系统管理的，这与一般的程序设计中的数据库管理没有本质区别，但必须保证数据表示样式和知识表示样式的一致性。

第六个构件是翻译结构。翻译结构由一套程序组成，可以跟踪并记录推理过程，当用户要求解释时，它将按照问题的要求进行处理，最后通过人机接口用约定的方式向用户提供翻译答案。当构建一个真正的专家系统时，不仅要考虑这些构件，而且还要根据领域问题的特色考虑其他附加构件。举例来说，当构建专家决策系统时，还必须加上决策模型库；当构建具有复杂计算工作的专家系统时，还必须加上算法库等。

下面描述专家系统的通信方法。由于知识库是专家系统的核心，在专家系统的通信中，主要过程是由推理机控制对知识库进行操作。这个推理过程依靠知识，因为专家必须实时控制以修改和补充知识库。以下部分将使用一个简单实例来描述这一过程，专家系统交互方法流程如图 4-21 所示。

首先，用户提交要解决的问题，人机接口做预处理工作，使推理机能够了解到问题的描述。在推理机的控制下，专家系统开始搜寻知识库，请求需要的知识 K。如果没有可用的知识，专家提供的方案被中断；否则，根据有关知识和推理规则，推理机判断问题，开始在数据库中搜寻资料。根据现有的知识和获得的数据，推理机解决问题，得到结果 R，接着 R 被翻译机翻译。最后，把翻译结果通过人机接口提交给用户。在这个过程中，知识库的知识应用于各个阶段，如问题的判断、解决和解释，推理机使用知识执行真正的操作。控制知识库通信主要通过推理机实现。同时，知识库可以动态调整推理机的内容和机制，以达到持续学习的目的。

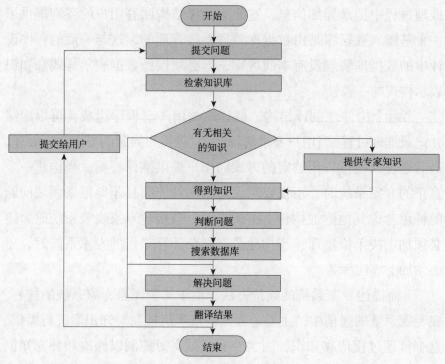

图 4-21　专家系统交互方法流程

（2）案例二。

分布式文件系统是另一种数据共享风格的典型案例，在此以成熟且成功的文件系统 HDFS（Hadoop 分布式文件系统）为中心展开介绍。随着速度的加快，数据很容易超过机器的存储限制，一种流行的解决方案是通过机器网络存储数据，这种文件系统称为分布式文件系统。由于数据存储在网络中，因此网络的所有复杂性都会出现。

HDFS 是一款商业化较为成功的分布式文件系统，是提供了最可靠服务的文件系统之一。HDFS 是一种独特的设计，为具有流数据访问模式的超大文件提供存储，在商品硬件上运行。这里的超大文件讨论的是 PB（1 000 TB）范围内的数据。流式数据访问模式指 HDFS 是按照一次写入多次读取的原则设计的，在写入数据后，可以处理大部分数据集。HDFS 使用的是价格低廉且易于在市场上买到的硬件，这是将 HDFS 与其他文件系统区分开来的特性之一。

HDFS 的结构示意图如图 4-22 所示。主从节点通常构成 HDFS 集群。其中主节点负责管理所有从节点并为其分配工作，执行文件系统命名空间操作，如打开、关闭、重命名文件和目录。主从节点应该部署在具有高配置的可靠硬件上，而非在商品硬件上。名称节点是实际工作节点，负责执行实际工作，如读取、写入、处理等。它们还根据 master 的指令执行创建、删除和复制，可以部署在商品硬件上。在主节点上运行的名称节点存储元数据（有关数据的数据），如文件路径、块数、块 ID 等，因此需要大量内存。它将元数据存储在 RAM（随机存取存储器）中以进行快速检索，即缩短查找时间，尽管它的永久副本保存在磁盘上。数据节点从节点上运行需要大量的内存，因为数据实际上都存储在这里。

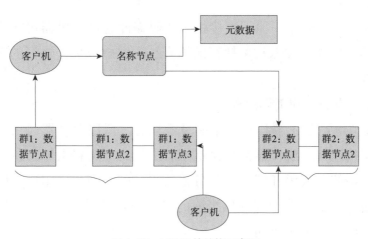

图 4-22　HDFS 的结构示意图

举一个数据插入的例子，假设插入了 100 TB 的文件，主节点首先将文件分成 10 TB 的块（Hadoop 2.x 及更高版本中的默认大小为 128 MB），然后这些块存储在不同的数据节点上，数据节点在它们之间复制块，并将包含的块的信息发送给主节点。默认复制因子为 3 意味着为每个块创建 3 个副本，其中包括它自己。在配置文件中，可以增加或减少复制因子，即可以在此处编辑其配置。假设系统不对数据进行划分，现在在一台机器上存储 100 TB 的文件是非常困难的。即使能够存储，整个文件的每次读写操作也将花费非常长的寻道时间。但是，如果将数据分成多个大小为 128 MB 的块，那么读写操作就变得容易许多。所以 HDFS 分割文件能够获得更快的数据访问，即缩短查找时间。

总之，HDFS 的特点有：①通过分布式形式实现数据存储。②通过分块减少寻址时间。③由于同一块存在于多个数据节点上，因此数据是高度可用的。④即使多个数据节点宕机，系统仍然可以完成所有工作，具有高可靠性、高容错性。

4.1.2.6　解释器风格

1.定义

解释器风格是一种不直接将源代码编译为目标机器可执行的语言，而是翻译为虚拟机可执行的语言，再由虚拟机去执行的软件架构风格[182]。

2.组成部分和工作流程

虚拟机是基于解释器风格的系统核心，所以解释器风格又被称为虚拟机风格。解释器包括将被解释的伪码和解释引擎。伪码由需要被解释的源代码和解释引擎分析所得到的中间代码组成。解释引擎又由语法解释器和解释器当前的状态构成[183]-[185]。解释器风格的整体流程如图 4-23 所示。

（1）用户通过交互界面，输入用特定编程语言编写的源代码。

（2）源代码和源代码被解释、接收和存储的进度一起被发送到解释引擎状态。

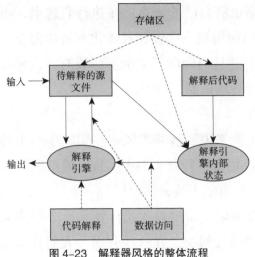

图 4-23　解释器风格的整体流程

（3）将解释器和源代码的当前状态传递给解释引擎，解释引擎读取并进行解释。

（4）更新源代码状态和解释器状态。

（5）引擎在用户界面中向用户提供输出。

3.优缺点和适用范围

在编写软件时，解释器风格是非常有效的，它可以开发出更高级的编程语言甚至发明一种新的编程语言来解决复杂问题。解释器风格在很多方面都有自己独特的优势：①适应性，解释器风格让高度动态的用户行为成为可能，它允许用户命令一直变化，其命令集允许动态修改。②仿真性，解释器风格中可以虚拟出虚拟机器，这就允许用户在一些十分昂贵或者不可实现的机器上进行模拟仿真实验。③解释器风格具有定制化，使开发变得更加容易，由解释器风格编写的代码更易于理解，便于后续的维护和管理。④解释器风格具有平台无关性，它适用于无法直接使用最合适的语言或机器来执行解决方案的应用程序。当程序需要提供跨平台的能力时，解释器风格是一个很好的选择。

解释器风格也有自己的缺点：在执行表现上，由于一边执行一边解释，无法提前构建一些缓存及优化，所以需要更长的时间去解释和执行代码。并且当调用了多个解释器时，这种风格需要建立较为复杂的解释器管理机制[186]-[188]。

4. 案例

以下将用实例来说明解释器风格在实际生产中的应用：布尔表达式、JavaScript 语言解释器和 JVM（Java 虚拟机）。

（1）案例一：布尔表达式。

在科学运算领域，布尔表达式计算是一个普遍问题。这种计算问题能通过多种途径解决。在这些方面，人们将语法搜索匹配作为布尔运算式估算的理论基础，以此来分析和解决源自语法匹配的运算式计算问题。

假如语法匹配问题的发生概率足够高，那么把每一种实例的语法表述为一种语言的句子是十分必要的。通过这种方法能够构建出一种解释器，解释器能够通过转换句子来解决句法匹配问题。正则表达式对于描述字符串来说是一种标准语言，与为每一种模式构建一种特殊的算法比较，利用通用搜索算法解释正则表达式更佳，这种正则表达式将字符串设置成可以设置待匹配字符串集，最终的操作结果就是布尔运算表达式的结果。

例子描述了形成系统基础的解释器如何为简单语言定义了一种语法，如何在这种语言中描述一个布尔运算式，如何转换这种表达，布尔运算如何被计算。如果用正则表达式描述简单的布尔语言，那么该理论的内容就能被概括为如何为规则运算式定义布尔表达式，如何描述一种特殊的布尔正则表达式，如何解释正则表达式以得到布尔运算式。

如果使用在面向对象中的类去实现每一语法规则，那么规则符号右边是语法规则类的实例对象。这些语法规则被六个类实现：一个抽象类 BooleanExpression 和它的五个子类（AndExpression、OrExpression、NotExpression、VariableExpression 和 Constant）。定义在子类中的变量表示子表达式。这种抽象类和其附属类的 UML 类如图 4-24 所示。

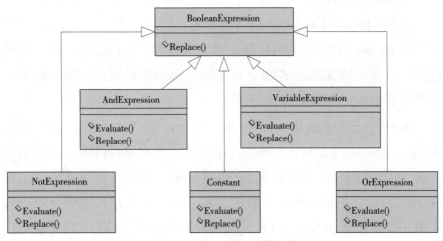

图 4-24　布尔表达式计算系统

　　每一个利用这种语法定义的正则表达式都可以被表示为一棵抽象的语法树。这棵树由一些类的对象组成。树中每个节点都是五种类中某一种的实例。这些节点的组织形式类似于二叉树结构，构成"解释引擎"。举例来说，如果遇见这类表达：（true and x）or（y and（not x）），就能依照上述的语法定义所显示的一棵语法树，如图 4-25 所示。

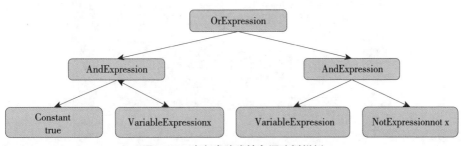

图 4-25　布尔表达式抽象语法树样例

解释器风格定义了特定语言的文法表示和解释该文法的解释器。这种模式如同乐谱。其中，音阶和它的持续时间可以用五线谱上的符号表示。这些符号就是音乐语言。音乐家按照乐谱演奏，就可以反复重现同样的音乐。

（2）案例二：JavaScript 语言解释器。

JavaScript 源代码由 Web 服务器发送到客户端浏览器之前不需经过编译，而是将文本格式的字符代码发送给客户端浏览器，由客户端浏览器中的解释器解释执行。

解释器的总体结构（图 4-26）如下：①词法分析。以嵌入在 HTML 文本中的 JavaScript 脚本程序为输入形成单词链表，以便语法分析。单词链表为双向链表。②语法分析。以单链表为输入，依据 JS 语言的语法规则形成中间数据结构。中间数据结构能够反映出程序语句描述的数据处理流程。③解释执行控制器。以中间数据结构为输入负责对语句解释执行的控制。④语句解释器。完成各类型控制语句的解释执行，该模块可能会调用解释执行器而形成递归调用。⑤表达式规约器。由语句解释器来调用，它负责在语句解释执行过程中完成各类型表达式的运算和赋值语句的执行。⑥与浏览器交互。完成在表达式运算过程中对当前文档对象和 HTML 文本中各种控件对象的属性值的修改并通过改变浏览器的输出显示表现出来。

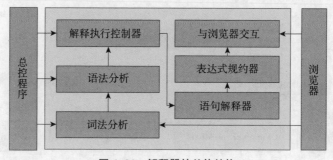

图 4-26　解释器的总体结构

接下来，将介绍解释器各个部分的实现。

①总控程序。总控程序负责整个解释器的运行控制，充当浏览器和 JavaScript 解释器之间的接口。先将从浏览器传入的 JavaScript 源程序交由词法分析器形成一个双向单词链表，再调用词法分析器生成中间数据结构，最后调用解释执行器对语句逐条解释执行。在整个运行过程中，总控程序根据各模块调用的返回结果来控制解释器的运行。

②中间数据结构。其主要包括变量、程序流程和程序语句的中间描述。变量结构 VALUE_TYPE 的设计主要考虑到各种类型变量（包括对象）的逻辑存储结构的统一。name 为变量名，type 为变量类型，valuc 为联合域，存放不同类型变量的值。变量为字符串时，value 存放字符串的地址。变量为对象时，value 存放对象的地址，为了将不同对象的地址统一存放，OBJECT_VALUE 定义为 void 指针。由于 JavaScript 语言的弱类型性，变量在定义的时候可以不指定类型，此时变量结构的 TYPE 域值会在运行期来确定。程序流程结构 STATEMENT_NODE，该结构组成一个链表，反映出语法分析过程中形成的程序语句流程。STATEMENT_TYPE 为枚举类型用于存放语句类型。NEXT 为 STATEMENT_NODE 结构指针，以指示程序段中顺序执行的下一条语句。OUTER 也是 STATEMENT_NODE 结构指针，用来指示复合语句的上层语句。STATEMENT 为联合类型域用以指示当前语句节点，该联合中各域均定义为指针类型，指针所指类型为各种语句定义结构，如 IF 语句、FOR 语句。STATEMENT 联合根据 STATEMENT_TYPE 值指定相应的域来指向语句结构。

③解释执行控制器。解释执行控制器负责对程序语句解释执行流程的控制。伪代码如下：

```
Function deal_statement(statement_node * pStmt)
BEGIN
    pStmtNext = pStmt
```

```
WHILE(pStmtNext!=NULL) DO
    switch (pStmtNext->statement_type)
    {
        case 赋值语句：
            调用赋值语句解释器；
            break;
        case for 语句：
            调用 for 语句解释器；
            break;
        ...
        default：
            break;
    }
    pStmtNext =pStmtNext->next;
END WHILE;
END;
```

控制器以程序流程的中间描述作为输入，从语句块的第一条语句开始解释执行，根据语句的不同类型进入相应的单条语句处理模块。

④表达式规约器。表达式规约器负责各种表达式的运算和赋值语句的执行。表达式是描述数据运算的基本结构，它通常含有数据引用、算符和函数调用。

⑤与浏览器交互。第一，改变当前文档对象及各类型空间对象的属性。第二，处理用户与网页交互时产生的操作即事件处理。事件处理由一段事件处理程序来完成，可将事件处理程序作为一个解释单元交给解释器主控程序来解释执行，这样便可完成用户与网页之间的交互。

（3）案例三：JVM。

Java 虚拟机架构概述如图 4-27 所示。

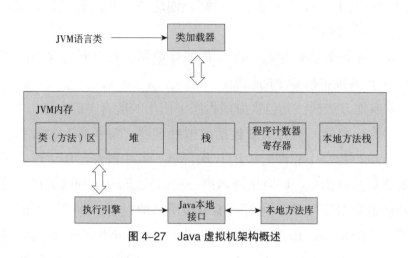

图 4-27　Java 虚拟机架构概述

Java 虚拟机的架构包括八个部分。

①类加载器。类加载器是 JVM 的一个子系统，用于加载类文件。每当运行 Java 程序时，它首先由类加载器加载。Java 中有 3 个内置的类加载器。引导类加载器：这是第一个类加载器，它是扩展类加载器的超类。它加载 rt.jar 文件，其中包含 Java 标准版的所有类文件，如 java.lang 包类、java.net 包类、java.util 包类、java.io 包类、java.sql 包类等。扩展类加载器：这是引导的子类加载器和系统类加载器的父类加载器。它加载位于 $JAVA_HOME/jre/lib/ext 目录中的 jar 文件。系统类加载器：这是扩展类加载器的子类加载器。它从类路径加载类文件。默认情况下，类路径设置为当前目录。可以使用 "-cp" 或 "-classpath" 开关更改类路径。它也称为应用程序类加载器。

②类（方法）区。类（方法）区存储每个类的结构，如运行时常量池、字段和方法数据、方法代码。

③堆。分配对象的运行时数据区。

④栈。Java Stack 存储帧。其用于保存局部变量和部分结果，并在方法调用和返回中起作用。每个线程都有一个私有 JVM 堆栈，与线程同时创建。每次调用方法时都会创建一个新框架。框架在方法调用完成时被销毁。

⑤程序计数器寄存器。PC（程序计数器）寄存器包含当前正在执行的 Java 虚拟机指令的地址。

⑥本地方法栈。其包含应用程序中使用的所有本机方法。

⑦执行引擎。执行引擎包括虚拟处理器、解释器（读取字节码流然后执行指令）和即时（JIT）编译器。其中解释器用于读取字节码流然后执行指令，即时编译器用于提高性能。JIT 同时编译具有相似功能的部分字节码，从而减少编译所需的时间。这里，术语"编译器"是指从 Java 虚拟机的指令集到特定 CPU 的指令集的翻译器。

⑧ Java 本地接口。Java Native Interface（JNI）是一个框架，它提供了一个接口来与另一个用另一种语言（如 C、C++、Assembly 等）编写的应用程序进行通信。Java 使用 JNI 框架将输出发送到控制台或与操作系统库交互。

4.1.2.7 反馈控制环风格

1.定义

反馈控制环风格是指通过结果的反馈，使被控制对象的功能和属性达到理想状态。反馈控制环是一种特定的数据流结构，传统的数据流结构是线性的，控制连续循环过程的体系结构是环形的[189]。

2.组成部分和工作流程

反馈控制环风格借鉴了控制系统中的诸多理论，是软件开发时一种常见且有效的风格。反馈回路将系统的输出考虑在内，这使得系统能够调整其性能以满足所需的输出响应。按照反馈的类型，反馈控制可以分为正反馈控制和负反馈控制。正反馈控制的特性是信号往往会自我强化，并变得更强。负反馈控制的特性是系统的输出会越来越趋近于想要的输出。因此在反馈控制环风格使用的都是负反馈控制。在反馈控制环中包括五个基础的部分：程序输入、控制系统运行的控制器、用于系统执行的处理器、程序输出以及反馈回路。反馈控制环的流程如图 4-28 所示。

图 4-28　反馈控制环的流程

3. 优缺点和适用范围

反馈控制环风格能处理复杂的自适应问题，被广泛地用于产品线的自动机械控制软件领域中。生产管理系统（manufacturing execution system，MES）也在大量使用这种风格。它可以通过定义合适的反馈策略来自动地让系统达到某个目标。同时反馈控制环风格的缺点也很明显，即设计一个控制系统之前，必须知道这个控制对象的特性和属性，以及这些特性和属性伴随着诸如环境等其他因素变化而发生变化的范围。此外，还需要确定目标，设计合适的反馈策略，在实际应用中，这些设计存在较大的难度。

4. 案例

（1）案例一：机器学习。

机器学习是人工智能的一个重要探索领域，主要聚焦于计算机学习算法和技术开发。一般来说有两种学习类型：归纳和推论。归纳的机器学习方法是从巨大数据集中抽取规则和模式，从而构造计算机程序。需要注意，虽然模式识别对于机器学习十分重要，但若没有规则抽取，则应被归为数据挖掘领域。

图 4-29 展示了在机器学习中搭建一个学习构件的流程。该流程包括：构建训练集、搭建模型、度量损失和学习算法。

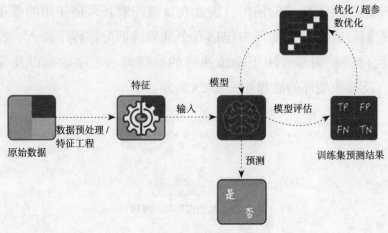

图 4-29　机器学习模型

　　构建训练集：训练集是构建机器学习模型的起点。在有监督的学习中，训练集通常包括样本以及对应的人工标签，在自监督的学习中，训练集只需要包括训练样本即可。在构建训练集阶段，需要对数据进行一些预处理，如数据清理和数据划分等。

　　搭建模型：在该阶段，需要确定使用的机器学习模型。如果需要解决的问题是分类问题，可以选择逻辑回归、支持向量机和神经网络等；如果面对的问题是回归问题，可以选择多项式回归和神经网络等。

　　度量损失：在系统得到反馈之前，需要知道模型结果和目标之间的差距。在机器学习中，使用损失函数来度量模型结果和目标之间的差距。常见的损失函数包括交叉熵（用于分类任务）和均方误差（用于回归任务）。

　　学习算法：得到模型结果和希望的结果之间的差距后，需要将这个差距反馈给模型。这个反馈一般选用反向传播方式。通过反向传播，模型能得到对应的梯度。模型根据梯度的方向进行优化，使得自己的知识得到增长。

（2）案例二：针对网络服务器服务质量的反馈控制环[190]。

这种架构的关键特性是使用反馈控制循环，通过服务器进程的动态重新分配来强制执行所需的相对或绝对延迟。该架构由一个连接调度器、监视器、控制器和固定的服务器进程池组成，如图 4-30 所示。以下将分别描述这些组件的设计。

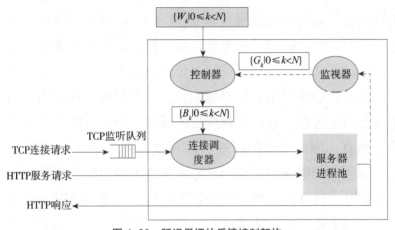

图 4-30　延迟保证的反馈控制架构

①连接调度器。连接调度器作为执行器来控制不同类的延迟。它侦听端口并接受每个传入的 TCP 连接请求。连接调度器使用自适应比例共享策略将服务器进程分配给来自不同类别的连接。在每个采样时刻 m，每个类 k（$0 \leqslant k<N$）都被分配一个进程预算 $B_k(m)$，即类 k 应该在第 m 个采样周期内最多分配 $B_k(m)$ 个服务器进程。对于具有绝对延迟保证的系统，所有类的总预算可以超过过载的服务器进程总数，这种情况称为控制饱和。在这种情况下，进程预算按优先级顺序得到满足，直到每个进程都分配给一个类。该策略意味着高优先级的进程预算总是先于低优先级的进程预算得到满足，从而可以实现延迟保证的正确顺序。对于具有相对延迟保证的服务器，相对延迟控制器始终保证总预算等于进程总数。对于每个类 k，

279

连接调度器维护一个先进先出（FIFO）队列 Q_k 和一个进程计数器 R_k。连接队列 Q_k 在分配服务器进程之前保存 k 类连接。计数器 R_k 是分配给类 k 的进程数。在接受传入连接后，连接调度器对新连接进行分类，并将连接描述符插入与其类别对应的调度队列中。每当服务器进程可用时，如果类 k 在所有符合条件的类中具有最高优先级，则调度队列 Q_k 前面的连接将被分派。对于上述调度算法，一个关键问题是如何决定进程预算 $\{B_k|0 \leq k<N\}$ 以实现所需的相对或绝对延迟 $\{W_k|0 \leq k<N\}$。请注意，当工作负载不可预测且在运行时发生变化时，从所需的相对或绝对延迟到流程预算（例如，基于系统分析）的静态映射不能很好地工作。这个问题促使使用反馈控制器来动态调整过程预算以保持所需的延迟。由于调度器可以动态更改进程预算，因此当类的新进程预算 $B_k(m)$（在上述饱和条件调整后）超过可用服务器进程和已分配给类 k 的进程总数时，就会出现这种情况，这样的 k 类称为预算不足类。在这种情况下可以支持两种不同的策略，抢占式调度和非抢占式调度。在抢占式调度模型中，连接调度器立即强制服务器进程关闭那些新进程预算小于当前分配给它们的进程数的超预算类的连接。在非抢占式调度模型中，连接调度器会等待服务器进程主动释放超出预算的类的连接，然后才会将足够的进程分配给预算不足的类。抢占模型的优点是它对控制器的输入和负载变化的响应更快，但它会导致被抢占类的抖动延迟，因为它们可能必须在加载网页的中间重新建立与服务器的连接。另外，在商业 Web 服务器中，非抢占式调度可能是特别需要的，在这些服务器中，保持已建立的连接处于活动状态以完成客户和卖家之间的商业交易。目前在该 Web 服务器中只实现了非抢占式模型。

②服务器进程池。每个服务器进程从连接调度程序读取连接描述符。一旦服务器进程关闭了一个 TCP 连接，它就会通知连接调度

程序并可以处理新的连接。

③监视器。在每个采样时刻 m 调用监视器。它计算平均连接延迟 $\{G_k(m)|0 \leqslant k < N\}$ 在最后一个采样周期内的所有类。控制器使用采样的连接延迟来计算新的过程比例。

④控制器。该架构为每个相对或绝对延迟约束使用一个控制器。在每个采样时刻 m，控制器比较采样的连接延迟 $\{G_k(m)|0 \leqslant k < N\}$ 具有所需的相对或绝对延迟 $\{W_k|0 \leqslant k < N\}$，并计算新的过程预算 $\{B_k(m)|0 \leqslant k < N\}$，连接调度程序使用它们在接下来的采样期间重新分配服务器进程。

4.1.2.8　云体系结构风格

1.定义

云体系结构风格是在当今云计算生态背景下发展出来的软件体系结构风格，也称为共享体系结构风格。云体系结构并非传统的七大软件体系结构，而是随着云计算生态环境的日趋成熟而逐渐凸显出来的体系结构风格，是依托于云计算平台的软件所抽象出来的软件体系结构风格。云平台提供了强大的计算能力与大数据处理能力，因此，云体系结构有望在将来成为一种成熟的软件体系结构风格。所有采用云计算技术与应用云计算应用程序的软件，均可以视为使用了云体系结构风格[191][192]。

2.组成部分和工作流程

云体系结构风格按照不同的需求可以分为两类：大数据结构风格和大计算架构风格。

大数据结构风格旨在处理对传统数据库系统来说太大或太复杂的数据的摄取、处理和分析。大多数大数据架构包括以下部分或全部组件（图 4–31）。

（1）数据源。所有大数据解决方案都从一个或多个数据源开始。常见的数据源包括：应用程序数据存储，如关系数据库等；应用程序生成的静态文件，如 Web 服务器日志文件等；实时数据源，如物联网设备等。

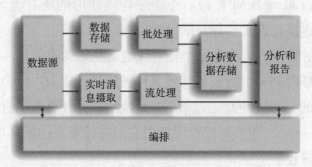

图 4-31　大数据架构流程

（2）数据存储。批处理操作的数据通常存储在分布式文件存储中，该存储可以保存大量各种格式的大文件。这种存储通常称为数据湖。

（3）批处理。由于数据集非常大，大数据解决方案必须使用长时间运行的批处理作业来处理数据文件，以过滤、聚合和准备数据进行分析。通常这些作业涉及读取源文件、处理它们并将输出写入新文件。

（4）实时消息摄取。如果解决方案包括实时源，则架构必须包括一种捕获和存储实时消息以进行流处理的方法。这可能是一个简单的数据存储，其中传入的消息被放入一个文件夹中进行处理。但是，许多解决方案需要一个消息摄取存储作为消息的缓冲区，并支持横向扩展处理、可靠交付和其他消息队列语义。

（5）流处理。捕获实时消息后，解决方案必须通过过滤、聚合和其他方式准备数据进行分析处理，然后将处理后的流数据写入输出接收器。

（6）分析数据存储。许多大数据解决方案为分析准备数据，采取可以使用分析工具查询的结构化格式存储处理后的数据。用于为查询提供服务的分析数据存储可以是 Kimball 风格的关系数据仓库，在大多数传统商业智能（BI）解决方案中比较常见。当然，数据也可以通过低延迟 NoSQL 技术（如 HBase）或交互式 Hive 数据库呈现，该数据库为分布式数据存储中的数据文件提供元数据抽象。

（7）分析和报告。大多数大数据解决方案的目标是通过分析和报告提供对数据的洞察。为了使用户能够分析数据，该体系结构包括一个数据建模层。

（8）编排。大多数大数据解决方案由重复的数据处理操作组成，封装在工作流中，转换源数据，在多个源和接收器之间移动数据，将处理后的数据加载到分析数据存储中，或将结果直接推送到报告或仪表板，如果需要自动化工作流，可以使用编排技术。

大计算架构流程如图 4-32 所示。

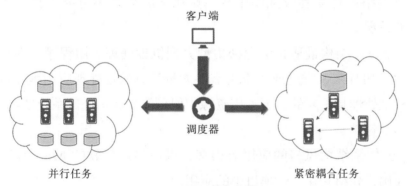

图 4-32　大计算架构流程

（1）客户端将任务放入任务队列（job queue，JQ）。

（2）调度器或协调器根据任务的类型进行不同的调度。

（3）如果任务可以被拆分成若干个独立的子任务，那么可以使用多个内核，同时执行这些子任务。

（4）若各个子任务之间是紧密耦合的，这意味着它们必须交互或交换中间结果。在这种情况下，需要使用高速网络技术，如 InfiniBand 和远程直接内存访问（RDMA）。

3. 优缺点和适用范围

云体系结构风格的优点有：①可以大幅度地提高性能。云体系结构利用并行性，支持大量数据的处理。②与现有解决方案具有较强的互操作性。云体系结构的组件可以用于 IoT 处理和企业 BI 解决方案，使用户能够创建跨数据工作负载的集成解决方案。云体系结构风格的缺点是越强大的共享能力意味着越严格的数据安全问题。因为云体系结构是高度共享的体系结构，计算能力与数据均存在于云中，因此如何保证数据不会丢失以及数据不会被非法获取、访问是两个重要的问题。当今的共享体系结构都高度依托于互联网，因此对于网络通信质量的要求比较高。虽然现在远程网络访问的速度已经越来越快，但和局域网相比仍然存在延迟。一旦网络信道受到较强的干扰，则服务将出现不可靠，甚至不可用的情况。

云体系架构最适合资源密集型大型机批处理应用程序、在特定时间（如月末、季度或年末）需要大量计算的批处理应用程序。大型机批处理是重复的且不占用资源，但可能需要由外部系统使用。

4. 案例

云体系结构风格的应用有很多，以下将以微软的 Azure 和阿里云为例，介绍它在实际项目中的应用。

（1）案例一：在 Azure 上设计大型机批处理应用程序。

大型机主要用于处理大量数据。批处理是一种处理大量组合在一起的事务，然后对数据库进行批量更新的方法。一旦触发，它们只需要最少交互甚至不需要用户交互。例如，大型机系统使银行和其他金融机构进行季度末处理并生成报告，如季度股票或养老金报表等。下面将展示在 Azure 上设计的大型机批处理应用程序。由于不断变化的业务需求，数据和应用程序需要在不影响基础架构的情况下交付和扩展。在 Azure 上的大型机批处理应用程序可以帮助金融、健康、保险和零售业的企业最大限度地缩短产品或功能的交付时间，并降低成本。

下面介绍在 Azure 上的大型机批处理应用程序的体系结构。如图 4-33 所示，启动 Azure 批处理的触发器包括：①使用 Azure Databricks 作业计划程序或 Azure Function 计划程序。②使用 Azure 逻辑应用程序创建周期性批处理任务。③使用存储事件，如在 Azure Blob 或 File storage 中创建或删除文件。④使用基于消息的触发器，如消息到达 Azure 服务总线等。⑤创建 Azure 数据工厂触发器。大型机的文件可以存储在 Azure 的 Blob Storage 或者数据湖中，它可以提高快速的存储读取和写入操作。Azure 提供各种服务来实现大型机批处理工作。根据业务需求选择特定服务。例如，业务需求包括所需的计算能力、总执行时间、将大型机批处理拆分为更小的单元的能力以及成本敏感性。Azure 提供的服务包括 Azure Databricks、AKS/Service Fabric、Batch、Functions、WebJobs 或 Logic Apps。Azure Databricks 是一个基于 Apache Spark 的分析平台。作业可以用 R、Python、Java、Scala 和 Spark SQL 语言编写。它提供了一个具有快速集群启动时间、自动终止和自动缩放的计算环境。它与 Azure 存储（如 Azure Blob 存储和 Azure Data Lake 存储）进行了内置集成。如果需要在短时间内处理大量数据，请使用 Azure Databricks。如果需要运行提取、转换和加载（ETL）工作负载，这也是一个不错的选择。AKS 和 Service Fabric 提供了一个基础结构来实现基于服务的应用程序体系结构。对于单个应用程序而言，它可能不具有成本效益。可以使用 Java Spring Boot 重构大型机应用程序。在 Azure 上运行 Spring Boot 应用程序的最佳方法是使用 Azure Spring Cloud，这是一种完全托管的 Spring Cloud 服务。Java 开发人员可以使用它在 Azure 上轻松构建和运行 Spring Boot 微服务。可以使用 .NET 或 Java 重新设计大型机批处理应用程序。Batch 提供了大规模运行此应用程序的基础架构。它创建和管理虚拟机池，安装应用程序，然后安排作业在 VM 上运行。无须安装、管理或扩展集群或作业调度程序软件，使用 Windows 或 Linux 支持的任何编程语言编写应用程序。另外，还可以使用 Functions、WebJobs 或 Logic Apps 来执行短期运行的 COBOL 或 PL/1 批处理程序。

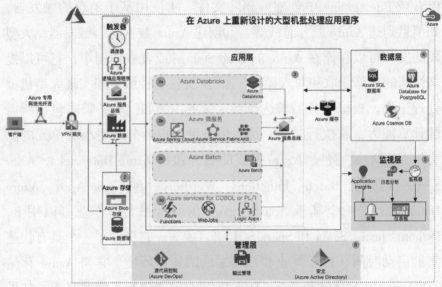

图 4-33　在 Azure 上的大型机批处理应用程序的体系结构
（源自 http://docs.micorsoft.com）

在数据存储方面，Azure 提供各种数据服务来存储和检索数据。①关系型数据库：只需要对 Azure 关系数据库产品进行少量的更改，就可以迁移大型机关系数据库（如 Db2 和 Informix 等）至 Azure（如 Azure SQL VM、Azure SQL DB 或 Azure SQL MI 等）。还可以使用任何开源关系数据库管理系统（RDBMS），如 Azure PostgreSQL 等。Azure 数据库的选择取决于工作负载的类型、跨数据库查询、两阶段提交要求以及许多其他因素。②非关系型数据库：对于非关系数据库 [如

IMS、集成数据管理系统（IDMS）或 VSAM（虚拟存储访问方法等）]，Azure 也提供对应的服务。Azure Cosmos DB 提供快速响应时间、自动和即时可扩展性以及任何规模的速度保证。对于任何规模或规模的不可预测或零星工作负载，这是一种经济高效的选择。开发人员无须规划或管理容量即可轻松入门。③缓存：Azure 提供了 Azure Redis 来存储缓存，对应用程序进行加速。

应用程序、操作系统和 Azure 资源可以使用代理将日志和指标发送到 Azure Monitor 日志。Application Insight 监控应用程序。它会自动检测性能异常并包含强大的分析工具来帮助诊断问题。Azure Log Analytics 有助于从收集的日志数据中存储、索引、查询和派生分析。可以使用 Log Analytics 和 Application Insights 的输出来创建警报和仪表板，或导出到外部服务。

图 4-33 中的最下面为源代码控制、安全性和输出管理提供服务。这些服务可能包括 Azure DevOps 和 Azure Active Directory（Azure AD）。

（2）案例二：在阿里云上设计的淘宝数据魔方技术架构。

淘宝数据魔方技术架构的海量数据产品就是依托于云体系架构的海量数据处理成功案例。如淘宝海量数据技术架构整体可以划分为五层：数据源层、计算层、存储层、查询层和产品层（图 4-34）。

数据源层保留了最初淘宝当中的交易数据，并通过 DataX、DbSync 或 TimeTunnel 等技术实时地将数据送达到下一层的云梯中。

计算层就是 Hadoop 集群，亦称为云梯。该部分运用了 Hadoop 的核心 MapReduce 技术，随时不停地对数据源传来的数据进行计算。

存储层，就是对计算层计算所得结果进行存储，这里采用了两种存储方式——MyFox 和 Prom。MyFox 是基于 MySQL 的分布式关系型数据库集群，而 Prom 则是一个用于存储非结构化数据的 NoSQL 存储集群。值得注意的是，后者就是不折不扣的基于 Hadoop HBase 技术的数据存储系统，前文也提到这是 Hadoop 的核心组成部分之一。

图4-34 淘宝海量数据产品技术架构

查询层当中使用了 gilder。用户通过 MyFox 对所需数据进行查询，gilder 以 HTTP（超文本传输协议）对外提供 restful 方式的接口，最终通过一个唯一的 URL（统一资源定位系统）实现数据访问。

产品层可以基于底层的数据库以及查询层提供的数据获取服务实现各种应用，如数据魔方、淘宝指数、开放 API 等。

由于这一部分是云体系结构风格的应用案例，因此不再对 Hadoop 技术及其关键数据存储技术 HBase 和 Prom 加以赘述。

云体系结构商业应用最为杰出的代表之一是阿里云。自 2009 年成立以来，其服务于超过 200 个国家的 230 个客户。阿里云致力于以在线公共服务的方式，提供安全、可靠的计算和数据处理能力。

阿里云具有极强大的产品体系。阿里云的规模数据中心遍布全球，CDN（内容分发网络）覆盖全球六大洲 30 多个国家和地区，超过 1 000 个全球节点。阿里云 CDN 全称是 Alibaba Cloud Content Delivery Network，建立并覆盖在承载网之上、由分布在不同区域的边缘节点服务器群组成的分布式网络，替代传统以 WEB Server 为中心的数据传输模式。将源内容发布到边缘节点，配合精准的调度系统。将用户的请求分配至最适合的节点，使用户可以以最快的速度取得所需的内容，有效解决 Internet 拥塞问题，提高用户访问的响应速度。阿里云产品体系如图 4-35 所示。

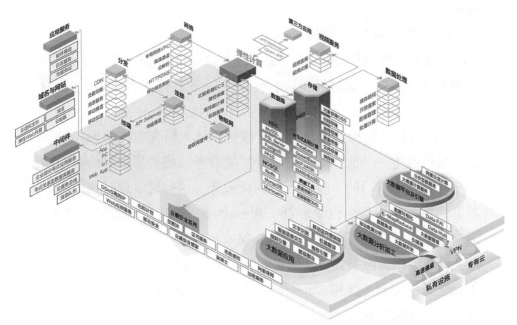

图 4-35 阿里云产品体系
（源自 http://www.aliyun.com）

阿里云帮助环信解决安全稳定的问题，帮助旷视科技解决弹性扩展的问题，帮助点点客节约成本，以及帮助 VOS 实现快速运维，这些都是云体系结构应用的典型代表。

4.1.2.9 微服务体系风格

1. 定义

"微服务架构"一词在过去几年中涌现，用来描述将软件应用程序设计为可独立部署的服务套件的特定方式。虽然这种架构风格没有精确的定义，但围绕业务能力、自动化部署、端点智能以及语言和数据分散控制等领域，Fowler Lewis 将微服务（micro-services）的架构风格定义为"将应用程序作为一组小服务的开发方法，每个小服务都在自己的进程中工作并与轻机制进行通信"[193][194]。本书认为微服务是将应用程序构建为围绕业务领域建模的小型自治服务的集合的一种结构风格。

2. 组成部分和工作流程

微服务的目标是低耦合、高内聚[195][196]。其中有两种方式用于模块和模块的通信：通过轻协议 [如 REST（表述性状态传递）] 和消息 / 事件（通过消息 / 事件总线）的直接通信。

设计微服务架构的步骤有：①理解单体。研究单体的操作并确定它执行的组件功能和服务。②开发微服务。将应用程序的每个功能开发为一个自治的、独立运行的微服务。这些通常运行在云服务器上的容器中。每个微服务都实现一个单一的功能——比如搜索、运输、支付、会计、工资单等。③集成更大的应用程序。通过 API 网关松散地集成微服务，以便它们协同工作以形成更大的应用程序。④分配系统资源。使用 Kubernetes 等容器编排工具来管理每个微服务的系统资源分配。

微服务架构一般包含：①客户。该架从不同类型的客户端开始，来自不同的设备，尝试执行各种管理功能，如搜索、构建、配置等。②身份提供者。来自客户端的这些请求然后传递给身份提供者，身份提供者对客户端的请求进行身份验证并将请求传达给 API 网关。然后通过定义良好的 API 网关将请求传送到内部服务。③ API 网关。由于客户端不直接调用服务，API 网关充当客户端将请求转发到适当微服务的入口点。使用 API 网关的优点包括：所有服务都完成自动更新。服务可以使用消息传递协议。API 网关可以提供安全性、负载平衡等。收到客户端的请求后，内部架构由微服务组成，微服务通过消息相互通信以处理客户端请求。④消息。它们通过两种类型的消息进行通信，同步消息：在客户端等待服务响应的情况下，微服务通常倾向于使用 REST，因为它依赖于无状态、客户端—服务器和 HTTP。使用此协议是因为它是一个分布式环境，每个功能都用资源表示以执行操作。异步消息：在客户端不等待服务响应的情况下，微服务通常倾向于使用诸如 AMQP、STOMP、MQTT 等协议。⑤数据处理。每个微服务都拥有一个私有数据库来捕获它们的数据并实现各自的业务功能。此外，微服务的数据库仅通过其服务 API 进行更新。微服务所提供的服务，被任何支持不同技术栈的进程间通信的远程服务所继承。⑥静态内容。在微服务内部进行通信之后，它们将静态内容部署到基于云的存储服务，该服务可以通过内容分布网络将它们直接交付给客户端。⑦管理。该组件负责平衡节点上的服务并识别故障。⑧服务发现。充当微服务的指南，以查找它们之间的通信路径，因为它维护节点所在的服务列表。微服务的架构如图 4-36 所示。

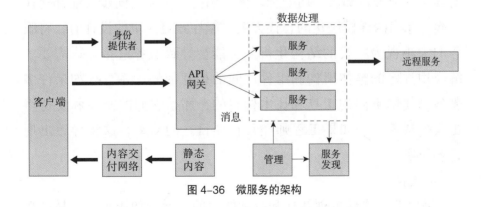

图 4-36　微服务的架构

3. 优缺点和适用范围

将应用程序分解为不同的较小服务的优点很多：①模块化。微服务风格具有低耦合、高内聚的特点，这使应用程序更易于理解、开发、测试。与单体架构的复杂性相比，这种优势经常被争论。

②可扩展性。由于微服务是彼此独立实现和部署的，即它们可以在独立的进程中运行，它们可以被独立监控和扩展。③便于异构和遗留系统的集成。微服务被认为是对现有单体软件应用程序进行现代化改造的可行手段。多家企业已经成功地用微服务替换（部分）其现有软件。遗留应用程序的软件现代化过程是使用增量方法完成的。④分布式开发。它通过使小型自治团队能够独立开发、部署和扩展各自的服务来并行开发。它还允许通过持续重构出现单个服务的架构。基于微服务的架构有助于持续集成、持续交付和部署。

当然，微服务架构也面临着一些挑战：①在网络延迟和消息处理时间方面，网络上的服务间调用比单体服务进程中的进程内调用具有更高的成本。②部署更加复杂。③在服务之间转移职责更加困难。它可能涉及不同团队之间的交流、用另一种语言重写功能或将其安装到不同的基础设施中。然而，微服务可以独立于应用程序的其余部分进行部署，而处理单体应用的团队需要同步才能部署在一起。④当内部模块化的替代方案可能导致更简单的设计时，将服务的大小视为主要的结构化机制可能会导致服务过多。这需要了解应用程序的整体架构和组件之间的相互依赖关系。⑤如果许多服务是使用不同的工具和技术构建的，那么它们的开发和支持将更具挑战性——如果工程师经常在项目之间移动，这将导致出现许多问题。

4. 案例

世界上一些最具创新性和盈利能力的企业，如亚马逊、易贝和爱奇艺等，将其 IT 计划成功的原因部分归功于对微服务的采用。随着时间的推移，这些企业拆除了它们的单体应用程序，重构为基于微服务的架构。这有助于快速实现扩展优势、更高的业务敏捷性和难以想象的利润。本书将一一进行剖析，介绍这些企业如何通过微服务来解决关键的扩展和服务器处理挑战。

（1）案例一：亚马逊使用的微服务架构。

20世纪初期，亚马逊的零售网站表现得像单一的单体应用程序。构成亚马逊单体应用的多层服务之间和内部的紧密联系，意味着开发人员每次想要升级或扩展亚马逊系统时都必须仔细厘清依赖关系。2001年，开发延迟、编码挑战和服务相互依赖性抑制了亚马逊满足其快速增长的客户群的扩展需求的能力。面对从头开始重构系统的需求，亚马逊将其单体应用程序分解为小型、独立运行、特定于服务的应用程序。

具体来说，亚马逊的解决办法是：开发人员分析源代码并提取出服务于单一功能目的的代码单元。将这些单元封装在一个 Web 服务接口中，如为产品页面上的"购买"按钮、税收计算器功能开发了一个单一服务等。

亚马逊将每项独立服务的所有权分配给了一个开发团队。这使团队能够更细致地查看开发瓶颈并更有效地解决挑战，因为少数开发人员可以将所有注意力集中在单个服务上。

如何连接微服务以形成更大的应用程序，亚马逊的解决办法是：创建一个规则解决单一用途函数问题，开发人员必须遵守该规则，即函数只能通过自己的 Web 服务 API 与世界其他地方进行通信。这使亚马逊能够创建一个高度解耦的架构，只要这些服务遵守标准的 Web 服务接口，这些服务就可以彼此独立地迭代，而无须在这些服务之间进行任何协调。

亚马逊的"面向服务的架构"很大程度上是微服务的开端。亚马逊开发了许多支持微服务架构的解决方案，如 AWS（Amazon Web Services，亚马逊网络服务）和阿波罗。可以说如果没有向微服务的过渡，亚马逊就不可能成长为世界上最有价值的企业（2020年2月28日的市值为9 411.9亿美元）之一。

（2）案例二：Netflix 使用的微服务架构。

Netflix 于 2007 年开始提供电影流媒体服务，到 2008 年，它遭受服务中断和扩展挑战的困扰，数据库遇到了严重的损坏，并且连续 3 天无法向会员运送 DVD。从那时起，Netflix 开始从垂直扩展的单点故障（如数据中心的关系数据库）转向高度可靠、水平可扩展的云分布式系统。它们选择 Amazon Web Services 作为云提供商，因为其可以提供最大的规模和最广泛的服务及功能。2009 年，Netflix 开始逐步将其单体架构逐个服务重构为微服务。第一步是将其非面向客户的电影编码平台迁移到作为独立微服务在 AWS 云服务器上运行。Netflix 在接下来的两年中将其面向客户的系统转换为微服务，并于 2012 年完成了这一过程（图 4-37）。

图 4-37　Netflix 逐步过渡到微服务的示意图 [①]

微服务使 Netflix 能够克服其扩展挑战和服务中断。到 2015 年，Netflix 的 API 网关每天处理 20 亿次 API 边缘请求，由 500 多个云托管微服务管理。到 2017 年，其架构由 700 多个松散耦合的微服

---

① https://www.slideshare.net/adrianco/netflix-global-cloud.

务组成（图 4-38）。截至 2021 年，Netflix 每天向 190 个国家和地区的超过 1.39 亿名订户流式传输大约 2.5 亿时的内容，并且这个数还在继续增长。[①]

每月流媒体时间

自 2007 年 12 月至 2015 年 12 月
增长超过 1 000 倍

图 4-38　Netflix 2007—2015 年增长的直观描述 [①]

　　此外，Netflix 从微服务中还获得了另一个好处：由于每次启动的流媒体只是数据中心的一小部分，所以能大幅降低成本。

　　（3）案例三：优步使用的微服务架构。

　　在早期，优步（Uber）和许多初创企业一样，优步的旅程始于为单一城市中的单一产品而构建的整体架构。拥有一个代码库在当时似乎很干净，解决了优步的核心业务问题。然而，随着优步开始向全球扩张，他们在可扩展性和持续集成方面临着各种问题。

　　早期，优步的整体结构运作方式如下：乘客和司机通过 REST API 连接到优步的整体。共有三个适配器——带有用于计费、支付和短信等功能的嵌入式 API。一个 MySQL 数据库来存储他们的所有数据（图 4-39）。

① https://media.netflix.com/en/company-blog/completing-the-netflix-cloud-migration.

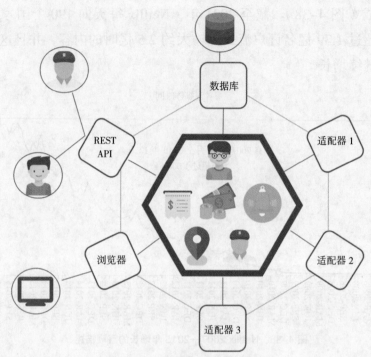

图 4-39　优步最初的整体图[①]

从图 4-39 中可以发现乘客管理、计费、通知功能、付款、行程管理和司机管理等，都在一个框架内组成。当优步开始在全球扩张时，这种框架带来了各种挑战：一是所有功能都必须一次又一次地重新构建、部署和测试，以更新单个功能。二是由于开发人员不得多次更改代码，在单个存储库中修复错误变得极其困难。三是在全球范围内引入新功能的同时扩展功能很难一起处理。

为了克服其现有应用程序结构的挑战，优步决定将单体拆分为基于云的微服务。随后，开发人员为乘客管理、旅行管理等功能构建了单独的微服务。与上面的 Netflix 示例类似，优步通过 API 网关连接其微服务（图 4-40）。

---

① https://dzone.com/articles/microservice-architecture-learn-build-and-deploy-a.

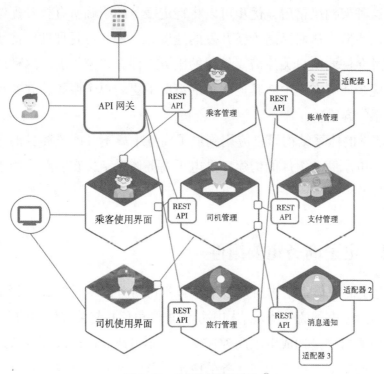

图 4-40　优步的微服务架构[①]

在这里观察到变为微服务架构后，主要变化是引入了 API 网关，通过它连接所有的司机和乘客。从 API 网关连接所有内部点，如乘客管理、司机管理、行程管理等。这些都是独立的可部署单位，执行不同的功能。例如，如果想更改计费微服务中的任何内容，那么只需部署计费微服务，而不必部署其他微服务。现在所有的特征都被单独缩放，即每个特征之间的相互依赖被删除。再如，人们都知道寻找出租车的人数比实际预订出租车和付款的人数要多。这可以推断出，处理乘客管理微服务的进程数量多于处理支付的进程数量。

① https://d1jnx9ba8s6j9r.cloudfront.net/blog/wp-content/uploads/2018/02/Microservice–Architecture-Of–UBER-Microservice–Architecture-Edureka-768x762.png.

转向这种架构风格后，优步可以将特定服务的明确所有权分配给各个开发团队，从而提高了新开发的速度、质量和可管理性。优步可以通过允许团队只关注需要扩展的服务来促进快速扩展。这种风格还让优步能够在不中断其他服务的情况下更新单个服务，并实现了更可靠的容错。

常见的体系结构风格应用到电子商务中离不开电子商务的重要组件。电子商务组件的构建，是电子商务体系结构在实践应用中的重要环节。

4.2 电子商务重要组件

电子商务体系结构由众多细小且不可再分的单元组成，而重要组件是指在电子商务体系结构中扮演重要角色并起关键作用的单元。电子商务组件是构成电子商务体系结构不可或缺的组成部分，这些拥有不同功能、负责不同任务的电子商务组件共同构成了影响中国乃至世界的电子商务这个复杂而又重要的体系。电子商务组件根据其通用性可以划分为通用组件和特有组件。

4.2.1 通用组件

如第 2.1.1 小节所示，电子商务中的基本概念主要包括虚拟商家、虚拟用户、虚拟订单、购物车、虚拟钱包、虚拟物流、虚拟商品、客服等。这些是电子商务交易完成的必备功能，完成这些功能的组件称作通用组件。

4.2.1.1 虚拟商家

电子商务平台中的商家是虚拟化的组件，相较于现实中的商家，电子商务平台的商家无法直接和用户面对面交流。虚拟商家负责经营虚拟店铺，是交易金额的最终流入者。随着电子商务的发展，虚

拟商家承担的角色不仅仅是接收到付款之后进行发货，包含元素更加丰富，新时代的电子商务虚拟商家 V^M 可以定义为

$$V^M = \{V_1^M, \ V_2^M, \ V_3^M\} \qquad (4-6)$$

其中，V_1^M 表示交易部分的仓库部分；V_2^M 表示客服部分；V_3^M 表示售后服务。

现阶段对虚拟商家进行细分，能够更好地提高交易效率，提高用户使用体验。其中，仓库部分 V_1^M 可以表示为

$$V_1^M = \{V_{11}^M, \ V_{12}^M, \ V_{13}^M\} \qquad (4-7)$$

其中，V_{11}^M 表示负责处理仓库商品事宜；V_{12}^M 表示负责处理仓库商品事宜；V_{13}^M 表示负责处理来自用户的订单。

4.2.1.2 虚拟用户

虚拟用户 V^C 指的是在电商平台上商品的购买者，在一次电子交易活动中，虚拟用户与负责提供商品和服务的虚拟商家对应，是订单的生成者和资金的支付者，可以定义为

$$V^C = \{V_1^C, \ V_2^C, \ V_3^C\} \qquad (4-8)$$

虚拟用户角色需要维护自己在系统中唯一的标识 V_1^C，需要添加支付方式 V_2^C（关联银行卡、第三方支付平台）等，以及需要维护购物车中的内容 V_3^C。在实际的电子商务平台中，虚拟用户还可能需要维护其他信息，以上三种属性只是虚拟用户必须具备的。

用户在电商平台的购物体验与线下购物体验不同，线下购物用户能够和商家进行面对面交流，能够实地体验意向购买商品，并根据体验来做出是否购买的决定。线上交易，用户不能够实地体验商品，即使在商品描述页面有诸多商品细节，用户依然对线上商品存在质疑性，用户天然对商家有一种不信任的感觉。目前电子商务平台和商家用了诸多方式增加商品的可信度，来获取用户信任，如用户评论、

客服系统等。虚拟用户角色相比于线下，能够在短时间内浏览更多商家，实现快速"货比三家"。

4.2.1.3 虚拟订单

相对于线下购物的实际订单，虚拟订单 V^o 为了实现交易安全，需要包含更多的内容，可以定义为

$$V^o=\{V^o_1,\ V^o_2,\ V^o_3,\ V^o_4,\ V^o_5,\ V^o_6\} \tag{4-9}$$

订单是电子商务系统交易环节最为重要的部分，包括用户信息 V^o_1（用户 ID）、订单基础信息 V^o_2（订单 ID）、商品信息 V^o_3（商品 ID、商品名）、优惠信息 V^o_4（折扣活动、优惠券等）、支付信息 V^o_5（价格、支付方式）以及物流信息 V^o_6（物流订单号）。

用户信息除 ID 外，还包括用户账号、用户等级、用户的收货地址、收货人、收货人电话等。用户账户需要绑定手机号码，但是用户绑定的手机号码不一定是收货信息上的电话。订单基础信息中最重要的是订单编号，这是查找该订单的唯一确定方式。基础商品信息包含商品的名称以及其他重要属性。优惠信息包含用户参加的优惠活动，如满减、秒杀等信息。图 4-41 展现了商品名、价格、快递方式、优惠方式、需要支付的价格等。其中收货人、收货电话、收货地址因隐私需要被隐藏，用户 IDV^o_1 和订单 IDV^o_2 与虚拟用户 V^o 关系不大，在电子商务平台的界面设计中选择不展示。

4.2.1.4 购物车

电子商务中的虚拟购物车（图 2-1）所起的作用与现实中超市的购物车相似，便于消费者在购物网站的不同商品页面之间跳转时，能够保存已选购的商品，在结算时可以统一进行付款，减少重复性操作，帮助消费者能够在一次消费过程中集中进行消费，促进消费额的增长。

假设消费者在虚拟商店 A 选有商品 a_1，a_2，$\cdots$，a_n，在虚拟商

店 B 选有商品 b_1，b_2，$\cdots$，b_m，价格记为 price，那么购物车 V^T 最基本的功能就是对不同虚拟商店、不同商品进行统一的存储以及结算，其公式为

$$V^T = \sum_{i=1}^{n} \text{price}\,(\,a_i\,) + \sum_{i=1}^{m} \text{price}\,(\,b_i\,) \tag{4-10}$$

图 4–41　来自网上购物 App 订单的图（背板）
（a）淘宝；（b）苏宁；（c）京东

4.2.1.5　虚拟钱包

虚拟钱包的定义与现实中包含真实货币的钱包相对应，在电子商务平台，由于不可能采用现金交易的方式进行交易，所以需要利用电子方式完成交易支付。

在电子商务交易初期，虚拟钱包的方式并不能被广大消费者所接受，为此银行和电商平台提出了诸多的安全协议保证交易安全，如 SSL（Secure Socket Layer，安全套接字层）协议、SET（Secure Electronic Transaction，安全电子交易）协议等。电子商务平台也通过"双 11"等活动吸引消费者的注意，宣传电子商务平台的便利性、高性价比等优点。

虚拟钱包 V^W 一般包含虚拟钱包编号（V_1^W）、所属虚拟用户的编

号（V^W_2）、钱包内的金额 V^W_3、所级联的银行卡账号 V^W_4 等，即

$$V^W=\{V^W_1,\ V^W_2,\ V^W_3,\ V^W_4,\ \cdots\} \tag{4-11}$$

上述部分是一个虚拟钱包完成电子交易的基础，在实际电子商务订单中，虚拟钱包在于为交易提供金钱保障，对交易备案的金额支出方提供金钱来源上的支持。

4.2.1.6 虚拟商品

电子商务平台中的虚拟商品可以分成有形商品虚拟化和无形商品虚拟化。

有形虚拟商品和生活中的实体商品类似，如购买的《电子商务概论》就是有形商品。不同的是，电子商务平台上虚拟化的有形商品通过电子交易的方式，凭借线下物流手段将实体商品运送到购买者的手中，完成交易。

无形虚拟商品是指具有价值和使用价值的各种形式的资源，能够满足人们某种消费需求的非物质劳动产品以及有偿经济言行等。从物理性质的角度来看，可以理解为无形的产品，与实体商品相对立。它包括电影、音乐等可以数字化的产品，也包括网络游戏、数字服务等数字产品。这类产品可以直接通过网络进行传输、配送，如图 4-42 的少儿美术视频课程。

（a）

（b）

（c）

图 4-42　来自网上购物 App 虚拟商品订单图
（a）淘宝；（b）天猫；（c）京东

4.2.1.7 虚拟物流

虚拟物流是指通过计算机网络技术对物流运作进行管理，从而实现企业间物流资源共享和优化配置的目的。具体而言，就是多个企业之间具有互补资源和技术，为了更好地实现资源共享、优势互补、风险共担等目的，利用日益完善的空地一体化网络系统，实现精准定位、精准管理、精准配送、精准评价等，构建大型物流支持系统，这个系统包括了可能分布于全球的企业仓库，这就能使物流任务达到快速、精确、稳定，以满足物流市场多频度、小批量的订货需求。

从虚拟物流的定义可以看出，它与传统物流的不同之处主要在于利用了目前高速发展的信息化技术。因此，相对于传统物流，虚拟物流具有时空效应特征、大数据快速计算特征、可精准描述产品动态特征以及实时快速响应可记忆的位置标注特征。可以说虚拟物流是电子商务的基础，而电子商务更是促进虚拟物流产生和发展的重要推动力。

4.2.1.8 虚拟商店

虚拟商店又被称为"网上商店""电子商场"等，由虚拟商品、客服、商家、物流等要素构成。其中物流部分在以下截图中并未展示（确认完订单之后可见），图 4-43 是在淘宝和京东两个电子商务平台中的店铺主页。

4.2.1.9 客服

线上服务对用户的重要性不可忽视，为此电子商务平台需要提供客服服务，由虚拟商家提供针对某种商品的客服服务，由电商平台提供裁决服务的客服。

虚拟商家的客服需要用一种亲切的语言和虚拟用户进行交流，回答用户提出的问题或者针对自己商店所提供的商品进行介绍讲解，增加用户对商品的认识（图 4-44）。部分客服还在售后服务、解决用户售后问题等方面提供了一定帮助，如解释商品异常的原因并提供解决方案，提供退换货的方案等。

（a）　　　　　　　　（b）　　　　　　　　（c）

图 4-43　来自网上购物 App 虚拟商店图
（a）淘宝；（b）天猫；（c）京东

（a）　　　　　　　　（b）　　　　　　　　（c）

图 4-44　来自网上购物 App 与客服交流图
（a）淘宝；（b）苏宁；（c）京东

当虚拟商家和用户产生双方不可调和的矛盾时，需要电子商务平台提供具有裁决功能的客服。电子商务平台的客服负责调解双方的矛盾，当矛盾不可调和时，客服需要依据自身的职业需求，查看相关的证明文件，做出对用户或商家公正的裁决。

4.2.2 特有组件

特有组件是指除了通用组件之外，用于完成优化交易流程、提升用户体验相关功能的组件。

4.2.2.1 交易反馈信息

交易反馈信息，即人们口中的收货评价，一般包含对商品本身的评价、对物流的评价和对商家服务态度的评价和在电子商务最初阶段只有对商品本身的评价，随着物流和商家服务成为用户体验的重要一环，交易反馈信息也逐渐丰富。现在的交易反馈信息 TF 用公式表示为

$$TF=\{TF_1,\ TF_2,\ TF_3\} \tag{4-12}$$

其中，TF_1 是针对商品本身的评价，包含整体评价、包装评价、外观设计、材质情况等。不仅仅局限于文字形式，电商平台还鼓励用户使用图片和短视频的方式进行评价。TF_2 是针对物流的评价，包含对物流速度的评价、对快递人员的评价等。对快递人员的评价也不仅仅限于文字形式，实际上平台为了鼓励用户和快递员的良性互动，增加了"打赏"功能。"打赏"功能意味着用户对快递员的优秀评价，默认是好评状态。TF_3 是针对商家服务的评价，包含客服的态度，商家对用户服务的细心程度等。为了促进用户和客服的良性互动和交流，电商平台增添了许多功能，如表情包等。

交易反馈信息对电子商务的意义主要表现在以下三个方面。

（1）交易反馈信息能够有效帮助用户进行商品选择。用户通过其他用户的评价，辅助自己做出购物决策。

（2）交易反馈信息能够有效帮助商家改进自身服务。商家通过阅读好评和差评，从中汲取有效信息，改善自身服务。

（3）交易反馈信息能够有效帮助电子商务平台进行推荐服务。推荐系统的表现非常依赖于有效的反馈数据。

4.2.2.2　网络营销

营销是指平台和商户联合，通过优惠或活动的方式，吸引用户购买商品。在电子商务中，"营销"一词被更为准确的"网络营销"代替。网络营销是指电子商务平台和平台商户联合，通过线上、线下结合的优惠活动方式，鼓励用户进行消费。网络营销包含的内容非常丰富，如发放优惠券、用户折扣、"双 11"消费活动等。

网络营销对电子商务的意义主要表现在以下三个方面。

（1）网络营销有助于帮助商家宣传，增加产品的曝光机会，给商家带来潜在性用户。

（2）网络营销中的优惠券等方式有助于帮助用户在一定程度上达到省钱的目的。

（3）网络营销是营销的一种新形式，有助于平台增大用户流量，实现用户数量的增长。

4.2.2.3　搜索引擎

搜索引擎是电子商务的重要组成部分，因为在电商平台中，商品的数量以百万计，搜索引擎能够为用户提供过滤机制，将绝大部分不符合用户需求的商品过滤掉，在电子商务平台页面上尽可能地给用户反馈其想要的内容。搜索引擎的发展经历了以下几个阶段。

1. 检索时代

检索时代的搜索引擎主要围绕规则和业务展开，不需要考虑其他因素，这个阶段数据量和用户量有限，既不能满足后续大数据的需求，也不需要满足高并发的需求。专业运营团队利用自身的领域专业知识作为信息规则的制定者，需要主观能动解决搜索问题。

检索时代的搜索引擎通过计算机领域中基本的搜索算法逻辑来保证信息匹配的正确性和人货匹配的公平性，保证用户查询与结果的有效匹配，保证热销产品能有更多的展示机会。

这个阶段的搜索引擎是人为提取特征，将各部分特征根据影响因子赋予不同权重。"人工规则"的好处是容易理解和操控，坏处也一目了然——过于依赖专家进行特征提取操作。而且人的精力有限，随着平台规模的增大，简单规则无法满足人货匹配的效率。

2. 大规模机器学习时代

机器学习技术的大范围应用需要大量有效数据。基于用户数量增多以及有效数据的累积，搜索引擎进入新阶段——大规模模型的研究和开发阶段。例如 CTR 模型（广告点击率模型），这类模型的特点是数据特征规模大、特征复杂度高、数据时效性高、模型训练频繁，对计算机操作提出诸多需求，需要很强的处理能力以及并行计算和分布式计算能力。影响整个搜索排名的因素也从之前的文本分类、语意切割等简单方式，加入了卖家分因素、图像质量评估等，以实现平衡卖家流量。也可根据商品的点击、成交数据建立和训练新的机器学习模型，学习回归出排序权重。

3. 大规模实时在线学习时代

随着用户数量增加以及"双11"的需要，实时计算和在线学习的机器学习系统诞生。分布式在线学习系统能够在秒级别内对海量用户行为及其相关联的海量商品做实时分析处理，从中提取多维度的用户或商品的数据特征，用户短时间内的行为就能有效影响搜索排序的在线服务，在线学习模型支持对流量的精准调控，更好地为用户提供搜索服务。

4. 深度学习与智能决策时代

搜索在深度学习中有三个主要方向发生了新的变化：自然语言处理领域（通过语义进行结果反馈）、个性化搜索领域（结合推荐系统）以及多模态融合学习领域（多种特征组合学习）。在自然语言处理领域，实现了表征学习框架，通过多任务学习和协同训练等技术，为打标签、类目预测和后续的推荐提供了统一的表征向量。在个性化搜索领域，结合推荐系统，从海量用户行为日志中学习用户的高维度特性隐向量，在高维度空间领域表达用户的喜好，结合用户的搜索，对用户的行为进行反馈。多模态融合学习领域，深度学习将商品的文本、图像、标签等多维度特征融合形成商品表征向量，和人工标记不同，这是深度学习模型自动通过端对端的学习方式学习出的表征特征。深度学习模型能够在搜索中为用户提供智能决策，给予用户最佳的搜索建议。

4.2.2.4 推荐系统

由于不同用户有着不同的兴趣爱好，为了给用户推荐更好的产品，一个电商平台的推荐系统效果的好坏在一定程度上会影响用户的使用体验。推荐系统中包含多种推荐算法。推荐算法大致可以分为基于内容的推荐算法、协同过滤算法和基于知识的推荐算法[197]。

1. 基于内容的推荐算法

基于内容的推荐算法，原理是用户喜欢和自己关注过的商品在内容上类似的商品，如喜欢《史记》的用户，他可能也会喜欢《资治通鉴》，这种方法可以避免冷启动问题。冷启动问题在推荐系统中比较常见，即一个新用户或者一个新商品，在没有其他购买记录的支持下，给予质量高的推荐结果非常困难。这种推荐也有弊端，如不停给用户推荐一种类型的产品，用户很容易产生审美疲劳，从而失去购买的欲望。

2. 协同过滤算法

协同过滤算法，原理是用户喜欢那些具有相似兴趣的用户喜欢过的商品，如你的朋友喜欢《三国演义》，那么就会推荐给你，这是最简单的基于用户的协同过滤（user-based collaborative filtering）

算法。还有一种基于 item 的协同过滤（item-based collaborative filtering）算法，这两种方法都是将用户的所有数据读入内存中进行运算的，因此被称为基于内存的协同过滤（memory-based collaborative filtering）。这种推荐方式需要很大的内存空间容纳数据，目前应用较少。另一种则是 model-based collaborative filtering，应用较为普遍，诸多学者提出了各种模型来提高对用户的喜好预测，如自传播的图神经网络模型[198]、针对负反馈数据的采样器模型[199]、精简图神经网络模型以及低通过滤模型等[200]。

3. 基于知识的推荐算法

有学者将这种方法归为基于内容的推荐，较为典型的是构建领域本体或者是建立一定的规则进行推荐。基于知识的系统依赖物品特性的详细知识。基于约束的推荐问题一般可以表示为由约束求解器解决的约束满足问题，或者通过数据库引擎执行并解决的合取查询形式。基于实例推荐系统主要利用相似度衡量标准从目录中检索物品。目前上述基于知识的推荐算法也在电子商务系统中得到应用。

上述三种推荐模型在电商系统中均有应用，且会互相组合，实现针对商品种类或者特定群体用户的最佳推荐方式。

4.3 电子商务体系结构风格

本节将重点介绍电子商务体系风格。在常见体系结构风格中已经进行详细介绍，故本节结合电子商务重要组件，重点论述体系结构在电子商务中的实际应用。

4.3.1 云体系结构风格

云体系结构也被称为共享体系结构，是当今网络时代基于云生态背景下发展出来的一种新型体系结构。这种体系结构依托于云平台的强大的计算能力和大数据处理能力，已经在当下社会生产环境中得到了广泛的应用。随着"云"这一概念逐渐深入人心，将云体系结构思想应用于电子商务体系中已经成为电子商务的发展趋势之一。

4.3.1.1 定义

在电子商务体系结构中，云体系结构风格[201][202]包含用户访问层 CS^U、应用层 CS^A、平台层 CS^P、资源层 CS^R、管理层 CS^M，云体系架构分层结构如图 4-45 所示，用公式表示为

$$CS=\{CS^U，CS^A，CS^P，CS^R，CS^M\} \tag{4-13}$$

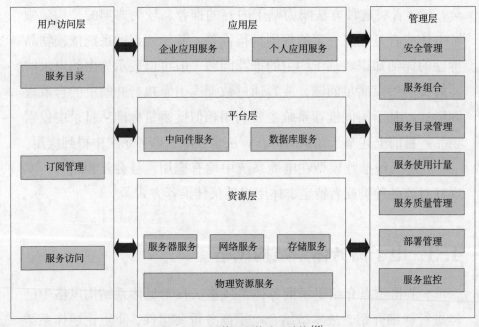

图 4-45　云体系架构分层结构[41]

其中，用户访问层 CS^U 用公式表示为

$$CS^U=\{CS^U_1，CS^U_2，CS^U_3\} \tag{4-14}$$

用户访问层 CS^U 功能是针对用户不同层次需求对每一层次提供

的访问支撑服务接口，由服务目录 CS^U_1、订阅管理 CS^U_2、服务访问 CS^U_3 三个部分组成。服务目录模块聚合了所有已经系统中注册过的服务，用户可以直接从服务目录模块中了解系统中已经有的功能服务并且选择对服务进行订阅。订阅管理模块是集中管理用户已经订阅的服务，可以对已经订阅的服务进行调整。服务访问模块则是为用户使用功能提供支持，针对每一层提供访问结构，供用户对服务进行调用。

应用层 CS^A 用公式表示为

$$CS^A=\{CS^A_1,\ CS^A_2\} \tag{4-15}$$

应用层 CS^A 作为直接面对用户的结构，由于企业用户和个人用户的具体需求差别较大，为此，抽象成企业应用服务 CS^A_1 和个人应用服务 CS^A_2 两大模块，分别响应企业用户和个人用户两种用户类型。例如，为企业用户提供财务管理、客户关系管理、商务智能等电子商务服务，为个人用户提供电子邮件、信息存储、个性化推荐等电子商务服务。

平台层 CS^P 用公式表示为

$$CS^P=\{CS^P_1,\ CS^P_2\} \tag{4-16}$$

平台层 CS^P 作为次一级的响应单位，负责对来自应用层的请求进行整合，为多种应用服务提供可以复用的资源响应接口。平台层分为中间件服务 CS^P_1 和数据库服务 CS^P_2 两种。中间件服务负责提供消息处理、事务处理等业务的中间件。数据库服务即为应用层的请求进行持久化存储、保障用户的数据安全等业务提供中间件服务。

资源层 CS^R 用公式表示为

$$CS^R=\{CS^R_1,\ CS^R_2,\ CS^R_3,\ CS^R_4\} \tag{4-17}$$

资源层 CS^R 作为最底层的响应层，不直接和用户产生交互，负责为其上层提供资源，资源有以下四种类别：①服务器服务 CS^R_1，负责提供计算资源，对电子商务数据进行计算、处理等。②网络服务 CS^R_2，负责提供网络通信资源，为电子商务中的交流提供网络支持。③存储服务 CS^R_3，负责对数据进行处理以及持久化的存储，可以用多种框架进行数据存储，如 Database（Oracle、MySQL 提供支持和管理）、HDFS（HBase 提供支持和管理）等。④物理资源服务 CS^R_4，物理资源服务不同于上述三种以数据形式进行提供服务，且提供的接口不是虚拟化之后的资源，而是真正的实际资源。

管理层 CS^M 用公式表示为

$$CS^M=\{CS^M_1,\ CS^M_2,\ CS^M_3,\ CS^M_4,\ CS^M_5,\ CS^M_6,\ CS^M_7\} \tag{4-18}$$

4.3.1.2 优缺点

云体系结构风格的优点显而易见，主要有以下几个方面。

（1）云体系结构提供可靠安全的数据存储中心，个人用户无须担心数据丢失、病毒感染等风险。

（2）云体系结构对用户端设备性能要求低，使用方便。

（3）云体系结构可以轻松实现设备间的数据与应用共享。

（4）云体系结构为人们使用网络提供了无限可能。

同时，其不足主要表现在数据安全与网络延迟两个方面，保证数据不丢失以及不会被非法获取、访问成为重中之重。若网络信道受到较强干扰，服务可能出现不可靠甚至不可用的情况。

4.3.2 分层风格

分层风格能够使复杂的系统分离到各个层次，每个层次执行相对简单的功能。这对于提升复杂的电子商务系统的稳定性和扩展性有重要的作用。

4.3.2.1　定义

电子商务体系结构中，将分层风格 *LS* 用公式表示为

$$LS=LS^K+LS^F+LS^A \tag{4-19}$$

其中，核心层 LS^K、功能层 LS^F、应用层 LS^A 都是由诸多层内子层构成，用公式表示为

$$LS^K=\sum_{i=1}^{n} LS_i^K, \ n\in N^+ \tag{4-20}$$

$$LS^F=\sum_{i=1}^{n} LS_i^F, \ n\in N^+ \tag{4-21}$$

$$LS^A=\sum_{i=1}^{n} LS_i^A, \ n\in N^+ \tag{4-22}$$

4.3.2.2　内容

整个分层风格的定义由核心层 LS^K、功能层 LS^F、应用层 LS^A 三个基本层共同组成（图 4-46）。在这种多层次组织的风格体系下，每一层都需要承担两个作用：为上一层提供服务，调用下一层。其中，核心层作为最低级层，包含的部分子层不能调用其他服务，只能响应上一层的需求或者来自同一内层子层的请求。功能层作为整个系统的中间层，介于最底层和最高层之间，为上层的应用层提供功能，也为访问核心层提供服务，执行自己的功能。最高层对于整个系统而言是向外部提供访问接口，用户可以通过和最高层进行交互使用整个系统的功能。

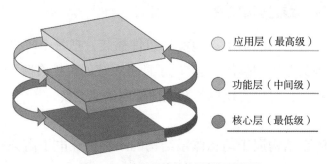

应用层（最高级）

功能层（中间级）

核心层（最低级）

图 4-46　分层风格结构及数据流通图

4.3.2.3 案例

在电子商务体系中，用户和电子商务系统进行交互，电子商务系统在应用层作为和用户的第一交互组件，为用户提供电子商务体系中的功能，如购买商品功能等。购买商品作为功能层的一部分，主要作用是响应电子商务系统的购买商品的业务需求，同时向核心层中的组件发出购买商品的业务请求。商家和物流作为核心层的重要构件，响应来自核心层的购买商品功能的需求。商家负责提供商品，物流负责将商品送到用户手中。

4.3.2.4 优缺点

分层风格因为需要采用不同层次完成业务，需要额外写层之间的交互代码，这是完全值得的。分层风格由于设计理念方便、结构明确，受到了不少系统设计者的喜爱，除此之外，分层风格还有其他的优点。

（1）层结构并非一开始就决定好，而是在系统的抽象过程中逐渐被分解，非常适合不能一开始就确定系统结构的情况。

（2）层结构具有优秀的拓展性。当三大层中一部分子层或者子结构发生变化，并不会对其他部分产生较大影响，相对独立的设计理念使系统非常容易进行功能性拓展。

（3）层结构相对独立性的设计为复用性打下了坚实的基础，一个组件能够在不同业务中同时被实例化产生应用。

4.3.3 柔性体系结构风格

柔性体系结构能够动态地实现组件插装，把每个较为简单功能的组件实现为系统的插件，提升电子商务系统的可扩展性。诸如"营改增"过程中，可以实现税务系统插件的快速更换。

4.3.3.1 特点

柔性体系结构属于动态体系结构的一种，在电子商务领域中属于抽象的定义，需与其他体系结构一起完成电子商务体系结构的搭建。电子商务柔性体系结构有如下特点。

（1）应用柔性体系结构的电子商务系统需要具备运行时发生改变的能力[203][204]。电子商务系统运行时，如果业务发生一定的变化，暂停系统运行再执行新业务的代价较大，所以硬性体系结构在业务变化较快的环境下很容易被柔性体系结构所替代。

（2）柔性体系结构具有感知系统运行上下文的能力[205]。管理者能够通过依据柔性体系结构设计的系统，对系统的运行数据进行调整。管理者可以通过预先在系统中设计的指令，指导系统在操作模式、网络情况、工作负载等系统上下文发生变化时设定系统的工作模式。这是柔性体系结构与先前体系结构的最大差别。

（3）柔性体系结构需要将系统的控制部分和操作部分分开[206]。因为柔性体系结构对系统控制部分的变化需求要求较大，分开后的好处在于即使修改控制部分，也无须对计算部分进行大范围调整，这是非柔性体系结构达不到的。

4.3.3.2　内容

需要注意的是，在电子商务系统中，电子商务柔性体系结构强调效能和利润。柔性体系被提出，就是为了解决系统可调整性太弱的问题，应用柔性体系结构的电子商务系统能够更好地服务用户。例如在电子商务交易系统中，由于大多数人的休息习惯不同，凌晨的交易量和白天的交易量存在差异，柔性体系结构的系统能够按照原先设计者的指令，动态地调整系统服务的响应级别，为系统提供"恰到好处"的计算资源，进一步提供服务的同时，缩减系统的开销，达到"收益最大化"的目的。结合云体系结构的柔性体系结构概念图如图4-47所示。

包含柔性体系结构设计思想的电子商务系统由"收益最大化"这一核心概念驱动，结合云体系结构的设计思想，通过"动态体系结构""操作动态结构""上下文感知"等特殊设计，对分布式集群进行调配和管控，更好地为电子商务系统提供优质服务。柔性体系结构还能对应电子商务中重要的推荐系统模块，要求系统根据用户的偏好和需求，针对不同的用户推荐个性化的产品。

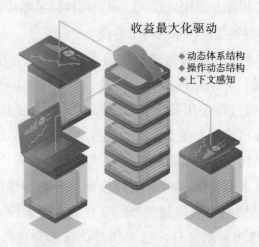

图 4-47 结合云体系结构的柔性体系结构概念图

4.3.4 管道—过滤器风格

管道—过滤器中每个过滤器具有相对独立性，这样能够保证电子商务系统在新功能上线过程中快速迭代。

4.3.4.1 定义

在电子商务体系结构中，将管道—过滤器模型[207]定义为

$$PF=\{PF^P,\ PF^F,\ PF^M\} \tag{4-23}$$

4.3.4.2 内容

管道—过滤器模型由管道 PF^P、过滤器 PF^F、信息构件 PF^M 三个子部分组成。管道 PF^P 作为电子商务体系结构中容纳信息的构件，负责信息 PF^M 的传递和保存。过滤器 PF^F 作为电子商务体系结构中处理信息的构件，负责对来自上游管道中信息的加工，以及对下游

管道信息的输入。信息构件 PF^M 作为电子商务体系结构中消息的承载者，在管道中传播以及在过滤器中被加工，是让整个体系结构出现活力的"信使"。

4.3.4.3　工作流程

电子商务体系结构中，数据从源头产生，通过管道的方式送往过滤器（图 4-48）。数据的来源包括内部数据和外部数据，其中外部数据来源于用户，通过用户和系统的不断交互、使用系统的功能，为系统提供外部输入等方式，为原本封闭的系统提供重要的数据来源，这是管道—过滤器模型最重要的消息部分的来源。内部数据来源有：①系统处理内部消息而产生的数据，如系统对已有的数据进行分析和处理之后的结果。②过滤器对来自其他过滤器模型的消息进行处理。第一种内部数据的本质是来自系统自身，由内部产生并进行处理和加工。第二种数据本质来自外部，通过外部数据的输入，经过内部过滤器不断处理所带来的输入和输出的变化。

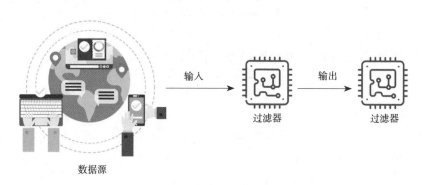

图 4-48　电子商务管道—过滤器模型工作流程

4.3.4.4　案例

在实际的电子商务体系中，管道、过滤器、信息并不局限于某一种具体的结构，更确切地说，上述三种构件是一类物品的泛称。例如，在电子商务实际系统中，用户和商家都属于过滤器的一种，负责对信息进行处理，这里的信息可以是订单信息、物流信息或是两个人之间的电子交流信息。在这个过程中，两者之间的聊天沟通工具即是一种典型的管道，负责传递两者之间的电子交流信息。

以下案例使用一系列消息队列来提供实现管道所需的基础设施。初始消息队列接收未处理的消息。实现为过滤器任务的组件侦听此队列上的消息，执行其工作，然后将转换后的消息发布到序列中的下一个队列。另一个过滤器任务可以侦听此队列上的消息，处理它们，将结果发布到另一个队列，以此类推，直到完全转换的数据出现在队列中的最终消息中。图4-49说明了使用消息队列实现管道—过滤器模型在电子商务的应用。

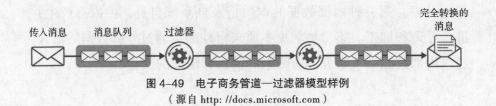

图4-49　电子商务管道—过滤器模型样例

（源自 http://docs.microsoft.com）

电子商务管道—过滤器模型伪代码如下：

```
public class ServiceBusPipeFilter
{
    public ServiceBusPipeFilter(…, string inQueuePath, string
outQueuePath = null)
    {   this.inQueuePath = inQueuePath;
        this.outQueuePath = outQueuePath;
    }
    public void Start()
    {
    this.outQueue = QueueClient.CreateFromConnectionString(…);
```

```
        this.inQueue = QueueClient.CreateFromConnectionString(...);
    }
    public void OnPipeFilterMessageAsync(
        Func<BrokeredMessage, Task<BrokeredMessage>>
asyncFilterTask, ...)
    {
        this.inQueue.OnMessageAsync(
            async (msg) =>
            { var outMessage = await asyncFilterTask(msg);
                if (outQueue != null)
                {await outQueue.SendAsync(outMessage);}
            },
            options);
    }
```

4.3.5 面向对象风格

面向对象风格有较高的灵活性，用户可以确定求解问题中有哪些实体，并从实体中抽象出层次关系，进而设计类和包。

4.3.5.1 定义

电子商务体系结构中，将面向对象风格定义为若干个面向对象单元（object oriented unit，OOS）的总和，即

$$OOS=\sum_{i=1}^{n}OOU_i, \quad n\in N^+ \qquad (4-24)$$

其中，面向对象单元 OOU 的定义为

$$OOU=\sum_{i=0}^{m}OOU_i^A+\sum_{i=0}^{n}OOU_i^F, \quad m, \ n\in N^+ \qquad (4-25)$$

4.3.5.2　内容

面向对象风格中，整个体系由至少一个面向对象单元 OOU 组成，一个面向对象的单元由多个对象属性 OOU^A 和对象方法 OOU^F 构成。这里要强调：组成电子商务体系的面向对象单元数量是不确定的，一个体系并没有固定数目的面向对象单元，单元的数量取决于电子商务体系架构者的体系结构分解。从理论上说，一个人将自己的东西与自己交易是可以的，但是在实际生活中，这种现象不存在，故因此不建议电子商务体系架构者仅用一个面向对象单元承载电子商务整个体系。另一个需要强调的是面向对象单元不可以是 0 个属性和 0 个方法，即公式（4-24）中的 m 和 n 不全为零，因为这样的单元是没有存在意义的。

4.3.5.3　工作流程

在面向对象体系结构中，需要设计类、对象、方法的概念，要明确一个类的对象需要属性、方法两个重要环节。例如，在电子商务体系结构中，用户作为一个不可再分的单元，具有的属性有用户 ID（唯一标识符）、钱包余额、购买记录等，具有的功能有购买、付款、接收货物等。需要强调：用户的属性和功能组成并不是固定或千篇一律的。以衣服销售领域为例，用户的体长、体重、肩宽等身体数据是必不可少的，而在鞋类销售领域中，用户的肩宽属性属于无用属性，在鞋类交易中，给用户建模的用户单元不应该出现肩宽这种无用属性。

4.3.5.4　案例

对象数据库将面向对象的编程概念与关系数据库原理相结合。对象是基本构建块和类的实例，其中类型是内置的或用户定义的。类为对象提供模式或蓝图，定义行为。方法决定类的行为。指针有助于访问对象数据库的元素并建立对象之间的关系。图 4-50 为面向对象数据库的设计概念图。

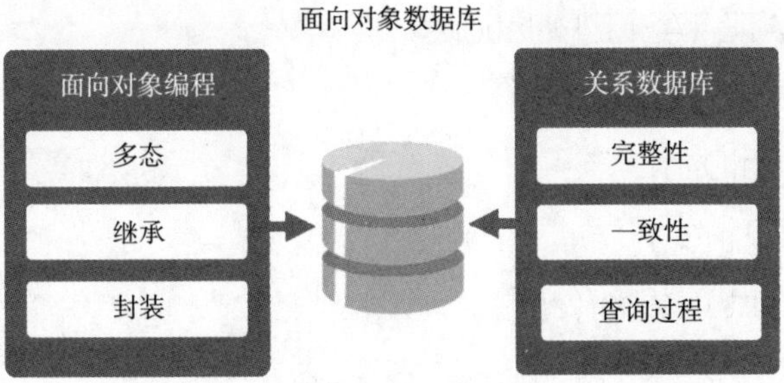

图4-50　面向对象数据库的设计概念图

在项目或应用程序中创建的对象按原样保存到数据库中。面向对象的数据库直接将数据作为完整的对象来处理。所有信息都来自一个即时可用的对象包，而不是多个表。

面向对象数据库设计伪代码如下：

```
#Contain three classes, person, item and relation in the
electronic commerce.
    CREATE TABLE Persons (
    PersonID int,
        ItemID int,
    LastName varchar(255),
    FirstName varchar(255),
    Address varchar(255),
    City varchar(255)
    );
    CREATE TABLE Item (
    ItemID int,
    ItemName varchar(255),
    Price float(32),
    Origin varchar(255)
    );
```

```
CREATE TABLE Relations (
    RelationID int,
PersonID int,
ItemID int,
Content varchar(255),
);
```

4.3.6　事件驱动风格

电子商务系统接收到外部输入后，形成对应的事件。以物流系统为例，接收到买家的购买输入后，发货、跟踪、收货三个子系统进行事件响应，通过消息传递机制完成卖家发货到买家收货的过程。

4.3.6.1　定义

电子商务体系结构中，将事件驱动风格定义为主要子系统 EDS^{MS} 和一系列子系统 EDS^S 的总和，用公式表示为

$$EDS=EDS^{MS}+\sum_{i=0}^{n} EDS^S_i, \ n\in N^+ \tag{4-26}$$

$$EDS^S=EDS^S_E+EDS^S_M \tag{4-27}$$

其中，执行子系统 EDS^S_E 不可以继续分解，而管理子系统 EDS^S_M 是可以分解为更次一级的执行子系统 EDS^S_E 和更次一级的管理子系统 EDS^S_M。

管理子系统 EDS^S_M 任务就是管理下属的 EDS^S_E 和 EDS^S_M，但最底一层的管理子系统 EDS^S_M 不能继续划分出 EDS^S_M，只能包含执行子系统 EDS^S_E。因为管理子系统 EDS^S_M 的任务就是协调和引导下级系统，响应上一级管理子系统 EDS^S_M 的调用请求。此外，管理子系统 EDS^S_M 作为功能的执行者，承担的任务是响应上一级管理子系统 EDS^S_M 的调用请求，每一个执行子系统 EDS^S_E 作为基本的功能承载单元，具有完成特定任务的能力，这个模块没有自我管理和调节功能，

所以必须依赖上一层管理子系统 EDS_M^S 的调用才能为整个电子商务体系服务。

4.3.6.2　内容

在事件驱动风格中，整个体系为一个系统，其所有行为都源自外部发生的事件，其组成至少需要一个主要子系统（main subsystem，MS），在实际中也会有许多其他子系统和主要子系统一起构成整个系统。一个子系统往往可以分解成执行系统和管理系统，执行系统属于不可再分系统，管理系统则可以继续分成更次一级的管理系统和执行系统，最后一层的管理系统只能分解为执行子系统，作为协调业务完成的基本单元。分解并不是任意的，而是需要根据当前事件的需要。一个子系统需要对应整个事件的一部分或者全部的响应，为了协作和并行的需要，可将事件中可以同步响应的部分进行划分。

主要子系统的主要任务是协调其他子系统对外部的事件进行响应，大多数情况下，主要子系统都是本系统中外部事件的第一接收者。其他子系统可以根据事件的需要进行次一级的系统划分。这里强调，不论系统的规模是大是小，每个系统都有事件收集和处理机制，并且通过此机制和外界进行通信。这就意味着每个系统具有一定的独立性和集成性，子系统通过消息和通信机制进行事件的处理，响应外部事件的输入。

4.3.6.3　工作流程

系统接收到外部输入后，形成对应的事件，这个事件就是对整个电子商务体系结构的外部激励，属于事件驱动类型。根据设计原则，系统则必须对这个事件进行响应。

根据事件驱动模型的设计，系统需要相应一系列的外部激励，系统需要对事件需求做出响应，需要对事件产生影响进行反馈。整个工作流程如图 4-51 所示。

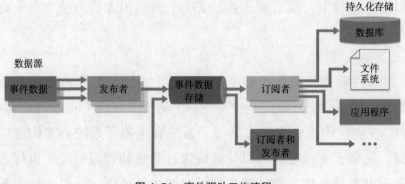

图 4-51 事件驱动工作流程

（1）系统接收到外部事件数据。

（2）通过发布者的方式将数据送到事件数据存储过程。

（3）通过订阅—推送机制，将数据进行推送。

（4）如果事件并没有被订阅者接收到，将持续存储在事件数据存储中，等待被响应。

（5）当事件被响应之后，订阅者要根据事件的需求，调用对应模块。

（6）调用数据库进行数据读取和存储。调用文件系统进行分布式的处理。调用应用 App 对数据进行加工和反馈。

4.3.6.4 案例

在电子商务体系中，如果把用户的购买事件当作外部的事件触发，那么电子商务中的电商平台作为事件响应的主要子系统，商家和物流两个子系统通过消息传递机制，实现和用户沟通以及安排商品的发出和送达。在物流子系统中，可以将其分解为物流跟踪执行子系统、发货子系统、运输子系统以及收货子系统，上述四个子系统合作完成物流子系统对事件的响应。

图 4-52 展示了亚马逊事件驱动概念模型。用户在互联网上通过计算机、手机、电话等方式购买商品时，会产生一个新的订单状态、

发生查询事件，并且需要接收系统反馈，这个新的订单状态就是对整个电子商务体系结构的外部激励，属于购买事件驱动类型。经过中间的事件驱动路由，将事件传达到系统的相应模块。

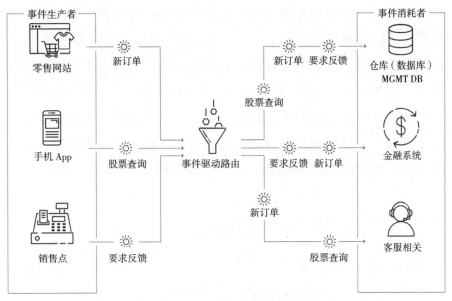

图 4-52　亚马逊事件驱动概念模型
（源自 http://aws.amazon.com）

　　根据事件驱动模型的设计，系统相应模块需要响应所负责处理的外部激励，系统需要对用户的查询需求做出反馈，需要对用户产生的订单、查询或者其他需求进行响应。事件驱动路由将事件传递到后台之后，系统后台会在服务器上运行，程序需要响应用户请求，调用数据库、逻辑处理等模块，将事件进行持久化存储，形成确定的事件状态，并且反馈到前台，展示给用户和商家，完成一次对事件驱动的响应。

　　事件驱动风格对电子商务体系风格的形成提供了新的解决思路和方法，这种风格适合从系统分解递归的角度来描述电子商务结构，与现在的一些企业结构比较相似，企业高层（主要子系统）负责接洽业务，企业诸多部门（管理子系统和执行子系统）负责实现对业务的实现，虽然结构复杂，但是层次感明确，能够明确业务和责任，以及更适合开拓新业务，如果原有子系统的组合并不能满足新业务的需求，可以很方便地添加新的子系统来针对该业务。但是事件驱动风格也有其不足：①当一个子系统向其他子系统发出事件时，不能保证其他子系统能够及时进行响应，能够响应也不能保证连续响应，因为其他子系统可能在发出类似的事件需要该子系统响应。②由于事件驱动风格中系统具有独立性，每个子系统的数据可以内部分享但不对外部开放，这就为数据的请求带来了许多困难，一些子系统需要共同访问的数据容易出现访问难、不同步的问题。

4.4　电子商务体系结构协议

协议是将各部分进行互联互通的重要桥梁，不仅仅指的是软件工程中的方法，也可以指各系统之间共同约定的一种规则。

4.4.1　SSL 协议

4.4.1.1　定义

Secure Socket Layer 协议（简称 SSL 协议）于 1995 年被网景企业公布，发布版本是 2.0 版本，网景企业的首席科学家塔希尔·盖莫尔（Taher Elgamal）编写其基础算法，因此被称为"SSL 之父"。

4.4.1.2　内容

SSL 协议是为网络通信提供安全及数据完整性的一种安全协议，负责在传输层和应用层之间对网络传播的数据进行加密。SSL 的体系结构中包含两个协议子层，其中底层是 SSL 记录协议层（SSL Record Protocol Layer），高层是 SSL 握手协议层（SSL Hand Shake

Protocol Layer），当前大规模应用的是 SSL 协议 3.0 版本[208][209]。SSL 协议过程大致分为三个阶段：第一个阶段是客户端向服务器端索要并验证公钥；第二个阶段是双方协商生成"对话密钥"；第三个阶段是双方采用"对话密钥"进行加密通信。

4.4.1.3　通信过程

在第一、第二阶段，所有的通信都是明文，这两个阶段也被称作"握手阶段"。首先是客户端向服务器发出加密通信的请求，该请求里包含支持的协议版本、一个客户端生成的随机数、加密方法、压缩方法。当服务器接收到客户端请求时，对该请求进行回应，该回应中包含：确认使用的加密通信协议版本，一个服务器生成的随机数，确认使用的加密方法，服务器证书。服务器证书的存在是客户端验证服务器的合法性，如果证书没有问题，客户端就会从证书中取出服务器的公钥。继续保持和服务器通信，发送一个随机数，编码改变通知，客户端握手结束通知。此时握手阶段在客户端默认关闭。服务器收到上述消息之后，计算生成本次会话所用的"对话密钥"，继续向客户端发送握手阶段关闭的确认。客户端收到服务器确认握手阶段关闭的信号之后，开始使用密钥加密内容和服务器进行通信。

4.4.2　SET 协议

4.4.2.1　定义

安全电子交易协议是由 VISA 和 Master Card 两大信用卡企业联合推出的规范，它采用公钥密码体制和 X.509 数字证书标准，主要用于保障网上购物信息的安全性[210][211]。

4.4.2.2　内容

SET 使用多种密钥技术来达到安全交易的要求，其中对称密钥技术、公钥加密技术和哈希（Hash）算法是其核心[212]。SET 算法还

采用了双重签名（DS）作为身份验证环节的一部分。双重签名 DS 的生成公式为[213]

$$DS=E_{KRC}[H（H（PI）\|H（OI））]\qquad（4-28）$$

其中 E_{KRC} 是表示消费者的私人密钥。现在假设特约商店拥有这个双重签名，OI 和 PI 的消息摘要（PIMD）。并且特约商店也从消费者的证书中得到消费者的公开密钥。特约商店计算出两个数：H（PIMD\|H（OI）和 DKUc[DS]，其中 DKUc 为消费者的公开密钥。如果这两个数计算出的结果相同，则特约商店就可核准这个签名。相同地，如果银行拥有 DS 以及 PI、与 OI 的消息摘要（OIMD）及消费者的公开密钥，则银行可计算：H（H（P）\|OIMD）和 DKUc[DS]。特约商店接收到 OI，可以验证签名确认 OI 正确性。银行接收到 PI，也可验证此签名确认 PI 的正确性。消费者则将 OI 及 PI 连接完成，可以证明这个连接的正确性。

4.4.2.3　过程

SET 协议成为公认的信用卡或借记卡的网上交易国际安全标准，主要交易过程如下。

（1）持卡人选择采用线上支付的方式进行付款。

（2）持卡人发送给商家一个完整的订单及要求付款的指令。在 SET 中，订单和付款指令由持卡人进行数字签名。同时利用双重签名技术保证商家看不到持卡人的账号信息。

（3）商家接受订单后，向持卡人的金融机构请求支付认可。到发卡机构确认，批准交易。然后返回确认信息给商家。

（4）商家发送订单确认信息给客户。

（5）商家给客户装运货物，或完成订购的服务。到此为止，一个购买过程已经结束。商家可以立即请求银行将钱从购物者的账号转移到商家账号，也可以等到某一时间，请求成批划账处理。

（6）商家从持卡人的金融机构请求支付，在认证操作和支付操作中间一般会有一个时间间隔。

4.4.3　消息协议

4.4.3.1　定义

在电子商务体系结构中的消息协议定义为在电子商务各个组件（模块）之间的通信需要满足的协议。由于大部分消息的传递采用网络传递的方式，对此定义在电子商务体系中将使用 HTTP，为了保障安全性，将原有的明文 HTTP 替换成更安全的 HTTP。

4.4.3.2　过程

HTTPS 在电子商务体系中相对于 HTTP，在原有的 HTTP 层和TCP 层之间增加了 SSL/TLS（安全套接字层 / 传输层安全）层用来保证安全性，为数据传输提供安全支持。每一个模块向外公开自己的公钥，保留自己的私钥，并且在核心管理层中申请自己的数字证书，每一层在和其他层的联系之前，通过公布的签名来验证数字证书的正确性。如果层的数字证书没有问题，调用层使用响应层的公钥将调用信息进行加密并且发送给响应层，调用响应层的功能完成相应的功能，完成功能之后，响应层同样通过 HTTPS 协议将返回信息发送给调用层，将任务完成的消息安全反馈给调用层。

4.4.4　容错协议

4.4.4.1　定义

在电子商务体系结构中，容错协议被定义为在电子商务业务中需要容忍一定错误并且能够将之改正的协议。电子商务体系结构中模块和模块之间的协作难免会出问题，这种问题往往是致命性的。随着云体系结构的广泛应用，基于分布式的云体系结构的电子商务体系结构虽然给电子商务带来便利，极大促进电子商务领域的发展，但是从技术角度来看，分布式系统本质上是不可靠的。在一个大的集群中，有节点宕掉是正常现象，然而一个节点出现问题后会对整体产生影响，这种影响带来的后果不可恢复。还有一种可能出现的问题是节点假死，如果是管理模块的控制节点，有可能破坏一致性。

针对以上情况，应在电子商务体系中强调容错协议的重要性。要解决容错问题，需要强调一致性、可用性以及协议算法的性能。目前学术界强调了八大分布式协议和算法：Paxos 算法[214]、Raft 算法[215]、一致性 Hash 算法[216]、Gossip 算法[217]、Quorum NWR 算法[218]、PBFT 算法[219]、POW 算法[220]、ZAB[221] 协议。本书在此对电子商务体系中应用最为广泛的 Paxos 算法进行介绍。

4.4.4.2　Paxos 算法

Paxos 算法在分布式领域具有举足轻重的地位，是 Leslie Lamport 提出的基于消息传递的、具有高度容错特性的分布式算法，Leslie Lamport 也因此获得了 2013 年的图灵奖。基于消息传递通信模型的分布式系统一定会存在这一问题：消息因为进程的中断、运行慢、重启等原因而导致丢失、延迟、重复情况出现[222][223]。Paxos 共识算法就是为了保证出现上述问题时，分布式系统仍然能够消息保持一致。虽然 Paxos 被认为是目前业界最有效的分布式共识算法之一，但其概念晦涩难懂，工程实现颇为复杂，本书在此处用相对易懂的语言来描述 Paxos 算法。

1. 概念

Paxos 算法的核心是让大部分的分布式节点接收同一个值，确保整个分布式系统的所有节点对特定变量的值保持一致。为此，Paxos 算法提供了三种对象：Proposer、Acceptor、Learner。Proposer 负责提出提案，Acceptor 负责接受和拒绝提案，Learner 负责学习被通过的提案。

2. 流程

其具体流程如下：首先系统中有诸多 Proposer 就某一特殊变量的

值存在分歧，各自提出自己认为该特殊变量的值，形成诸多提案，这些提案具有提案编号以及值两个主要属性。需要注意的是，提案从提出到被接受需要两个步骤，第一个步骤是 Acceptor 接收提案的编号（寻找接收意愿），第二个步骤是 Acceptor 接受提案的内容（提交接收内容）。当提案通过不稳定的通信机制到达 Acceptor 的手里，首先 Acceptor 需要判断当前提案的内容 Proposer 是否提出过，自己是否接受了原来的提案。当 Acceptor 发现自己没有接受过类似的提案但是接受了其他 Proposer 提交的意愿，需要对比当前提案的编号（或者提案的权重）和原来收到的类似提案的编号（如果没有接收到类似提案，则默认同意接受），如果当前提案编号比之前的大且 Acceptor 没有接受过提案内容，则将默认接受提案编号更改为当前提案编号，等待提案内容传输。如此，一旦一个提案被系统超过半数的 Acceptor 接受，该提案通过，该提案的内容值成为整个分布式系统都同意的值。如图 4-53 所示，Proposer1 提出了 12 号提案，Acceptor1~Acceptorl 3 表示愿意接受内容，但是 Acceptor2 因为之前接受过类似变量值的提案，而且之前提案的权重比 12 号要大，所以拒绝接受，并且将之前的提案内容返回给 Proposer1，让其接受权重更大提案的结果，修改自己提案的内容。

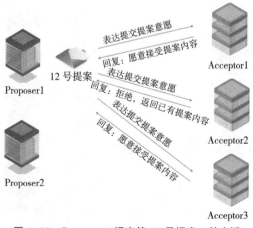

图 4-53 Proposer1 提出第 12 号提案，并广播

在分布式系统中，存在许多节点临时宕机等情况，即某一个 Proposer 广播提案编号之后突然宕机，等恢复时发现自己当前提案内容值已经被其他 Proposer 提过而且被其他 Acceptor 接收过，则必须放弃自己的提案内容，将提案内容值换成已经被其他 Acceptor 接收的值。在图 4-54 中，如果 Proposer1 宕机，而且其提案没有被超过半数的 Acceptor 接收，此时，如果 Proposer2 提出自己的提案，那么由于 36 号提案的权重比 12 号的大，Acceptor1~Acceptorl 3 必须放弃原来愿意接收 12 号提案的计划，改为愿意接收 36 号提案的计划。如果 Proposer1 在 Proposer2 的第一阶段还没有完成时，从宕机状态恢复，并且及时向 Acceptor1~Acceptorl 3 提交了自己的提案内容完成第二阶段，此时构成超过半数 Acceptor 接受的条件，整个分布式系统必须认可 Proposer1 提出的 12 号提案，即使 Proposer2 的 36 号提案权重更大也必须放弃自己的内容，而将自己的提案内容修改为和 12 号提案相同。这种博弈状态是分布式内容统一过程的常态，通过节点之间的竞争，即使许多节点遇到意外问题，该算法也能够在短时间内为系统提供统一变量的值。

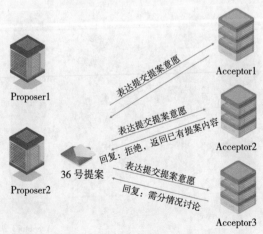

图 4-54　Proposer2 提出第 36 号提案，并广播

Paxos 算法应对的复杂情况不仅如此，还有许多复杂的实际情况，Paxos 算法能给整个分布式系统带来统一的值，具体算法的步骤还请读者阅读参考文献中莱斯利·兰伯特（Leslie Lamport）的博士论文 [224]。

4.4.5　共享协议

云体系结构在电子商务中的应用促进了电子商务的发展，同时也带来了巨大的用户群体。基于许多用户要使用共同的计算资源、数据资源、硬件资源，共享协议的重要性不言而喻。在电子商务中，密钥协商协议（key agreement protocol，KAP）的共享得到了普遍的应用，本书重点介绍经典的底层密钥协商协议——Diffle-Hellman 协议。

4.4.5.1　定义

Diffie-Hellman 协议（以下简称"DH 协议"）由迪菲（Diffle）和赫尔曼（Hellman）于 1976 年提出 [225]。该协议是一种确保共享密钥 KEY 安全穿越不安全网络的方法，形成在不安全的网络中让双方确定对称密钥 [226][227]。

4.4.5.2　内容

该算法的具体要求如下：首先要求两个公开的数字：素数 p 和整数 a，其中 a 是 p 的原根。设定有通信双方 A、B。A、B 均需要选取 x_a，$x_b < p$ 形成 y_A，y_B 后发送给对方，用公式表示为

$$y_A \equiv g^{X_a} \bmod p \tag{4-29}$$

$$y_B \equiv g^{X_b} \bmod p \tag{4-30}$$

A、B 双方收到之后，经过下述公式形成对称密钥 K_{AB}，用公式表示为

$$K_{AB} \& \equiv y_B^{X_a} \equiv g^{X_a X_b} \bmod p \tag{4-31}$$

$$K_{AB}\&\equiv y_A^{X_b}\equiv g^{X_a X_b}\bmod p \qquad\qquad（4-32）$$

DH 协议相对于之前的协议有两大优点：①密钥在需要的时候生成即可，避免了密钥长时间存在而导致的泄露。②通信双方只需要约定两个公开数字 p 和 a 即可，不需要额外的诸多信息。

4.5　电子商务系统案例

第 4.3 节介绍的体系结构在电子商务系统中应用较为广泛。诸如云体系结构凭借自身优点可以轻松实现设备间的数据与应用共享。此外，柔性体系结构在电子商务系统中也得到了广泛应用，其核心概念"性价比驱动"非常适合追求利润最大化和资源使用率最大化的企业，预先设置的"柔性预设指令"可以帮助企业降低成本。分层体系结构在电子商务系统也早有应用，其"高内聚、低耦合""分层化模块化"的设计思想被应用到各大软件开发中，方便电子商务系统实现功能拓展。管道—过滤器体系结构作为数据流动和消息传递的关键。事件驱动体系结构作为系统接受外部激励进行响应的关键，在电子商务系统中也大量应用。本节以"从全局到局部"的方式论述业务架构、数据架构和技术架构的设计案例。

4.5.1　业务架构设计实际案例

依据电子商务体系结构思想指导，京东业务架构（图 4-55）设计应当遵循以下原则。

4.5.1.1　业务平台化

业务要相互独立，负责处理不同业务的模块也需要相互独立。管理中心、商家和售后中心、货物处理中心、物流中心、前端、基础支持平台要互相独立，负责不同的业务，要实现"高内聚、低耦合"。基础业务需要下沉，维持可复用的需求，如用户、商品、类目、促销、时效等。

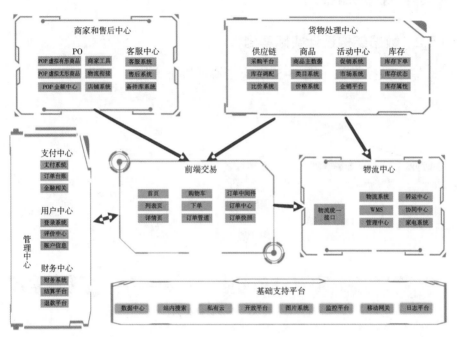

图 4-55　京东业务架构

4.5.1.2　核心业务、非核心业务分离

将核心业务与非核心业务进行分离。核心业务保持精简并且稳定，非核心业务则可以采用多样化形式，在一定程度上能接受服务波动，作为系统业务的尝试突破点。

4.5.1.3　区分主流程、辅流程

主流程要在运行时保证顺利完成，辅流程则可以采用后台异步的方式，这样可以避免因为辅流程的失败而导致主流程的回滚操作。

4.5.1.4　隔离不同业务

在购买环节中，交易业务是指签订买家和卖家之间的交易合同，需要优先保证高可用性，让用户能快速下单。履约业务则是卖家满

足合同中发送货物的请求，对可用性没有过高要求，可以优先保证一致性。而闪购业务对高并发要求较高，需要单独的处理机制，要将其与一般业务隔离开。

4.5.2 数据架构设计实际案例

京东数据架构（图 4-56）应当遵循以下原则。

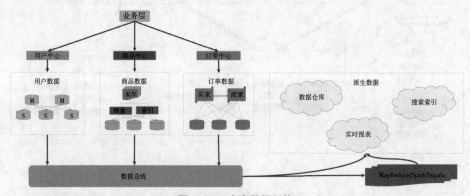

图 4-56 京东数据架构

4.5.2.1 统一数据视图
保证数据的及时性、一致性、准确性、完整性。

4.5.2.2 数据和应用分离
应用系统只依赖逻辑数据库。应用系统不直接访问其他宿主数据库，只能通过服务访问。

4.5.2.3 数据异构
源数据和目标数据内容相同时，做索引异构，如商品库不同维度；内容不同时，做数据库异构，如订单买家库和卖家库。

4.5.2.4 数据读写分离
访问量大的数据库做读写分离，数据量大的数据库做分库，不同业务域数据库做分区隔离，重要数据配置备库。

4.5.2.5 用 MySQL、MongoDB 等主流数据库

除成本因素外，MySQL、MongoDB 等数据库扩展能力强，运维积累了大量丰富经验。

4.5.2.6 合理使用缓存

数据库有能力支撑时，尽量不要引入缓存。合理利用缓存做容灾。

4.5.3 技术架构实际案例

京东技术架构（图 4-57）可以分为基础平台、治理层、虚拟平台、运营管理等。其中，最重要的基础平台由数据层、集成层、质量层组成。

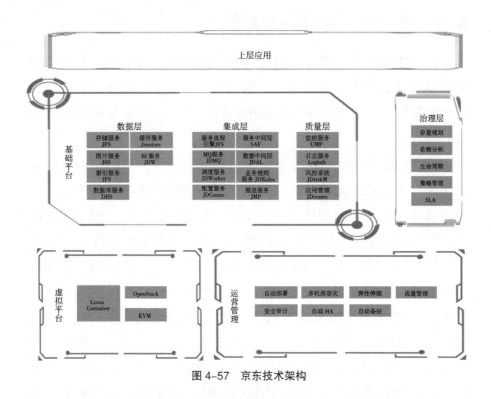

图 4-57 京东技术架构

4.5.3.1 数据层

数据存取方面的技术组件包括存储服务 JFS、缓存服务 Jimstore、图片服务 JSS、即时服务 JDW、索引服务 JFS、数据库服务 DBS。

4.5.3.2 集成层

集成层包括服务流程引擎 JFS、服务中间件 SAF、MQ 服务 JDMQ、数据库中间件 JDAL、调度服务 JDWorker、业务规则服务 JDRules、配置服务 JDCenter、推送服务 JMP。

4.5.3.3 质量层

质量层包括监控服务 UMP、日志服务 Loghub、风控系统 JDriskM、应用管理 JDcenter。

4.6 本章数学思想体系结构

数学思想作为非常有效的工具被广泛使用。本章数学解析采用的数学工具主要包括运用图论的研究方法对电子商务模式等内容进行抽象及解析。本章数学解析所用的数学工具参见参考文献 37~39、228、229。

本章主要论述电子商务体系的结构与系统。本章的结构可以被看作是一个连通的无圈图，用图论中树的结构描述本章的体系。电子商务体系的结构与系统作为根节点，记为 V。其第一层子树，包含五个父节点：体系结构组成原理 V_1、电子商务重要组件 V_2、电子商务体系结构风格 V_3、电子商务体系结构协议 V_4、电子商务系统案例 V_5。第二层子树的父节点 V_1 可分为两个子节点：体系结构的定义 V_{11}、常见体系结构风格 V_{12}；父节点 V_2 可分为两个子节点：通用构件 V_{21}、特有组件 V_{22}；父节点 V_3 可分为六个子节点：云体系结构风格 V_{31}、分层风格 V_{32}、柔性体系结构风格 V_{33}、管道—过滤器风格 V_{34}、面向对象风格 V_{35}、事件驱动风格 V_{36}；父节点 V_4 可分为五个子节点：SSL 协议 V_{41}、SET 协议 V_{42}、消息协议 V_{43}、容错协议 V_{44}、共享协议 V_{45}；父节点 V_5 可分为三个子节点：业务架构设计实际案例 V_{51}、数据架构设计实际案例 V_{52}、技术架构实际案例 V_{53}。对于 V_{12}，基于对软件体系结构的定义，对工业生产中常见的体系结构进行科学调研，主要引入管道—过滤器风格、面向对象风格、事件驱动风格、分层风格、数据共享风格、解释器风格、反馈控制环风格、云体系结构风格以及微服务体系风格九种常见的体系风格，即九条连边。其余各子节点也可分为诸多叶子节点，这里不再多述。

下面介绍节点间的关联关系，定义 (V_i, V_j) 为节点 V_i 和 V_j 的连边。首先，边 (V, V_1)、(V, V_2)、(V, V_3)、(V, V_4)、(V, V_5) 表示本章将从体系结构组成原理、电子商务重要组件、电子商务体系结构风格、电子商务体系结构协议、电子商务系统案例五个方面介绍电子商务体系的结构与系统。本章讲解体系结构的组成原理，讲述作为社会实践、建筑学等产生的体系结构思想如何发展、发展过程中都有哪些形态的变化以及具体的结构特点。首先引入体系结构的定义，即 (V_1, V_{11})。基于对软件体系结构的定义，引入常见的体系结构风格，即 (V_1, V_{12})。重点介绍九种常见的体系风格，下分若干连边。其他父节点的连边关系与此类似。

以下以面向对象为例展开说明。面向对象具有很明确的结构性，是现代计算机常用的编程结构，可以用图论的方式对该体系结构进行具象化说明。类、属性和方法是一个有向三部图 (A, B, C)，其中 A 对应最上层定义类顶点集，B 对应属性集合，C 对应方法集。在使用过程中引入顶点集 D 定义对象集合以及计算集合 E。对于顶点 $a \in A$，其关联的边可划分为三种：$e_b \in E(B_a, a)$ 定义为属性连边（B 指向 A），e_c 为方法连边，e_d 为对象连边。其中 B_a 是类 a 具有的属性集合，C_a 为类 a 具有的方法集合，D_a 为类 a 的对象集合。对于顶点 $b \in B$，其只与 A 中的顶点进行连边，连边规则如前所述，

$c \in C$ 只与 A 中顶点连边。对于 D 中的顶点，其只与 A 和 E 中的顶点相连，且与 A 中顶点相连只有 A 指向 D 的边，特别的，该边称为继承；与 E 中顶点的连边为 D 指向 E。面向对象的整体架构可以与上述有向三部图的具体图论问题相互转化。以下给出几个最基本的图特征。

定理 1：在单继承情况下，D 中顶点入度为 1，即 $d \in D$ 只能有一个 $a \in A$ 指向，从而 B、C 中的顶点只能通过 a 形成到 d 的有向路。对应在实际使用中，属性只能通过类来修改，无法通过 D 中实例进行更改。

定理 2：a_1，$a_2 \in A$ 其在 B、C 中可能有共同临点，共同临点也只能在 B、C 中。

定理 3：此图的有向圈只能是含有一个 b 或 c、两个 a、两个 d、一个 e。

定理 4：不同的 d_1、d_2，可以关联相同的 e，而且计算结果不同。

这是子类重写父类方法产生的多态结果。对于面向对象整体架构的设计，其中有一些非常常用的规则，也可以具体反映在图上。

规则一：依赖倒置原则（dependency inversion principle），即三部图的具象结果只依赖于 D 中的对象，计算结果不依赖于底层 E 的结果，而应该依赖于 D 的接口设置。

规则二：开放封闭原则（open closed principle），对应图结构的连边方向，对扩展开放，对改写封闭。

规则三：里式替换原则（liskov substitution principle），对 B、C 层抽象可以进行的操作，既可在底层对象 D 也可在 E 层进行。

综上所述，对本章的数学体系结构梳理首先被看作是一个连通的无圈图，即可用图论中树的结构来描述本章体系，并分析了该树结构的分支以及连边关系。接下来，以体系结构定义中的面向对象为例进行深入解析。面向对象具有很明确的结构性，是现代计算机常用的编程结构，这里用图论的方式对该体系结构进行具象化说明，即把类、属性和方法看做一个有向三部图进行分析。

4.7　本章小结

电子商务体系结构是软件体系结构在电子商务领域中的重要应用。本章首先引出体系结构的基本工作原理，并对常见的九种体系风格：管道—过滤器风格、面向对象风格、事件驱动风格、分层风格、数据共享风格、解释器风格、反馈控制环风格、云体系结构风格以及微服务体系风格进行了重点介绍。在此基础上，本章介绍了六种适合电子商务发展的电子商务体系结构，分析了其在电子商务中的实际应用。

本章对电子商务的九大通用构件、四大特有组件、体系结构风格以及相关结构协议进行了重点介绍，帮助读者对电子商务的系统构成形成更加全面的认识。最后以京东为案例，从业务架构、数据架构以及技术架构三个方面进行实际案例分析，帮助读者深入理解电子商务体系结构在实际项目中的运用。

电子商务体系结构与系统为电子商务相关活动的开展提供了基础，后续将对电子商务生产、交易、流通、消费活动进行更为详细的介绍。

本章用数学理论对体系结构风格及电子商务体系结构的风格、组件以及协议进行抽象描述，主要使用的数学理论为集合论等。关于本章所用的数学工具见参考文献 228 和 229。

第 5 章

电子商务系统基本工作原理

电子商务组件是电子商务的基础，在第 4 章已经对电子商务的组件及体系结构做了介绍。相较于传统商务，电子商务中的重要组件无不体现着互联网的特性，即传递性、自由性、实时性、交换性、共享性及开放性。然而，电子商务的运作并非电子商务组件的堆积，其需要各组件的有机联动。从宏观视角来看，电子商务不只是一种新型交易方式，实际上是一种网络化的新型经济活动，即基于电子信息网络的生产、交易、流通、消费活动。电子商务的重要组件也深刻改变了传统经济活动中生产、交易、流通和消费四大环节的运作模式，对供给端、需求端以及中间流通环节的提质升级提出了更高层次的要求。本章将按照经济活动中生产 $L^{(1)}$、交易 $L^{(2)}$、流通 $L^{(3)}$、消费 $L^{(4)}$ 四个环节展开论述。

在图 5-1 中，物质资料 $G=(G_1, G_2, \cdots, G_n)^{\mathrm{T}}$ 经过生产环节 $L^{(1)}$ 成为电子商务产品 $P^{(1)}$ 并进入交易环节 $L^{(2)}$，消费者在交易环节挑选并购买所需要的商品 $P^{(2)}$，商品经过流通环节 $L^{(3)}$ 到达消费者手中，成为消费者自有的物品 $P^{(3)}$，消费环节 $L^{(4)}$ 结束，n 个消费者将获得效用 $U=(U_1, U_2, \cdots, U_n)^{\mathrm{T}}$。其中，$L_{j,i}^{(1)}$ 是指物质资料 G_i 在电子商务产品 $P_j^{(1)}$ 的生产过程中所占比重；$L_{j,i}^{(2)}$ 是指电子商务产品 $P_i^{(1)}$ 在消费者所购买产品 $P_j^{(2)}$ 中所占比重；$L_{j,i}^{(3)}$ 是指消费者所购买产品 $P_i^{(2)}$ 到达消费者手中 $P_j^{(3)}$ 采取的流通方式在所有流通方式中所占比重；$L_{j,i}^{(4)}$ 是指消费者所获得产品 $P_i^{(3)}$ 带给第 j 个消费者的效用 U_j 占消费者获得所有效用的比重。

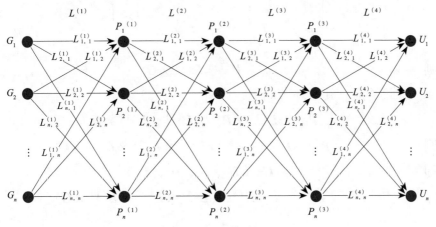

图 5-1 电子商务模式

将生产环节 $\boldsymbol{L}^{(1)}$ 写为矩阵形式，即

$$\boldsymbol{L}^{(1)} = \begin{pmatrix} L_{1,1}^{(1)} & L_{1,2}^{(1)} & \cdots & L_{1,n}^{(1)} \\ L_{2,1}^{(1)} & L_{2,2}^{(1)} & \cdots & L_{2,n}^{(1)} \\ \vdots & \vdots & \ddots & \vdots \\ L_{n,1}^{(1)} & L_{n,2}^{(1)} & \cdots & L_{n,n}^{(1)} \end{pmatrix}$$

则

$$P_1^{(1)} = G_1 \times L_{1,1}^{(1)} + G_2 \ L_{1,2}^{(1)} + \cdots + G_n \times L_{1,n}^{(1)}$$
$$= \sum_{i=1}^{n} G_i \times L_{1,i}^{(1)}$$

即

$$P_j^{(1)} = \sum_{i=1}^{n} G_i \times L_{j,i}^{(1)}, \quad j = 1, 2, \cdots, n$$

将电子商务产品 $\boldsymbol{P}^{(1)}$ 写为矩阵形式，即

$$\boldsymbol{P}^{(1)} = \left(P_1^{(1)}, P_2^{(1)}, \cdots, P_n^{(1)} \right)^T =$$

$$\left(\sum_{i=1}^{n} G_i \times L_{1,i}^{(1)}, \sum_{i=1}^{n} G_i \times L_{2,i}^{(1)}, \cdots, \sum_{i=1}^{n} G_i \times L_{n,i}^{(1)} \right)^T =$$

$$\begin{pmatrix} L_{1,1}^{(1)} & L_{1,2}^{(1)} & \cdots & L_{1,n}^{(1)} \\ L_{2,1}^{(1)} & L_{2,2}^{(1)} & \cdots & L_{2,n}^{(1)} \\ \vdots & \vdots & \ddots & \vdots \\ L_{n,1}^{(1)} & L_{n,2}^{(1)} & \cdots & L_{n,n}^{(1)} \end{pmatrix} \times \begin{pmatrix} G_1 \\ G_2 \\ \vdots \\ G_n \end{pmatrix}$$

则
$$P^{(1)}=L^{(1)} \times G$$

以此类推，其他环节同上，则有

$$P^{(2)}=L^{(2)} \times P^{(1)}=L^{(2)} \times L^{(1)} \times G$$

则
$$P^{(3)}=L^{(3)} \times P^{(2)}=L^{(3)} \times L^{(2)} \times L^{(1)} \times G$$

即
$$U=(U_1,\ U_2,\ \cdots,\ U_n)^T$$
$$=L^{(4)} \times L^{(3)} \times L^{(2)} \times L^{(1)} \times G$$

$$U=\prod_{k=1}^{4} L^{(k)} \times G \tag{5-1}$$

公式（5-1）即为物质资料 G 经过生产、交易、流通、消费四个环节最终被消费者消费获得效用的过程，接下来将对四个环节依次进行详细论述。

5.1 电子商务生产原理

5.1.1 电子商务产品

5.1.1.1 传统产品的定义

商务的对象或客体是所有的经济资源[230]。传统意义上的产品是指能够作为商品进入市场，提供给市场以满足人们某种需要的东西，可以分为有形产品（tangible products，P^T）和无形产品（intangible products，P^I）两类。

1. 有形产品和无形产品

有形产品，又称形体产品或形式产品，是能够满足消费者需求且具有实体（具体形态）的产品，是产品核心价值的载体。有形产品具有物质性，一般通过产品包装 P_1^T、产品款式 P_2^T、产品品牌 P_3^T、产品的质量水平 P_4^T 等不同侧面表现出来。则有

$$P^T=\{P_1^T,\ P_2^T,\ P_3^T,\ P_4^T,\ \cdots\} \qquad (5-2)$$

无形产品主要是服务性产品，是对有形资源进行物化和非物化的转化后，成为具有价值和使用价值属性的非物质形态的结果，包括可数字化的产品以及信息服务等。

将有形产品和无形产品分别看作集合 P^T 和 P^I，则这些集合包含部分相同的元素以及不同元素。将本书讨论的元素列举，如实体存在性 e 和 $\bar{e}$、传递方式 t、创造性 c 和 $\bar{c}$、价值和使用价值 p、售后服务 s。其中，e 表示存在实体形态，即产品有具体的物质状态，能够摸得着。$\bar{e}$ 表示不存在实体形态，没有具体的物质状态。c 表示产品具有创造性，$\bar{c}$ 表示产品不具有创造性。传递方式 $t=\{t_1,\ t_2\}$，t_1 表示产品通过网络送到消费者手中，t_2 表示交易过程可以完全在网络上实现。则有

$$P^T=\{e,\ t_1,\ \bar{c},\ p,\ s\} \qquad (5-3)$$

$$P^I=\{\bar{e},\ t_2,\ c,\ p,\ s\} \qquad (5-4)$$

在公式（5-3）和公式（5-4）中，实体存在性是有形产品和无形产品的根本区别。

2. 产品的三层次

美国市场学家菲利普·科特勒提出了产品三层次理论：基于生产者主导视角，任何产品都可以分为核心产品（core product）、有形产品（tangible product）以及附加产品（extra product）[231]。

核心产品的使用价值或核心价值是消费者购买该产品的真正需求。产品存在的本质都是为了满足消费者的需求，为了解决存在的问题。因此，可以在市场上流通和被销售的商品都必须具有满足消费者需求的基本效用或利益。

设核心产品满足消费者的基本效用为 U_C，消费者的期望需求为 D，则核心产品的基本效用 U_C 和消费者的需求 D 之间存在函数关系，用公式表示为

$$U_C = f_1(D) \tag{5-5}$$

其中，效用 U_C 和需求 D 之间为正相关关系，随着消费者需求 D 的不断增加，则核心产品带给消费者的效用也会不断增加。

有形产品，又称形式产品，是核心产品实现的载体形式，即向市场提供的实体和服务的形象。有形产品的效用 U_F 一般具有五个影响因素，即产品商标 FP_1、产品包装 FP_2、产品品质 FP_3、产品样式 FP_4 以及产品特征 FP_5，以上五个因素共同存在且相互影响，从而对有形产品的效用产生影响，用公式表示为

$$U_F = f_2(FP_1, FP_2, FP_3, FP_4, FP_5)$$
$$= f_{21}(FP_1) + f_{22}(FP_2) + f_{23}(FP_3) + f_{24}(FP_4) + f_{25}(FP_5) \tag{5-6}$$

即使只是无形产品中的纯粹服务，也会有公式（5-6）所述的效用。

附加产品，又称外延产品，是客户购买产品时的额外服务或超出客户原本期望的利益价值，即附加产品的效用 U_E 由附加服务 E_P 决定，为正相关关系，包括产品说明书、安装维修、送货、技术培训等，用公式表示为

$$U_E = f_3(EP) \tag{5-7}$$

任何产品都包含核心产品、有形产品以及附加产品三个层次，则产品的总效用 TU 可用公式表示为

$$TU=U_C+U_F+U_E=f_1+f_2+f_3 \qquad （5-8）$$

以手机为例，核心产品是用于交流沟通，如打电话、发短信、使用社交软件等。当然，随着人们需求的不断变化，检索信息、拍照录音、游戏娱乐等需求逐渐占据主导，也可以被视为核心产品。有形产品则代表该手机的品牌、触摸屏手感、屏幕大小、系统界面等。手机购买后的质保服务、教学服务则属于附加产品。

此外，科特勒在生产者视角的基础上引入消费者视角，进一步丰富完善了产品三层次理论，提出了产品五层次结构，如图5-2所示。产品五层次结构理论为产品的研发和营销提供了进一步指导。

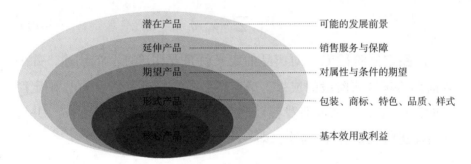

潜在产品 —— 可能的发展前景
延伸产品 —— 销售服务与保障
期望产品 —— 对属性与条件的期望
形式产品 —— 包装、商标、特色、品质、样式
核心产品 —— 基本效用或利益

图 5-2　产品五层次结构

3. 产品创新的六阶段

产品创新（product innovation）是指对某一产品的既有功能进行升级创新或研发创造出一种现有市场上不存在的新产品，以满足消费者需求或开辟新市场的过程。产品创新共包含六个阶段，每一阶段都包含相同的几个组成部分，为了统一论述产品创新的每一阶段，因此做出如下假设：第 i 个阶段中存在激活函数 F_i、误差项 δ_i 和影响因素 x_{ij} 及其权重 ω_{ij}，该阶段最终形成结果为 A_i，即

$$A_i=F_i\left(\sum_j x_{ij}\omega_{ij}+\delta_i\right) \qquad （5-9）$$

在公式（5-9）中，第 i 个阶段中共存在 j 个影响因素，且影响因素 x_{ij} 对最终结果 A_i 的影响权重为 ω_{ij}，为了提高公式的准确性，因此加入误差项 δ_i，以上所述影响因素在过程 F_i 的作用下，从而形成该阶段最终结果 A_i。在该式的基础上，依次对产品创新的每一阶段进行说明。

产品概念阶段 F_1。产品的存在就是为了满足消费者的需求，产品概念阶段就是站在消费者的角度提出其内心深处所关注的问题并用消费者的语言进行阐述，提出足够清晰的概念以吸引消费者。因此在该阶段，企业需要通过市场调研，研究产品的市场机会 x_{11} 以及市场中消费者的需求 x_{12}，从而形成产品概念 A_1，即

$$A_1=F_1\left(\sum_j \omega_{1j}x_{1j}+\delta_1\right) \qquad （5-10）$$

产品定义阶段 F_2。对产品的定义就是要明确产品的用途，并融入前期市场调研阶段的成果，确定产品各项指标和特点 x_{21}，确定产品的三层次 x_{22}，确定消费者兴趣点 x_{23} 以及产品的盈利点 x_{24}，并对该产品进行轮廓 A_2 的描绘，即

$$A_2=F_2\left(\sum_j \omega_{2j}x_{2j}+\delta_2\right) \qquad （5-11）$$

以上两个阶段最为关键，产品概念及产品定义阶段所花费的成本虽然不及项目总成本的 20%，但对整个产品是否成功有着 80% 的决定作用。这两个阶段决定了产品定位是否清晰、客户需求是否真实，同时也决定了实施风险的大小。

产品设计阶段 F_3。这一阶段的主要活动是对生产中需要使用的工具和设备进行购买和开发，以及对已完成产品定义阶段的产品进行原型的设计和制造，即将已成型的产品定义进行量化和图纸化，设置产品相关的具体指标 x_{31}，形成可设计的产品功能 x_{32} 以及产品模型 x_{33}，纳入开发计划 A_3，即

$$A_3=F_3\left(\sum_j \omega_{3j}x_{3j}+\delta_3\right) \tag{5-12}$$

样品研制阶段 F_4。将已设计好的图样化产品进行物理化，进行小规模样品生产，协调一切资源 x_{41}，利用一切技术 x_{42} 设计出符合客观标准且具有实际价值的产品样品 A_4，即

$$A_4=F_4\left(\sum_j \omega_{4j}x_{4j}+\delta_4\right) \tag{5-13}$$

试验推广阶段。将初步制造出的产品样品投入市场，选择内测用户，通过收集用户使用后的反馈意见，整理出具备可行性的修改意见，对样品进行修改完善，即修改各个阶段的权重 ω 以及误差项 δ 为新权重 ω^* 和新误差项 δ^*，即

$$A_1^*=F_1\left(\sum_j \omega_{1j}^* x_{1j}+\delta_1^*\right) \tag{5-14}$$

$$A_2^*=F_2\left(\sum_j \omega_{2j}^* x_{2j}+\delta_2^*\right) \tag{5-15}$$

$$A_3^*=F_3\left(\sum_j \omega_{3j}^* x_{3j}+\delta_3^*\right) \tag{5-16}$$

$$A_4^*=F_4\left(\sum_j \omega_{4j}^* x_{4j}+\delta_4^*\right) \tag{5-17}$$

经过该阶段，得到最终成品 $A_5=A_4^*$。

成品促销阶段。将已经通过修改完善的成品 A_5 进行规模化生产，并将成品投放市场，由营销者提供相关信息进行宣传和吸引消费者进行购买，从而达到扩大产品销售量的目标。

当前进行产品创新，不仅仅局限于以往的"正向设计"过程，而是可以利用物联网、大数据、云计算等新兴技术实现对产品的"逆向设计"，即根据已有的产品反向推出产品设计数据，得到新产品，如图 5-3 所示。

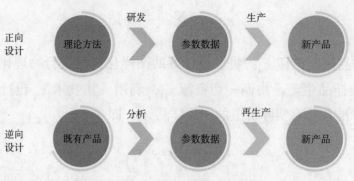

图5-3 从"正向设计"到"逆向设计"

5.1.1.2 电子商务产品的分类

电子商务产品是指通过计算机和通信技术实现交换的商品，分为有形电子商务产品（tangible e-commerce products，P^{TE}）、无形电子商务产品（intangible e-commerce products，P^{IE}）以及数字产品（digital products，P^D）[232]。

1. 有形电子商务产品

有形电子商务产品是指消费者通过在线浏览、购物选择、送货上门服务而得到的产品，即通过电子商务（e-commerce，EC）获得的有形产品，如网上购买的服装、食物等，即

$$P^{TE}=P^T\cap EC\subset P^T \tag{5-18}$$

2. 无形电子商务产品

无形电子商务产品是包括有偿咨询服务、互动式服务和预约服务在内的可通过计算机网络传递给消费者的电子商务产品，如网上获取的情报服务（法律咨询、心理咨询）、互动服务（交友聊天、游戏陪玩）或预订服务（订机票、酒店）等，即

$$P^{IE}=P^I\cap EC\subset P^I \tag{5-19}$$

无形电子商务产品交易可以完全通过网络完成，这类电子商务属于完全电子商务。

3. 数字产品

美国经济学家夏皮罗和范里安在《信息规则：网络经济的策略指导》一书中指出，数字产品是编码为二进制流的交换物，具有可复制性、可比性、公共物品、经验产品等特点[233]。

狭义的数字产品 P^{D*} 是指通过互联网 N 以比特流方式传输的产品和基于数字格式（digital format，DF）的交换物，即

$$P^{D*}=P^I \cap \{N, \; DF\} \tag{5-20}$$

广义的数字产品除了狭义数字产品外，还包括基于数字技术的电子产品或将其转化为数字形式通过网络来传播和收发，或者依托于一定的物理载体而存在的产品，如软件、信息、音像制品。

数字产品在总时间 T 的销售过程中，产生的利润与产品价格 $P(t)$、销量 Q 息息相关，而产品价格 $P(t)$ 与销量 Q 之间存在负相关关系。若消费者的总需求为 D，则有

$$D=g(t)=a-bP(t) a, \; b>0 \tag{5-21}$$

其中，a 是产品价格为 0 时消费者最大需求量，是理想状态；b 是产品价格每上涨一个单位时消费者减少的需求量。则在总销售时间 T 内，能够实现产品高价高销量的数学模型为

$$Q=\int_0^T g(t)\mathrm{d}t=\int_0^T [a-bP(t)]\mathrm{d}t \tag{5-22}$$

电子商务产品在发展迭代的过程中，逐渐呈现出以下三个特点。

（1）电子商务产品的内容逐渐丰富，不再局限于满足消费者单一需求，而是尝试提供更多有价值的信息、数据以及服务，尽可能多方面满足消费者需求，为消费者带来更大的效用。

（2）电子商务产品数字化程度提高，以实物为载体的电子商务产品消费减少，无形电子商务产品以及数字产品消费占比日益提高。而且随着 5G 发展的步伐不断加快，更多数字化的电子商务产品将引领消费者的社交方式与消费方式进行全面升级，大幅提升消费体验感。

（3）电子商务产品信息化特征明显，更多的信息被物化在产品中，导致产品中的信息占比不断增加，物质占比逐渐降低。除此之外，还有部分产品智能化程度提高，信息处理功能逐渐增强。

5.1.2 传统生产模式和电子商务生产模式

生产模式是指企业体制、经营、管理、生产组织和技术系统的形态和运作方式。随着科学技术的发展及市场化程度状况的变化，生产模式也在不断升级。总的来说，生产模式的发展可以概括为四个阶段，如图 5-4 所示。

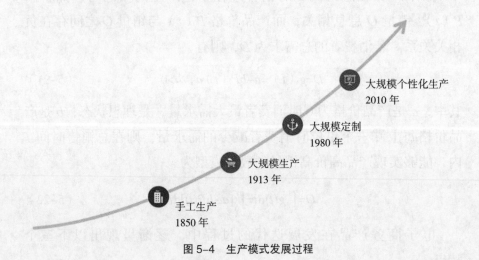

图 5-4　生产模式发展过程

5.1.2.1　传统生产模式

传统经营模式下的生产方式是流水线生产，特点是生产规模批量化、生产产品规格化以及生产流程固定化。传统生产模式加工工序较少，原材料固定配比并经过相应生产流程得到固定成品。因此，将此生产过程看作一个映射，即原材料 a_1，a_2，a_3，…构成的非空集合 A 到相应成品 b_1，b_2，b_3，…所构成的非空集合 B 的映射，其中的对应关系即为传统的生产流水线，如图 5-5 所示。

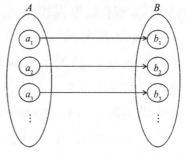

图 5-5　映射关系

一般情况下，生产的产品品种多、数量变化大，企业往往会采取库存监视的方法，依据库存量的变化及时调整生产，保持生产的连续性，即限制原材料集合 A 的元素个数。若用 card 表示集合 A 中元素个数，则当原材料种类、数量充足时，即 card $(A) \geq A_0$ 时，流水生产线正常运行，而当原材料不足，即 card $(A) < A_0$ 时，生产线则会停止运作，此时需要立即补货，才能恢复生产线，继续生产。但是，当企业生产情况复杂时，该方法将产生一定的局限性，容易造成库存占用过高、资金利用率较低的问题。

5.1.2.2　电子商务生产模式

1. 大规模生产模式

工业经济的特点是大规模生产，对标准化的零部件进行大批量的流水线式生产、组装。整个生产过程属于机械式重复劳动，生产结果属于"一对多"，用一种标准产品满足不同消费者的需求，即将产品 pd 复制，经过复制生产过程 C_1，得到成品 Pd，即

$$Pd = C_1(pd) \tag{5-23}$$

电子商务时代下，通过大规模生产模式生产标准化产品并通过互联网进行宣传售卖，仍属于生产拉动型。这一方式容易导致供需信息不对等、供需数量不匹配、资源浪费等问题出现，买卖双方均无法实现利益最大化。

2. 大规模定制模式

在电子商务的时代，大规模生产模式已经不再适用，批量生产的标准化产品无法有效满足消费者的需求，帮助企业获取利润，根据具体需求生产定制产品（customized product），提供定制化服务成为新的方向。企业的生产方式开始转向大规模定制 C_2，基于公式（5-23），在产品 pd 的基础上根据消费者需求进行定制，则有

$$pd'=C_2(pd) \tag{5-24}$$

当定制过程结束，将所得定制产品 pd' 投入公式（5-23）的大规模生产模式 C_1 中进行复制生产，得到成品 pd'，即

$$pd'=C_1(pd')=C_1(C_2(pd)) \tag{5-25}$$

大规模定制生产模式旨在运用一系列先进制造技术、现代设计方法以及管理技术，实现产品和过程重组，在拥有大规模生产低成本、高速度、高效率等优点的同时，能够为用户或小规模市场提供定制化产品。美国经济学家 B. 约瑟夫·派恩提道，大规模定制的核心是产品品种的多样化和定制化急剧增加，而不相应增加成本，范畴是大规模生产定制产品，优点是提供战略优势和经济价值[234]。

基于电子商务的大规模定制生产模式，以定制企业为核心，通过电子商务平台将定制企业、供应商、消费者和物流企业等密切联系起来。定制企业通过 intranet 把企业各部门有机联系起来，同时，客户通过电子商务平台向定制生产企业阐述自身需求，以便企业提前制订生产规划，并向供应商反馈信息。供应商根据信息及时为定制企业提供所需原材料和零部件，满足生产需要。物流企业快速准确地将原材料和零部件从供应商处输送给定制企业，并在生产完成后将定制产品送到客户手中，如图 5-6 所示。

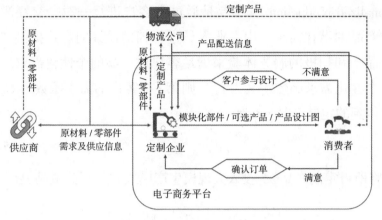

图 5-6　大规模定制生产流程

3. 大规模个性化生产模式

工业 4.0 是利用信息化技术促进产业变革。工业 4.0 的概念最早由德国提出。德国的工业 4.0 是指利用物联信息系统（cyber-physical system，CPS）实现生产中的供应、制造、销售信息数据化、智慧化，达到快速、有效、个人化的产品供应。中国制造 2025 早已同德国"工业 4.0"进行合作对接。

工业 4.0 的核心是 CPS，通过深度融合计算分析、互联通信和精准控制等技术，分析、优化调整并执行数据，实现虚拟世界和物理世界的动态连接，形成"物—数据—服务联网"一体化形式，并结合生产、物流和服务多个环节活动，保证对产品最新动态进行实时监测、调整、控制，从而实现大规模个性化生产。

21 世纪以来，经济水平的显著提升催生了部分高度个性化、多样化的消费需求，尤其是在一些特殊消费领域如医疗健康器械、配饰配件、智能化穿戴产品等方面，消费者具有完全独特性，对于产品的个性化要求极高，现有大规模定制生产方式无法充分满足这一需求。因此，急需一种与客户高度个性化需求相适应，且能够保持高效率、低成本的生产模式，这就是大规模个性化生产（mass

355

personalized production），主要是通过与客户进行一对一交互激发客户对产品的潜在需求，由专业人员进行辅助设计向客户提供"个人化产品"和积极的服务体验来满足客户对产品的个性化需求。若将此类个性化需求函数定义为 C_3，则第 i 个客户的需求函数为 C_{3i}，该客户得到的定制产品 pd_i 为

$$pd_i=C_{3i}(pd) \qquad (5-26)$$

将所得定制产品 pd_i 投入大规模生产模式 C_1，得到成品 Pd_i，即为

$$Pd_i=C_1(pd_i)=C_1(C_{3i}(pd)) \qquad (5-27)$$

根据大规模个性化生产的特点，依托工业 4.0 的相关技术，构建大规模个性化生产架构，该架构从设计、计划、执行和控制四个层面实现对产品的个性化生产，如图 5-7 所示。

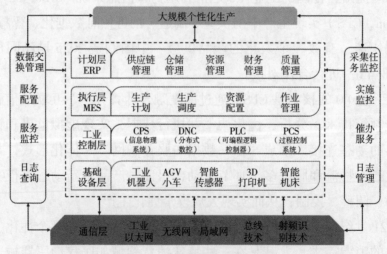

图 5-7　大规模个性化生产架构

综上，三种电子商务生产模式对比如图 5-8 所示。

以网络为手段的电子商务改变了传统的生产理念，在竞争手段、生产导向、产品内涵、更新速度等方面发生了巨大变化，这些特点

可以概括为创新驱动、消费拉动、知识融合、文化贯穿以及迭代加快五个方面，如图 5-9 所示。

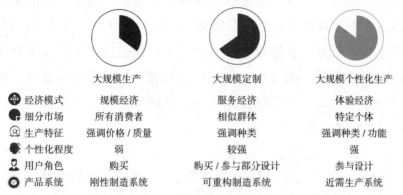

图 5-8　大规模生产、大规模定制及大规模个性化生产对比

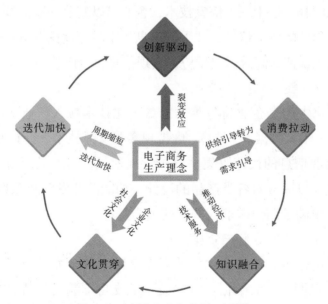

图 5-9　电子商务生产理念五大特点

目前，人工智能技术与先进制造技术深度融合形成了智能制造技术，电子商务生产模式向智能化转变。同时，"有形产品＋无形服务"的个性化趋势日益明显，满足了消费者的多样化需求。

5.1.3　电子商务生产管理

在电子商务产品的生产过程中，企业为了在提供高水平优质客户服务的同时实现低产品库存量及高生产效率，通常要采取更加合理的生产管理方式。这个不断优化的过程一般分为信息化生产管理、数字化生产管理、智能化生产管理三个阶段，这三个阶段不是完全的递进发展关系。随着人工智能技术和智能传感技术的发展，企业在新阶段可以攻克从前的技术难题，从而实现资源的充分调用，提高产品的生产效率。

5.1.3.1　信息化生产管理

信息化资源是信息化生产管理的根本。生产过程信息化包括数控技术、柔性制造系统、分布式数字控制、快速成型制造技术、制造执行系统等内容。运用现代信息技术，企业可以充分获取市场、行业以及生产过程中的各类信息，并采取信息化手段深度挖掘信息价值，针对市场需求快速、高效做出反应，实现信息化生产管理。

5.1.3.2　数字化生产管理

数字化生产是企业将各类信息数字化技术融入产业实际制造技术之中，运用大数据、云计算、虚拟现实等支撑技术，基于用户需求，实现对资源信息的快速收集、分析、规划、重组，从而得出最佳的实施方式，以完成对各类产品的设计，功能的开发以及原型的制造，快速生产出满足用户需求的产品的整个过程。

5.1.3.3　智能化生产管理

智能化是建立在信息化与数字化基础上的全面升级，是在互联网、计算机网络、大数据、智能技术的支持下满足消费者需求的属性，是人类文明发展的必然趋势。智能化生产是企业在生产制造过程中充分利用各种现代化智能技术，实现企业生产、管理的自动化，达到规范企业生产管理、降低生产中随机失误的概率、填补各种过程漏洞、提高生产效率等目的。

考虑企业生产过程中的生产劳动者 M_1、生产技术及设备 M_2、智能化管理程度 M_3 三个内生因素对企业生产过程中决策调整的影响，假设存在多元函数 $G(M_1, M_2, M_3)$，若该函数在点 $M^{(0)}(M_1^{(0)}, M_2^{(0)}, M_3^{(0)})$ 的某个邻域内具有任意阶导数，则多元函数 $G(M_1, M_2, M_3)$ 在点 $M^{(0)}$ 处的泰勒展开式的形式为

$$G(M_1, M_2, M_3) = G(M^{(0)}) + \nabla G(M^{(0)})^T \Delta M + \frac{1}{2} \Delta M^T G(M^{(0)}) \Delta M + \cdots$$

$$(5\text{-}28)$$

其中

（1）$\Delta M = \begin{pmatrix} \Delta M_1 \\ \Delta M_2 \\ \Delta M_3 \end{pmatrix}$，$\Delta M_1 = M_1 - M_1^{(0)}$，$\Delta M_2 = M_2 - M_2^{(0)}$，$\Delta M_3 = M_3 - M_3^{(0)}$。

（2）$G(M^{(0)}) = \begin{pmatrix} \dfrac{\partial^2 G}{\partial M_1^2} & \dfrac{\partial^2 G}{\partial M_1 \partial M_2} & \dfrac{\partial^2 G}{\partial M_1 \partial M_3} \\ \dfrac{\partial^2 G}{\partial M_2 \partial M_1} & \dfrac{\partial^2 G}{\partial M_2^2} & \dfrac{\partial^2 G}{\partial M_2 \partial M_3} \\ \dfrac{\partial^2 G}{\partial M_3 \partial M_1} & \dfrac{\partial^2 G}{\partial M_3 \partial M_2} & \dfrac{\partial^2 G}{\partial M_3^2} \end{pmatrix}$，是 $G(M)$ 在点 $M^{(0)}$

处的海塞矩阵[235]。

根据海塞矩阵判定多元函数极值的定理，即：设多元函数 $G(M_1, M_2, M_3)$ 在点 $M^{(0)}$ 的邻域内具有二阶偏导，若 $\dfrac{\partial G}{\partial M_i} = 0$（$i = 1, 2, 3$），且根据其海塞矩阵正定性，企业可做出符合自身的最优决策，即

当企业的海塞矩阵 $\boldsymbol{G}(M^{(0)})$ 为正定矩阵时，$G(M_1, M_2, M_3)$ 在点 $M^{(0)}(M_1^{(0)}, M_2^{(0)}, M_3^{(0)})$ 处可以取到极小值，企业此时应调整政策，以提高生产管理的效率。

当企业的海塞矩阵 $\boldsymbol{G}(M^{(0)})$ 为负定矩阵时，$G(M_1, M_2, M_3)$ 在点 $M^{(0)}(M_1^{(0)}, M_2^{(0)}, M_3^{(0)})$ 处可以取到极大值，企业此时应保持当前状态，持续实现生产管理效率最大化。

当企业的海塞矩阵 $G(M^{(0)})$ 为不定矩阵时，$G(M_1, M_2, M_3)$ 在点 $M^{(0)}(M_1^{(0)}, M_2^{(0)}, M_3^{(0)})$ 处不能取到极值，企业当前政策不是最优政策，应进行调整优化。

当企业的海塞矩阵 $G(M^{(0)})$ 为半正定或半负定矩阵时，$G(M_1, M_2, M_3)$ 在点 $M^{(0)}(M_1^{(0)}, M_2^{(0)}, M_3^{(0)})$ 处或许可以取到极值，企业应采取其他方式对当前情况进行衡量。

5.2　电子商务交易原理

5.2.1　传统商务与电子商务

5.2.1.1　传统商务与电子商务的交易流程

交易流程是指在一次商务交易中，企业之间或企业与消费者间所需进行的操作步骤和处理过程，主要由交易准备、贸易磋商、合同签订、支付清算四个环节构成，如图 5-10 所示。

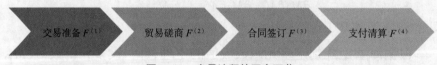

图 5-10　交易流程的四个环节

1. 交易准备阶段

该阶段是指买卖双方通过互联网或电子商务平台发布交易信息、寻找交易机会和交易伙伴、了解交易规则以及条件等。以消费者为例，当消费者产生交易需求 D 时，就会进入交易准备阶段 $F^{(1)}$，在本阶段获取满足自身需求的产品信息 $I^{F^{(1)}}$，其中，$I^{F^{(1)}}=\{I_T^{F^{(1)}}, I_E^{F^{(1)}}\}$，$I_T^{F^{(1)}}$ 即通过传统平台获取的信息，$I_E^{F^{(1)}}$ 即通过互联网平台获取的信息，则有 $I^{F^{(1)}}=\{I_T^{F^{(1)}}, I_E^{F^{(1)}}\}=F^{(1)}(D)$。

2. 贸易磋商阶段

该阶段是指买卖双方就交易细节进行谈判确认，双方可以通过电子通信设备或互联网通信方式对双方在交易过程中的权利及义务、交易的商品种类、价格、数量、交货方式、运输方式、售后服务等信息进行详细规定。消费者整理已得信息，选定购买商品，在贸易磋商阶段 $F^{(2)}$ 与厂商达成意向性的文本框架协议 $A^{F^{(2)}}$，其中，$A^{F^{(2)}}=\{A_T^{F^{(2)}},\ A_E^{F^{(2)}}\}$，$A_T^{F^{(2)}}$ 即消费者与厂商双方形成的传统文本框架协议，$A_E^{F^{(2)}}$ 即双方形成的电子文本框架协议，即 $A^{F^{(2)}}=\{A_T^{F^{(2)}},A_E^{F^{(2)}}\}=F^{(2)}(I^{F^{(1)}})$。

3. 合同签订阶段

该阶段指买卖双方落实文本框架协议，最终以书面形式或电子文件形式形成合同 $C^{F^{(3)}}$，其中，$C^{F^{(3)}}=\{C_T^{F^{(3)}},\ C_E^{F^{(3)}}\}$，$C_T^{F^{(3)}}$ 即消费者与厂商双方形成的传统书面合同，$C_E^{F^{(3)}}$ 即双方形成的电子合同，即 $C^{F^{(3)}}=\{C_T^{F^{(3)}},\ C_E^{F^{(3)}}\}=F^{(3)}(A^{F^{(2)}})$。

4. 支付清算阶段

在该阶段，根据合同中所列条款，根据双方的合同履行情况，如买方付款完成、卖方发货、买方确认收货等过程，处理双方收付款并进行结算，最终完成所有交易阶段，即获得交易结果 $R^{F^{(4)}}$，其中，$R^{F^{(4)}}=\{R_T^{F^{(4)}},\ R_E^{F^{(4)}}\}$，$R_T^{F^{(4)}}$ 即消费者获得的传统商务结果，$R_E^{F^{(4)}}$ 即消费者获得的电子商务结果，即 $R^{F^{(4)}}=\{R_T^{F^{(4)}},\ R_E^{F^{(3)}}\}=F^{(4)}(C_E^{F^{(3)}})$。

综上所述，交易过程整体可用公式（5-29）进行描述，即

$$C^{F^{(3)}}=F^{(4)}\left(F^{(3)}\left(F^{(2)}\left(F^{(1)}(D)\right)\right)\right) \qquad (5-29)$$

在交易过程中，若公式（5-29）中同时出现 $\{I_T,\ A_T,\ C_T,\ R_T\}$，则该交易过程属于传统交易流程。反之，则为电子商务交易流程。

5.2.1.2　电子商务交易成本

凡有经济活动的地方，就有成本的存在。在生产环节，生产成本包括了直接材料成本、工资成本、其他直接支出成本以及制造成本。在交易环节，交易成本包括了搜寻成本、谈判成本等。在流通环节，流通成本包括了时间成本、信息成本、资金成本等。在消费环节，消费成本包括了货币成本（消费价格成本、购买成本、使用成本）以及非货币成本（消费时间成本、消费体力成本、消费精神成本）。电子商务活动重点在交易环节，因此，主要对电子商务交易成本进行深入介绍。相比传统线下交易，电子商务交易在互联网上进行，所有交易环节以及整个交易过程都在信息平台中完成，大大降低了交易成本。

1937 年，罗纳德·科斯首次提出"交易费用"（交易成本）思想，他在《企业的性质》一文中指出，交易成本是"通过价格机制组织生产的最明显的成本，也就是所有发现相对价格的成本""市场上发生的每一笔交易的谈判和签约费用及利用价格机制存在的其他方面的成本"。杨小凯等一批经济学家提出了新兴古典主义经济学，将交易成本分为外生交易成本和内生交易成本，外生交易成本是在交易过程中直接或间接发生的客观存在的实体费用，内生交易成本则是需要以概率和期望值来度量的潜在损失可能性，包含道德风险、逆向选择等 [236]。学术界对交易成本进行了广义定义和狭义定义，广义交易成本是一切非鲁滨逊经济中出现的费用；狭义交易成本是市场交易成本（外生交易成本），包括搜寻成本、谈判成本和实施成本。本书主要对狭义交易成本进行讨论。

对于市场交易两大主体即厂商和消费者而言，有

$$交易成本 C^T = 搜寻成本 C_S^T + 谈判成本 C_N^T + 实施成本 C_I^T \quad （5-30）$$

其中，搜寻成本 C_S^T、谈判成本 C_N^T、实施成本 C_I^T 均对交易成本 C^T 有正相关影响。

1. 搜寻成本 C_S^T

$$C_S^T = C_{S1}^T(d) + C_{S2}^T(t) \qquad (5-31)$$

搜寻成本 C_S^T 是指消费者为了获取某一商品的相关信息所需要付出的成本，或厂商捕捉潜在消费者并对其进行产品宣传的成本。$C_{S1}^T(d)$ 是搜寻空间成本，受消费者与厂商（店铺）间的距离 d 影响，$C_{S2}^T(t)$ 是搜寻时间成本，受搜寻、购买所需时间 t 影响。且 $C_{S1}^{T\prime}(d) > 0$，$C_{S2}^{T\prime}(t) > 0$。

电子商务交易依托互联网进行，不存在时空局限性，搜寻信息或产品的过程中距离和所花费的时间大幅减少，即 $d_E < d_T$，$t_E < t_T$，则

$$C_{SE}^T = C_{S1}^T(d_E) + C_{S2}^T(t_E) < C_{ST}^T \qquad (5-32)$$

2. 谈判成本 C_N^T

$$C_N^T = C_{N1}^T(m) + C_{N2}^T(n) \qquad (5-33)$$

$C_{N1}^T(m)$ 是谈判空间成本，受消费者与商家间的距离 m 影响，$C_{N2}^T(n)$ 是谈判时间成本，受交易双方间谈判的时间 n 影响。且 $C_{N1}^{T\prime}(m) > 0$，$C_{N2}^{T\prime}(n) > 0$。

由于电子商务交易谈判通过网络进行，所以谈判过程的各要素发生变化，$m_E < m_T$，$n_E < n_T$，则

$$C_{NE}^T = C_{N1}^T(m_E) + C_{N2}^T(n_E) < C_{NT}^T \qquad (5-34)$$

3. 实施成本 C_I^T

实施成本 C_I^T 是交易未发生时产生的仓储物流成本以及店面货架放置成本。在电子商务交易环节中，交易双方通过网络可以完成实时交易、实时发货，大大减少甚至避免了仓储物流成本和店面货架放置成本，即

$$C_{IE}^T < C_{IT}^T \qquad (5-35)$$

综上所述，电子商务模式下的交易成本为

$$C_E^T=C_{SE}^T+C_{NE}^T+C_{IE}^T<C_T^T \qquad (5-36)$$

可见，电子商务交易突破了传统商务及交易模式，不再受时间和地域的限制，具有互动性、即时性、全球性及低成本性，流程实现了交易虚拟化，提高了交易效率，大幅降低了交易成本。

5.2.2 电子商务交易信用风险

电子商务交易过程存在着各类风险，主要可以归为三类：管理风险、法律风险以及信用风险。管理风险是指交易流程及业务技术管理风险，如交易过程中的错误管理方式、网络信息安全技术（网络支付技术、数据存储技术等）落后等。法律风险是指对市场交易环境和主体的制度约束，包括买卖双方合法权益的保护，如个人隐私信息保护、知识产权保护等。以上两类风险主要为交易风险外在因素。信用风险是交易主体风险产生的内在因素，网络环境中的信息不对称加剧了交易双方在虚拟环境中的信任危机，进而造成交易障碍，交易过程中双方的信用遵守或违约行为成为随机决策行为。

市场经济是信用化的商品经济，经济全球化的浪潮中，信用可谓是国际市场的通行证。电子商务作为新型商业活动，信用更是其存在和发展的基础。交易双方的信任在电子商务交易活动中的作用远远大于其在传统交易活动中所起的作用。因此，本书重点对信用风险进行分析。

电子商务交易可以被看作是一场博弈，在交易过程中，买卖双方都可以采取诚信或欺诈行为，若至少一方发生了欺诈行为，则产生信用风险。本书试从博弈论的角度分析电子商务交易过程中的策略选择以及信用风险防范。为简化分析，做出以下假设。

（1）一次电商交易活动中有两个主体：买方 A 和卖方 B，双方掌握完全信息且行为理性。

（2）交易双方的行为策略 U_A={ 诚信 U_A^I，欺诈 U_A^C}，U_B={ 诚信 U_B^I，欺诈 U_B^C}。假设在交易过程中，买方 A 选择诚信的概率 $P_A^I = p_1$，卖方 B 选择诚信的概率 $P_B^I = p_2$，则有 $P_A^C = 1 - p_1$，$P_B^C = 1 - p_2$。

（3）交易过程中，设定以下参量：交易物价值 V，交易成本 G_1，毛利润 π，社会成本 C_2，惩罚 S 及奖励 W。其中，$V > \pi \geq 0$，$\pi \geq C_1 \geq 0$，$V \geq C_2 \geq 0$，$C_1 \geq 0$，$C_2 \geq 0$，$S \geq 0$。

5.2.2.1 完全无约束

完全无约束是指交易双方不受约束，行为策略选择不考虑社会成本、惩罚及奖励，守信或失信均不会有额外收益以及成本。假设双方会采取混合战略来获得最大收益，信用博弈矩阵如表 5-1 所示。

表 5-1　完全无约束条件下的信用博弈矩阵

卖方 B ＼ 买方 A	诚信 U_A^I（p_1）	欺诈 U_A^C（$1-p_1$）
诚信 U_B^I（p_2）	$\pi-C_1$，$\pi-C_1$	$-V-C_1$，$V-C_1$
欺诈 U_B^C（$1-p_2$）	$V-C_1$，$-V-C_1$	$-C_1$，$-C_1$

若买方 A 选择诚信的概率 $P_A^I = p_1$ 既定：

（1）当卖方 B 选择诚信 U_B^I 时，卖方 B 的期望收益 R_B^I 为

$$R_B^I = p_1(\pi-C_1) + (1-p_1)(-V-C_1) = p_1(\pi+V) - V - C_1 \quad （5-37）$$

（2）当卖方 B 选择欺诈 U_B^C 时，卖方 B 的期望收益 R_B^C 为

$$R_B^C = p_1(V-C_1) + (1-p_1)(-C_1) = p_1 V - C_1 \quad （5-38）$$

由于 $0 \leq p_1 \leq 1$，$V > \pi \geq 0$，则

$$p_1(\pi+V) - V - C_1 < p_1 V - C_1 \quad （5-39）$$

即 $$R_B^I < R_B^C \qquad (5-40)$$

所以不存在混合战略纳什均衡，只存在纯战略纳什均衡[237]。卖方 B 总会选择欺诈策略。同理，买方 A 策略一致。

综上，完全无约束条件下，交易双方都会选择欺诈策略。

5.2.2.2　存在社会成本及奖惩机制约束

将社会成本以及奖惩机制纳入交易行为中进行考虑，在此状态下，交易双方将考虑采取混合战略获得最大收益，信用博弈矩阵如表 5-2 所示。

表 5-2　存在社会成本及奖惩机制条件下的信用博弈矩阵

卖方 B ＼ 买方 A	诚信 U_A^I（p_1）	欺诈 U_A^C（$1-p_1$）
诚信 U_B^I（p_2）	$\pi+W-C_1$，$\pi+W-C_1$	$W-V-C_1$，$V-C_1-C_2-S$
欺诈 U_B^C（$1-p_2$）	$V-C_1-C_2-S$，$W-V-C_1$	$-C_1-C_2-S$，$-C_1-C_2-S$

若买方 A 选择诚信的概率 $P_A^I = p_1$ 既定：

（1）当卖方 B 选择诚信 U_B^I 时，卖方 B 的期望收益 R_B^{I*} 为

$$R_B^{I*} = p_1(\pi+W-C_1) + (1-p_1)(W-V-C_1) = W+p_1(\pi+V)-V-C_1 \qquad (5-41)$$

（2）当卖方 B 选择欺诈 U_B^C 时，卖方 B 的期望收益 R_B^{C*} 为

$$\begin{aligned} R_B^{C*} &= p_1(V-C_1-C_2-S) + \\ &\quad (1-p_1)(-C_1-C_2-S) \\ &= p_1V-C_1-C_2-S \end{aligned} \qquad (5-42)$$

假设存在混合战略纳什均衡，则有

$$R_B^{I*} = R_B^{C*} \qquad (5-43)$$

即 $$W+p_1(\pi+V)-V-C_1 = p_1V-C_1-C_2-S \qquad (5-44)$$

解得

$$p_1 = \frac{V-W-S-C_2}{\pi}$$

（5-45）

当 $V-W-S-C_2 \geqslant \pi$ 时，即 $p_1 \geqslant 1$，此时只存在纯战略纳什均衡，卖方 B 将采取欺诈策略。

当 $0 < V-W-S-C_2 \leqslant \pi$ 时，即 $0 < p_1 < 0$，此时存在混合战略纳什均衡，卖方 B 将以 $\frac{V-W-S-C_2}{\pi}$ 的概率采取诚信策略，将以 $1 - \frac{V-W-S-C_2}{\pi}$ 的概率采取欺诈策略。

当 $V-W-S-C_1 \leqslant 0$ 时，即 $p_1 \leqslant 0$，只存在纯战略纳什均衡，卖方 B 将采取诚信策略。

同理，买方 A 策略相同。

综上，有成本约束及奖惩机制约束条件下，当 $V-W-S-C_2 \geqslant \pi$ 时，交易双方都选择欺诈策略。当 $0 < V-W-S-C_2 < \pi$ 时，交易双方都以 $\frac{V-W-S-C_2}{\pi}$ 的概率选择诚信策略，以 $1 - \frac{V-W-S-C_2}{\pi}$ 的概率选择欺诈策略。当 $V-W-S-C_2 \leqslant 0$ 时，交易双方都选择诚信策略。

5.2.2.3 电子商务交易信用风险防范

由上述分析可知，电子商务交易过程中，要使交易双方都选择诚信策略，则必须满足 $V-W-S-C_2 \leqslant 0$。由于交易物价值既定，所以需要在电子商务交易过程中提高社会成本以及完善交易平台奖惩机制，从而防范电子商务交易信用风险。

5.2.3 电子商务交易平台

电子商务交易平台是基于互联网建立的虚拟网络交易空间，在进行"三流"（即信息流、物流、资金流）整合、促进"三流"高效流动上发挥了关键作用。电子商务交易平台为商家和消费者提供了展示查询、宣传推广、询价议价、支付购买等共享资源以及配套服务设施，帮助商家与消费者低成本、高效率地开展交易，进行商务活动。目前，除了传统电商交易平台，跨境电商、新零售电商、社交电商、内容电商等新电商形式发展迅速。其中，重点对传统电商、跨境电商以及新零售电商进行介绍。

5.2.3.1 传统电商交易平台

传统电商就是通过互联网在电商平台上实现线上交易。商城、消费者、产品和物流是传统电商的四大要素。商家通过电商平台展示产品信息，提供物美价廉的商品。电商平台的消费者可以通过电商平台查找商家、浏览商品，并针对目标商品进行问价咨询、下单购买。电商平台进行商家和消费者引流，促进商家入驻，引导消费者购买，促进交易达成。交易达成后，物流服务商方解决产品运输及配送问题，将产品从商家运送至消费者手中。待消费者收货并确认无误后，支付服务商解决资金流转及清算问题。传统电商交易流程如图 5-11 所示。

图 5-11　传统电商交易流程

5.2.3.2 跨境电商交易平台

跨境电子商务是市场主体利用跨境电子商务平台开展跨境业务的一种商业贸易活动。

根据交易对象和业务覆盖范围，跨境电商分为广义和狭义两种。广义的跨境电商是将电子商务运用在国际贸易领域，又称外贸电商，是指不同国境的交易主体利用网络技术、现代通信技术和计算机技术，完成传统进出口贸易中的货品展示、商业洽谈、合同签订及订单支付等环节，并进行配送、清关等，进而完成跨境交易的贸易活动 [238]。狭义的跨境电商又称跨境零售，是指不同关境的交易主体在线上完成交易、支付等贸易流程，并通过快件、小包等运输方式直连境外消费者的贸易活动。跨境电商交易流程如图 5-12 所示。

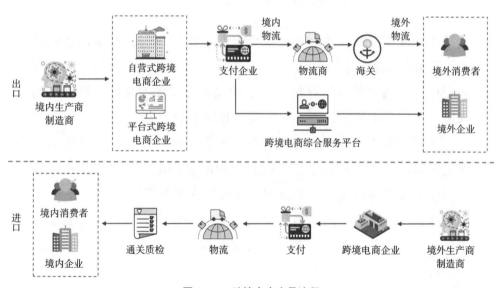

图 5-12　跨境电商交易流程

跨境电商交易过程中，跨境物流扮演了极其重要的角色。目前，进口跨境电商物流模式有以下三种，如图 5-13 所示。

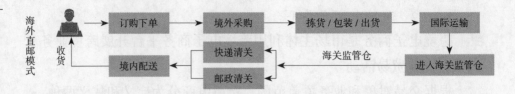

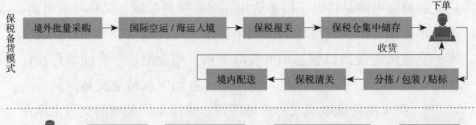

图 5-13　进口跨境电商物流模式

（1）海外直邮模式。跨境电商企业收到订单后，订单信息同时传给海外供应商，拣货、包装、出货操作由海外供应商物流中心统一完成，形成"单一"订单，以单件包裹形式采取邮件、快件运输入境，完成集中清关后直接派送至消费者手中。

（2）保税备货模式。商家先在海外集中采购商品，通过空运或海运入境，备货至保税仓库，收到订单时利用电子清关，在保税仓库完成贴面单和打包，查验通过后直接进行国内配送。

（3）转运模式。国内消费者购买下单操作完成后，先将商品送至转运企业并打包贴条，集货后空运至国内进行清关，国内物流企业进行配送。

出口跨境电商物流模式主要有以下七种。

（1）国际空快模式。物流商在国内集货，由头程国际空运运输货物至目的地国，完成清关操作并缴纳关税后送至海外仓库，由尾程服务商完成最终派送。

（2）国际海派模式。其根据尾程派送方式分为海卡和海快。海派集货模式有整柜（FCL）和散货（LCL）两种，整柜是指整个集装箱货物发往同一地址，尾程由卡车运送入仓。散货是指小批次货物由物流商在国内揽货，集成整柜后安排出运，在海外仓库进行拆柜派送。

（3）国际快递模式。目前四大国际快递巨头有 UPS、DHL、FedEx、TNT，它们通过自有基础设施网络或者联合经营网络，在启运国完成集货并报关，头程空运安排自有运输机队及航班，到港后由快递商办理进口清关手续，并在中转站点进行分拨转运。

（4）国际邮政。其是指通过国际邮路进行运输，国内完成统一集货，按照渠道要求完成分拣打包，统一装袋后送至邮政处理中心，通过万国邮政联盟旗下成员邮路网络进行转运，最终完成配送。

（5）国际专线。其主要针对 B2C 电商小包，由物流商完成集货、分拣、装箱操作，通过头程空运运输货物，抵达后采用 B2C 商业清关，尾程交由本地服务商完成配送。

（6）国际铁派。其分为铁卡和铁快，内在运转逻辑与海派相似，有整柜、散货两种类型。但在运输载体方面，海派是"货船＋集装箱"，铁派是"火车＋集装箱"。

（7）国际卡车。其即中欧卡航或者中欧班车，是指通过集装箱卡车将货物从国内运输至欧洲，同样有整柜、散货两种类型。

对企业而言，跨境电商进一步推动了国际贸易新模式的构建，形成了开放、多维、立体的合作新格局，开辟了外贸企业走向国际市场的新路径，进一步优化了国际资源配置，实现企业共赢。对于消费者而言，跨境电商响应了国内消费者对更高生活质量的需求，丰富了国内外消费者的选择，提高了消费者的福利水平。

5.2.3.3 新零售电商交易平台

1. 新零售的出现

近年来，互联网高速发展使得用户增长及流量红利逐渐萎缩，传统电商发展速度放缓。同时，传统电商的线上消费体验无法满足消费者日益升级的高品质、个性化、多体验的消费需求，逐渐陷入发展瓶颈期。在此情况下，一种新的模式——新零售电商模式应运而生，助推消费体验升级、消费方式变革，进而实现零售业渠道重构，成为传统电子商务变革之路的一次创新尝试。新零售电商是指以互联网为依托，运用人工智能、大数据、云计算新兴技术，对线上服务、线下体验、现代物流进行整合，实现多场景融合，重构"人""货""场"三要素，提高零售效率的零售新模式。新零售电商架构如图 5-14 所示。

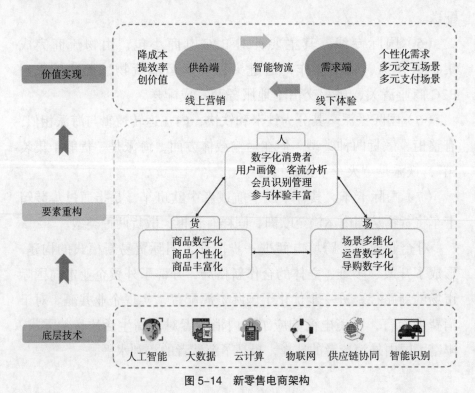

图 5-14　新零售电商架构

新零售电商与传统电商的区别在于内在推动力、消费场景以及消费体验。内在推动力方面，传统电商的发展离不开互联网的支撑，主要解决交易供需对接问题。而新零售电商更依靠新技术支持，更侧重于深入供应链环节来提升行业效率。消费场景方面，传统电商主要集中在线上，在线上完成交易。而新零售电商是"线上＋线下＋智能物流"的完整闭环。消费体验方面，传统电商无法真实感受商品属性，且收货时间长。新零售电商则可以实现线上浏览，线下感受、提货，体验更加立体化。因此，新零售电商具有生态性、无界化、智慧型以及体验式四大特征。

2. 新零售的新发展——直播电商

新冠肺炎疫情间接推动了新型电商的快速发展。其中，随着直播行业的逐步完善，直播电商发展尤为迅速。行业从单纯的流量红利挖掘过渡到对整个生态的红利挖掘，尤其是通过精细化运营与供应链渗透实现新的增量。直播电商是指主播借助视频直播形式进行带货，向观看用户介绍产品并推荐购买，以实现"品效合一"的新电商形式。与传统电商相比，直播电商模式下品牌商可以雇请网络主播在各渠道的内容平台或电商平台上直播、生产分发内容，通过直播形式实现与消费者的直接交互，是数字化时代电子商务与直播的深度融合，具有强互动性、强 IP（知识产权）属性以及高度去中心化的特点 [239]。

直播电商其实是一个打通线上线下的过程，凭借在提升用户交流互动体验、激活公域和私域流量、营造实时购物场景方面的天然优势，有效地实现了新零售"人""货""场"要素重构，是新零售的重要切入点之一。由此看来，直播电商不单是直播与电商的结合，更是上游厂商、供应商、线下实体店、消费者的结合，是对新零售电商的一次落地实践和探索尝试。直播电商交易流程如图 5-15 所示。

严格意义上来说，"直播＋电商"主要有：①在电商平台中加入直播功能，作为平台附属品。在前期主要由电商平台的流量拉动直播流量，后期实现直播流量反哺电商平台流量。②短视频直播模式，通过短视频平台做直播孵化，通过商品链接与电商平台建立联系。③直播为主的内容电商平台，在原有生产直播内容的基础上引入电商交易功能，该形式是真正意义上的直播电商。直播电商模式下，电商平台和直播平台是整个链条运作的核心，为整个交易过程提供了营销推广服务以及技术支撑。同时，平台之间的相互连通合作推动了各大平台公域流量与主播、商家自有的私域流量间的转化，进一步提升了流量经济效益。直播电商所具有的实时、富媒体形式特点以及强互动性、强专业性与高转化率等优势，进一步丰富了消费者的购物体验。目前，直播电商在多方服务商的支撑下，已形成完整产业链，如图 5-16 所示。

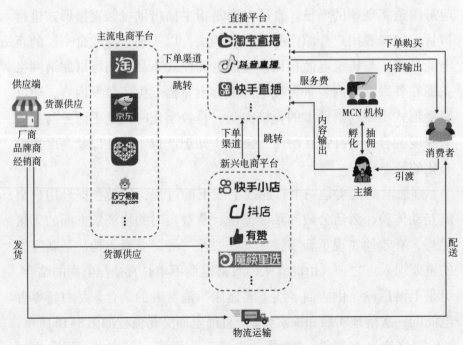

图 5-15　直播电商交易流程

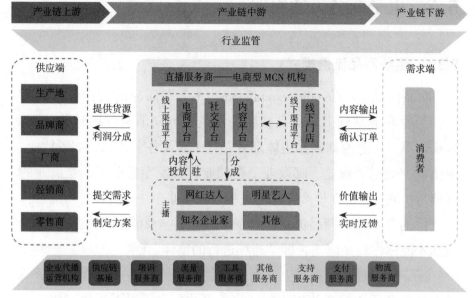

图 5-16　直播电商产业链图

直播电商的快速发展离不开供给端与需求端的变革升级。在供给端，多元化的品牌价值需求推动了直播形态的分层升级，直播电商形态呈现多元化发展趋势，主要体现在直播类型、主播及组货类型以及直播形式方面，如图 5-17 所示。此外，供应链外部资源整合、C2M 以销定产赋能直播电商，搭建了需求驱动供应的拉式供应链，更精准快速地进行需求预测与需求反馈。在需求端，用户行为决策结构化推动传统电商流量分发方式迭代升级，内容生态成为重要板块，"图文＋短视频＋直播"的组合营销方式地位凸显。此外，消费者追求极致性价比，推动带货品质效应升级，培养用户直播消费习惯、挖掘引致需求成为未来的发展关键。

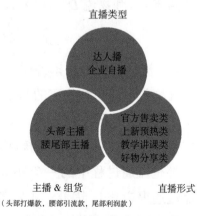

图 5-17　直播电商业态多元化

5.3 电子商务流通原理

5.3.1 传统商品流通模式

商品流通（commodity circulation，CC）即商品的交换，即在货币作为媒介的基础上，商品或服务由生产方向消费方的转移过程，构成了第三产业的基础和主体部分，其中涉及各个领域，如餐饮业、通信业、交通运输业、邮政业、仓储业、批发零售业等，是商业的延伸与扩展，也是逐步产业化的进程。在本小节中，读者应当注意：①货币的存在性是商品流通过程的充要条件。②商品交换的总体全过程才能称作商品流通，即"连续进行的整体"[240]。

商品的流通过程实质上是商品到货币再到商品的过程，由于商品交易涉及所有权或使用权的转移，因此包含了以下变化过程。一是发生商品价值的运动过程，即商流（market distribution，D^M），是指在交易过程中商品的所有权和价值形态发生变化。二是商品的实物配送过程，即物流（physical distribution，D^P），是指在流通过程中实体商品的空间位置发生变化或虚拟商品通过虚拟物流达消费者。如果将商品流通过程 CC 看作一个集合，那这个集合包含两个元素，即商流 D^M 和物流 D^P，用公式表示为

$$CC=\{D^M,\ D^P\} \tag{5-46}$$

在流通过程中承担各项商品交换活动的主体即为商业经营组织，同样构成了商流和物流的基础，在推动商品的价值形态变化过程（即 W-G 和 G-W 的变化过程）中起了极大的推动作用，促进了商品和服务从生产方向消费方的转移。从纵向角度看，每一个商业经营组织都是流通过程中的一个环节，这些环节与环节之间共同形成了商品流通渠道[241]。因此，了解各类商品流通渠道对于电子商务流通原理的掌握起着关键性的作用，以下将依次进行阐述。

5.3.1.1　传统商品流通渠道

1.传统商品流通的直接渠道（CC_d^T）

其又称传统直销模式，这种渠道的典型公式是：传统生产者 P_T^r→传统消费者 C_T^r，用一个有序集合表示，即

$$CC_d^T=\{P_T^r,\ C_T^r\} \tag{5-47}$$

在（CC_d^T）这种流通渠道中，实现了生产者与消费者的直接对接，商品的生产者也是商品的商人，商品不通过商场、超市等传统的销售渠道进行分销，没有中间方的参与，也没有任何商业环节的形成，这就是直接流通渠道。其中，P_T^r 是指一个包含 m 个传统生产者的集合，C_T^r 是指一个包含 n 个传统消费者的集合，其中 $P_T^r=\{p_{T1}^r,\ p_{T2}^r,\ \cdots,\ p_{Tm}^r\}$，$C_T^r=\{c_{T1}^r,\ c_{T2}^r,\ \cdots,\ c_{Tn}^r\}$。用一个布尔矩阵 $\boldsymbol{R}_T$ 表示它们之间的关系，则 $\boldsymbol{R}_T=[r_{ij}^T]_{m\times n}$，其中：

$$r_{ij}^T=\begin{cases}0，第\ i\ 个传统生产者与第\ j\ 个传统消费者之间\\ \qquad\qquad 存在直接流通渠道\\ 1，第\ i\ 个传统生产者与第\ j\ 个传统消费者之间\\ \qquad\qquad 不存在直接流通渠道\end{cases}$$

2.传统商品流通的间接渠道（CC_i^T）

商品交换以商业为媒介，随着商业内部分工的发展，社会分工继续在商业流通领域延伸，逐渐形成产销分离的间接流通。首先，是分工成批发商 W^s 和零售商 R^t。其次，批发商 W^s 内部又分化出产地采购批发商 W^p、销售地批发商 W^l、中转地批发商 W^v。将这些环节组合起来，形成完整的商业整体实现运作，才能最终完成媒介商品交换的职能。同样，用有序集合表示传统商品流通间接渠道，则有

$CC_{i1}^T=\{P_T^r,\ R^t,\ C_T^r\}$，即传统生产者 P_T^r→零售商 R^t→传统消费者 C_T^r。

$CC_{i2}^T = \{P_T^r,\ W^s,\ R^t,\ C_T^r\}$，即传统生产者 P_T^r →批发商 W^s →零售商 R^t →传统消费者 C_T^r。

$CC_{i3}^T = \{P_T^r,\ W^p,\ W^t,\ W^l,\ R^t,\ C_T^r\}$，即传统生产者 P_T^r →产地采购批发商 W^p →中转批发商 W^t →销售地批发商 W^l →零售商 R^t →传统消费者 C_T^r。

$CC_{i4}^T = \{P_T^r,\ W^p,\ W^l,\ C_T^r\}$，即传统生产者 P_T^r →产地采购批发商 W^p →销售地批发商 W^l →传统消费者 C_T^r

$CC_{i5}^T = \{P_T^r,\ W^p,\ W^t,\ W^l,\ C_T^r\}$，即传统生产者 P_T^r →产地采购批发商 W^p →中转批发商 W^t →销售地批发商 W^l →传统消费者 C_T^r。

已知间接流通渠道的每一环节中都有一个或多个参与者，则每一环节都可以表示为一个矩阵。假定各环节都通过形如 W 和 b 的矩阵构成连接，如图 5-18 所示，那么该间接流通渠道的具体形式则可以通过矩阵运算表示。

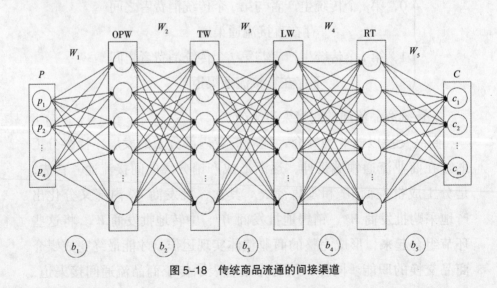

图 5-18　传统商品流通的间接渠道

从传统生产者 P_T^r 到产地采购批发商 W^p：

$$W^p = P_T^r \times W_1 + b_1 \tag{5-48}$$

从产地采购批发商 W^p 到中转批发商 W^t：

$$W^t = W^p \times W_2 + b_2 \qquad (5\text{-}49)$$

从中转批发商 W^t 到销售地批发商 W^l：

$$W^l = W^t \times W_3 + b_3 \qquad (5\text{-}50)$$

从销售地批发商 W^l 到零售商 R^t：

$$R^t = W^l \times W_4 + b_4 \qquad (5\text{-}51)$$

从零售商 R^t 到传统消费者 C_T^r：

$$C_T^r = R^t \times W_5 + b_5 \qquad (5\text{-}52)$$

联立公式（5-48）~ 公式（5-52），则传统商品间接流通的全过程可以表示为

$$CC_i^T = P_T^r \times \prod_{i=1}^{5} W_i + \delta \qquad (5\text{-}53)$$

公式（5-47）所示的直接流通渠道 CC_d^T 和公式（5-53）所示的间接流通渠道 CC_i^T 共同构成传统商品流通渠道 CC^T，正是两种渠道的共同存在与相互支撑，才使市场经济得以蓬勃发展。对于某一个流通渠道 CC_*^T，当 $CC_*^T \supseteq \{P_T^r, C_T^r\}$ 时，证明该流通渠道中存在中间方，为间接流通渠道，否则为直接流通渠道。

5.3.1.2　传统流通模式的局限性

由于生产方式变革与行业变迁，传统商品流通渠道的劣势日渐凸显。流通效率低、商品储存与管理困难、物流与资金流分裂、价格泡沫形成以及信息不对称等各种短板逐渐出现。传统商品流通模式的局限性具体表现为以下几点。

（1）传统商品流通观念与卖方市场态势相适应，无法适应经济发展中商品销售处于社会再生产主导地位的需要。

（2）传统商品流通模式中生产者、经营者的竞争观念无法适应

交易各方通过合作实现社会再生产整合的新市场环境。

（3）物流、信息流与资金流沿着流通链条逐级传递的传统运作模式造成了交易成本增加、信息失真与耗减不对称，导致产品滞销和库存积压，阻碍了流通效率的提高。

5.3.2 电子商务流通模式

5.3.2.1 电子商务流通渠道

现如今的电子商务流通渠道 CC^E 与前文所述传统商品流通渠道 CC^T 本质上已经存在明显的区别，主要包括：①开放性。电子商务流通渠道 CC^E 不再局限于传统模式，随着全面开放新格局的建设，流通产品呈现出多样性，流通交易呈现出全球化趋势。②直接性。在互联网的基础上，电子商务为生产者和消费者提供了更加直接、高效、及时的交易流通体系。③专业性。流通渠道的专业化程度不断提高，流通效率也与日俱增。④灵活性。电子商务流通企业在发展过程不断创新经营模式，在发展变化中展示出极强的适应能力。⑤信息性。信息是电子商务渠道中不可或缺的部分，信息的运动有利于渠道中各参与者对商品的流动进行规划[242]。

电子商务流通渠道 C^E 作为新型商品流通渠道，本小节对"$X^E 2C_E^r$"模式的零售渠道进行讨论，X^E 是指流通过程中商品到达消费者前所经历的环节。这类渠道既包含消除了传统中间商直连消费者的直接流通渠道 CC_d^E，也包含通过网络中间商 M^I 介入连接消费者的间接流通渠道 CC_i^E，用有序集合表示，即 $CC^E=CC_d^E \cup CC_i^E=\{X^E, C_E^r\}$。其中，$X^E=X_d^E \cup X_i^E=\{P_E\} \cup \{P_E, M_I\}$，$X_d^E$ 和 X_i^E 分别是指直接和间接流通渠道中商品到达消费者前所经历的环节。

在"$X_d^E 2C_E^r$"模式的电子商务流通渠道中，生产商 P_E 可以选择不通过网络中间商 M^I，直接利用联机网络、计算机通信和数字交互式媒体与消费者构成联系，这种跳过所有中介环节的流通方式即为

"B–C"模式的直接流通渠道，又称"网络直销模式"，即"电子商务生产商 P_E^r →电子商务消费者 C_E^r"，用有序集合表示：$CC_d^E=\{P_E^r,\ C_E^r\}$。依托互联网的直接流通渠道在助推产业升级、驱动品牌创新、促进上游产能资源高效配置等方面发挥了重要作用。同时，基于互联网的网络直销模式为企业内部信息系统和外部物流网络变革创新指出了新的方向：利用大数据分析技术实现生产决策数据化，通过分散配送方式以及升级反向物流来适应当下的网购需求等。

而在"$X_i^E 2C_E^r$"模式的电子商务流通渠道中，由于存在网络中间商 M^I 的介入，即生产商 P_E^r 通过网络购物平台取得与消费者 C_E^r 之间的联系，构成"B–B–C"模式的间接流通渠道，同样用有序集合表示：$CC_i^E=\{P_E^r,\ M^I,\ C_E^r\}$。如图5–19所示。

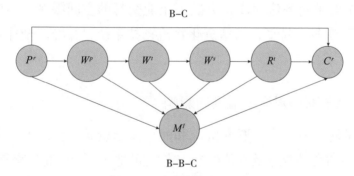

图5–19 电子商务流通渠道

在此类流通渠道中，由于网络中间商 M^I 的存在，商品的流通过程是以互联网平台为基础并在虚拟市场中完成，因此也可称作网络流通渠道。其既可以为商品提供网络直销的渠道，还可以对第三方物流进行组织、控制及监督。

5.3.2.2 电子商务流通模式的特点

电子商务流通模式形成了依托互联网直连消费者或以网络中间商为中介平台的新流通渠道，其特殊形态和运行原则构成的现代流通模式具有以下特点 [243]。

（1）电子商务流通模式实现了生产商与消费者的跨空间互动，搭建了生产商与消费者直接沟通的网络平台，充分表现了消费者的主观意愿。

（2）电子商务流通模式采取产销结合与供应链管理一体化相结合的方式，在生产商与消费者之间实现"快速反应"和"即时生产"。

（3）电子商务流通模式以互联网或局域网平台为基础，以网络中间商为中枢，促使流通框架扁平化程度增加，同时也提高了流通效率。

（4）电子商务流通模式实现了"三流合一"，运用互联网技术整合物流、信息流以及资金流数据，简化商品流通的中间环节，缩短了商品流通的距离。

（5）电子商务流通模式突破了企业交易的空间限制，形成了全球性电子商务交易平台与信息化物流支持系统，与经济全球化趋势相适应。

5.3.3　电子商务对商品流通的影响

电子商务整合了互联网资源和商品流通资源，在以电子商务活动为中心的交易双方及其他的参与者之间建立了一个商品交易网络，并整合了资金流、信息流、物流等供应链资源，对"三流"运作变革、商品流通领域重构、降成本提效率，都产生了十分积极的影响。

5.3.3.1　"三流"运作变革

电子商务的任何一笔完整交易，都包含几种基本的"流"，即信息流、资金流、物流。信息流是指商品相关信息、资金信息等。资金流主要是指付款、转账等资金的转移过程。物流则是指物质实体（商品或服务）的流动过程。电子商务的互联网特性，将流通领域中的经济行为进行了分化，信息流（F^I）、资金流（F^F）和物流（F^L）相较于传统的商品流通也出现了新的特征。

（1）传统的线下商品和服务通常会有相对固定的物理空间，其辐射的服务范围有限，同时消费者对商品和服务的搜索能力也有限，传统商品和服务的信息流 F_T^I 通常在较小范围内传播，即传统信息流传播范围 $S(F_T^I) = S_0$，S_0 为一个大于零的常数。

而电子商务以互联网为基础使得商品和服务的信息流脱离传统市场，信息通过网络平台进行流通不仅克服了传统信息流的时空限制，同时还克服了信息传递的层级限制，实现点对点直接传递和信息共享。若将电子商务信息流传播范围 $S(F_E^I)$ 看作一个无穷矩阵，即

$$S(F_E^I) = [S_{ij}(F_E^I)]_\infty = \begin{bmatrix} S_{11}(F_E^I) & S_{12}(F_E^I) & \cdots \\ S_{21}(F_E^I) & S_{22}(F_E^I) & \cdots \\ \vdots & \vdots & \ddots \end{bmatrix} \quad (5\text{--}54)$$

其中，$S_{ij}(F_E^I)$ 是指第 i 个生产商与第 j 个消费者之间的信息共享与传递。

（2）传统商务的资金流 F^F 通常采用现金结算或银行卡转账结算，而电子商务的资金流更多则是通过网络进行流通，逐渐脱离传统市场，且电子支付结算的广泛使用，颠覆了传统的面对面资金流交易。电子商务资金流以数字符号形式存在，依靠网络平台支付，具有数字化、全球化、标准化、直接化以及透明化的特点，资金流通范围更广、周转效率更高、成本更低。两种模式下的资金流向如图 5-20 所示。

图 5-20　传统商务流通模式与电子商务流通模式的资金流向

（3）电子商务物流 F_E^L 已经不再完全依靠传统物流 F_T^L 的统一配送方式，而是出现了信息化、网络化和自动化的新特点。物流的核心是"货物的流动"，它不是单纯的"货物运输"，还包括货物的时间状态和空间状态。现代电子商务物流是通过信息化、网络化、自动化手段，将运输、仓储、配送紧密结合起来，实现物流各链条的高效一体化。信息化是指物流在运用信息技术 T_E 的基础上，在物流信息收集、存储、处理、传递方面体现出标准化和代码化，使得物流信息反馈及时，提高企业服务水平。网络化是在信息化的基础上，物流企业内部不断融合采购 F_{E1}^L、储存 F_{E2}^L、销售 F_{E3}^L、配送 F_{E4}^L 等物流功能，实现供应链上下游融合、线上线下融合，最终达到全供应链化。自动化是指在运用自动化技术 A_E 后，实现物流的省力化以及无人化，发展自身生产能力、提高劳动生产率、扩大业务范围、减少经营问题等。用函数表示电子商务物流 F_E^L 与传统物流 F_T^L 之间的关系，则有

$$F_E^L = A_E\left(T_E\left(F_T^L\right)\right) = \{F_{E1}^L,\ F_{E2}^L,\ F_{E3}^L,\ F_{E4}^L,\ \cdots\} \quad (5\text{--}55)$$

因此，电子商务物流不仅能够创造时间价值、空间价值和形态价值，还能够创造信息价值，使价值增值[244]。

5.3.3.2　商品流通领域重构

在对商品流通领域的经济行为进行分化的同时，为了适应新的经济发展，电子商务也重新构建了新型商品流通模式。

一方面，流通企业业务流程重构。不同于传统流通企业业务流程 BP^T，如验收入库 BP_1^T、人工分拣 BP_2^T、结算出库 $BP_3^T\cdots$，即 $BP^T = \{BP_1^T,\ BP_2^T,\ BP_3^T,\ \cdots\}$。但如今电子商务流通企业已经广泛将人工智能技术、信息技术 T_E 运用于商品流通，同时也在积极探索区块链和云计算技术的应用。电子商务流通企业的业务流程 BP^E 已经完成了从人工到信息化的转变，正在向数字化和智能化变革，即 $BP^E = T_E\left(BP^T\right)$。

另一方面，流通市场组成重构。互联网的蓬勃发展使得传统市场地位下降，物流的作用逐渐凸显，在流通过程中举足轻重，而随着信息流、资金流从传统市场中逐步剥离出来，物流拥有广阔的发展前景。人工智能技术、大数据技术广泛运用于商品流通，商品流通模式正在向数字化和智能化变革。在未来，区块链技术和云计算技术也将会被积极运用于商品流通领域。

在电子商务环境下，"三流"的运作具有协同交互性、实时动态性和运作整体性，能够实现资源的有效配置，实现效益最大化。

5.3.3.3 降成本提效率

电子商务的发展使得流通去除了原有供应链中的冗余环节，不仅降低了商品流通的成本，还提高了商品在流通过程中的效率。商品流通的成本包含时间成本 C_T^C、信息成本 C_I^C 和资金成本 C_F^C，即

$$流通成本 C^C = 时间成本 C_T^C + 信息成本 C_I^C + 资金成本 C_F^C \quad （5-56）$$

其中，时间成本 C_T^C、信息成本 C_I^C、资金成本 C_F^C 均对流通成本 C^C 有正相关影响。

传统商品流通渠道 CC^T 中，CC_{ti}^C 是指第 i 个流通环节所耗费的时间，全部流通环节需耗费时间成本 $C_t^C = \sum C_{ti}^C$，$i=1$，2，$\cdots$，而电子商务流通渠道 CC^E 以互联网服务为基础，实现了消费者 C_E^r 与商品生产者 P_E^r 之间的直接联系，省略了中间的代理、批发、零售等冗长环节，即 $C_{t代理}^C = C_{t批发}^C = C_{t零售}^C = \cdots = 0$，那么电子商务中的流通时间成本 $C_t^{CE} \ll$ 传统商务中的流通时间成本 C_t^{CT}，商品流通的环节数进一步减少，使得电子商务流通的时间成本 C_t^{CE} 很大程度上降低，且流通效率大幅提高。

同时，电子商务实现了点对点直接传递和信息共享，如公式（5-54）所示的矩阵。因此，电子商务中商品交易和流通过程中的交易主体如生产商、流通企业、消费者、支付平台等可以直接、高效地

实现信息交流与沟通，甚至在线上成功完成交易过程，消费者通过线下物流配送环节得到商品，且可随时通过物流网络平台查询物流信息。这种供需双方点对点的交易，降低了商品流通的信息成本 C_I^c。

此外，电子商务的商品物流具有规模优势。一方面，降低了流通渠道过长抬高的价格，由公式（5-56），资金成本 C_F^c 与时间成本 C_T^c、信息成本 C_I^c 仍存在正相关关系，因此流通环节的减少以及信息的共享会大幅度降低物流资金成本。另一方面，由于资金成本 C_F^c 与其流通速度 v_F 和流通总量 g_F 有关，即

$$资金成本 C_F^c = C_F(v_F, g_F) \tag{5-57}$$

其中，流通速度 v_F 和流通总量 g_F 与资金成本 C_F^c 呈正相关关系。

因此在电子商务流通渠道中，随着商品流转过程中积压资金的减少以及资金流通速度的加快，物流的资金成本降低。且在互联网环境下，流通环节数的减少使得新型商品流通模式可以对需求市场的变化迅速做出反应并进行合理规划，无须像传统流通模式在中间环节进行大量的商品库存，这种点对点的流通模式产生了更高的流通效率。

5.3.4 电子商务流通组织创新

流通组织是物流、信息流与资金流运动的具体执行者，其日常经营活动就是关于"三流"的运营 [245]。流通组织创新主要体现在流通业的组织形式变化，是制度创新和技术创新的组织依托。流通组织的演进，一方面随着商品和市场的发展而变化，另一方面也随着生产分工的发展而发展 [246]。在电子商务连接生产与消费的过程中，网络信息技术的发展加速了流通组织变革，演化出新的流通业态。流通组织的创新表现在商品流通的全过程，本小节将从生产企业、网络中间商和物流组织三个方面进行介绍。

5.3.4.1　生产企业

电子商务环境下，互联网技术解决了信息不对称问题，信息传递速率提升，信息获取成本降低，传统批发商、零售商在流通市场中的地位降低，流通组织结构去中间化、扁平化趋势明显，呈现出零层级组织结构。渠道中的流通组织充当生产企业内部分工的外化角色，模糊生产企业的业务边界。互联网基础上的新型的网络直销模式，支持生产商与消费者的直接联系，更加直接、及时、准确地对市场需求进行了解判断和及时反应，并且生产企业利用这种方式充分实现了柔性生产制造，在价值链上获取更大利润。

5.3.4.2　网络中间商

电子商务对中间商组织的功能产生了潜移默化的影响：一方面表现在电子商务对中间商在渠道中的传统功能的影响；另一方面还表现在电子商务环境下中间商功能的创新。在市场没有进行完全信息化的条件下，只要生产商与消费者间的交易成本不为零，中介组织就必然存在，只是在不同时代下具有不同使命。

电子商务催生了新型网络中间商，如网络经销商和网络代理商。网络经销商的主营业务是通过网络平台将商品销售至消费者以实现网上交易，还可以为商品开拓新的销售市场，在最大限度上满足消费者的需求。而网络代理商则是运用网络技术传输信息，将传统营销转为线上营销方案，实现销售产品的目的。此外，还存在其他基于互联网的中间商，如内容提供商、虚拟市场、网络金融机构、智能代理等，为信息传递提供了更加丰富的渠道甚至完整的交易支撑。

5.3.4.3　物流组织

随着电子商务的蓬勃发展，物流组织的地位逐渐凸显，组织的外包发展不断壮大，现存供应链在此环境下的短板日益突出。因此，第四方物流应运而生，并在物流体系处于领导地位。第四方物流更像是供应链的组织管理者，尽管没有实物性的物流资源，但却可以对所有的资源、技术、设施等进行调配和管理，为整个供应链提供相对完善的解决方案，还可以通过电子商务将所有程序集结，为消费者提供更多的增值服务，具有集约化、信息化、综合性的特点。此外，第四方物流可以通过模块化创新，构建高效而灵活的服务创新模式，在发挥自身服务专业化优势的同时，也为供给侧改革下的生产商提供物流创新条件，这是电子商务环境下一种重要的流通组织模式创新 [247]。

5.4 电子商务消费原理

消费是消费主体出于延续和发展自身的目的，有意识地消耗物质资料和非物质资料的能动行为，通常包括三种互相关联的活动过程：需要产生的活动过程、商品购买的活动过程以及商品体验的活动过程 [248]。

5.4.1 网络消费者分析

随着商品经济的不断发展，消费者行为已经变为一种社会经济现象，因此对网络消费者进行分析就是对其进行消费行为分析。在企业制定营销战略时，首先考虑的就是消费者的心理以及产生的行为，这也是企业在选择目标市场、确定市场定位的基本出发点。而电子商务也促使消费者的消费对象、消费方式、消费过程等发生翻天覆地的变化。

5.4.1.1 消费者需求

当消费者对某种商品或者服务产生欲望，此时消费者生理或心理上的缺乏状态可称为消费需求。消费需求是消费者行为发生的基础条件，只有当消费者产生消费需求，才会有相应消费者行为的出现，但消费者的需求却各不相同，甚至有层次间的差异。关于不同层次的消费者需求，美国心理学家马斯洛提出需求层次理论（Maslow's hierarchy of needs），将需求由低级到高级分成五个层次排列：生理需求、安全需求、归属和爱的需求、尊重需求和自我实现需求，各需求层次之间存在高低之分和先后之别，没有得到满足的需求决定了个体的行为，人的最迫切需求将成为激发人行动的主要动因和动力。

基于马斯洛需求层次理论与电子商务特征，本书提出关于电子商务消费的需求层次理论以供探讨。电子商务消费中的消费者需求可分为五个层次：价格需求 H_1^N、品质需求 H_2^N、社交需求 H_3^N、个性定制需求 H_4^N 和自我实现需求 H_5^N，如图 5-21 所示。

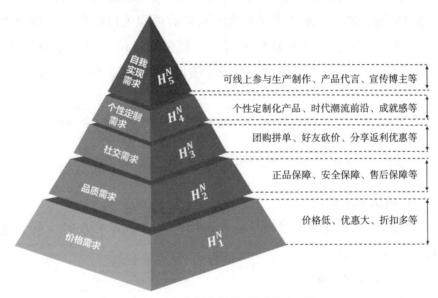

图 5-21　电子商务消费需求层次模型

与马斯洛需求层次理论相似，电子商务消费需求层次理论也具有以下三个特点。

（1）只有当消费者满足自身低层次基础需求，才会出现更高层次的需求，即当消费者需求 $D \supset H_k^N$ 时，则有，$D = H_1^N \cup \cdots \cup H_k^N$，$1 \leq k \leq 5$。

（2）当消费者无法满足高层次的需求时，就会依赖次高层次需求带来的假性快感，即消费者一定会尽力满足能力范围内的最高需求，此时该层次需求带来的效用 U^N 最大，则有 $U_1^N < U_2^N < U_3^N < U_4^N < U_5^N$。

（3）相比于全面的满足低层次需求，消费者更愿意尽一切可能去努力地满足高层次需求，即消费者 H_m^N 在层次上耗费的时间为 t_m^N，在 H_n^N 层次上耗费的时间为 t_n^N，若 $m<n$，则有 $U^N(H_m^N \& t_m^N) < U^N(H_n^N \& t_n^N)$，即使 $t_m^N >> t_n^N$。

5.4.1.2 网络消费购买过程

网络消费是消费者以互联网为技术手段，通过电子商务平台满足自身消费需求的新型消费方式。网络消费购买过程是一个消费者产生需要到满足需要的整个环节，主要包括确认需求、收集信息、评估选择、购买决策、购后行为五个阶段 [249]，如图 5-22 所示。

确认需求 $S^{(1)}$　收集信息 $S^{(2)}$　评估选择 $S^{(3)}$　购买决策 $S^{(4)}$　购后行为 $S^{(5)}$

图 5-22　网络消费过程

1. 确认需求阶段 $S^{(1)}$

当消费者为改善自身缺乏的状态而产生交易需求 D 时，就会进入确认需求阶段 $S^{(1)}$。

2. 收集信息阶段 $S^{(2)}$

消费者通过各类方式获取满足自身需求所需要的产品信息 $I^{S^{(2)}}$，即 $I^{S^{(2)}} = \{I_T^{S^{(2)}}, I_E^{S^{(2)}}\} = S^{(2)}(D)$。

3. 评估选择阶段 $S^{(3)}$

消费者对自己所获取的商品信息进行比较评估，$C^{S^{(3)}} = S^{(3)}(I^{S^{(2)}})$。

4. 购买决策阶段 $S^{(4)}$

形成决策的标准 $B^{S^{(4)}}$，$B^{S^{(4)}} = S^{(4)}(C^{S^{(3)}})$。

5. 购后行为阶段 $S^{(5)}$

消费者在消费实现后，根据购买的商品或服务是否符合自己的预想心理目标，对自己的购买决策行为所做的评价 $E^{S^{(5)}}$，$E^{S^{(5)}} = S^{(5)}(B^{S^{(4)}})$。除此之外，消费者不仅可以对所购商品的进行评价，还可以将评价进行分享与传播，从而影响到其他的潜在消费者。将这种购后分享方式记为 $E_s^{S^{(5)}}$，分享范围记为 $S(E_s^{S^{(5)}})$，则有

$$S(E_s^{S^{(5)}}) = [S_{ij}(E_s^{S^{(5)}})]_\infty = \begin{bmatrix} S_{11}(E_s^{S^{(5)}}) & S_{12}(E_s^{S^{(5)}}) & \cdots \\ S_{21}(E_s^{S^{(5)}}) & S_{22}(E_s^{S^{(5)}}) & \cdots \\ \vdots & \vdots & \ddots \end{bmatrix}。其中，S_{ij}(E_s^{S^{(5)}})$$

是指第 i 个消费者的评价分享对第 j 个潜在消费者的影响。

综上所述，网络消费购买过程整体可描述为

$$E^{S^{(5)}} = S^{(5)}(S^{(4)}(S^{(3)}(S^{(2)}(D)))) \qquad (5\text{--}58)$$

5.4.1.3　消费者行为

随着电子商务消费者群体的持续扩大，有关消费者行为的相关研究成为热门方向。消费者行为影响因素研究大致可以分为两类。一类是基于经典模型与理论为前提，诸如"刺激—机体—反应"模型（stimulus–organism–response，S–O–R）、理性行动理论（TRA）、技术接受模型（TAM）等。另一类是对于过往经典行为模型的改造或自构建。本书将以"刺激—机体—反应"模型为例，对电子商务环境下的消费者行为进行探讨。

1974 年，拉塞尔等人在环境心理学基础上提出"刺激—机体—反应"模型。"刺激—机体—反应"模型认为消费者行为是消费者对刺激的反应，从消费者与刺激的关系中去研究消费者行为。环境刺激 S^E 可以分为三类。第一类是平台特征因素 S_1^E，如平台知名度、平

台操作便利性、平台支付安全性等。第二类是产品特征因素 S_2^E，如产品价格、产品品质、产品优惠等。第三类是情景特征因素 S_3^E，如成交数量、运输时效、互动及时性、社交因素、售后服务等。当消费者受到这些外部环境刺激 $S^E=\{S_1^E,\ S_2^E,\ S_3^E\}$ 时，机体内就会产生相应的情绪、感受 O^I，用函数 F_1^{SOR} 表示这一过程，则有

$$O^I=F_1^{SOR}\ (\ S^E\ )\ =F_1^{SOR}\ (\ \sum_{i=1}^{3}\omega_i^S S_i^E+\delta^S\ ) \qquad （5-59）$$

其中，ω_i^S 为外界环境刺激 S_i^E 对消费者的影响权重；δ^S 为误差项。

消费者产生的机体状态 O^I 可以分为感知有用性 O_1^I 和感知愉悦性 O_2^I，即 $O^I=\{O_1^I,\ O_2^I\}$，这些状态会引导消费者做出最后的消费决定即消费者做出的行为反应 R^C，分为购买促进 R_1^C、复购 R_2^C、推荐 R_3^C 等，用函数 F_2^{SOR} 表示这一过程，即

$$R^C=\{R_1^C,\ R_2^C,\ R_3^C\cdots\}=F_2^{SOR}\ (\ O^I\ )\ =F_2^{SOR}\ (\ \sum_{j=1}^{2}\omega_j^O O_j^I+\delta^O\ ) \qquad （5-60）$$

其中，ω_j^O 为机体状态 O_j^I 对消费者最终反应的影响权重；δ^O 为误差项。

以上过程表示，消费者受到来自网络的某些刺激而产生不同的体验，机体内会产生情绪，进而做出相应的行为反应，即最终的消费行为选择。在"刺激—机体—反应"模型维度下，各类外部性条件变化，都需通过愉快、唤起情绪反射与影响至消费者的行为，该两大要素为反应性要素，其本身并不能独立产生影响，需通过条件变化发挥作用。

5.4.2 电子商务对消费的影响

电子商务出现前，传统消费模式是由消费者基于自身消费需求，对商品或服务信息、购买途径进行搜寻，并到店询价谈判、检查商品，线下经过多家比对后，做出购买行为，如图 5-23 所示。传统消费模式的所有环节都在线下开展，消费者需要花费大量时间、精力、金

钱在空间移动、商品搜寻以及价格比对上。同时，受制于空间限制，消费者的选择范围较小，需求偏好匹配性不高，容易降低消费所获得的效用水平。此外，信息流动效率及透明度低，共享性差，难以形成消费者信任和消费者黏性。

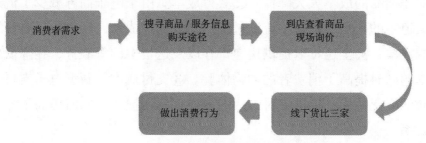

图 5-23　传统消费模式

信息技术的革新促成了电子商务的出现，使得人们的消费方式发生了巨大变革。电子商务聚合各类信息，将搜寻、询价比价、确认消费等步骤在电子商务网站或平台上完成，如图 5-24 所示。

图 5-24　电子商务消费模式

由于电子商务在信息传递方面更加全面、周密，并且实现了跨越空间进行交易，因此在很大程度上解决了可能存在信息不对称等问题，尽最大可能挖掘并满足了消费者的需求，主要包括以下四个方面。

5.4.2.1 降低消费成本

电子商务从三个角度降低了消费成本：①搜寻成本。由于电子商务的发展建立在互联网技术的基础上，因此消费者几乎不用耗费什么成本就可以获取与自身需求相关的大量信息，使得寻找商品、对比商品的成本大大降低。②获得成本。由于电子商务减少了流通渠道中的环节、缩短了流通过程、降低流通成本，还去除了零售终端成本，甚至还可以提供快递寄存以及送货上门等服务，在降低成本的同时提高了消费者的购物体验。③支付成本。新型电子支付平台的广泛使用，促进支付方式的多样化和便捷化，同时提高了支付效率。

5.4.2.2 突破消费时空局限

电子商务平台采用"24小时营业"模式，可以全天候为消费者提供服务，消费者的行为不再受到营业时间的限制。同时，电子商务突破了地理空间的限制，消费者可以足不出户在全球范围内挑选产品，充分满足消费者的需求。

5.4.2.3 分享消费评价，增强消费信任

除了消费者行为影响因素之外，商家口碑以及消费评价也是其中的重要影响因素，因此电子商务可以充分利用口碑以及评价信息，在凸显信息价值的同时吸引更多消费者。①电子商务可以与社交形成互联，利用口碑营销的方式，锚定核心用户，锁定潜在消费者，促进更多消费。②电子商务可以收集消费者评价，按商家或者商品进行分类展示，为潜在消费者提供购买参考，在虚拟环境下增加消费者对目标商品的信任感，进而影响最终的消费者决策。

5.4.2.4 发挥长尾效应，丰富消费供给

电子商务消除了传统商务行为的空间阻隔，使得市场边界进一步扩大，也因此产生了集聚效应，将众多消费者的小众个性化需求集聚起来并形成相应的个性化市场，使得需求曲线中长尾部分的消

费力得以释放，同时也丰富了消费市场中的商品类别。如图5-25所示，展示了需求曲线中巨头产品与长尾产品的分布，曲线下方的右侧部分长尾部分，显示了电子商务将小众个性化市场实现规模化的部分。

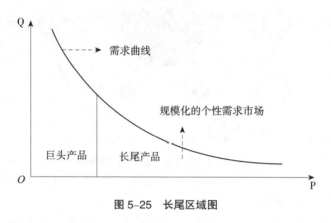

图5-25 长尾区域图

5.4.3 电子商务时代的消费特点

随着消费社会走向成熟，电子商务消费主体在各年龄、性别和社会阶层中推进，快乐原则影响逐渐加强，消费者开始追求个性、追求自我，消费多样化成为消费市场最基本的特征，重点表现在消费多元化、消费个性化和消费短周期化三个方面。同时，电子商务时代下的消费不受时空约束，市场碎片化形成，消费社区化凸显。电子商务消费逐渐形成了场景化、碎片化、社区化、移动化、品质化以及细分化六大特点，如图5-26所示。

5.4.3.1 场景化

电子商务时代下的消费不再受到空间的约束，因此电子商务可以在研究消费者心理的基础上预判消费者的行为，并设置相应的场景使得消费者代入消费的心理状态，从而更加容易发生消费行为。消费场景可以是一张图、一篇文章、一个视频或者是现实中的某场活动、某种氛围。

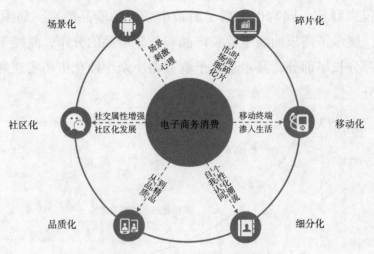

图 5-26 电子商务时代的消费特点

5.4.3.2 碎片化

互联网时代下的生活形成碎片化格局，碎片化、超媒体化使人们追求效率与即时性，从而对消费者心理产生一定的影响，催生了消费者的碎片化需求。电影开场前、餐厅下单等餐时、上班乘车后等碎片化场景成为电子商务消费的天然时机。

5.4.3.3 社区化

电子商务消费的社区化通常是指虚拟社区和实体社区相互融合的一种新社区，新社区化的出现是电子商务应用的深度演绎过程，它能够使消费者在线上线下同时分享消费产品给用户带来的益处。

5.4.3.4 移动化

基于移动端的电子商务区别于传统商务具有可识别、可触达和可反馈的特点，相对于传统商务在选取目标用户时更具精准化和差异化。移动电商用户规模的增长是消费移动化最明显的表现，2014年至 2020 年，移动电商用户从 2.36 亿名增长至 7.88 亿名，未来规模仍将扩大。

5.4.3.5 品质化

随着电子商务的逐步成熟，消费者对于网络购物的态度由猎奇心态逐渐向日常习惯转变，对于购买商品也从追求更低价格到追求更高品质。也正是消费者的需求转变，促使电子商务不断发展进步，不断由"品质化"向"精选化"靠拢。未来，精选化会成为电商服务品质升级的发展方向。

5.4.3.6 细分化

电子商务时代为消费者提供了更多选择。对于年轻消费者而言，消费者开始重视产品带来的自我认同感，自我认同、个性化潮流以及体验感变得尤为重要。为了满足众多消费者的个性化消费需求，产品细分程度也将不断深化。

5.5 本章数学思想体系结构

数学思想作为非常有效的工具被广泛使用。本章主要运用图论的研究方法对电子商务模式等内容进行抽象及解析。本章数学解析所用的数学工具参见参考文献 37~39。

本章的主要内容是电子商务系统的基本工作原理，本章的体系可以被看作是一个连通的无圈图，依然使用图论的树结构描述本章的体系。电子商务系统的基本工作原理作为根节点，记为 V。第一层子树包含四个父节点：电子商务生产原理 V_1、电子商务交易原理 V_2、电子商务流通原理 V_3、电子商务消费原理 V_4。第二层树的第一个父节点 V_1 可分为三个子节点：电子商务产品 V_{11}、传统生产模式和电子商务生产模式 V_{12}、电子商务生产管理 V_{13}，这三个子节点又从定义、分类和管理等角度细分为更多的子节点。第二个父节点 V_2 可分为三个子节点：传统商务与电子商务 V_{21}、电子商务交易信用风险 V_{22}、电子商务交易平台 V_{23}，这三个子节点又从流程、约束和平台等方面细分为更多的叶子节点。第三个父节点 V_3 可分为四个子节点：传统商品流通模式 V_{31}、电子商务流通模式 V_{32}、电子商务对商品流通的影响 V_{33}、电子商务流通组织创新 V_{34}，这四个子节点又从电子商务与传统商品相比的流通渠道、变革架构和物流组织等方面细分为更多的叶子节点。第四个父节点 V_4 可分为三个子节点：网络消费者分析 V_{41}、电子商务对消费的影响 V_{42}、电子商务时代的消费特点 V_{43}，这三个子节点又从需求、拓展局限和详细特点等方面细分为更多的叶子节点。

下面介绍节点间的关联关系，定义 (V_i, V_j) 为节点 V_i 和 V_j 的连边。首先，边 (V, V_1)、(V, V_2)、(V, V_3)、(V, V_4) 表示本章将从电子商务生产原理、电子商务交易原理、电子商务流通原理、电子商务消费原理四个方面介绍电子商务系统的基本工作原理。以父节点 V_2 为例，在交易环节，电子商务平台与各类技术服务商形成互联，为生产者与消费者搭建新的信息桥梁与交易渠道；同时，技术融合不断催生新的电商交易模式，电商生态圈不断扩大。本部分将从传统商务与电子商务、电子商务交易信用风险、电子商务交易平台进行介绍，引出 (V_2, V_{21})、(V_2, V_{22})、(V_2, V_{23}) 三条连边。

电子商务的工作原理通过上述细分，可以逐步明确其组成部分，而对基本组成部分之间的相互关系，这里给出图论角度的刻画，并且对应解释电子商务的互联网特性，即传递性、自由性、实时性、交换性、共享性及开放性。

电子商务的生产、交易、流通、消费的过程是一个多部图模型，且是一条有向路的 blow up 图，具体来说是设有向路顶点集 $V_p = \{a, b, c, d, e\}$，有向边集 $E_p = \{(a, b), (b, c), (c, d), (d, e)\}$，其中顶点 a 对应生产资料，顶点 b 对应电子商务产品，顶点 c 对应商品，顶点 d 对应自有商品，顶点 e 对应商品的效用。将其每一个顶点扩展为 n 个顶点，得到顶点集合 $V_P = \{A, B, C, D, E\}$，边集 $E_P = \{(X, Y) \mid$

$(x, y) \in E_p$}，则 G=(V_p, E_p) 即代表整个宏观流程问题的基本模型。可以看到 X、Y 之间若有连边，则其连边关系是完全的，表示状态转移的自由性。宏观示意模型是每一个模块的基本架构情况，由于每一个模块（对应多部图不同的部）的差异性，其连边具有不同的实际意义。

对于具体的电子商务产品流通实例 $(V_p, E_{P, f})$，A 层的顶点到 B 层顶点的连边 $E_{P, f}(A, B) \subseteq E_P(A, B)$，且对 $v_a \in A$，$v_b \in B$，有 $d(v_a)=1$，$d(v_b) \geq 1$，故而 $|A| \leq |B|$，可以对 A、B 根据生产厂商进行划分为 $A=U_i A_i$，$B=U_i B_i$，边 $e \in E_{P, f}(A, B) = U_i E_{P, f}(A_i, B_i)$，可以表示为第 i 个生产厂家对生产资料集合 A_i 进行加工得到产品 B_i。相比传统生产，互联网时代的电子商务中 A 的划分更细致，连边关系更趋向于点对点之间的结构。从图构的角度来说，$E_P(A, B)$ 的种类至少有 $|B|$！，电子商务生产的实际模型虽然不会完全达到这个数量的种类，但是也会具有非常大的自由性。

在实际模型中，B 层的顶点到 C 层顶点的连边 $E_{P, f}(B, C) \subseteq E_P(B, C)$，且对 $v_a \in A$，$v_b \in B$，有 $d(v_a)=1$，$d(v_b)=1$，故而 $|B|=|C|$。可以对 C 根据销售途径划分为 $C=U_i C_i$，边 $e \in E_{P, f}(B, C) = U_i E_{P, f}(B_i, C_i)$，可以表示为第 i 个销售平台、途径对商品 B 进行销售。电子商务的销售途径更具多样性，如果选取凹函数 g 作为销售模型的评价函数，则在约束条件 $|B|=|C|=K$ 的条件下，随着 C 的划分总数 I 的增大，$g(G(B \cup C, E_{P, f}(B, U_{i \leq I} C_i)))$ 会呈现出增加的趋势，整张图的扩张和延展呈现明显的增加。

电子商务的自由性和开放性在模型中也很明显地体现出来，交易途径的实际构成由于互联网的便利性、传递性和共享性变得更加多样，不仅与销售平台相关，而且与客户也有很强的关联性，销售平台到客户最终获得商品的流通会导致不同模型的出现。

由 blow up 图的基本定义可以知道，宏观模型的最长有向路为 P_5，相交于每一部的一个顶点；由于生产资料的不可逆性，图中是无圈的；电子商务整体流程通过 $B \times C$、$C \times D$ 的多样性结构，导致整体流通网络更加具有复杂网络的趋势，逐渐适应小世界网络的特征路径和聚类中心假设条件；网络的规模逐渐扩大，不仅仅是连边数量增加，而且不同网络种类的交互、叠加已经逐渐满足大数据统计的要求。

综上所述，对本章数学体系结构的梳理首先被看作是一个连通的无圈图，即可用图论中树的结构描述本章体系，并分析该树结构的分支以及连边关系。接下来，对电子商务整体工作原理的基本组成部分之间的相互关系，给出图论角度的刻画，并且对应解释电子商务的互联网特性。此外，电子商务的生产、交易、流通、消费的整个过程可看作一个多部图模型。

5.6　本章小结

电子商务为生产、交易、流通以及消费四个领域注入了新的活力，内部运作要素发生巨大变革创新。在生产端，企业依托现代通信技术、数字技术、网络技术等新兴技术，运用大数据、云计算、物联网等工具，实现了电子商务生产模式自我革新以及产品迭代创新，满足了消费者的个性化、多样化需求。在交易环节，电子商务平台与各类技术服务商形成互联，为生产者和消费者搭建了新的信息桥梁与交易渠道。同时，技术融合不断催生新的电商交易模式，电商生态圈不断扩大。在流通环节，电子商务重塑流通链路，变革"三流"模式，推动流通组织创新，流通环节降费增效明显。在消费端，新电商模式推动消费社会成熟，消费心理发生变化，形成新的消费特点。同时技术进步推动了消费模式创新，改变了传统消费行为方式。两种变化共同作用于生产端，为生产模式与产品提出新的要求。综上，电子商务经济活动形成闭环。

在"加快构建以国内大循环为主体、国内国际双循环相互促进的新发展格局"背景下，电子商务作为双循环的"加速器"，深刻变革了内贸流通形态和外贸运作方式。只有深刻理解电子商务基本原理，掌握电子商务运作模式，发挥电子商务特征优势，才能保障经济活动中生产、交易、流通、消费的畅通无阻，完成产业基础再造和产业链创新，真正推动供给端的改革创新、中间环节的赋能升级以及需求端的提质扩容。电子商务经济活动运作图如图 5-27 所示。

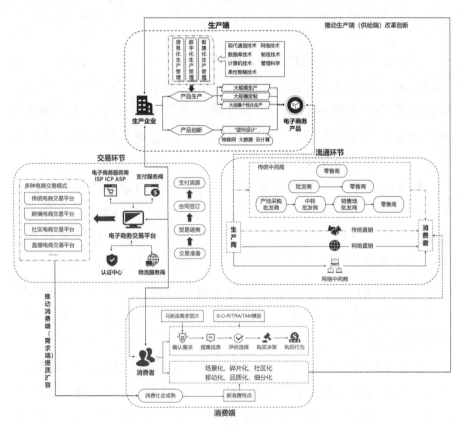

图 5-27　电子商务经济活动运作图

本章主要运用集合论、矩阵论、概率论以及博弈论等数学理论对经济活动中"生产 $L^{(1)}$、交易 $L^{(2)}$、流通 $L^{(3)}$、消费 $L^{(4)}$"四个环节展开论述。关于本章所用的数学工具见参考文献 39、159、160 和 250。

第 6 章

电子商务理论应用与案例分析

任何事物都是时代的产物，电子商务也不例外。不论是电子商务的产生，还是电子商务的发展与演进，都离不开特定时代下经济、科技以及国家策略的影响。经济形态为电子商务创造了需求环境，科技成果为电子商务提供了发展基础，而国家策略又在很大程度上决定了电子商务的发展方向。

本章所借鉴、参考和选用的电子商务案例均是在特定历史背景下中国电子商务发展和创新中的重要总结，它们具有时代性、创新性、未来性。相信在以后的研究中，还会有更多的典型案例进入本书的理论研究体系当中。当下，本书仅对这些案例进行重点分析，目的在于对本书知识理论体系的具体应用进行阐述，并验证知识理论体系与社会实践发展的关系，这种研究方式对电子商务理论的发展与梳理具有重要的意义。

从整体上来看，本章的三个案例分别代表了不同时代、不同类型、不同社会需求下的中国电子商务企业。京东诞生于中国电子商务成长初期，是中国较早探索电子商务的企业之一。小红书出现于中国电子商务发展成熟阶段，是为满足人们海外购物需求的跨境电子商务企业之一。而以美团为代表的新零售电子商务企业则代表了电子商务在下一阶段发展的应有态势。正如本书第 1 章所描述的那样，电子商务的产生与发展离不开特定的社会生态、工程生态和创新生态。这三类企业正是不同生态背景下的产物，它们代表着电子商务的演进与迭代。

就每个具体案例而言，均是以本书理论体系为基础，可大致分为：①企业的发展概述。②企业的商业运营。③企业的商业创新。"发展概述"部分侧重于阐述和帮助读者理解第 1 章中各种类型电子商务企业所产生的具体生态背景。虽然三类企业诞生于电子商务发展的不同历史阶段，但都离不开社会生态、工程生态和创新生态理论的支撑。"商业运营"与"商业创新"部分则是以本书第 2~5 章的知识理论为基础对电子商务企业的特点进行阐述。在"商业运营"部分会对电子商务基本理论知识的具体应用进行解读和验证，阐述电子商务运营的基本架构。当然，每一个电子商务企业在发展的过程不仅会运用这些社会中所形成的先验性理论和技术，而且还会以此为基础进而创造出具有独特企业风格的商业创新体系。这些商业创新有可能是对固有理论的创新型应用，也有可能是对新理论、新方法的探索。在电子商务发展的过程中，创新是企业发展和行业升级的生命源泉之一。在"商业创新"部分，将会对各类企业的商业创新点及其对中国电子商务的实质性推动进行梳理和解读。

6.1　经典电子商务——京东

无论是商业理论还是商业实践，都向人们展示了一个残酷的现实：某个时期内的新型商业形态最终都会逐渐走向衰败而成为被革新的对象。自最初的零售店铺开始，零售业已经走过了 3 000 多年的历程。在绝大多数的时间里，零售业都是波澜不惊，并无太大变化，而 200 年前的工业革命打破了这种宁静，零售业从此走上了创新与革新之路。以百货商场为标志的第一次零售业革命、以超级市场为标志的第二次零售业革命及以连锁商店为标志的第三次零售业革命，加速了传统线下实体商业的现代化进程。21 世纪初，随着互联网的普及与科技的进步，电子商务逐渐兴起并以颠覆性的姿态重塑了整个商业生态体系。在经历了 EDI 电子商务、互联网电子商务、e 概念电子商务、全程电子商务后，我们已经进入智能电子商务的时代。

在中国，以电子商务为代表的网络经济同样在 21 世纪初逐渐兴起，众多企业开始着眼于对电子商务的探索。经历了 20 多年的发展，中国电子商务不仅实现了从无到有的转变，还在新一轮的商业变革中引领着世界电子商务的发展。在这一过程中，中国产生了一大批经典的电子商务企业，京东就是其中之一。2021 年，京东第六次入选《财富》世界 500 强排行榜，位列第 59，是排名仅次于亚马逊、Alphabet 的世界第三大电子商务企业。经典电子商务知识点关联示意如图 6-1 所示。

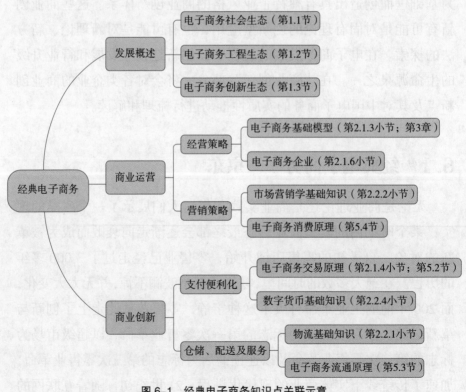

图 6-1　经典电子商务知识点关联示意

6.1.1 京东的发展概述

21世纪初，以 B2C 电子商务为代表的网络经济在中国兴起。2002年，"非典"为电子商务的发展带来了契机。2003年，为了迎合商业发展的趋势，京东开始试水电子商务。一年后，京东正式涉足电子商务。

2005年，国务院办公厅发布《国务院办公厅关于加快电子商务发展的若干意见》，将发展电子商务提升到国家战略的高度。在这一背景下，京东于2006年1月宣布进军上海，成立上海全资子企业。第二年,京东又全力开拓华南市场，成立了广州全资子企业。2007年，京东正式以全新的面貌屹立于中国 B2C 市场。也就是在这一年，京东建成北京、上海、广州三大物流体系,总物流面积超过5万平方米，这也塑造了京东"电商＋物流"的电子商务运营模式。

中国电子商务市场竞争日益加剧，电子商务企业的发展不能仅局限于商品的物美价廉，服务与全品类布局也至关重要。基于此，京东于2009年2月尝试推出特色上门服务，此举成为京东探索 B2C 增值服务的重要突破，也是对商品多元化的又一次尝试。2010年6月，京东推出全国返修／退换货上门取件服务，很大程度上解决了网络购物的售后之忧。同年11月，京东开始销售图书产品，逐渐实现从3C（计算机类、通信类和消费类）垂直型零售商向综合型网络零售商的转型。

随着计算机技术，尤其是移动互联网和终端设备的发展，智能手机开始出现。于是，京东敏锐地将视野转向手机客户端的开发。2011年，京东手机客户端上线，正式开启移动互联网战略布局。2月，京东上线包裹跟踪（GIS）系统，使用户能够了解和追踪自己所购买物品的运输和派送信息。7月,京东开始进军 B2C 在线医药市场，为消费者提供医药保健品网购服务。紧接着，京东的众多互联网服务陆续上线，如2012年推出的酒店预订业务。

中国电子商务经历了近 10 年的发展,在 2013 年左右开始步入成熟阶段。该年 4 月,京东宣布注册用户突破 1 亿名。年底,京东正式获得虚拟运营商牌照。2014 年 5 月 22 日,京东在美国纳斯达克挂牌上市,美国也迎来了中国最大的赴美 IPO(首次公开募股)。

2015 年 7 月,国务院发布《国务院关于积极推进"互联网+"行动的指导意见》,这是推动互联网由消费领域向生产领域拓展、加速提升产业发展水平、增强各行业创新能力、构筑经济社会发展新优势和新动能的重要举措。随着"互联网+"在国家层面的提出,京东也开始加大与其他企业的战略合作力度。2015 年 10 月,京东集团与腾讯集团联合推出全新战略合作项目"京腾计划",双方以各自资源和产品共同打造名为"品商"的创新模式商业平台。2018 年,京东与爱奇艺、唯品会、谷歌、沃尔玛、震元、英特尔、泰国尚泰、贵人鸟、小米有品等众多商家签署合作协议,进一步拓展业务领域和海外业务。2019 年,京东与金正大集团签署战略合作协议,深入推进"互联网+农业"。

经历了近 20 年的探索与发展,京东目前已经成为中国电子商务领军企业之一。在数字经济高速发展的今天,任何电子商务的发展都离不开新兴技术的支持。一直以来,京东都十分重视科技在电子商务中的运用。在新兴技术的支持下,目前京东的业务已经涉及零售、科技研发、医疗健康、保险等领域。作为兼具实体企业基因和属性、拥有数字技术和能力的新型实体企业,京东在各项实体业务上全面推进,并以扎实、创新的新型实体企业发展经验助力实体经济高质量发展,筑就持续增长力。其中,零售领域是京东的基础和核心。在该领域,京东已经完成全品类覆盖,消费品、3C、家电等优势品类常年领跑中国市场,其商品类型涉及电脑、手机、家电、消费品、家居、生鲜、生活服务、工业品等。

另外,早在 2015 年,国务院就发布了《国务院关于加快推进"互联网＋政务服务"工作的指导意见》。在这一号召下，京东借助自己在供应链上的优势，依托人工智能、云计算、大数据、物联网等新兴技术，不断与政府及相关单位进行合作。例如，2020 年 11 月 21 日，京东京喜梅州优品馆，即梅江区政府与中国经济信息社、京东集团共同打造的政府官方数字经济园区，在广东省梅州市梅江区举行开馆仪式，成为全国首个正式开馆的政府优品馆。

6.1.2 京东的商业运营

6.1.2.1 经营策略

随着互联网和计算机的普及，电子商务已经实现了世界范围内的生活化和普遍化，网购也已经不再是时尚前卫的代名词。生活水平的提高使得消费者赋予购物更多的期待，消费者对于消费活动的要求也不再局限于商品的价格和质量，越来越多的消费者更希望获得良好的服务和愉快的购物经历。这也就迫使电子商务企业不得不由价格竞争拓展至服务竞争。京东能够在激烈的电子商务行业竞争中逐渐成为引领者之一，一方面得益于时代的红利、政策的支持，另一方面也得益于京东合理的经营策略与发展理念。

精准的商业定位与恰当的经营策略是电子商务企业得以稳步发展的前提和基础。自电子商务兴起以来，中国的电子商务市场就活跃着众多的 B2C 电商平台。市场中，除了中国本土企业的竞争外，也不乏国外电子商务巨头的冲击。为了提高企业的资源整合力，使自己"轻装上阵"，京东一开始便以 3C 产品为切入口，做垂直 B2C 业务。这不仅迎合了电子商务市场的需要，还使得京东集中精力专注于该领域的开发与探索。与综合类 B2C 模式相比，垂直类 B2C 模式具有明显的优势。首先，从运营角度看，综合类 B2C 模式对于商品种类的要求要远大于垂直类 B2C 模式。垂直类 B2C 只需要单一品类的商品，而综合类 B2C 则需要多品类甚至全品类的商品。其次，从管理角度看，综合类 B2C 模式的管理难度要远大于垂直类 B2C 模式。综合类 B2C 模式中各个种类的商品在性能、质量、服务、运输上存在很大的差异，因而需要较为广泛、专业的管理和服务团队。而垂直类 B2C 模式由于产品类型单一，品类相同或相似的产品在管理和服务上也具有相似性，因而管理成本相对较小，管理也较为简单。最后，从供应链角度看，综合类 B2C 模式的供应链要更为复杂。综合类 B2C 模式商品种类繁多，因而商家企业的数量也会较多，这就导致商家的选择与资源的整合难度较大。而产品类型较为单一的垂直类 B2C 模式在商家的选择与资源的整合方面则较为简单。

京东专注垂直 B2C 业务的精准商业定位，使其在 3C 领域很快占领市场，并积攒了相当丰富的电子商务运营经验。以此为基础，京东开始将 3C 领域的运营理念与经验运用至其他品类的产品销售中，进而向综合类 B2C 模式转变。如今看来，京东综合类 B2C 模式的构建是成功的。通过强大的供应链、技术以及营销能力，京东的 B2C 自营商城已经完成电脑、手机、家电、消费品、家居、生鲜、生活服务、工业品等全品类覆盖，拥有数百万 SKU（库存量单位）的自营商品。

就电子商务的基础模型来说，虽然存在着 B2B、B2C、G2G、C2C、O2O、$O2O^n$ 等模式，但不得不承认 B2C 是目前电子商务领域最为常见、最为基础的商业模式。从某种程度上来说，电子商务就是以向消费者销售商品为目的，因此 B2C 是其他电子商务模型的最终目的和基础。正是准确判断到这一点，京东在 B2C 的基础上，开始向其他电子商务模式拓展（图 6-2）。例如借助线上平台的优势，京东推出了拍拍二手、京东拍卖等 C2C 模式的电子商务服务。利用线上平台与自建物流体系的优势，京东又推出了京东到家、京东生鲜等 O2O 的电子商务服务。如今，京东已经完全突破了其当初的

B2C 模式，而发展成为集 B2C、C2C、O2O 等多种电子商务基本模式为一体的综合性电子商务平台。

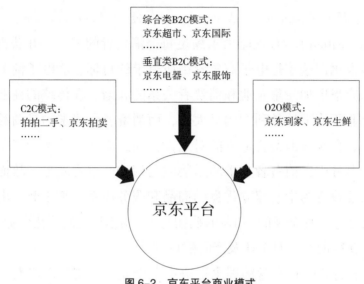

图 6-2 京东平台商业模式

6.1.2.2 营销策略

电子商务中的营销主要是依托互联网而进行的网络营销。从目的和本质上看，网络营销与传统营销并无本质差别，二者都是以商品销售为目的而进行的企业和产品宣传。然而，电子商务的网络营销更加注重以消费者为出发点和导向。在互联网中，消费者是完全自主、自由的。就网络购物而言，完全是由消费者来主导的。因而，只有从消费者立场出发来制定营销策略才能迎合电子商务的特征，进而达到理想的效果。

与传统的营销理念相比，电子商务环境下的营销理念应当有所转变。①电子商务的营销理念应当由商品本位向消费者本位倾斜。传统营销理念是以市场营销过程中的可控因素为基础而建立起来的，这种营销策略通常被称为"4P策略"，即产品（product）、价格（price）、地点（place）、促销（promotion）。传统营销将关注重心放在商品之上，而电子商务的营销应当以消费者为重心，企业应该更加重视消费者群体，故而应当采取兼顾企业自身和消费者利益的"4C 策略"，即消费者（consumer）、成本（cost）、便利（convenience）、沟通（communication）。4C 策略力求满足每个消费者的需求，并获得企业利益最大化，这才是电子商务营销所追求的目标。②电子商务的营销理念应当更加注重企业和消费者关系的和谐。在传统的商业交往中，企业所追求的是利润的最大化，而消费者所追求的是商品的物美价廉。企业与消费者追求的对立性往往造成他们关系的紧张。而在电子商务中，消费者追求的是物质与精神的双重满足，故而企业应当以消费者为中心建立优良的商品和服务体系。基于此，电子商务应当建立一种全新的、和谐的购物与生活氛围，进而淡化商业目的，尽可能获得消费者对企业及产品的认同感。

　　电子商务的新型营销理念也决定了企业应当制定以消费者为中心的营销策略。就电子商务的营销策略而言，目前较为常见的有产品策略、价格策略以及促销策略等（图 6-3）。

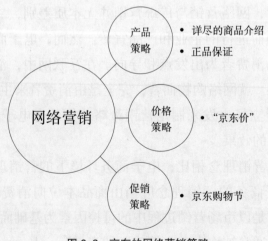

图 6-3　京东的网络营销策略

对电子商务而言，产品策略至关重要。①电子商务中，消费者并不能接触到商品实物，因而需要商家在商品的销售页面中以文字、图像、视频等方式尽可能详尽地介绍质量、特征、用途等商品信息。②电子商务中，消费者并不能确定商品的来源，因而对产品的质量，尤其是真伪存有很大的疑虑。针对这些问题，京东在商品链接的商品详情中以文字、图像、视频等方式尽可能详尽地介绍商品信息。同时，京东还推出了"正品保障"、自营生鲜商品的"优鲜赔""保鲜活"、第三方生鲜商品"足斤足两"等一系列产品质量保证服务。针对自营商品，京东承诺是由品牌商授权，并对产品的品质进行保证。尤其是对于跨境进口商品，京东国际跨境进口商家承诺出售商品均为 100% 海外原装正品，并承诺提供"正品保障服务"。对于一些自营生鲜商品，如果客户在收到商品后发现鲜活商品存在个别死亡的情况，京东会提供相应的补贴或退款。

在电子商务中，消费者对于电子商务商家和商品的选择面更广。他们往往会"货比三家"，选择其认为物美价廉的商品。因而，价格策略是企业进行网络营销最重要的方式。在商品价格的制定上，京东并不参考同行的价格，而是在商品采购价格的基础上加增 5% 的毛利，即为"京东价"。这个价格往往要比其他销售平台便宜 10%~20%，比厂商指导价更是便宜 10%~30%。如今，"京东价"已经成为零售行业内其他零售商评判定价的主要参考依据。"京东价"的广为流传也使得京东给消费者带来物美价廉的直观感受，这无疑会大大增加消费者对京东品牌的认可度。

促销策略是电子商务中最为常见的营销方式。网络营销的核心在于强化企业和消费者的感情互通与文化交流，淡化商业活动的营利意图，让消费者感觉到并认可自己获得的利益。而传统商业中广告造势、硬性推销的促销方式往往会引起消费者的不适甚至是反感。近些年，电子商务平台的网络促销十分频繁和火爆，如天猫、淘宝的"双 11"、亚马逊的"黑五"以及各种电子商务平台的店庆日、购物节等。同样,京东也在不断推出促销活动。京东的"618"已经成为中国较为大型的促销活动之一。另外,京东还经常在开学季、母亲节、父亲节等节日和重要时间点开展促销活动。以各种方式进行的网络促销活动已逐渐成为一种消费文化,成为消费者购物的重要"节日"。这种促销文化很大程度上淡化了电子商务企业的商业本质,进而拉近了企业与消费者的距离,使消费者更加地信赖和依赖电子商务企业。

6.1.3 京东的商业创新

6.1.3.1 支付便利化

随着中国电子商务的普及,网络已经成为人们,尤其是年轻人日常生活的一部分。对如今的电子商务而言,便利、高效已经成为消费者追求的购物目标之一。因而,优质的电子商务不仅要保证物美价廉,还需要以便利的支付体系和高效的物流配送体系为依托。如何做到以消费者为中心,以便捷的方式、优质的服务、低廉的价格销售高质量的商品是如今 B2C 电子商务企业的核心任务。在科技日益进步的当下,便利消费是每个电子商务企业必须考虑的重要因素。京东通过近些年的探索,将数字创新的众多成果不断应用到电子商务的各个环节,力求给消费者带来便利的消费体验。

在电子商务的众多环节中,于消费者而言,支付便利化是最能体现消费便利的环节。在支付方式上,京东为客户提供了多元化的支付模式,包括在线支付、货到付款以及企业转账等。

就在线支付而言,京东通过与多支付平台合作,已经实现了多元在线支付机制。消费者可以在京东平台下单时选择京东支付、微信支付、银联支付、Apple Pay、华为 Pay 等渠道进行支付。在具体的付款方案上，京东还推出了京东白条这一互联网信用支付产品，消费者可以享受到"先消费、后付款，实时审批、随心分期"的消费体验。京东白条是一款通过大数据进行信用评估，为信用等级较高且有消费需求的用户提供的信用支付服务。使用京东白条进行付款，消费者可以享受最长30天的延后付款期或最长24期的分期付款。目前，京东白条已经打通了京东体系内的O2O、全球购等领域，从赊购服务逐渐延伸到提供信用消费贷款，覆盖更多生活场景，为更多消费者提供信用消费的服务。随着京东白条的服务推广，京东已经与线上线下众多商户取得了合作，涵盖生活娱乐、商旅出行、教育培训、通信及租赁等行业。与银行合作联名的电子账户"白条闪付"，通过NFC技术将白条支付拓展至线下，并且通过绑定微信支付，进一步拓宽了白条支付使用场景。

在以虚拟的互联网为依托的传统电子商务中，消费者缺乏线下购物时可触、可感、可视、可听的直观购物体验，故而难以确认商品的质量。另外，互联网的隐匿性也往往造成买卖双方查证不便，这就使得消费者对于线上交易并非绝对放心。为了打消这一顾虑，京东推出了"货到付款"的支付模式。消费者可以先在京东平台下单，待商品送到后再通过现金、POS机刷卡、支票支付等方式进行货款支付。在货到付款模式下，消费者可以在收到商品时，先开箱验货，检查商品描述与购买的商品有无差别、货物的真实性、质量情况以及是否存在配送损伤等问题，而后根据具体情况决定是否签单并支付。货到付款的方式可以增加消费者的安全感，赢得对企业的信任，进而扩大目标消费者的范围。

企业转账是消费者将货款通过企业网银或线下汇款进行结算的支付方式，主要用于非个人采购。多元化的支付方式极大便利了消费者购物，京东之所以受到众多消费者的青睐，支付便利化起到很大的作用。

6.1.3.2 仓储、配送及服务

随着生活水平的提高，人们的消费动机已不再是简单地满足于物质的需求，而是更加注重购物活动本身所带来的乐趣与精神的满足。因此，现代企业的发展离不开服务意识的增强。对于传统电子商务而言，其最大的劣势在于缺乏线下实体商业活动中那种可观、可触的直观感受和全方位的服务与售后保障。另外，电子商务中消费者与产品往往存在较远的距离。"远水难解近渴"，这也在很大程度上阻碍着电子商务的推广。在这种情况下，电子商务企业的仓储、配送以及服务就显得尤为重要。京东的仓储、配送、服务项目如图6-4所示。

图6-4　京东的仓储、配送、服务项目

与中国绝大多数电子商务企业不同，京东是拥有自建物流体系的现代化电子商务企业。经过多年的探索，京东在仓储、配送以及服务等方面的优势已经成为其核心竞争力之一。对于电子商务，尤其是自营式电子商务而言，强大的仓储能力是商业活动的基础和保障。目前，京东在国内拥有超过30座的"亚洲一号"大型智能仓库。另外，京东物流还建立了覆盖超过220个国家及地区的国际线路，拥有30多个保税仓及海外仓。强大的仓储能力俨然已经成为京东全球化商业布局的坚实基础。

对于现代商业来说，物流已经成为不可或缺的部分。不论是传统的线下实体销售，还是线上的电子商务，物流都是商品流通的重要方式。高效、安全的物流不仅仅是企业生产的有力保障，更是商品销售的重要依托。从消费者角度看，物流的服务与效率直接影响着消费者的购物体验。为了尽可能满足客户，京东推出了211限时达、次日达、隔日达、极速达、京准达、京尊达等一系列配送服务。在配送用时上，京东依托强大的物流体系，力争24小时内送达。根据211限时达的配送承诺，消费者购物当日上午11:00前递交的现货订单，当日可以实现送达。晚上11:00前递交的订单，也能够实现次日15:00之前送达。目前，京东自营订单绝大多数都能够实现211限时达。即使是一些偏远或交通不甚便利的地区，京东也基本能够实现商品的次日达或隔日达。此外，针对一些生鲜、急需品，京东甚至还能够实现1小时送达。

在配送时间和方式上，京东尽可能做到多元化、人性化。例如，为满足客户对不同时间段派送的需求，京东推出了"京准达"的服务，客户可以在下单时选择具体的派送时间段。针对上班族，京东推出了"夜间达"的配送服务。客户可以在下单时选择19:00—22:00送达，京东会尽可能安排配送员在用户选定的时间送货上门。另外，为提升派送效率和便利客户，京东还利用无人机、自提柜等设备来完成商品的运输与派送。如今，自提柜在中国随处可见，并可以实现全天候自提。用户只需在下单时选择自助式自提派送方式，所购商品便能够送至自提柜。商品到柜后，经过验证或完成支付，客户便可以开柜取货。自提柜不仅可以满足客户接收商品的自主性，还能够提升派送效率。

为提高用户的购物体验，京东除了提供"7天无理由退货"等传统售后服务外，还推出了具有特色的售后服务项目。例如，京东推出了售后"上门取件"服务，客户购买京东自营商品15日内，如果因质量问题需要退换商品，京东将免费上门取件。在具体处理上，京东推出"售后100分"服务，客户在京东购买自营商品15日内，如果出现故障，京东承诺在收到故障商品并确定属于质量故障之时起100分钟内处理完客户的售后问题。处理方式包括为客户提交换新订单、补发商品、补偿或退款等。另外，针对部分商品，京东还提供"售后到家"服务，在商品售出一年内，如果出现质量问题，京东将提供免费上门取送及原厂授权维修服务。

事实上，与传统实体商业模式相比，消费者对于电子商务最大的顾虑就是售后问题，尤其是大件商品的产品质量和售后维修。对此，京东推出的一系列售后服务能在很大程度上消除消费者的这种顾虑，弥补电子商务"售后麻烦"的先天不足。通过"7条无理由退货""上门取件""售后100分"等服务，京东可以实现与线下销售同样的消费者权益保护效果，甚至是超越线下销售的服务效果。

快捷、优质的物流与体贴、周到的售后显然已经成为京东的核心竞争力之一，其不仅填补了电子商务的先天缺陷，还使得电子商务的优势更加明显。新时代的电子商务不仅需要覆盖全球的仓储与物流，更需要以客户为中心的售后与服务。

6.2 跨境电子商务——小红书

数字技术、计算机技术和互联网的发展，为现实物理世界的虚拟化提供了必要的基础支持。2010年，平台经济开始在全球蔓延。经济形态在向平台化拓展的同时，也带动人们生活方式向平台化转变。线上交流工具的出现给生活和生产带来极大的便利，一系列社交平台如雨后春笋般出现，以互联网为依托的电子社区逐渐发展壮大，成为人们日常生活的一部分。作为现实生活的延伸，虚拟的电子社区内容丰富多彩，使人们的生活方式更加多元化。纵观人类历史，从来没有哪一项技术能像互联网一样深刻影响和改变人们的生活方式。

在中国，生活水平的提高使得人们更加重视生活品质，对出国旅游、出国购物的需求逐渐增加。然而，大部分人对出国旅游和购物是比较陌生的。由于缺乏足够的信息和经验，人们在出国旅游和消费的过程中难免会走一些"弯路"。正是觉察到这种社会需求，小红书等一批跨境电子商务企业开始孕育、诞生并成长。跨境电子商务知识点关联示意如图 6-5 所示。

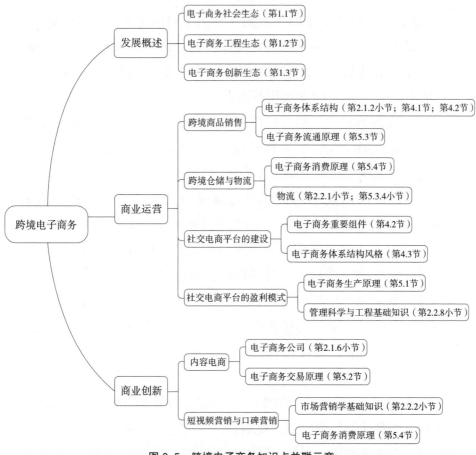

图 6-5　跨境电子商务知识点关联示意

6.2.1 小红书的发展概述

小红书是中国较早探索跨境电子商务领域的企业之一。与其他电商企业不同，小红书起源于社区平台。2013年，小红书推出海外购物分享社区。小红书平台联合具有丰富海外旅游或购物经验的消费者在社区内分享自己的海外旅游和购物攻略。面对庞大的市场，小红书社区一经推出，便拥有了大量的用户。

在平台经济中，用户的数量往往是决定平台成功与否的关键，大量的用户意味着巨大的商业价值和商业潜力。基于此，2014年小红书开始布局电子商务平台的建设。2014年年底，小红书平台推出了"福利社"，标志着小红书开始从社区平台向电子商务平台转型，完成了从种草、分享到购买的商业闭环。社区与福利社的双核驱动决定了小红书兼具生活分享和网络购物的商业运作模式。

从中国电子商务的发展历程来看，小红书诞生于中国电子商务发展较为成熟的时代。初具规模的小红书实力不及京东、淘宝等老牌电商企业，但小红书主打B2C模式下的跨境电子商务这一另辟蹊径的商业决策与定位使其拥有了自己的发展空间和市场。

跨境物流的高成本与长耗时逐渐成为发展跨境电子商务的最大障碍。为了解决这一问题，小红书开始布局和打造国内保税仓。2015年1月，小红书郑州自营保税仓正式投入运营。保税仓模式在很大程度上打消了消费者对海外购物真假难辨、运输耗时长等问题的担忧。基于此，小红书用户数量快速增长，零售广告销售额半年内突破2亿元，逐渐成为中国跨境电子商务的龙头企业之一。同年6月，小红书深圳自营保税仓也投入运营，其保税仓面积跃居全国跨境电商排名第二位。

2015年，中国提出"互联网＋"的概念，力争推动互联网、云计算、大数据、物联网等与现代制造业结合，促进电子商务、工业互联网和互联网金融健康发展，引导互联网企业拓展国际市场。小红书也开始以云计算、大数据等高新技术为突破口来实现平台的转型升级。2016年年初，小红书社区平台实现由人工运营模式向机器分发模式的转变，通过大数据和人工智能将平台内容精准匹配给相应的用户，优化了用户的体验。在销售平台中，小红书开始拓展第三方平台和品牌商家。一年间，小红书的精选商品 SKU 从 1 万种增长至 15 万种，其用户量也大幅增加。事实证明，不断吸纳高新科技成果是电子商务平台发展的方向，也是其保持核心竞争力的关键所在。在经历了科技换代之后，小红书实现了商业领域的高速发展。例如，2017 年 6 月，小红书开展了第 3 个"66 周年庆"促销活动，2 小时就突破了 1 亿元销售额，在苹果应用商店购物类下载排名跃居第 1 位，用户数量也突破了 5 000 万名。当年年底，小红书商城被《人民日报》评为代表中国消费科技产业的"中国品牌奖"。一年后，小红书入选"2018 福布斯中国最具创新力企业榜 TOP 50"。

2019 年 1 月，小红书用户数量突破 2 亿名。此时，为了进一步增强平台活力和影响力，小红书平台也开始增设第三方商家入驻模式。当年 3 月，小红书推出了全新的业务"品牌号"，正式打通了社区到交易的全链条。一年后，小红书将"品牌号"升级为"企业号"，并实现了在数据洞察、定制 H5、运用工具、粉丝互动、连接线下等方面的升级。

小红书这一社区电商的最大优势在于社区平台的建设。在网络社区中，用户才是平台的主导者，而小红书只是充当平台组建和管理的角色。只有更好地服务用户，才能保持平台用户的活力，也只有适度进行平台规制，才能够实现平台的长久运营。于是，2020 年，小红书推出了创作者中心，粉丝量超过 5 000 名、在过去 6 个月发布过 10 篇或以上自然阅读量超过 2 000 次的笔记且无违规行为的用户，都可以在 App 内申请创作者中心使用权限。2021 年 4 月，小红书"社区公约"上线，从分享和互动两个方面对用户的社区行为规范做出规定，要求博主在分享和创作过程中如果接受商家提供的赞助或便利，应主动申明利益相关。

6.2.2 小红书的商业运营

6.2.2.1 跨境商品销售

平台经济中的"平台"既是一种现象，又是一种手段。之所以称之为现象，是因为平台经济是数字经济发展到一定阶段的必然产物，数字技术、计算机技术以及互联网的广泛使用使数字平台得以产生并成为商事活动的场所。数字平台的优越性使得越来越多的商事活动融于线上，进而形成了平台经济。反过来，现阶段的数字经济又是以数字平台为依托，故而平台又是一种手段。

与传统的实体平台不同，依托互联网的数字平台最大的特征就是广域性。在平台之上，不同国家、不同地区的商家和消费者均可以实现信息的交换与商品的销售，这也使跨境电子商务的实现成为可能。正是依托数字平台，小红书才能实现与海外商家的合作，进而开展跨境电子商务。小红书的跨境商品销售如图 6-6 所示。

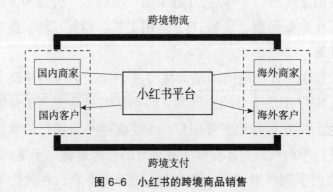

图 6-6　小红书的跨境商品销售

小红书通过品牌授权和品牌直营并行的销售方式，将海外商品销售至国内消费者手中。随着小红书平台影响力的提升，越来越多的商家入驻小红书。近年来，小红书已经与日本药妆店集团麒麟堂、松下电器、卡西欧、虎牌等众多品牌达成战略合作。

另外，随着"一带一路"倡议的不断推进，小红书不但能够实现国外商品"引进来"，还可以助力国内商品"走出去"。通过小红书，中国消费者可以了解更多的国外品牌商品，小红书已经成为国外优秀商家连接中国消费者的重要纽带。同时，小红书也通过将国内高质量的商品引入平台并推荐给外国用户的方式，助力国内企业海外业务的开展。

6.2.2.2 跨境仓储与物流

与国内电子商务相比，跨境电子商务最大的问题在于仓储和物流。虽然数字平台可以实现数字化信息的线上互通，但实体商品仍需要进行跨国运输。为此，小红书在近 30 个国家建立了专业的海外仓库，并在中国建有郑州自营保税仓和深圳自营保税仓，仓库面积超过 5 万平方米。为了保证商品的质量，打消消费者对海外商品的疑虑，小红书还在保税仓内设有产品检验实验室。如果消费者对于产品质量、来源等问题存疑，小红书会直接将产品送往第三方科研机构进行光谱测试，进而将风险进一步降低。

就具体的商品配送，小红书提供了两种物流服务方式，即海外直邮和国内保税仓发货。针对海外直邮，小红书于 2017 年建成 REDelivery 国际物流系统，确保国际物流的每一步都可以被追溯，用户甚至可以在物流信息里查找到商品是由哪一列航班抵达中国的。

海外直邮与保税仓发货流程对比如图 6-7 所示。与海外直邮等方式相比，国内保税仓发货具有一定的优势。首先，保税仓发货可以缩短用户与商品的距离，减少物流耗时。如果通过海外直邮的方式，由于需要清点、检验、报关等手续，用户往往需要等待较长时间才能收到商品。而从保税仓发货，可以实现提前办理通关手续，用户下单后两三天就能收到商品。其次，从保税仓发货可以打消用户对产品质量的顾虑。保税仓里的商品，只有经过海关清点、检验、报关和缴税后才可放行，可以避免通过其他不法运输途径而导致商品品质不实的情况。最后，大批量同时运输也可以节省运费、摊薄成本，从而降低商品的价格。在除去中间价和跨境运费后，小红书平台能够做到所售商品价格与其来源地价格保持基本一致，甚至有时还会因为出口退税等原因，出现低于当地价格的情况。

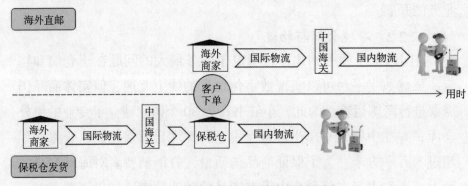

图 6-7　海外直邮与保税仓发货流程对比

6.2.2.3　社交电商平台的建设

虽然小红书也是以 B2C 模式为基础的电子商务平台，但相比于京东平台和淘宝平台，小红书更加具有娱乐性，这种娱乐性更多地体现为一种互动性。因而，小红书成为如今年轻人较为喜欢的生活平台之一。在小红书平台上，用户可以通过短视频、图文等形式记录生活点滴，分享生活方式，并基于兴趣形成互动。这也正是小红书平台所具有的社交优势。

小红书"社交＋购物"的商业模式主要得益于其社交电商平台的建设。目前，小红书平台主要由三个模块构成：社区、福利社、企业号。通过三个模块的有机联动，小红书实现了发现商品、购买商品和分享体验的商业闭环。小红书的运营模式如图 6-8 所示。

小红书社区是小红书的生活分享与互动板块，用于分享购物体验、旅游体验以及生活体验，内容覆盖时尚、个人护理、彩妆、美食、旅行、娱乐、读书、健身、母婴等各个生活领域。目前，小红书社区每天产生超过 70 亿次的笔记曝光，其中 95% 以上为 UGC（用户生成内容）用户。

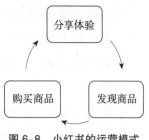

图 6-8　小红书的运营模式

福利社是小红书的自营电商板块。福利社是一个 B2C 模式的电子商务平台，也正是通过这个板块，中国的消费者可以购买到国外的商品，国外的消费者也能购买到中国的商品。福利社与小红书社区是相互联系的有机整体。社区中的部分火爆商品会优先引进到福利社，而在福利社的商品详情中，社区中的商品分享也会被链接进来，供用户参考。另外，在社区发布笔记时，小红书也鼓励用户关联福利社中的商品，进而实现社区平台与商城平台的良性互动。

企业号是小红书于 2019 年 3 月上线的产品，原名"品牌号"，2020 年 1 月升级并更名为"企业号"。这一产品是为了整合小红书从社区营销一直到交易闭环的资源，更好地连接消费者和商家，帮助企业在小红书平台内完成一站式闭环营销，提供全链条服务。企业号可以帮助商家获得官方认证，邀请品牌合作人发布合作笔记，并通过与粉丝互动，了解更多维度的数据。在企业号内，商家还可以直接配置小红书品牌旗舰店，促成交易转化。小红书平台模块如图 6-9 所示。

6.2.2.4　社交电商平台的盈利模式

小红书是一个典型的社交电商平台，因而其既具有电商平台的特征，也具有社交平台的优势。作为一个电商平台，为了实现商品和服务的多样性，小红书采取了"自营＋商家入驻"的商业模式。消费者不仅可以在自营的福利社购买国内外的商品，还能够在商家的第三方店铺购买商品。总体来看，小红书的盈利点可分为两个部分。①商品利润。小红书与国内外商家进行商业合作，以较为低廉的价格拿到商品，通过保税仓和海外直邮的方式将商品交付给消费者。进货、运输等环节的价格优势所产生的中间差价即为小红书的重要收入来源。②服务营收。第三方商家入驻小红书需要支付一定的平台费，这也是小红书的收入来源之一。

图6-9 小红书平台模块

另外，小红书的社交平台也为商业销售带来了相当可观的盈利增长点。一方面，小红书可以通过用户发布的笔记、评论和点赞量来提前判断商品的受欢迎程度，实现"定向进货"。如此一来，便在很大程度上降低了因库存、配货等环节造成的成本投入。另一方面，社交平台可以为小红书留住消费者。社区内容的引导，以及消费者对国内外产品的需求，使得小红书上的产品在价格、品质等方面更具竞争力。消费者对于平台的信任和依赖会大大增加用户黏性，进而大大提高消费者的复购率。

6.2.3　小红书的商业创新

6.2.3.1　内容电商

与大多数电子商务平台不同的是，小红书塑造的是"社交+购物"的新型电商模式。京东、淘宝等是典型的交易型电商，而小红书则属于内容电商的范畴。在互联网信息碎片化的时代，电商企业可以采取直播、短视频、小视频等手段，通过优秀内容的传播米激发用户的兴趣和购买欲望，这就形成了内容电商。随着社交软件和互联网的普及，消费者购物的路径已经不再局限于走进商场或在电商平台中寻找自己需要的商品。在消费者观看直播、浏览帖子的过程中，不知不觉就对某些产品产生兴趣并进行购买，即使这种商品并不是消费者本来就打算买的。在互联网时代，虽然消费者拥有绝对的网络浏览自由与决策主导权，但商家可以将商品的营销不知不觉地植入网络内容，进而吸引和引导用户进行消费。故而，内容电商的核心在于隐匿直接销售商品的手段，基于网络传播的内容来直接或间接地影响消费者的购买决策和购买行为。小红书也正是通过自己的社区平台来实现以平台内容引导用户消费的。

在京东等交易型电商中，消费者的消费动机与传统的线下销售模式并无太大的变化，故而电商企业的营销核心往往是集中于流量、爆品、销量、好评、性价比、网页设计以及促销活动等。而内容电商则呈现出生态化、多样化、生活化、时尚化的特征。小红书等内容电商是基于消费环境以及消费者内心需求的变化来引导消费者，完成发展、吸引、成交的商业闭环。

与其他交易型电商相比，小红书这一内容电商具有较为明显的特点与优势。首先，在交易型电商环境下，消费者往往是主动搜索，故而对希望购买的产品的信息更为敏感。而用户在浏览小红书社区时，对于商品信息往往是被动接收的状态，由于被内容所吸引，才产生了购买的欲望。因此，内容电商更容易吸引消费者，更能够实现消费生活化，淡化商业意图。其次，交易型电商中的商品是联合评估，消费者往往会较为理性地货比三家。而小红书社区中对于商品的介绍属于单独评估，消费者往往是因为对产品设计、理念、情怀等方面的主观认同而进行消费，故而较为感性。这就决定了在小红书这种内容电商环境下，消费者更加注重对商品或品牌的情感认同，而非性价比。反过来，这种对于商品或品牌的认可也更有利于提升用户黏性。再次，在交易型电商中，消费者对于商品的态度往往更为苛刻，通常将关注点集中于商品的不足、缺陷和负面评价上。而在小红书当中，用户往往是处于放松、消遣的状态，对于商品的防范心理不强，将主要精力也都集中于商品的社交评价上。如此，品牌和商品并不会因为某些非决定性的缺陷而遭到全面否定，用户关注的是社区中对商品全面、公正的评价。最后，在交易型电商平台中，由于产品孤立且数据庞大，消费者难以迅速对比和评价商品，故而往往不太会接受商家的推荐。而在小红书中，产品种类繁多，消费者可以各取所需。由于降低了认知闭合需求，消费者也往往更容易接受相对复杂的决策信息和社区推荐。因而，一些新奇、难以比较参数的商品也更容易销售了。

　　小红书这一内容电商，最大的优势在于社区成员既是社区内容的浏览者，又是社区内容的创造者，因而更容易认可社区内容的真实性和准确性。这种信任感是决定消费者购买商品最基本的要素。由此看来，小红书所代表的内容电商，是一种商业的社会化。在过去，电子商务的发展具有"电商即物流，物流即电商"的特征。如今，电子商务的发展呈现出"内容电商化、电商内容化"的趋势。

6.2.3.2　短视频营销与口碑营销

对于京东等电子商务平台来说，营销的方式多围绕产品、价格以及促销等方面展开。而在小红书这一社交电商平台中，凭借社交平台的优势可实现营销手段的多元化。

1. 短视频营销

在很多人看来，小红书不仅是一个电商平台，更是一个分享和交流平台。2020年，小红书用户已经超过2.5亿名，最为活跃的用户年龄集中在20~35岁，这些用户更喜欢通过短视频、图文等形式记录日常生活，也愿意花时间在平台中探寻优质商品并与其他用户进行分享。庞大的用户体量和年轻人全新的生活与消费习惯，使得UGC模式更加契合小红书平台的建设与发展。而短视频就是UGC模式的一种重要表达方式。与长视频和图文不同，短视频强调轻量级的表达和内容消费，能够给用户带来立体、直观的感受，在产品形态、用户体验等方面都与小红书平台的特征相匹配。

短视频营销很好地吸收了互联网所带来的便利优势，呈现出互动灵活、沟通方便的特点。几乎所有的短视频都可以实现单向、双向甚至多向的互动与交流。这种互动型的营销模式不仅可以提升用户的交流与购物体验，还能够帮助小红书获取用户反馈的信息，从而更有针对性地对平台和商品进行改进。另外，小红书的短视频营销还具有成本低、效率高的优势。与传统的广告营销动辄上百万元的资金投入相比，短视频营销的制作成本、传播成本以及维护成本都比较低。短视频能否快速和广泛地传播也并不取决于投入的资金，而是取决于短视频的内容。内容是否能够满足用户的需求、是否能够吸引用户的眼球是短视频效果的决定因素。

小红书的短视频营销不仅继承了视频营销的优势，还具备自己独特的、符合快节奏时代需求的特点，可以更好地为平台赋能，拉动产品的销售。对小红书来说，通过短视频占据用户高频使用场景，丰富内容生态，并进一步提升品牌商业化变现能力，是流量红利触顶、智能终端进入存量时代背景下运用成败的关键。

2. 用户口碑营销

网络营销的本质是用最小的投入准确连接目标客户，用完美的创意实现强大的口碑，以影响目标群体。源源不断的用户真实消费体验使小红书成为全球最大的消费类口碑库，也被视为品牌方看重的"智库"。欧莱雅首席用户官Stephan Wilmet曾如此评价："在小红书，我们能够直接聆听消费者真实的声音。真实的口碑是连接品牌和消费者最坚实的纽带。"小红书福利社中欧莱雅产品的用户口碑区如图6-10所示。

图6-10　小红书福利社中欧莱雅产品的用户口碑区

现如今，社交媒体已经在中国得到广泛的普及，并逐渐成为众多网民日常生活的一部分。而这种对社交媒体的依赖也导致口碑在当今电商平台运营中的作用不断增加。一旦口碑打响，用户的数量将可能实现指数式的增长。电商平台想要提高用户的数量，使用户产生信赖和依赖，较稳妥的方式就是依靠真实的口碑。在互联网时代，良好的用户口碑所产生的营销效果要远超广告等传统的营销手段。对小红书来说，它是一个电商平台，也是一个共享平台，还是一个网络社区，更是一个口碑库。在小红书平台上，用户可以根据自己的真实体验发布相关的购物笔记，而这些购物笔记又会通过大数据、云计算等手段精准发布给对其感兴趣的潜在客户。从某种程度上来说，小红书的"口碑广告"取之于用户，并用之于用户，这也大大增加了用户对小红书中的口碑的信赖度。

小红书平台的去中心化，鼓励用户发表自己的购物心得，在提高用户活跃度的同时，还提升了评价内容的可信度与平台的亲和力。平台内海量的购物笔记已经涉及衣食住行的各个方面。用户可以根据自己的需要寻求不同的信息和产品，这使得去中心化的优势更加明显，几乎所有的商品都会留下用户足迹并被用户点评。用户口碑营销的方式不仅可以为小红书大大减少营销成本，还能尽可能地提升客户对产品的信赖。

6.3 新零售电子商务——美团

中国电子商务经历 10 余年的高速发展，已走过其生命周期的成熟阶段。互联网和移动互联终端的普及所带来的用户增长和流量红利逐渐萎缩，传统电子商务开始遭遇发展瓶颈。据统计，2014 年全国网上零售额为 27 898 亿元，同比增长 49.7%。而 2015 年全国网零售额为 38 773 亿元，同比下降了 33.3%。2016 年全国网上零售额同比增幅又下降到 26.2%。[①] 同时，随着消费环境与消费理念的转变，传统电子商务的先天不足日渐凸显。虽然电子商务企业尝试通过诸多手段去解决这些问题，但都难以从根源上弥补在线购物的不足，难以满足人们高品质、异质化的消费需求。在 2016 年 10 月杭州云栖大会上，新零售的概念被首次提出。从此，以新零售为标志的新一轮零售业变革正式拉开了大幕。新零售电子商务知识点关联示意如图 6-11 所示。

---

① 数据来源于国家统计局官网 . 2014 年、2015 年、2016 年国民经济和社会发展统计公报 [EB/OL]. （2021-09-04）http://www.stats.gov.cn/tjsj/tjgb/ndtjgb/.

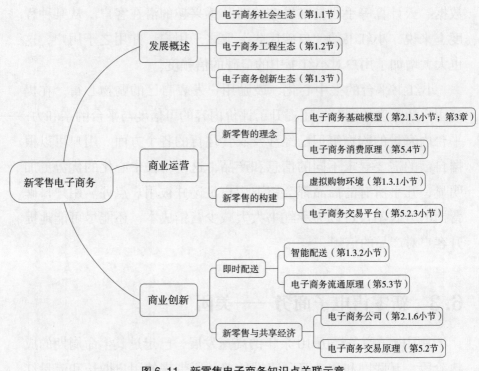

图6-11　新零售电子商务知识点关联示意

　　新零售是电子商务未来发展的方向，是一种完全实现线上、线下、物流三位一体的发达商业形态，属于$O2O^n$商业模型的电子商务。目前，$O2O^n$新零售仍处于探索阶段，并未实现大规模普及。尽管如此，中国依然是世界范围内新零售发展较为领先的国家之一。中国企业在2016年以前就已经开始探索O2O电子商务。O2O电子商务也属于线上与线下的融合，但与$O2O^n$电子商务相比有一定的差异。不可否认的是，O2O电子商务已经具备了$O2O^n$电子商务的一些特征。因此，从某种程度上说，O2O电子商务是新零售电子商务的初级阶段。在中国众多进行新零售探索的电子商务企业中，美团是较早涉猎O2O电子商务的企业之一。目前，美团平台已经成为中国较为先进的O2O电子商务平台之一。

6.3.1　美团的发展概述

网络社区、网络平台对人们日常生活的影响是巨大的。然而，网络经济与平台经济的表现绝不仅仅局限于人们由线下实体生活社区向线上虚拟生活社区的转变，还表现为以网络和平台为依托的线上线下融合。这种融合是以网络平台为基础的商业发展模式。事实上，在以互联网为基础的平台经济中，平台只是一种中介、一种工具。数字化信息在平台汇聚，使得人们可以通过网络平台来了解商家并实现消费。可见，在平台经济中，平台的建设是十分重要的。

2010 年，世界范围内平台经济蓬勃发展，中国也不例外。一种新兴商业模式开始在零售领域出现，并逐渐在中国消费者，尤其是年轻群体中流行，那就是"团购"。正是在那一年，美团成立。在不到 1 年的时间里，美团上海站、美团武汉站、美团西安站、美团广州站、美团无锡站、美团南京站、美团石家庄站陆续上线。随后，中国的团购平台如潮水般涌现，大众点评、百度糯米、京东团购等一大批团购平台涌入市场，出现了"百团大战"的场景。美团凭借着 2011 年 7 月阿里巴巴和红杉资本 5 000 万美元的融资，在众多团购平台的激烈竞争中生存了下来。同年 12 月，美团入选"十大网络购物品牌"，并获得"年度最佳团购网站"的称号，赢得了良好的品牌形象。

与传统 B2C 商业模式不同，美团打造的是利用线上平台连接用户和线下实体商家的 O2O 商业模式。与传统的线下零售相比，线上平台销售的巨大优势之一是可以依托平台进行业务拓展。平台经济下，用户流量是平台发展的关键。多元的服务项目不仅可以提升平台的盈利点、拓宽盈利渠道，还能实现引流，为平台吸引更多的用户。于是，美团在团购领域具有一定基础后，便开始向多元化业务领域拓展。2012—2013 年，美团相继推出了电影票线上预订服务、酒店预订服务及餐饮外卖服务。2014 年，美团又推出旅游门票预订服务。多元化业务的拓展使美团的发展进一步壮大。2014 年，美团全年交易额突破 460 亿元，同比增长了 180% 以上，市场份额占比超过 60%，同比增长了 7 个百分点。

2015 年，中国宣布"互联网＋"国家战略后，电子商务企业开始不断探索平台科技化发展之路，并着眼于商业合作的发展布局。2015 年 7 月，美团全资收购在线旅游搜索引擎企业——酷讯。收购酷讯后，美团开始布局酒店旅游，进一步完善产业链。同年 10 月，美团与大众点评宣布合并，致力于打造中国 O2O 领域的领先平台。2016 年，美团与华润创业联和基金建立全面战略合作，在外卖平台领域探索"互联网＋零售"的新业态。2016 年 9 月，美团收购第三方支付企业钱袋宝，并获得了第三方支付牌照。2018 年 4 月，美团旅行与银联国际达成深度合作，加深在技术、大数据与购物体验等方面的探索，力争让旅行和购物更加优惠和便捷。当月，由双方共同打造的"银联国际品牌馆"正式登陆美团旅行。

2017 年，国家发改委、网信办、工信部等 8 个部门于 7 月联合发布了《关于促进分享经济发展的指导性意见》。该意见作为中国共享经济发展的顶层设计，对中国共享经济的发展具有重要的推动作用。2018 年，美团开始向共享经济领域进军，收购了共享交通企业——摩拜单车（2020 年 12 月更名为"美团单车"）。随后，美团又推出了共享充电宝等一系列共享产品。2019 年 6 月，美团正式推出新品牌"美团送达"，并宣布开放配送平台。这表明，美团配送将在技术平台、运力网络、产业链上下游等方面向生态伙伴开放多项能力，帮助商流提升经营效率，推动社会物流成本降低，助力实体经济发展。

为进一步提升新零售商业模式下的即时配送能力，2020 年美团与法国汽车零部件供应商法雷奥合作，并推出首款电动无人配送原型车，进而实现了"无接触派送"。一个月后，美团收银升级"手机点餐"功能，实现了"无接触点餐"和"无接触取餐"。2021 年 7 月，美团宣布腾讯认购事项已经完成，约 4 亿美元将用于技术创新。

纵观整个发展历程，新兴技术被源源不断地运用到中国电子商务的发展之中。不论是从中国电子商务起步时一直走过来的京东，还是在中国电子商务发展成熟阶段产生的小红书，无一不在探索新兴技术的研发与融入，美团亦是如此。

6.3.2　美团的商业运营

6.3.2.1　新零售的理念

新零售电子商务的核心在于建立线上、线下一体的新商业模式，从而满足消费者对更高消费体验的追求。新零售电子商务是目前电子商务发展的新阶段。科学的发展理念是新零售商业模式的出发点，也是落脚点。与传统电子商务相比，新零售商业模式的建立不只需要新兴技术的支持，更需要商业理念的更新。新零售的组成如图 6-12 所示。

图 6-12　新零售的组成

数字经济时代，尤其是在平台经济的构建中，数字平台是核心组成部分。因此，新零售的首要理念是以智慧平台的搭建为重点。在以互联网为依托的商业模式中，数字平台是连接各商事主体的重要枢纽。新零售的发展离不开智慧平台的搭建。虽然新一轮信息革命刚刚起步，但大数据、云计算等已经初步显现的科技成就足以证明这次以新零售为代表的零售业革命必将是颠覆性的。全新的科技将会打造全新的商业经营模式，为新零售提供更为广阔的发展空间。美团也正是从该理念出发，不断将新兴技术融入自己的平台当中。例如，美团利用自身的大数据优势，布局人工智能，将人工智能与自身运营深度融合，打造出能够实现毫秒级调度与最优级配送路径选择的 O2O 实时物流配送智能调度系统。该调度系统能够在接到用户订单后，经过数以亿计的运算，综合考虑实时路况、天气情况、商家出餐时间和消费者期望送达的时间等因素，为每一张订单制定最优的配送路线，进而大大缩短配送时间、提高送餐效率，以实现30 分钟之内派送到位的承诺。

新零售的目的是利用数字平台实现线下实体零售向线上销售渠道的拓展。因此，新零售的另一理念就是以线上、线下融合为核心。这就要求线下实体企业在发展的同时不可忽略线上业务的拓展，企业应当树立"一体化"的构建模式，而不应该有线上与线下的刻意区分。新零售是一个自然的有机体，是一个高度自洽的商业模式，而绝非简单的两条相互并行的销售方式。这种高度自洽的商业模式包含线上部分与线下部分，二者相辅相成、缺一不可。新零售的发展理念使得传统线下企业不得不考虑向线上转型。例如，在餐饮行业，美团凭借其强大的电子商务平台取得绝对的话语权，众多线下餐厅也与美团合作进行线上与线下融合的探索。目前，美团正在利用其"智慧餐厅"服务来提升餐饮商家的运营效率。美团平台已经运用于排队、预订餐位、点餐与结账等众多环节。用户可以在美团平台上进行远程排号，从而缓解热门餐厅排队、等位等问题。美团平台还能够通过大数据来分析和预测排队时间，为用户推荐优质餐厅，帮助消费者进行决策。另外，用户也可以通过美团平台在线上预订餐位，并在约定的时间段内到店用餐消费。在点餐环节，美团能够实现在线推荐菜品和在线点餐。美团的智能收银系统不但能够完成在线结账，还能够实现点餐时前厅与后厨的对接，大大提升餐饮商家的智能化运营效率。

6.3.2.2 新零售的构建

以人工智能、大数据、云计算等高新技术为代表的新一轮信息革命实现了物理空间、网络空间和生物空间的融合，并且这一融合将会在以新零售为目标的零售业革命中得以充分体现。在新零售模式下，人们可以在虚拟的网络中完成信息的传递，在现实的物理空间中完成购物的体验，同时人工智能、智能试装、人脸识别、隔空感应、VR 场景引入等新兴技术的使用能够实现人们在物理空间与网络空间中的穿梭。因而，新零售的构建离不开新兴技术的支持。新兴技术也将贯穿整个新零售的发展。从本质结构上看，新零售是线上平台、线下实体与物流的有机结合，能够实现信息流、资金流、物流的三流合一。因此，新零售的构建应当围绕线上、线下与物流三个维度来展开。

（1）在线上维度方面，成熟的电子商务体系已经证明线上平台的优势是十分突出的，因此要坚持以智慧平台的搭建为重点的核心理念。以互联网为依托的线上平台是实现商务数字化、信息化的主要场所。在整个新零售体系的构建中，线上平台应当尽可能发挥它的优势，展现多方位的功能价值。不论零售模式如何发展，都改变不了其以商品销售为首要任务的本质。在新零售模式下，线上平台将成为主要的销售渠道。它是传递商品信息、进行商务洽谈、订立电子合同的关键基础，同时线上平台还能够与网上银行等电子支付平台进行对接，从而实现货款的电子收付。事实上，新零售线上平台既根植于互联网时代，又具有互联网平台的天然基因，在本质上与传统电子商务平台并无二致。只是随着信息和通信技术的发展，将会有更多的新兴技术融入线上平台中，进一步推进交易的电子化和便利化。只有不断提升数字平台的智能化水平，才能够实现线上平台与线下实体、物流的有机联动。

目前，许多企业已经开展了新零售模式的初级探索，以满足消费者对新零售的基本期待。除美团等电子商务平台对数字平台的智能优化外，众多传统线下实体零售企业也已经通过创建网络平台的方式开始向新零售转变，如物美、上品折扣等。这种探索十分有意义，它不但实现了多渠道的选购模式和支付方式，而且塑造了线上线下同品质、同服务的新商业形态。新零售模式下的线上平台应紧随科技发展进行自我优化，打造集娱乐、休闲、购物、社交、互动等于一体的综合性购物平台。当下已有企业将 VR 技术融入线上平台的建设中，以实现消费者线上的沉浸体验式购物。

（2）在线下维度方面，新零售对于线下平台的改造是多方面的。①在销售渠道上，线下实体商家应当打造线上与线下的二元渠道。在过去，对于众多商家来说，线下零售平台一直是主要甚至唯一的销售渠道。而在新零售模式下，线上渠道俨然也会成为重要的销售渠道之一。从本质上来说，美团的 O2O 商务模式就是利用自己的数字平台为用户拓展线上销售渠道。②在功能定位上，线下实体应承担一定的体验功能。在线下实体店中，商家可以通过营造场景与消费者互动，让消费者参与，从而增进消费者对商品的了解，提高消费者对商品的满意度。同时，实体店的口碑和体验感也会在线上平台中得以显示，进而决定消费者的选择，如美团平台中商家的评价是消费者选择商家和商品的主要依据。此外，一些企业已经开展了线下体验式购物，如宜家家居、苹果、小米、华为等企业都推出了自己的体验店，消费者可以进入体验店来体验商品，然后通过线上或线下的方式进行商品的选购。

（3）在物流维度方面，不论是传统的线下实体零售，还是线上电子商务，物流都是商品流通的重要方式。高效、安全的物流不仅仅是企业生产的有力保障，更是商品销售的重要依托。新零售模式下，高效和快捷的物流系统是实现线上线下智能化销售的重要保障。传统商业模式下，企业需要对商品进行统一的仓储。而在新零售模式下，企业可以将商品零散地储存于较为方便的仓库，并通过线上平台实现对不同仓库的统一管理与调配，这就需要物流行业建立完善而成熟的网络系统，以满足新零售生产与流通的需要。美团正是凭借强大的配送体系满足客户需求并且实现业务拓展。可以说，美团的O2O新零售模式始终建立在其强大的即时配送体系之上。

6.3.3　美团的商业创新

6.3.3.1　即时配送

即时配送是一种能够实现快速、准时配送的新型物流模式。在以新零售为代表的新一轮商业变革中，消费不断升级、线上线下融合也必然成为一种趋势。以消费者体验为核心的新零售模式亟须高品质、便利化、多元化的服务体系。即时配送以技术和生态为驱动，通过对物流全要素、全场景、全流程的重构，实现对传统物流体系的整体升级。另外，即时配送还通过数字化、信息化实现物流与商业的快速衔接，进而形成便捷、快速的极致配送模式。

从配送流程上来看，即时配送略去了中间仓储环节，直接实现"门到门"的物流服务。目前，中国的即时配送是以同城配送和小件配送为主要形式的物品型物流模式，集中服务于B端企业用户，以餐饮、超市类商品配送为主。未来的即时配送将逐渐实现向C端个人用户的拓展。

在2016年11月召开的互联网大会上，美团着重强调即时配送这一新型物流服务的重要性和前景。当年，即时配送行业订单超过56亿笔，环比增长102.2%。到2017年，这一数据得到进一步提升，突破90亿笔。近些年，中国的即时配送行业不论是在体量上还是在质量上，都实现了快速发展，并且还拥有较大的市场发展空间。目前，美团已经成为中国即时配送的主流企业之一。不论是商业应用的探索，还是科技研发的投入，美团都积极参与。即时配送也成为美团的核心竞争力之一。美团即时配送网络特点如图6-13所示。

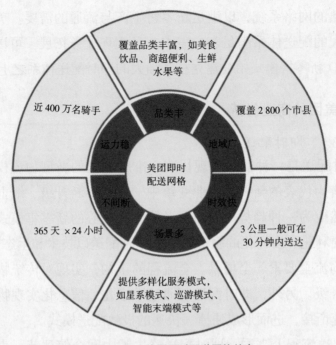

图 6-13 美团即时配送网络特点

目前，美团已经拥有强大的即时物流配送体系。在具体业务上，美团主推 3 公里内 30~60 分钟送达的服务。即使超过 3 公里，在 8 公里范围内也能够实现 30~90 分钟送达。另外，新零售商业模式下的物流应满足不同行业、不同客户的个性化服务需求。为此，美团制定了一系列匹配各种行业的即时配送方案，如表 6-1 所示。

表 6-1　美团即时配送服务项目

行业类型	行业痛点	美团即时配送方案
美食饮品	①配送范围有限。 ②配送不及时。 ③配送装备不专业。 ④运营能力缺乏	①配送覆盖广泛：已覆盖全国 2 800 个市县。 ②运力调配灵活：实现毫秒级智能调度，满足高峰与闲时配送运力科学合理调配。 ③物料、装备专业：配备专业配送装备，支持冷热分离配送。 ④合作赋能：提升商家运营效率，实现合作共赢

行业类型	行业痛点	美团即时配送方案
商超便利	①大件、重件配送难度大。②配送成本高。③商品保鲜要求高。④货损、退换货频率高	①大件、重件商品配送：打造专属配送方案，升级支架与配送箱承载力，提升商超大件商品配送能力。②动态配送优化：通过动态时效、智能集单方式，合理调配运力，提效降本。③全程保温保鲜：提供专业保鲜配送箱、温控计、保温箱、冰板等设备，满足商品保鲜要求。④保障用户体验：提供专业运营团队、一对一客服、上门退换等特色服务，保障体验
生鲜果蔬	①配送不及时。②货损严重。③特殊品类无法配送。④配送成本高	①商圈专属配送：基于商圈属性，对线上、线下推广策略和配送关键因素进行优化，提升整体时效。②优化操作、减少货损：根据生鲜果蔬产品特性，制定从取货至送货全环节标准化操作流程，减少货损产生。③特殊品类配送：针对商户对鲜活、冰品等特殊品类配送要求，提供定制化解决方案。④配送成本优化：通过不同运力模式搭配，提升效率，优化各环节成本
鲜花绿植	①订单集中度高。②配送模式单一。③服务体验不稳定	①细化配送区域：针对鲜花订单配送时段集中特点，将配送区域细分成路区，利用路区编号，对订单集中分拣配送，提升路区范围内订单配送准确性和效率。②定制配送模式：针对鲜花配送的特殊性，支持预约及固定时间等多场景交接。③针对鲜花配送的礼物属性，在确保配送准时率的同时保障配送过程中鲜花的安全性
医药健康	①夜间配送难度大。②远距离配送难度大。③配送不及时	①24小时全天候服务：核心地点可开通24小时业务，定价合理，满足商户需求。②差异化服务产品：根据不同距离提供差异化配送服务产品，保障履约时效。③多种配送方式：开启混合配送模式，"专送＋众包运力"相结合

6.3.3.2　新零售与共享经济

O2O商业模式的新零售中，数字化平台是核心。而共享经济也是以强大的数字化平台为基础。因此，新零售与共享经济的发展密不可分。新零售的商业模式与数字经济、网络经济、平台经济，尤其是共享经济的发展相辅相成。共享经济的本质在于实现资源所有权与使用权的分离，通过互联网技术实现资源与信息的互通，让"共享价值"代替"交换价值",进而实现物尽其用。

近年来,新零售商业模式不断融入共享经济的发展之中,在共享交通、共享空间、共享美食、共享物流等领域均有应用。尤其是共享物流,其在新零售的建设中起到十分重要的作用:①追求线上、线下和物流三位一体的新零售本身就包含着物流建设。高效、节能、便捷的共享物流自然是新零售建设的应有之义。②物流作为连接线上平台和线下实体的重要纽带,是新零售的重要支撑。美团外卖就是依靠美团强大的即时派送体系得以运营与发展。外卖配送共享是美团探索共享经济的第一步。2018 年,在中国物流与采购联合会的指导下,美团外卖、UU 跑腿、闪送等生活服务商家共同发起成立了共享配送工作委员会,并建立了共享配送联盟。目前,美团已经将共享模式业务拓展至住宿、交通、教育、物品等众多领域(表 6-2)。

表 6-2　美团共享业务板块

共享领域	共享模式介绍	业务板块
共享物流	通过物流信息资源、物流基础设施、物流配送资源、物流技术与装备资源等诸多物流资源的共享,促进资源优化配置,重构供需结构,降低物流成本,提升系统整体效率	美团外卖 美团买菜
共享空间	通过共享,实现住宿空间、办公空间等领域空间价值的最大化。以共享的理念,利用数字化平台打破信息壁垒,实现供需双方信息的对称,帮助双方快速建立联系并促成交易	美团民宿
共享交通	通过将闲置自行车、汽车等交通工具出租给他人,以提高交通工具的利用率。此外,共享出租车、共享驾乘等也都属于共享交通的范畴。目前,共享交通是世界范围内推广范围最大的共享经济模式	美团单车 美团打车
共享教育	通过数字化平台,将教育资源和知识共享,以供更多的用户分享、学习和使用。共享教育可以打破时间和空间上的限制,使用户随时随地学习自己感兴趣的知识	美团大学
共享物品	通过数字平台,实现书籍、充电宝、雨伞等常用物品的共享,进而大大降低供需双方的交易成本,提升社会资源对接和配置效率。目前,共享物品已经在中国随处可见,尤其是在生活区、商场等人流密集区域	美团充电宝

目前，中国的共享经济发展在世界范围内处于领先地位。除了表 6-2 中提到的美团所涉及的领域外，共享经济还涉及医疗、金融、家政等领域。例如，在共享医疗领域，2020 年年末京东推出了京东健康的商业板块，立足于打造以供应链为核心、以医疗服务为内容、线上线下融合式的 O2O 健康医疗商业平台。目前，京东健康已经实现全面、完整的"互联网＋医疗健康"布局，业务范围涉及医药供应链、互联网医疗、健康管理、智慧医疗等。

6.4　本章数学思想体系结构

数学思想作为非常有效的工具被广泛使用。本章主要运用图论的研究方法对电子商务模式等本章部分内容进行抽象及解析。本章数学解析所用的数学工具参见文献 37~39。

本章的主要内容是电子商务理论应用与案例分析，其体系可以被看作是一个连通的无圈图，依然使用图论的树结构描述整个体系。本章借鉴、参考和选用的电子商务案例均是在特定历史背景下中国电子商务发展和创新中的经典总结，它们具有时代性、创新性、未来性。将电子商务理论应用与案例分析作为根节点，记为 V。第一层子树包含三个父节点：经典电子商务——京东 V_1、跨境电子商务——小红书 V_2、新零售电子商务——美团 V_3。第二层子树的第一个父节点 V_1 可分为三个子节点：京东的发展概述 V_{11}、京东的商业运营 V_{12}、京东的商业创新 V_{13}，这三个子节点又从经营策略、营销策略等角度细分为更多的子节点。第二个父节点 V_2 可分为三个子节点：小红书的发展概述 V_{21}、商业运营 V_{22}、商业创新 V_{23}，这三个子节点又从跨境商品销售、跨境仓储与物流等方面细分为更多的叶子节点。第三个父节点 V_3 可分为三个子节点：美团的发展概述 V_{31}、商业运营 V_{32}、商业创新 V_{33}，这三个子节点又从新零售的理念、新零售的构建等方面细分为更多的叶子节点。

下面介绍节点间的关联关系，定义 (V_i, V_j) 为节点 V_i 和 V_j 的连边。首先，边 (V, V_1)、(V, V_2)、(V, V_3) 表示本章将从经典电子商务——京东、跨境电子商务——小红书、新零售电子商务——美团三个方面介绍电子商务理论应用与案例分析。以父节点 V_1 为例，在中国，以电子商务为代表的网络经济同样在 21 世纪初逐渐兴起，众多企业开始对电子商务进行探索。经历了二十多年的发展，我国的电子商务不仅实现了由无到有的转变，而且在新一轮的零售业变革中引领着世界电子商务的发展。在这一过程中，中国产生了一大批经典的电子商务企业。

互联网的广泛应用，推动了数字产业化、产业数字化的高度融合。目前，电子商务已经成为推动社会经济发展、改变人们生活的重要驱动力。虽然随着科技的进步，电子商务的形式与模式必将不断迭代，但其仍脱离不了商业的本质，仍遵从电子商务理论的基本原理与基本架构。就电子商务的基础模型来说，虽然存在 B2B、B2C、G2G、C2C、O2O、$O2O^n$ 等模式，但不得不承认，B2C 是目前电子商务领域最为常见、最为基础的商业模式。B2C 从某种程度上可以作为其他电子商务模型的最终目的和基础。电子商务发展与创新的基础正是目前形成和归纳出的电子商务基本理论知识。只有以此为基石，电子商务才能不断推陈出新，实现与其他领域的深入融合。不论是传统电子商务向新零售的自我革新，还是电子商务的广泛应用，一定会产生出新业态与新理论。这种实践与理论的创新也将进一步丰富电子商务的知识体系。

物流是电子商务能快速发展的重要支撑因素，物流问题涉及存储论和图论的多个优化问题。例如，图论的最短路径算法可以多项式时间求解任意两点之间的最短路径；如果将收货地点看作是图的顶点，路径看作是图的边，边上赋权为实际两点之间的距离、时间或交通成本，物流问题就变成了哈密尔顿圈问题；如果将物流看作是要通过点边序列，覆盖图上的边，那么就可以转化为图巡游问题的变种形式。该类问题最早源于哥尼斯堡七桥问题，后续被总结为寻找一个给定图的欧拉迹或者欧拉回路。在无孤立结点的图 G 中，如果存在一条路，经过图中每条边一次且仅一次，则称此路为欧拉迹。在无孤立结点的图 G 中，若存在一条回路，经过图中每条边一次且仅一次，称此回路为欧拉回路。一个图含有欧拉回路被称为欧拉图，判断是否为欧拉图可以由以下定理给出充要性的刻画：

定理 1：一个非空连通图（可以是多重图）是 Euler 图当且仅当它不含奇数度的顶点。

由定理 1 可以给出寻找图的欧拉回路的算法，在多项式时间内可以找出最优点边序列。若一个实际网络是欧拉图，那么在进行调配时，就可以按照欧拉回路的形式进行指导和规划以降低物流成本，但是实际的运输网络会有非常多的奇度顶点（甚至还有一度顶点，如巷子的尾端），这些实际网络中不会含有欧拉回路，针对这种更广泛的巡游问题，可以通过建模成中国邮递员问题进行刻画：一名邮递员送信，每次要走遍他负责投递范围内的街道，然后再回到邮局。问他应该怎样走，才使所走的路程最短？中国邮递员问题的求解相较于欧拉图问题的求解更加复杂，首先给出以下充要条件刻画最优点边序列。

定理 2：L 是无向连通图 G 最佳邮路（最优环游）的充要条件：

（1）G 的每条边最多重复一次。

（2）在 G 的任意一个回路上，重复边的长度之和不超过该回路长度的一半。

根据定理 2 可以设计求解算法——奇偶点图上作业法，该方法被广泛用于实际的调度、分配，且问题对所有的网络结构均适配。

对于哈密尔顿圈问题，可以由多个 NPC 问题规约，求解的复杂度非常高，在实际应用中往往选择避开直接求精确解，采取近似的方法进行计算。

综上所述，对本章的数学体系结构的梳理首先被看作是一个连通的无圈图，即可用图论中树的结构描述本章的体系，并分析该树结构的分支以及连边关系。物流是电子商务快速发展的重要支撑因素，物流问题亦涉及存储论和图论的多个优化问题。如果将收货地点看作是图的顶点，将路径看作是图的边，边上赋权为实际两点之间的距离、时间或交通成本，那么物流问题就变成了哈密尔顿圈问题；如果将物流看作是要通过点边序列，覆盖图上的边，那么就可以转化为图巡游问题的变形。

6.5　本章小结

互联网的广泛应用推动了数字产业化、产业数字化的高度融合。目前，电子商务已经成为推动社会经济发展、改变人们生活的重要驱动力。一直以来，中国政府高度重视电子商务的发展。在世界电子商务的竞争中，中国电子商务也实现了"弯道超车"，并逐步引领世界电子商务的发展。

虽然随着科技的进步，电子商务的形式与模式必将不断迭代，但其仍脱离不了商业的本质，也难以摆脱甚至不可能摆脱电子商务理论的基本原理与基本架构。电子商务需要发展，需要创新，最终需要服务于满足人们对美好生活的向往。电子商务发展与创新的基础正是目前所形成和归纳出的电子商务基本理论知识。也只有以此为基石，电子商务才能不断推陈出新，实现与农业、制造业等领域的深度融合。不论是传统电子商务向新零售的自我革新，还是电子商务的广泛应用，一定会产生新业态与新理论。这种实践与理论的创新也将进一步丰富电子商务的知识体系。

时代是发展的，科技是发展的，电子商务也一定是发展的。以目前全球的数字化转型来看，电子商务的发展空间是巨大的。随着全球化、数字化、信息化的推进，电子商务的理论必将更加丰富，其案例也将更加精彩。

附　录

附录 A　部分符号和缩略语说明

A_E	自动化技术
$B(I)$	交易关系矩阵
BP^T	传统流通企业业务流程
BP^E	电子商务流通企业的业务流程
C^C	流通成本
C_F^C	资金成本
C_I^C	信息成本
C_T^C	时间成本
C_t^{CE}	电子商务中的流通时间成本
C_t^{CT}	传统商务中的流通时间成本
C^I	实施成本
C^L	信用透支额度
C^N	谈判成本
C_E^r	电子商务消费者
C_T^r	传统消费者
C^S	搜寻成本

CC^E	电子商务流通渠道
CC^T	传统商品流通渠道
CC_d^E	电子商务直接流通渠道
CC_i^E	电子商务间接流通渠道
CC_d^T	传统商品流通的直接渠道
CC_i^T	传统商品流通的间接渠道
D	消费者需求
D^M	商流
D^P	物流
$DG(V, E)$	以 $V=\{(v, t_s, t_e)\}$ 为顶点集、$E=\{(u, v, t_s, t_e)\}$ 为弧集的动态图
$\bar{d}$	平均维度
d_{uf}	静态数据存储量
F^I	信息流
F^F	资金流
F^L	物流
F_E^L	电子商务物流
F_T^L	传统物流
$G(V, E)$	以 V 为顶点集、E 为边（弧）集的（有向）图
g_F	电子商务的商品物流中资金流通总量
M^I	网络中间商
M^T	市场营销
P^D	数字产品
P^{D*}	狭义的数字产品
P^I	无形产品
P^{IE}	无形电子商务产品
P_E^r	电子商务生产商

P_T^r	传统生产者
P^T	有形产品
P^{TE}	有形电子商务产品
R^t	零售商
SA	软件体系结构
S_b	区块链存储系统
S_d	分布式存储
S^D	数字社会
S^E	电子商务生态体系
S^F	现代金融体系
S^{EC}	电子商务基础结构
S_A^{EC}	电子商务应用系统
S_E^{EC}	电子商务实体
S_O^{EC}	电子商务活动的外部环境
$S\left(E_s^{S(5)}\right)$	网络消费者购后分享范围
$S\left(F_E^I\right)$	电子商务信息流传播范围
$S\left(F_T^I\right)$	传统信息流传播范围
T_E	信息技术
U	消费者效用
v_F	电子商务的商品物流中资金流通速度
V^C	虚拟用户
V^S	虚拟商店
V^M	虚拟商家
V^T	购物车
W^p	产地采购批发商
W^l	销售地批发商
W^t	中转地批发商

B2B	企业对企业
B2C	企业对消费者
BPR	业务流程重组
C2C	消费者对消费者
CA	认证机构
CC	商品流通
CDN	内容分发网络
CPS	物联信息系统
CS	云体系结构风格
CS^A	应用层
CS^M	管理层
CS^P	平台层
CS^R	资源层
CS^U	用户访问层
CTR	广告点击率
DBS	数据库服务
DF	数字格式
DS	双重签名
DSM	数字单一市场
EC	电子商务模式
EDS	事件驱动风格
EDS^{MS}	主要子系统
EDS^S	子系统
EDS^S_E	执行子系统
EDS^S_M	管理子系统
DKUc	消费者的公开密钥
E_{KRc}	消费者的私人密钥

e–RMB	数字人民币
FIFO	先进先出
G2G	政府对政府
HDFS	Hadoop 分布式文件系统
ID	唯一标识符
IoT	物联网
IP	整数规划
JDAL	数据库中间件
JDCenter	配置服务
JDMQ	MQ 服务
JDriskM	风控系统
JDRules	业务规则服务
JDW	即时服务
JDWorker	调度服务
JFS/Jimstore	缓存服务
JMP	推送服务
JQ	任务队列
JSS	图片服务
KAP	密钥协商协议
Loghub	日志服务
LS	分层风格
LS^A	应用层
LS^F	功能层
LS^K	核心层
MES	生产管理系统
MIP	混合整数规划
MS	主系统

MS_{master}	主子系统
MS_{client}	从子系统
MS_{oper}	为操作系统
MS_{gov}	为管理系统
NFC	近场通信
O2gether	线上线下一体化，同 $O2O^n$
O2O	线上对线下
$O2O^n$	线上线下一体化
OOP	面向对象编程
OOS	面向对象风格
OOU	面向对象单元
OOU^A	对象属性和
OOU^F	对象方法
P2P	点对点
PAF	服务流程引擎
PF	管道—过滤器
PF^F	过滤器
PF^M	信息
PF^P	管道
PoW	工作量证明机制
PSS	"预定发布"风格
RDBMS	开源关系数据库管理系统
RDMA	远程直接内存访问
SAF	服务中间件
SBPS	批处理系统
SET	安全电子交易
S–O–R	"刺激—机体—反应"

TAM	技术接受模型
TRA	理性行动理论
TF	交易反馈信息
UMP	监控服务
VM	虚拟机

附录 B　图表清单

一、图清单

二、表清单

附录 C 全书知识逻辑关系图

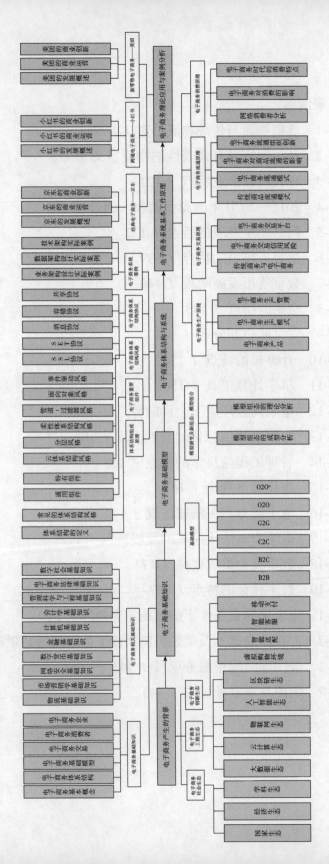

参考文献

[1] MAGAZINER I C, et al. The framework for global electronic commerce: a policy perspective[J]. Journal of international affairs, 1998, 51 (2): 527–538.

[2] 欧洲会议国际贸易委员会. 数字贸易战略 [EB/OL]. (2017–11–29). http: //gpj.mofcom.gov.cn/article/zuixindt/201711/20171102677923.shtml.

[3] European Commission. 2030 digital compass: the European way for the digital decade[EB/OL]. (2021–03–09). https: //eufordigital.eu/wp-content/uploads/2021/03/2030-Digital-Compass-the-European-way-for-the-Digital-Decade.pdf.

[4] 中华人民共和国国务院. 政府工作报告 [R/OL]. (2015–03–16). http: //www.gov.cn/guowuyuan/2015- 03/16/content_2835101.htm.

[5] 中华人民共和国国务院. 关于积极推进 "互联网＋" 行动的指导意见 [EB/OL]. (2015–07–04). http: //www.xinhuanet.com/politics/2015–07/04/c_1115815942.htm.

[6] 中华人民共和国国务院. 国务院关于同意在北京等 22 个城市设立跨境电子商务综合试验区的批复 [EB/OL]. (2015–07–04). http: //www.gov.cn/gongbao/content/2018/content_5313925.htm.

[7] TAPSCOTT D. The digital economy anniversary edition: rethinking promise and peril in the age of networked intelligence[J]. Innovation journal, 1999, 19 (5): 156–168.

[8] 中国信息通信研究院. 中国数字经济发展白皮书（2017）[EB/OL].（2017–07–13）. http：//www.cac.gov.cn/2017–07/13/c_1121534346.htm.

[9] LEE J，MCCULLOUGH J S，TOWN R J. The impact of health information technology on hospital productivity[J]. The RAND journal of economics，2013，44（3）：545–568.

[10] 韩耀，唐红涛，王亮. 网络经济学 [M]. 北京：高等教育出版社，2016.

[11] 让·梯若尔. 创新、竞争与平台经济：诺贝尔经济学奖得主论文集 [M]. 寇宗来，张艳华，译. 北京：法律出版社，2017.

[12] 张铭洪，杜云. 网络经济学教程 [M]. 北京：科学出版社，2017.

[13] 托夫勒 A，托夫勒 H. 创造一个新的文明：第三次浪潮的政治 [M]. 陈峰，译. 上海：上海三联书店，1996.

[14] 谢富胜，吴越，王生升. 平台经济全球化的政治经济学分析 [J]. 中国社会科学，2019（12）：62–81.

[15] 周勤，侯赟慧，赵驰. 管理经济学 [M].3 版. 北京：北京大学出版社，2020.

[16] 汤珂. "互联网＋" 的经济学 [M]. 北京：清华大学出版社，2016.

[17] 蒋大兴，王首杰. 共享经济的法律规制 [J]. 中国社会科学，2017（09）：141–162+208.

[18] 郑联盛. 共享经济：本质，机制，模式与风险 [J]. 国际经济评论，2017（6）：45–69.

[19] 江小涓. 高度联通社会中的资源重组与服务业增长 [J]. 经济研究，2017，52（3）：4–17.

[20] 国家信息中心. 中国共享经济发展报告（2021）[R/OL].（2021–02–22）. https：//www.ndrc.gov.cn/xxgk/jd/wsdwhfz/202102/t20210222_1267536.html.

[21] SUH K S，LEE Y E. The effects of virtual reality on consumer learning：an empirical investigation[J]. Mis quarterly，2005，29（4）：673–697.

[22] BERENDT B，GÜNTHER O，SPIEKERMANN S. Privacy in e–commerce：stated preferences vs. actual behavior[J]. Communications of the ACM，2005，48（4）：101–106.

[23] SANGEETHA M K, SUCHITRA R . The study of e-commerce security issues and solutions[J]. International journal of advanced research in computer and communication engineering，2013，2（7）：2885-2895.

[24] 中华人民共和国教育部高等教育司.教育部高等教育司 2021 年工作要点 [EB/OL].（2021-02-04）. http：//www.moe.gov.cn/s78/A08/tongzhi/202102/W020210205296023179639.pdf.

[25] 林健.引领高等教育改革的新工科建设 [J].中国高等教育，2017（13）：40-43.

[26] KIM J Y，NATTER M，SPANN M. Pay what you want：a new participative pricing mechanism[J]. Journal of marketing，2009，73（1）：44-58.

[27] AGRAWAL A，CATALINI C，GOLDFARB A. Crowdfunding：geography, social networks，and the timing of investment decisions[J]. Journal of economics & management strategy，2015，24（2）：253-274.

[28] ROCHET J C，TIROLE J. Platform competition in two-sided markets[J]. Journal of the European economic association，2003，1（4）：990-1029.

[29] 李志民.什么是新医科 [EB/OL].（2019-07-11）. https://web.ict.edu.cn/html/lzmwy/jyforum/n20190711_ 62105.shtml .

[30] 中华人民共和国中央人民政府."健康中国 2030"规划纲要 [EB/OL].（2016-10-25）. http：//www.gov.cn/zhengce/2016-10/25/content_5124174.htm.

[31] 中华人民共和国中央人民政府.健康中国行动（2019—2030 年）[EB/OL].（2019-07-15）. http：//www.gov.cn/xinwen/2019-07/15/content_5409694.htm.

[32] 迈尔-舍恩伯格,库克耶.大数据时代：生活,工作与思维的大变革 [M].杭州：浙江人民出版社，2013.

[33] MCAFEE A，BRYNJOLFSSON E，DAVENPORT T H，et al. Big data：the management revolution[J]. Harvard business review，2012，90（10）：60-68.

[34] 王谨.从比特币的法律性质谈比特币纠纷的裁决思路 [J]. 北京仲裁，2020（1）：75-86.

[35] 吴伟陵，牛凯. 移动通信原理 [M].2 版. 北京：电子工业出版社，2009.

[36] GE Y Y, SONG Y B, ZHANG R M, et al. Parser-free virtual try-on via distilling appearance flows[C]//the IEEE/CVF Conference on Computer Vision and Pattern Recognition，2021：8485-8493.

[37] BONDY J A, MURTY U S R. Graph Theory[M]. London：Springer，2008.

[38] 陈宝林. 最优化理论与算法 [M]. 北京：清华大学出版社，2005.

[39] HORN R A, JOHNSON C R. Matrix analysis[M]. London：Cambridge University Press，2012.

[40] 乔阳，刘绿荫. 中国电子商务绩效评估研究 [EB/OL].（2007-01-01）. http：//www.cia.org.cn/subject/subject_07_xxhzt_9.htm.

[41] 覃征，熊昆，李旭，姜流，王卫红，马成. 软件体系结构 [M]. 5 版. 北京：清华大学出版社，2021.

[42] 覃征. 电子商务概论 [M]. 6 版. 北京：高等教育出版社，2019.

[43] 布莱森. 万物简史 [M]. 南宁：接力出版社，2003.

[44] 中国人民银行数字人民币研发工作组. 中国数字人民币的研发进展白皮书 [EB/OL].（2021-07-16）. http：//www.pbc.gov.cn/goutongjiaoliu/113456/113469/ 4293590/2021071614200022055.pdf.

[45] 中国人民银行. 非银行支付机构条例（征求意见稿）[EB/OL].（2021-01-21）. http：//www.gov.cn/hudong/2021-01/21/content_5581574.htm.

[46] GRAVES B B, HOWARD J A. Marketing Management：analysis and planning[J]. Journal of marketing research，1964，1（3）：87.

[47] DAVIS F D. Perceived usefulness, perceived ease of use, and user acceptance of information technology[J]. Mis quarterly，1989，13（3）：319-340.

[48] 国家市场监督管理总局法规司.《电子商务法》框架下消费者权益保护相关问题探析 [EB/OL].（2019-09-19）. http：//www.samr.gov.cn/fgs/fzxc/201909/t20190919_306890.html.

[49] 习近平. 决胜全面建成小康社会 夺取新时代中国特色社会主义伟大胜利——在中国共产党第十九次全国代表大会上的报告 [R/OL].（2017-

10–27）．http：//www.gov.cn/zhuanti/2017–10/27/content_5234876.htm.

[50] 国务院国资委办公厅．关于加快推进国有企业数字化转型工作的通知
[EB/OL]．（2020–09–21）．http：//www.sasac.gov.cn/n2588020/n2588072/
n2591148/n2591150/c15517908/content.html.

[51] 国家信息中心信息化和产业发展部，京东数字科技研究院．中国产
业数字化报告 2020[R/OL]．（2020–07–01）．http：//dsj.guizhou.gov.cn/
xwzx/gnyw/202007/t20200701_61300812.html.

[52] 清华大学全球产业研究院．中国企业数字化转型研究报告（2020）
[R/OL]．（2020–12–30）．https：//pdf.dfcfw.com/pdf/H3_AP20201225144
3801696_1.pdf?1609261447000.pdf.

[53] 中国互联网络信息中心．中国互联网络发展状况统计报告 [R/OL].
（2021–08–26）．http：//cnnic.cn/gywm/xwzx/rdxw/20172017_7084/202102/
t20210203_71364.htm.

[54] 覃征．电子商务基础 [M]．北京：科学出版社，2007.

[55] KALDAGER L，KEARNEY A T. Logistics excellence in Europe[C]// Vision
EUREKA：Efficient And Environmentally Friendly Freight Transport：
Conference Proceedings，1994：1–18.

[56] 宋华．日本的现代物流管理 [M]．北京：经济管理出版社，2000.

[57] 王喜富．现代物流技术 [M]．北京：清华大学出版社，2016.

[58] 张余华．现代物流管理 [M]．北京：清华大学出版社，2017.

[59] 徐文彩．商品物流（配送）中心建设发展概况及规划设想 [J]．商场现
代化，1997（5）：15–17.

[60] 中国物流与采购联合会，中国物流学会．中国物流发展报告 2020—
2021[R]．北京：中国财富出版社，2021.

[61] 国家发展和改革委员会经济运行调节局，南开大学现代物流研究中
心．中国现代物流发展报告 2020[M]．北京：中国经济出版社，2020.

[62] 何黎明．中国物流技术发展报告 2020[M]．北京：中国财富出版社，
2021.

[63] 谢菲．大物流时代：物流集群如何推动经济增长 [M]．北京：机械工业

出版社，2019.

[64] 国务院办公厅 . 国务院办公厅关于推进电子商务与快递物流协同发展的意见：国办发〔2018〕1 号 [EB/OL].（2018-01-02）. http：//www.gov.cn/zhengce/content/2018-01/23/content_5259695.htm.

[65] 国家邮政局，商务部 . 国家邮政局 商务部关于规范快递与电子商务数据互联共享的指导意见 [EB/OL].（2019-06-28）. http：//www.gov.cn/zhengce/zhengceku/ 2019-09/04/content_5427244.htm.

[66] 海关总署公告 2014 年第 12 号（关于增列海关监管方式代码的公告）[EB/OL].（2014-01-24）. http：//www.customs.gov.cn/customs/302249/302266/302267/ 356052/index.html.

[67] 海关总署公告 2014 年第 57 号（关于增列海关监管方式代码的公告）[EB/OL].（2014-07-30）. http：//www.customs.gov.cn/customs/302249/302266/302267/ 356123/index.html.

[68] 海关总署公告 2020 年第 75 号（关于开展跨境电子商务企业对企业出口监管试点的公告）[EB/OL].（2020-06-12）. http：//www.customs.gov.cn/customs/302249/302266/302267/3183138/index.html.

[69] 科恩 . 跟德鲁克学营销 [M]. 北京：中信出版社，2013.

[70] MCCARTHY E J, SHAPIRO S J, PERREAULT W D. Basic marketing[M]. Ontario：Irwin-Dorsey，1979.

[71] PHILIP KOTLER, KELLER K L. Marketing management：application，planning，implementation and control[M]. New York：Pearson Education Limited，2011.

[72] 刘砚 . 新媒体营销变革：社会性媒体的营销传播 [D]. 上海：复旦大学，2008.

[73] 马克波斯 . 第二媒介时代 [M]. 南京：南京大学出版社，2005.

[74] 冯英健 . 网络营销基础与实践 [M]. 5 版 . 北京：清华大学出版社，2016.

[75] 艾瑞咨询 . 2021 年中国新媒体营销策略白皮书 [EB/OL].（2020-07-13）. http：//report.iresearch.cn/report/202007/3617.shtml.

[76] 艾瑞咨询.2020 年中国电商营销市场研究报告 [R/OL].（2020–04–21）. https：//www.iresearch.cn/include/ajax/user_ajax.ashx ？ work=idown&rid=3567.

[77] 王世伟，曹磊，罗天雨.再论信息安全、网络安全、网络空间安全 [J].中国图书馆学报，2016，42（5）：4–28.

[78] DOCUMENTS G. Cyberspace Policy Review（May 2009）[M]. New York：IEEE USA Books & eBooks，2011.

[79] 倪光南.没有网络安全就没有国家安全 [J].求是，2015（20）：30.

[80] 中国互联网络信息中心.第 48 次中国互联网络发展状况统计报告 [R/OL].（2021–08–26）. https：//n2.sinaimg.cn/finance/a2d36afe/20210827/FuJian1.pdf.

[81] 全国信息安全标准化技术委员会通信安全标准工作组.5G 网络安全标准化白皮书（2021 版）[EB/OL].（2021–05–08）. https：//www.tc260.org.cn/upload/2021–05–12/1620809819095040273.pdf.

[82] 中国信息通信研究院.中国网络安全产业白皮书（2020 年）[EB/OL].（2020–09–15）. http：//www.caict.ac.cn/kxyj/qwfb/bps/202009/P020200916482039993423.pdf.

[83] 赛迪智库网络安全形势分析课题组.2021 年中国网络安全发展形势展望 [N].中国计算机报，2021–08–16（12）.

[84] 中国信息通信研究院.中国网络安全技术与公司发展研究报告（2020 年）[R].广州：第十届电信和互联网行业网络安全年会，2020.

[85] 国家计算机网络应急技术处理协调中心.2020 年我国互联网网络安全态势综述 [EB/OL].（2021–05–26）. https：//www.cert.org.cn/publish/main/upload/File/2020%20CNCERT%20Cybersecurity%20Analysis.pdf.

[86] 杜金金，张晓明.习近平新时代网络强国战略思想的理论内涵和实践进路 [J].中学政治教学参考，2021（28）：25–28.

[87] 管洪博.大数据时代公司数据权的构建 [J].社会科学战线，2019（12）：208–215.

[88] 卜学民.论数据本地化模式的反思与制度构建 [J].情报理论与实践，

2021（10）：1-11.

[89] 于雷，赵晓芳，孙毅，等. 基于区块链技术的公平合约交换协议的实现 [J]. 软件学报，2020，31（12）：3867-3879.

[90] AVGERINOS T, SANG K C, REBERT A, et al. Automatic Exploit Generation[J]. Communications of the ACM, 2014, 57（2）: 74, 76-84.

[91] FUKUZAWA Y, SAMEJIMA M. An approach to risks in cyber physical systems based on information security psychology[J]. IEEJ transactions on electronics information & systems, 2014, 134（6）: 756-759.

[92] LEVI M, WILLIAMS M L. Multi-agency partnerships in cybercrime reduction[J]. Information management & computer security, 2013, 21（5）: 420-443.

[93] 朱烨辰. 数字货币论：经济、技术与规制视角的研究 [D]. 北京：中央财经大学，2018.

[94] European Central Bank. Virtual currency schemes[EB/OL].（2012-10-29）. http://www.ecb.europa.eu/pub/pdf/other/virtualcurrencyschemes201210en. pdf.

[95] Bank for International Settlements. Committee on payments and market infrastructures: digital currencies.[EB/OL].（2015-11-23）. https://www.bis.org/cpmi/publ/d137.pdf.

[96] 谢平，石午光. 数字加密货币研究：一个文献综述 [J]. 金融研究，2015（1）：1-15.

[97] WALLACE B. The rise and fall of Bitcoin[J]. Wired, 2011, 19（12）: 1-9.

[98] 李礼辉. 数字货币对全球货币体系的挑战 [J]. 中国金融，2019（17）：61-63.

[99] 朱民. 天秤币 Libra 可能的颠覆和中国的机遇 [J]. 清华金融评论，2019（11）：61-66.

[100] 姚前. 数字货币初探 [M]. 北京：中国金融出版社，2018.

[101] CHAUM D, RIVEST R L, SHERMAN A T. Advances in cryptology: Proceedings of Crypto 82 [C]. Berlin: Springer, 1983.

[102] NAKAMOTO S. Bitcoin：a peer-peer electronic cash system[EB/OL].
（2008-10-31]）.https：//bitcoin.org/bitcoin.pdf.

[103] 朱嘉明，李晓.数字货币蓝皮书（2020）[M].北京：中国工人出版社，
2021.

[104] 姚前.全球央行数字货币研发的基本态势与特征[J].中国经济报告，
2021（1）：53-61.

[105] 姚前.关于全球央行数字货币实验的若干认识与思考[J].清华金融评
论，2021（3）：16-19.

[106] 曾康霖.金融学教程[M].北京：中国金融出版社，2006.

[107] 黄达，张杰.金融学[M].4版.北京：中国人民大学出版社，2017.

[108] 王国刚.中国金融70年：简要历程、辉煌成就和历史经验[J].经济理
论与经济管理，2019（7）：4-28.

[109] 中华人民共和国国务院.中华人民共和国国民经济和社会发展第十四
个五年规划和2035年远景目标纲要.[EB/OL].（2021-03-13）.http：//
www.gov.cn/xinwen/2021-03/13/content_5592681.htm.

[110] 中华人民共和国国家互联网信息办公室.数字中国发展报告（2020年）
[R/OL].（2021-07-03）.http：//www.gov.cn/xinwen/2021-07/03/content_
5622668.htm.

[111] 中国人民银行.中国人民银行关于落实个人银行账户分类管理制度
的通知[EB/OL].（2017-05-04）.http：//www.pbc.gov.cn/zhifujiesuansi/
128525/128535/ 128620/3301187/index.html.

[112] 中国人民银行.中国人民银行关于改进个人银行账户分类管理有关事项
的通知[EB/OL].（2018-01-12）.http：//www.pbc.gov.cn/tiaofasi/ 144941/
3581332/ 3730327/index.html.

[113] 胡跃飞，黄少卿.供应链金融：背景、创新与概念界定[J].金融研究，
2009（8）：194-206.

[114] 宋华.供应链金融[M].北京：中国人民大学出版社，2021.

[115] 王江,廖理,张金宝.消费金融研究综述[J].经济研究,2010,45（S1）：
5-29.

[116] 杨月江 . 计算机导论 [M]. 北京：清华大学出版社，2014.

[117] 王强 . 计算机基础 [M]. 北京：高等教育出版社，2005.

[118] 唐朔飞 . 计算机组成原理 [M]. 3 版 . 北京：高等教育出版社，2020.

[119] 覃征 . 软件文化基础 [M]. 北京：高等教育出版社，2016.

[120] 陆正飞，黄慧馨，李琦 . 会计学 [M]. 北京：北京大学出版社，2018.

[121] 葛家澍，高军 . 论会计的对象、职能和目标 [J]. 厦门大学学报（哲学社会科学版），2013（2）：30–37.

[122] 吴国萍 . 基础会计学 [M]. 5 版 . 上海：上海财经大学出版社，2019.

[123] 朱小平，秦玉熙，袁蓉丽 . 基础会计 [M]. 11 版 . 北京：中国人民大学出版社，2021.

[124] 傅元略 . 智慧会计：财务机器人与会计变革 [J]. 辽宁大学学报（哲学社会科学版），2019，47（1）：68–78.

[125] 刘勤，杨寅 . 改革开放 40 年的中国会计信息化：回顾与展望 [J]. 会计研究，2019（2）：26–34.

[126] 续慧泓，杨周南，周卫华，等 . 基于管理活动论的智能会计系统研究：从会计信息化到会计智能化 [J]. 会计研究，2021（3）：11–27.

[127] 中国电子技术标准化研究院 . 人工智能标准化白皮书（2018 版）[EB/OL].（2018–01–17）. http：//www.cesi.cn/images/editor/20180124/20180124135528742.pdf.

[128] 傅元略 . 管控机制理论和应用：以管控为核心的管理会计 [M]. 厦门：厦门大学出版社，2018.

[129] 韩伯棠 . 管理运筹学 [M]. 5 版 . 北京：高等教育出版社，2020.

[130] 汪应洛，李怀祖 . 改革开放与大学管理教育兴起 [J]. 西安交通大学学报（社会科学版），2018，38（6）：1–8.

[131] 席酉民，汪应洛 . 管理科学学科发展战略初探 [J]. 中国科学基金，1989（2）：21–29.

[132] 盛昭瀚，霍红，陈晓田，等 . 笃步前行 创新不止：我国管理科学与工程学科 70 年回顾、反思与展望 [J]. 管理世界，2021，37（2）：185–202+213，13.

[133] 雷恩，贝德安.管理思想史 [M].6 版.孙健敏，等译.北京：中国人民大学出版社，2012.

[134] 席酉民，熊畅，刘鹏.和谐管理理论及其应用述评 [J].管理世界，2020，36（2）：201-215，218.

[135] 黎晨，刘烨.供应链管理中的运筹学方法统述 [J].物流工程与管理，2014（2）：71-72.

[136] 孙学敏，贺慧明.基于博弈论的电子商务平台定价策略研究 [J].河南工业大学学报，2018（14）：51-56.

[137] 尚文芳.电子商务公司的订单履行效率评价 [J].时代金融，2014（26）：101-102，104.

[138] 赵旭东.电子商务法学 [M].北京：高等教育出版社，2019.

[139] 罗佩华，魏彦珩.电子商务法律法规 [M].北京：清华大学出版社，2019.

[140] 解正山.数据泄露损害问题研究 [J].清华法学，2020，14（4）：140-158.

[141] 薛虹.中国电子商务平台知识产权保护制度深度剖析与国际比较 [J].法学杂志，2020，41（9）：13-23.

[142] 广州互联网法院.广州互联网法院网络购物合同纠纷审理情况 [R/OL].[2020-03-15].https：//mp.weixin.qq.com/s/Bj6xpkvDdYIMvv6kOLnGDA.

[143] 高薇.弱者的武器：网络呼吁机制的法与经济学分析 [J].政法论坛，2020，38（3）：80-92.

[144] 北京互联网法院.数字正义视域下的互联网司法白皮书 [R/OL].[2021-09-18].https：//mp.weixin.qq.com/s/yLQSc6Zx6EjDY9WzsIT52w.

[145] 全国人大财经委员会电子商务法起草组.中华人民共和国电子商务法条文释义 [M].北京：法律出版社，2018.

[146] 刘颖.中国电子商务法调整的社会关系范围 [J].中国法学，2018（4）：195-216.

[147] 林洹民.电商平台经营者安保义务的规范解读与制度实现 [J].现代法学，2020，42（6）：195-209.

[148] 郭锋.《中华人民共和国电子商务法》法律适用与案例指引 [M]. 北京：人民法院出版社，2018.

[149] 王卫东，张荣刚. 电子商务法律法规 [M]. 北京：清华大学出版社，2021.

[150] 刘颖. 电子资金划拨法律问题研究 [M]. 北京：法律出版社，2001.

[151] 薛军. 民法典网络侵权条款研究：以法解释论框架的重构为中心 [J]. 比较法研究，2020（4）：131-144.

[152] 彭岳. 数字贸易治理及其规制路径 [J]. 比较法研究，2021（4）：158-173.

[153] 常庆欣. 建设数字中国的时代意蕴与重点领域 [J]. 人民论坛，2021（23）：62-65.

[154] 翟云，蒋敏娟，王伟玲. 中国数字化转型的理论阐释与运行机制 [J]. 电子政务，2021（6）：67-84.

[155] 国家发展和改革委员会.《中华人民共和国国民经济和社会发展第十四个五年规划和 2035 年远景目标纲要》辅导读本 [M]. 北京：人民出版社，2021.

[156] 严子淳，李欣，王伟楠. 数字化转型研究：演化和未来展望 [J]. 科研管理，2021，42（4）：21-34.

[157] 胡鞍钢，鄢一龙，魏星. 2030 中国迈向共同富裕 [M]. 北京：中国人民大学出版社，2011.

[158] 汪玉凯."十四五"时期数字中国发展趋势分析 [J]. 党政研究，2021（4）：16-20.

[159] TAKEUTI G, ZARING W M. Introduction to axiomatic set theory[M]. New York：Springer，1971.

[160] SHIRYAEV A N. Probability[M]. New York：Springer，1995.

[161] PENG J，BRUCATO P F. An empirical analysis of market and institutional mechanisms for alleviating information asymmetry in the municipal bond market[J]. Journal of economics and Finance，2004，28（2）：226-238.

[162] NAUR P，RANDELL B. Software engineering：report of a conference

sponsored by the Nato Science Committee, Garmisch, Germany, 7th to 11th October 1968[C]. Brussels: Scientific Affairs Division, NATO, 1969.

[163] BOSCH J. Design and use of software architectures: adopting and evolving a product-line approach[M]. London: Pearson Education, 2000.

[164] GACEK C, ABD-ALLAH A, CLARK B, et al. On the definition of software system architecture[C]//the First International Workshop on Architectures for Software Systems, 1995: 85-94.

[165] JANSEN A, BOSCH J. Software architecture as a set of architectural design decisions[C]//IEEE 5th Working IEEE/IFIP Conference on Software Architecture(WICSA' 05), 2005: 109-120.

[166] TAYLOR J T, TAYLOR W T. Patterns in the Machine: a software engineering guide to embedded development [M]. Berkeley, CA: Apress, 2021.

[167] SHIN E H, EL-SHEIMY N. Navigation Kalman filter design for pipeline pigging[J]. The journal of navigation, 2005, 58 (2): 283-295.

[168] DONG W, ZHANG J, LIU D, et al. Pipeline filter algorithm based on movement direction estimation[J]. Acta Photonica Sinica, 2013, 42 (4): 471-474.

[169] JIN L I U, HONG-BING J I. Detection method for small targets in the IR image based on the variable weighted pipeline filter [J]. Journal of Xidian University, 2007, 34 (5): 743-747.

[170] 覃征. 软件体系结构 [M]. 北京: 清华大学出版社, 2018.

[171] LIPPMAN S B, LAJOIE J, MOO B E. C++ Primer[M]. 王刚, 杨巨峰, 译. 北京: 电子工业出版社, 2013.

[172] LIEBERHERR K, HOLLAND I, RIEL A. Object-oriented programming: an objective sense of style[J]. ACM sigplan notices, 1988, 23 (11): 323-334.

[173] BENAYA T, ZUR E. Understanding object oriented programming concepts in an advanced programming course[C]//International Conference on Informatics in

Secondary Schools−Evolution and Perspectives, 2008: 161−170.

[174] CLARK T, BARN B S. Event driven architecture modelling and simulation[C]// 2011 IEEE 6th International Symposium on Service Oriented System(SOSE), 2011: 43−54.

[175] TAYLOR H, YOCHEM A, PHILLIPS L, et al. Event−driven architecture, how SOA enables the real−time enterprise[M]. London: Pearson Education, 2009.

[176] LIU L, ÖZSU M T. Encyclopedia of database systems [M].New York: Springer, 2009.

[177] URGAONKAR B, PACIFICI G, SHENOY P, et al. An analytical model for multi−tier internet services and its applications[J]. ACM SIGMETRICS performance evaluation review, 2005, 33（1）: 291−302.

[178] BHULAI S, SIVASUBRAMANIAN S, VAN DER MEI R, et al. Modeling and predicting end−to−end response times in multi−tier internet applications[C]//International Teletraffic Congress, 2007: 519−532.

[179] SHU Y, ZHANG J F, ZHOU X. A grid−enabled architecture for geospatial data sharing[C]//2006 IEEE Asia−Pacific Conference on Services Computing（APSCC'06）, 2006: 369−375.

[180] ZHANG L, LUO M, LI J, et al. Blockchain based secure data sharing system for Internet of vehicles: a position paper[J]. Vehicular communications, 2019（16）: 85−93.

[181] SUNDARESWARAN S, SQUICCIARINI A, LIN D. Ensuring distributed accountability for data sharing in the cloud[J]. IEEE transactions on dependable and secure computing, 2012, 9（4）: 556−568.

[182] GARLAN D, SHAW M. An introduction to software architecture[M]. Pittsburgh, PA: School of Computer Science Carnegie Mellon University, 1994.

[183] 梅宏, 申峻嵘. 软件体系结构研究进展 [J]. 软件学报, 2006（6）: 1257−1275.

[184] 孙昌爱，金茂忠，刘超. 软件体系结构研究综述 [J]. 软件学报，2002（7）：1228-1237.

[185] MAJIDI E, ALEMI M, RASHIDI H. Software architecture: a survey and classification[C]//2010 Second International Conference on Communication Software and Networks. IEEE, 2010: 454-460.

[186] GALSTER M, EBERLEIN A, MOUSSAVI M. Systematic selection of software architecture styles[J]. Iet software, 2010, 4（5）: 349-360.

[187] QIN Z, ZHENG X, XING J K. Architectural styles and patterns[M]// QIN Z, ZHENG X, XING J K . Software architecture. Berlin: Springer, 2008: 34-88.

[188] KUMAR A. Software architecture styles: a survey[J]. International Journal of computer applications, 2014, 87（9）: 5-9.

[189] SHAW M. Making choices: a comparison of styles for software architecture[J]. IEEE software, 1995, 12（6）: 27-41.

[190] LU C, LU Y, ABDELZAHER T F, et al. Feedback control architecture and design methodology for service delay guarantees in web servers[J]. IEEE transactions on parallel and distributed systems, 2006, 17（9）: 1014-1027.

[191] EICKELMANN N. Software architecture for big data and the cloud[J]. Computing reviews, 2018, 59（12）: 638-639.

[192] PAHL C, JAMSHIDI P, ZIMMERMANN O. Architectural principles for cloud software[J]. ACM transactions on internet technology（TOIT）, 2018, 18（2）: 1-23.

[193] CHEN L. Microservices: architecting for continuous delivery and DevOps[C]//IEEE International Conference on Software Architecture. IEEE, 2018: 39-397.

[194] PAUTASSO C, ZIMMERMANN O, AMUNDSEN M, et al. Microservices in practice, part 1: reality check and service design[J]. IEEE software, 2017, 34（1）: 91-98.

[195] PETRENKO A K, VORONKOV A. Perspectives of system informatics[C]. 11th International Andrei P. Ershov Informatics Conference, PSI 2017, Moscow, Russia, June 27–29, 2017.

[196] NADAREISHVILI I, MITRA R, MCLARTY M, et al. Microservice architecture: aligning principles, practices, and culture[M]. Sebastopol, CA: O' Reilly Media, 2016.

[197] RICCI F, ROKACH L, SHAPIRA B, et al.Recommender systems handbook[M]. New York: Springer, 2011.

[198] YU W, LIN X, LIU J, et al. Self–propagation graph neural network for recommendation[J]. IEEE transactions on knowledge & data engineering, 2021 (1): 1–1.

[199] YU W, QIN Z. Sampler design for implicit feedback data by noisy–label robust learning[C]// the 43rd International ACM SIGIR Conference on Research and Development in Information Retrieval, 2020: 861–870.

[200] HE X, DENG K, WANG X, et al. Lightgcn: simplifying and powering graph convolution network for recommendation[C]//the 43rd International ACM SIGIR conference on research and development in Information Retrieval, 2020: 639–648.

[201] BANIJAMALI A, PAKANEN O P, KUVAJA P, et al. Software architectures of the convergence of cloud computing and the Internet of Things: a systematic literature review[J]. Information and software technology, 2020 (122): 1–24.

[202] BANIJAMALI A, HEISIG P, KRISTAN J, et al. Software architecture design of cloud platforms in automotive domain: an online survey[C]//2019 IEEE 12th Conference on Service–Oriented Computing and Applications (SOCA) . IEEE, 2019: 168–175.

[203] HARVEY O J. Experience structure & adaptability[M]. Berlin: Springer, 1966.

[204] THANG T V, AHMED A, KIM C, et al. Flexible system architecture

of stand-alone PV power generation with energy storage device[J]. IEEE transactions on energy conversion, 2015, 30（4）: 1386-1396.

[205] LEE A N C, CHEN S T. Collocated sensor/actuator positioning and feedback design in the control of flexible structure system[J]. Journal of vibration and acoustics, 1994, 116（2）: 146-154.

[206] MENG L, LUNA A, DÍAZ E R, et al. Flexible system integration and advanced hierarchical control architectures in the microgrid research laboratory of Aalborg University[J] IEEE transactions on industry applications, 2015, 52（2）: 1736-1749.

[207] HENNESSY J L, PATTERSON D A. Computer architecture: a quantitative approach[M]. Amsterdam: Elsevier, 2011.

[208] RIESKAMP J, OTTO P E. SSL: a theory of how people learn to select strategies[J]. Journal of experimental psychology: general, 2006, 135（2）: 207.

[209] JOE KILIAN. Advances in cryptology: CRYPTO 2001 [C]. Berlin: Springer, 2001.

[210] WHYTE D J. The development and use of the secure electronic transaction（SET）protocol on the internet[D]. Perth: Edith Cowan University, 1997.

[211] Mastercard & Visa. SET secure electronic transaction specification-book 1: business description[EB/OL].（1997-05-31）. https: //www.maithean.com/docs/set_bk1.pdf.

[212] Mastercard & Visa. SET secure electronic transaction specification - book 2: programmer's guide[EB/OL].（1997-05-31）. https: //www.maithean.com/docs/set_bk2.pdf.

[213] Mastercard & Visa. SET secure electronic transaction specification-book 3: formal protocol definition.（1997-05-31）.https: //www.maithean.com/docs/set_bk3.pdf.

[214] LAMPORT L. Paxos made simple[J]. ACM sigact news, 2001, 32（4）: 18-25.

参考文献

[215] GIBSON G, ZELDOVICH N. USENIX ATC' 14: Proceedings of the 2014 USENIX conference on USENIX Annual Technical Conference[C]. Berkeley, CA: USENIX Association, 2014.

[216] LAMPING J, VEACH E. A fast, minimal memory, consistent hash algorithm[EB/OL]. (2014-06-09). https: //arxiv.org/abs/1406.2294.

[217] BOYD S, GHOSH A, PRABHAKAr B, et al. Gossip algorithms: design, analysis and applications[C]//Proceedings IEEE 24th Annual Joint Conference of the IEEE Computer and Communications Societies. IEEE, 2005: 1653-1664.

[218] CHU X, BU T, LI X Y.A study of lightpath rerouting schemes in wavelength-routed WDM networks[C]//2007 IEEE International Conference on Communications. IEEE, 2007: 2400-2405.

[219] ANGELIS S D, ANIELLO L, BALDONI R, et al. PBFT vs proof-of-authority: applying the CAP theorem to permissioned blockchain[C]// Italian Conference on Cybersecurity, 2017.

[220] MINGXIAO D, XIAOFENG M, ZHE Z, et al. A review on consensus algorithm of blockchain[C]//2017 IEEE international conference on systems, man, and cybernetics(SMC). IEEE, 2017: 2567-2572.

[221] JUNQUEIRA F P, REED B C, SERAFINI M. Zab: high-performance broadcast for primary-backup systems[C]//2011 IEEE/IFIP 41st International Conference on Dependable Systems & Networks(DSN). IEEE, 2011: 245-256.

[222] 倪超. 从 Paxos 到 Zookeeper: 分布式一致性原理与实践 [M]. 北京: 电子工业出版社, 2015.

[223] DE PRISCO R, LAMPSON B, LYNCH N. Revisiting the Paxos algorithm[J]. Theoretical computer science, 2000, 243(1-2): 35-91.

[224] LESLIE L. The part-time parliament[J]. ACM transactions on computer systems, 1998, 16(2): 133-169.

[225] DIFFIE W, HELLMAN M. New directions in cryptography[J]. IEEE

transactions on information theory，1976，22（6）：644–654.

[226] BOYD C. ASIACRYPT '01：Proceedings of the 7th International Conference on the Theory and Application of Cryptology and Information Security：Advances in Cryptology[C]. Berlin：Springer–Verlag，2001.

[227] LI N. Research on Diffie–Hellman key exchange protocol[C]//2010 2nd International Conference on Computer Engineering and Technology. IEEE，2010，4：V4–634–V4–637.

[228] JECH T. Set theory[M]. Berlin：Springer，2003.

[229] QIN Z，XING J K，ZHENG X. Software architecture[M]. Berlin：Springer，2008.

[230] 白东蕊，岳云康. 电子商务概论 [M]. 北京：人民邮电出版社，2016.

[231] 科特勒，阿姆斯特朗. 市场营销原理 [M]. 16 版. 北京：清华大学出版社，2019.

[232] 管理科学技术名词审定委员会. 管理科学技术名词 [M]. 北京：科学出版社，2016.

[233] 夏皮罗，范里安. 信息规则：网络经济的策略指导 [M]. 北京：中国人民大学出版社，2017.

[234] 派恩. 大规模定制：公司竞争的新前沿 [M]. 北京：中国人民大学出版社，2000.

[235] 蒋中一，温赖特. 数理经济学的基本方法 [M]. 北京：北京大学出版社，2006.

[236] 杨小凯. 发展经济学：超边际与边际分析 [M]. 北京：社会科学文献出版社，2019.

[237] 罗云峰. 博弈论教程 [M]. 2 版. 北京：清华大学出版社，2020.

[238] 覃征. 电子商务与国际贸易 [M]. 北京：人民邮电出版社，2002.

[239] 郭全中. 中国直播电商的发展动因、现状与趋势 [J]. 新闻与写作，2020（8）：84–91.

[240] 纪宝成. 商业经济学教程 [M]. 北京：中国人民大学出版社，2016.

[241] 纪宝成，谢莉娟. 新时代商品流通渠道再考察 [J]. 经济理论与经济管理，2018（7）：31-47.

[242] 纪宝成，晏维龙. 电子商务下的商品流通 [J]. 经济理论与经济管理，2000（4）：35-40.

[243] 李骏阳. 电子商务环境下的流通模式创新 [J]. 中国流通经济，2002（5）：40-43.

[244] 魏修建，严建援，张坤. 电子商务物流 [M]. 北京：人民邮电出版社，2017.

[245] 李骏阳. 电子商务时代的流通组织创新 [M]. 北京：中国商务出版社，2005.

[246] 徐从才. 流通创新与现代生产者服务体系构建 [M]. 北京：中国人民大学出版社，2011.

[247] 丰佳栋. 供给侧改革下第四方物流模块化服务创新模型设计 [J]. 中国流通经济，2017，31（3）：71-78.

[248] 费璇，陈林. 消费心理学 [M]. 南京：南京大学出版社，2019.

[249] 瞿彭志. 网络营销 [M]. 5 版. 北京：高等教育出版社，2019.

[250] OSBORNE M J，RUBINSTEIN A. A course in game theory[M]. Cambridge：MIT Press，1994.

后 记

作为教育部高等学校电子商务类教学指导委员会教材组立项课题，《电子商务学》是电子商务专业和未来电子商务学科重要的理论核心著作。清华大学"电子商务学"课题组作为承研单位，组建了以清华大学信息科学技术学院/软件学院、清华大学经济管理学院、清华大学法学院、清华大学理学院/数学科学系、清华大学人文学院的教授、博士后以及博士为核心的科研团队，并邀请了教育部电子商务类教学指导委员会的帅青红教授及其科研团队参与研究工作。

覃征教授作为课题负责人，统筹全书的整体设计、审稿和定稿，帅青红教授、王国龙博士、张普博士负责全书各章节的统稿工作。覃征教授、帅青红教授、李忠俊副教授、王国龙博士、张普博士、曹梦雨博士、陈铭仕博士、张紫欣硕士、林彬硕士、田亚林硕士、席星一硕士、刘东平硕士、何欣悦硕士、聂彦晨硕士、孙名扬硕士、陈越硕士、鲜晓静硕士、罗前程硕士、宋向阳硕士参与了全书的撰写、讨论等研制工作。

在课题研究的过程中，本书先后得到清华大学信息科学技术学院、中国科学院软件研究所、中国科学院数学与系统科学研究院、北京航空航天大学计算机学院、对外经济贸易大学信息学院、西安交通大学计算机科学与技术学院、西安交通大学管理学院、西安电子科技大学计算机科学与技术学院、西北政法大学商学院、大连理工大学软件学院、上海财经大学商学院等高校与科研机构的专家、学者的帮助，为此深表谢意。本书撰写过程中参考和借鉴了大量的资料，引用了相关领域的最新研究成果及部分案例，在此谨向这些资料的作者和提供者表示诚挚的感谢。

"电子商务学"课题组

2021 年 9 月 26 日于北京